КНИГА ЗОАР

с комментарием «Сулам»

Глава Ваехи

Под редакцией проф. М. Лайтмана

Под редакцией проф. М. Лайтмана
Книга Зоар, Ваехи
Laitman Kabbalah Publishers, 2016. – 376 с.
Напечатано в Израиле.
Edited by Prof. M. Laitman
The Book of Zohar, Vayechi
Laitman Kabbalah Publishers, 2016. – 376 pages.
Printed in Israel.

ISBN 978-965-7577-54-7

До середины двадцатого века понять или просто прочесть книгу Зоар могли лишь единицы. И это не случайно – ведь эта древняя книга была изначально предназначена для нашего поколения.

В середине прошлого века, величайший каббалист 20-го столетия Йегуда Ашлаг (Бааль Сулам) проделал колоссальную работу. Он написал комментарий «Сулам» (лестница) и одновременно перевел арамейский язык Зоара на иврит.

Но сегодня наш современник разительно отличается от человека прошлого века. Институт ARI под руководством профессора М. Лайтмана, желая облегчить восприятие книги современному русскоязычному читателю, провел грандиозную работу – впервые вся Книга Зоар была обработана и переведена на русский язык в соответствии с правилами современной орфографии.

Copyright # 2016 by Laitman Kabbalah Publishers

Содержание

ГЛАВА ВАЕХИ

И жил Яаков на земле египетской ... 8
И приблизились дни Исраэля к смерти, и призвал он сына своего Йосефа ... 22
И призвал он сына своего, Йосефа ... 23
Вот, отец твой болен ... 26
И при наступлении вечера будет свет ... 28
И поведали Яакову ... 33
И собрался с силами Исраэль и сел на постели ... 35
Имена со словом «рука» ... 39
Явился ко мне в Лузе ... 44
Вот, Я распложу тебя ... 46
И ныне два сына, которые родились у тебя ... 47
Умерла у меня Рахель в пути ... 50
И увидел Исраэль сыновей Йосефа ... 54
Сыновья, которых дал мне Всесильный в этом ... 57
Глаза Исраэля помутнели от старости ... 62
И жил Яаков ... 64
Два верблюда ... 69
Мне – серебро, и Мне – золото ... 75
И приблизились дни Исраэля к смерти ... 78
Рабби Ицхак сидит в печали ... 83
Когда приходит время уйти из мира ... 87
Радующаяся мать сыновей ... 93
Сыновья матери моей разгневались на меня ... 95
Ваш союз искупает смерть ... 98
Горе грешнику зло ... 100
Образ ... 102
Четыре вида ... 107

Нарцисс и лилия	114
И приблизились дни Исраэля к смерти	120
И призвал он сына своего, Йосефа	122
И умножилась мудрость Шломо	129
И лягу я с моими отцами	142
И поклонился Исраэль в сторону изголовья ложа	153
В четыре времени года судится мир	159
И было на заходе солнца	161
И увидел Исраэль сыновей Йосефа	163
И благословил Йосефа	165
И обратил Хизкияу лицо свое к стене	170
Ангел-избавитель	173
Не вспоминай нам грехов прежних	178
Служите Творцу в страхе	180
Да утвердится молитва моя как воскурение	182
Ужасная гора	184
Три стражи	187
Ангел избавляющий	203
Три цвета	204
И могущество – Царю, любящему правосудие	208
Славьте, служители Творца	209
И благословил их в тот день	213
Бесформенным видели меня очи Твои	216
Какова мера дней моих	217
Все благословения – для этой ступени	218
Звучание вращающегося колеса	220
Пусть соберутся, и я поведаю вам	224
Реувен, ты первенец мой	230
От Ашера, тучен хлеб его	235
Стремительный как вода, ты не пребудешь	237
Шимон и Леви – братья	240
Народы мира ведут счет по солнцу, а Исраэль – по луне	245
Йегуда, тебя восхвалят братья твои	248
Привязывает к виноградной лозе своего осленка	254
Не соперничай с творящими зло	264
Малая «алеф»	266

Привязывает к виноградной лозе своего осленка 271
Из едящего вышла снедь...................277
Два исправления в Нуквах 280
Устанавливается на «двенадцати» в двух мирах............283
Звулун – у берега морей поселится..................289
Заклинаю вас, дочери Йерушалаима.................294
Исасхар – осел крепкий 296
Дан будет судить народ свой 302
Гад – рать выступит от него...................315
Положи меня печатью на сердце свое 317
Три души 320
От Ашера – тучен хлеб его 326
Нафтали – лань вольная 330
Мысль, голос, речь...........................334
Росток плодоносный Йосеф 336
Биньямин – волк терзающий 344
И вот что говорил им их отец..................349
И закончил Яаков завещать сыновьям своим 351
И упокоился он и приобщился к своему народу 353
Египетский траур 356
Вознеси голос свой, Бат-Галим! 359
Серебро в дни Шломо совсем не ценилось................363
Чаша благословения 366
Горен-Атад 368
Бальзамирование Яакова 369
И поместили его в ковчег в Египте 371

Глава Ваехи

ГЛАВА ВАЕХИ

И жил Яаков на земле египетской

1) «И жил Яаков на земле египетской семнадцать лет»[1]. Сказал рабби Йоси: «Сердце Яакова пророчески предвидело в Египте, что сыновья его будут во всех изгнаниях до сего дня, и до конца дней, и до времени прихода Машиаха».

2) «И пришел Яаков к пророчеству "Ваехи" лишь в Египте. И это важное пророчество, и подобного рода пророчество не изрекалось и не раскрылось ни одному человеку из числа пророков, но только ему и Моше. О Моше сказано: "Ибо не может человек увидеть Меня и остаться в живых"[2]. О Яакове сказано: "И жил Яаков". "И жил (ваехи וַיְחִי)" – пророчество, нисходящее от "светящего зеркала"», т.е. Тиферет.

Объяснение. Свечение Хохмы – это жизнь, как сказано: «Мудрость (хохма) наполняет жизнью обладающих ею»[3], и она содержится в пророчестве «Ваехи». Есть большая разница между пророчествами Яакова и Моше, и остальных пророков. Ибо остальные пророки получили свое пророчество от Нецах и Ход Зеир Анпина, т.е. от табура и ниже, где находится свойство Нуквы, называемой «зеркало, которое не светит». И поэтому они открывали свое пророчество словом «Ко (כֹּה так)», которое является именем Нуквы.

Но Яаков и Моше получили (пророчество) от Тиферет, называемого «светящее зеркало», от табура и выше Зеир Анпина, но в свойстве «ахораим», имеющихся там. И поэтому было сказано Моше: «И увидишь Меня сзади (ахорай אֲחֹרָי), но лика Моего не будет видно»[4]. И также: «Ты не сможешь увидеть лик Мой, ибо не может человек увидеть Меня и остаться в живых»[2]. Но поскольку получил в свойстве «ахораим», то остался в живых.

---

[1] Тора, Берешит, 47:28. «И жил Яаков на земле египетской семнадцать лет. И было дней Яакова, лет жизни его, сто сорок семь лет».

[2] Тора, Шмот, 33:20. «Ты не сможешь увидеть лик Мой, ибо не может человек увидеть Меня и остаться в живых».

[3] Писания, Коэлет, 7:12. «Ведь в тени мудрости – (как) в тени богатства, но есть превосходство у знания: мудрость наполняет жизнью обладающих ею».

[4] Тора, Шмот, 33:22-23. «И будет, когда проходить будет слава Моя, укрою тебя в расселине скалы, и заслоню тебя ладонью Своею, пока не пройду. И отведу ладонь Свою, и увидишь Меня сзади, но лика Моего не будет видно».

И также о Яакове сказано: «И жил (ваехи וַיְחִי)» – лишь в Египте, и это свойство «ахораим».

И сказано: «И пришел Яаков к пророчеству "Ваехи" лишь в Египте» – ведь поскольку он получил пророчество в свойстве от табура и выше Зеир Анпина, о котором сказано: «И увидишь Меня сзади (ахорай אֲחֹרָי), но лика Моего не будет видно», Яаков пришел к пророчеству лишь в Египте, т.е. в «ахораим».

А сказанное: «И подобного рода пророчество не изрекалось и не раскрылось ни одному человеку из числа пророков, но только ему и Моше» – означает, что все пророки получают от хазе и ниже Зеир Анпина, от Нецах и Ход. А сказанное о Моше: «Ибо не может человек увидеть Меня и остаться в живых»[2] – означает, что поскольку он не получил от свойства «паним», а только от «ахораим», он жив, т.е. благодаря притяжению Хохмы.

И то, что о Яакове сказано: «И жил Яаков»[1] – это тоже притяжение Хохмы в свойстве ахораим, т.е. в Египте. Поэтому сказано: «"И жил (ваехи וַיְחִי)" – пророчество, нисходящее от "светящего зеркала"», т.е. от табура и выше Зеир Анпина – от Тиферет, называемого «светящее зеркало». Но есть также различие между Яаковом и Моше, поскольку Яаков происходит от Тиферет, а Моше – от внутренней части Тиферет, от Даат.

3) «Яаков хотел сообщить пророчество об изгнаниях, которые пройдут его потомки, в стране Кнаан и в любой стране, в которой они будут находиться, – что они от земли Египта». Иначе говоря, что все изгнания включены в землю Египта. И сердце его было сломлено, как сказано: «Что есть хлеб (досл. перелом) в Египте»[5].

4) «Поэтому: "И жил Яаков на земле египетской"[1], и не испытывал радости, потому что на этой земле – связь между народами» – т.е. вся скверна народов содержится там, и также «сапфиры престола славы» – т.е. искры Хохмы, которые находятся у них в плену и называются сапфирами. «И это как сказано: "Над сводом же, который над головами их, словно образ

---

[5] Тора, Берешит, 42:1. «И увидел Яаков, что есть хлеб в Египте, и сказал Яаков сыновьям своим: "Зачем вы себя показываете?"»

сапфирового камня, в виде престола"⁶. И ни один человек не достиг их выяснения, ни из высших и ни из нижних, но только "живой (хай)". Поэтому сказано: "Ибо не может человек увидеть Меня и остаться в живых"²».

Объяснение. Мы уже выясняли⁷, что вследствие прегрешения Адама Ришона, упали келим и искры ступени Хохмы в египетскую клипу. И поэтому сказано: «И не испытывал радости, потому что на этой земле – связь между народами» – из-за того, что египетская земля является тяжелой клипой, так как скверна всех народов связана с ней, поэтому и не испытывал там радости.

Но также и «сапфиры престола славы» там, – т.е. келим и искры ступени Хохмы, которые упали туда. Но известно, что ступень Хохмы не может светить иначе, как в сочетании со светом хасадим. Именно тогда свет Хохмы называется светом хая (жизни), как сказано: «Мудрость (хохма) наполняет жизнью обладающих ею»³.

А сказанное: «И ни один человек не достиг их выяснения, ни из высших и ни из нижних, но только "живой (хай)"» – означает, что ни один человек не может удостоиться Хохмы иначе, как получением с помощью включения хасадим, и получающий называется тогда «живым».⁸ И это ступень Есода в гадлуте, называемая Йосеф. Как сказано: «И Йосеф положит руку на глаза твои»⁹ – т.е. свет глаз, свет хая, потому что свет хая не светит в парцуфе прежде, чем есть в нем свойство Йосеф, Есод келим, вследствие обратного соотношения (светов и келим). И поэтому называется Есод «хай а-оламим (жизнь миров)».

«Поэтому сказано: "Ибо не может человек увидеть Меня и остаться в живых"²» – и это означает, что в отношении свойства «паним» там нет ступени «хай». И поэтому сказано: «Ибо

---

⁶ Пророки, Йехезкель, 1:26. «Над сводом же, который над головами их, словно образ сапфирового камня, в виде престола, и над образом престола – образ, подобный человеку, на нем сверху».

⁷ См. Зоар, главу Лех леха, п. 108, со слов: «Объяснение. Здесь содержатся два понятия...», а также п. 117, со слов: «В этих словах заключен необычайно глубокий смысл...»

⁸ См. Зоар, главу Ваигаш, п. 131, со слов: «И смысл сказанного...»

⁹ Тора, Берешит, 46:4. «Я сойду с тобой в Египет, и Я также выведу тебя, и Йосеф положит руку на глаза твои».

не может человек увидеть Меня и остаться в живых», так как ви́дение – это Хохма, которая светит только на ступени света хая, т.е. в сочетании с хасадим. А свойство «паним» исходит от Арих Анпина, который является Хохмой без хасадим.

5) «Сколько высших таинств скрыто в этом изречении "Ваехи", и мы, товарищи, изумляемся им, а также тому, что в "Ваехи" упомянут Яаков, хотя нужно было сказать Исраэль» – то есть: «И жил (ваехи) Исраэль», потому что имя Яаков указывает на катнут, а имя Исраэль показывает, что есть у него мохин де-гадлут. А слово «ваехи (и жил)» указывает на свет хая, мохин де-гадлут, и нужно было бы сказать: «И жил (ваехи) Исраэль».

А откуда известно, что Исраэль указывает на мохин де-гадлут? Потому что сказано: «Исраэль – святыня Творца»[10] – а святость означает гадлут. И также сказано: «Сын Мой, первенец Мой Исраэль»[11] – а первенец означает гадлут. Итак, в гадлуте упоминается имя Исраэль, а не Яаков, поскольку это имя катнута, как сказано: «Как же поднимется Яаков? Ведь мал он!»[12] Рабби Эльазар, сын рабби Шимона, сказал: «Но ведь сказано: "И продал свое первородство Яакову"[13]» – таким образом, первородство, означающее гадлут, упомянуто в связи с именем Яакова, и поэтому нас не должно удивлять, что сказано: «И жил (ваехи) Яков», а не: «И жил (ваехи) Исраэль».

6) Сказал ему рабби Шимон, отец его: «В то время, когда Исраэль владели истиной, были праведниками и совершали подаяния, Исраэль не испытывали страха, но лишь только один Яаков. О нем говорится, что он боялся, как сказано: "Ибо боюсь я его (Эсава)"[14]. "Исраэль" – это название гадлута, и нет в нем

---

[10] Пророки, Йермияу, 2:3. «Исраэль – святыня Творца, первые плоды Его. Все поедающие его будут осуждены; бедствие придет на них, – сказал Творец».

[11] Тора, Шмот, 4:22. «И скажи Фараону: "Так сказал Творец: Сын Мой, первенец Мой Исраэль"».

[12] Пророки, Амос, 7:5. «И сказал я: "Всемогущий Творец, останови, прошу! Как же поднимется Яаков? Ведь мал он!"»

[13] Тора, Берешит, 25:33. «И сказал Яаков: "Клянись же мне теперь!" И он поклялся ему, и продал свое первородство Яакову».

[14] Тора, Берешит, 32:12. «Избавь же меня от руки брата моего, от руки Эсава! Ибо я боюсь его: как бы не нагрянул он и не поразил у меня мать с детьми».

страха. Ведь благодаря благим деяниям Исраэля, они поступали милосердно друг с другом», и потому не было в них страха.

7) «Но когда они начали грешить и были изгнаны за свои провинности и злодеяния, то не могли этого выдержать» из-за страха, «как бы на самом деле не остаться навсегда в изгнании за свои прегрешения. И за это пришли мера милосердия и мера суда вместе», что и является значением имени «"Исраэль", и отдали их в страну изгнания». Объяснение. Шхина была изгнана вместе с ними, и на нее указывает имя Исраэль. И потому они были уверены, так как были изгнаны вместе со Шхиной. И благодаря этому выдержали изгнание и не боялись. И рабби Шимон объяснил тем самым, почему в изгнании упоминается имя Исраэль, как сказано: «И ушел Исраэль в изгнание из земли своей»[15].

8) «Хорошо ты спросил, сын мой» – т.е. то, о чем он спросил: «"И продал свое первородство Яакову" – надо было бы сказать: "Исраэлю"?», потому что первородство означает мохин де-гадлут. «Но человек, который созерцал, знал то, что Яаков, соединенный с "ваехи", представляет собой святость» – так же, как имя Исраэль. Иными словами, то правило, о котором мы говорили, что Яаков – это название катнута, не является обязательным в том месте, где имеется в виду гадлут, которого он достиг. Поэтому сказано здесь: «И жил Яаков»[1], и нет необходимости говорить: «Исраэль». И также в случае: «И продал свое первородство Яакову»[13] – нет необходимости говорить «Исраэлю», потому что Яаков, который соединен с гадлутом, безусловно, так же свят, как и Исраэль. «Именно поэтому сказано: "Яакова избрал себе Творец"[16]» – чтобы быть сапфиром в престоле величия Своего, а не Исраэля, так как имеется в виду гадлут.

9) Сказал рабби Шимон, провозгласив: «"Но (Я) с тем, кто сокрушен и смирен духом, чтобы оживлять дух смиренных и

---

[15] Пророки, Мелахим 2, 17:23. « Пока Творец не отверг Исраэль от лица Своего, как говорил через всех рабов Своих, пророков. И ушел Исраэль в изгнание из земли своей в Ашшур до сего дня».

[16] Писания, Псалмы, 135:4. «Потому что Яакова избрал себе Творец, Исраэля – дорогим достоянием Своим».

оживлять сердце сокрушенных"¹⁷. "Сердце сокрушенных" – это Яаков, как объяснялось¹⁸, ибо ниже этой ступени» – т.е. из ахораим, «опустились к нему пророчества и благословения в Египте». И мы уже сказали, что Египет – это свойство «ахораим», поэтому было сердце его сокрушенным.

10) «Мы изучали, – сказал рабби Аба, – "сердце видит". И поскольку Яаков был в Египте, его пророчество не было возвышенным, так как земля эта была ненавистна».

11) «Ведь он не удостоился благословить ни одного из своих сыновей, и не было у него духа благословения, но только лишь в Египте, когда он благословил каждого из них, что следует из внутреннего смысла сказанного: "И увидел Яаков, что есть хлеб (досл. перелом ше́вер) в Египте, и сказал сыновьям своим: "Зачем вы себя показываете?"¹⁹ Ведь пророчество давалось только тем, кто сокрушен сердцем, как он сказал им: "Сойдите туда и купите нам оттуда, чтоб нам жить и не умереть"²⁰».

Объяснение. Мы уже выяснили²¹, «И пришел Яаков к пророчеству "Ваехи" лишь в Египте» потому, что сказано: «Но лика (паним) Моего не будет видно». Поэтому дух, для того чтобы благословить своих сыновей, появился в нем только в Египте, так как там – свойство «ахораим». И потому рабби Шимон говорит, что у него, у Яакова, было «сердце сокрушенных»²². И поэтому приводит доказательство этому из сказанного: «И увидел Яаков, что есть хлеб (досл. перелом) в Египте» – и это намек на сокрушение сердца, которое будет у него в Египте. И сразу же воспрял он духом, послав туда своих сыновей, поскольку знал, что пророчество это дается только тем, кто сокрушен сердцем. И также то, что он говорит: «Спуститесь туда и купите (ве-шивру וְשִׁבְרוּ)» – указывает на сокрушенность сердца (швират а-лев שבירת הלב).

---

[17] Пророки, Йешаяу, 57:15. «Ибо так говорит Возвышенный и Превознесенный, Существующий вечно и Святой – имя Его: (в месте) высоком и священном обитаю Я, но с тем, кто сокрушен и смирен духом, чтобы оживлять дух смиренных и оживлять сердце сокрушенных».
[18] В значении слов: «И жил Яаков».
[19] Тора, Берешит, 42:1. «И увидел Яаков, что есть хлеб в Египте, и сказал Яаков сыновьям своим: "Зачем вы себя показываете?"»
[20] Тора, Берешит, 42:2. «И сказал он: "Вот я слышал, что есть хлеб в Египте, – сойдите туда и купите нам оттуда, чтоб нам жить и не умереть"».
[21] См. выше, п. 2, со слов: «И сказано: "И пришел Яаков"... »
[22] См. выше, п. 9.

12) Сказал рабби Йоси: «Под святым престолом величия есть Яаков, сапфир, и он», этот сапфир, «это мера суда его свойства. И говорит Писание: "И сказал он: "Не Яаков отныне будет имя твое, а Исраэль, ибо ты боролся с ангелом и с людьми, и победил"[23]. И Яаков распознал в своем свойстве меру суда, как сказано: "И засияло ему солнце, когда он проходил через Пнуэль"[24]. И это смысл сказанного: "О горе нам, ибо день уже клонится (к вечеру) и распростерлись вечерние тени"[25]».

Пояснение сказанного. Престол величия святости, Бина, стоит на четырех опорах: на трех линиях и Нукве, получающей три эти линии.[26] А экран первой стадии, на который выходит средняя линия, называемая Яаков, именуется словом «сапфир». Поэтому сказано, что Яаков, сапфир, находится под престолом, и это мера суда его свойства, так как этот экран сокращает его до свойства ВАК. И приводит доказательство этому из Писания: «И засияло ему солнце, когда он проходил Пнуэль, и он хромает на бедро свое»[24] – т.е. свет, который светит для излечения, для излечения его «под вечер»[27] в левой линии.[28] И поскольку этот свет выходит лишь на экран первой стадии, экран точки хирик, поэтому он становится хромающим на бедро свое.[28]

И из сказанного: «И Яаков распознал в своем свойстве меру суда» следует, что это экран первой стадии, для того чтобы излечиться «при наступлении вечера» в левой линии. Поэтому сказано: «И это смысл слов: "О горе нам, ибо день уже клонится (к вечеру) и распростерлись вечерние тени"» – так как вследствие включения левой линии в Яакова, «день уже клонится (к вечеру)», т.е. уходят света, и поэтому он нуждался в мере суда, являющейся экраном первой стадии, для того чтобы снова притянуть солнечный свет, несмотря на то, что из-за этого он становится хромающим на бедро. Поэтому говорит Писание: «Не Яаков отныне будет имя твое»[23] – поскольку

---

[23] Тора, Берешит, 32:29. «И сказал он: "Не Яаков отныне будет имя твое, а Исраэль, ибо ты боролся с ангелом и с людьми, и победил"».

[24] Тора, Берешит, 32:32. «И засияло ему солнце, когда он проходил через Пнуэль, и он хромает на бедро свое».

[25] Пророки, Йермияу, 6:4. «"Готовьтесь к бою с нею! Вставайте, и пойдем в полдень! О горе нам, ибо день уже клонится (к вечеру) и распростерлись вечерние тени!"»

[26] См. Зоар, главу Ваера, п. 16.

[27] Тора, Берешит, 24:63. «И вышел Ицхак молиться в поле под вечер, и поднял он глаза свои и увидел: вот верблюды идут».

[28] См. Зоар, главу Берешит, часть 1, п. 142.

есть там мера суда, «а Исраэль»²³ – в котором имеется также и мера милосердия, ГАР высших Абы ве-Имы, называемые «авúра дáхья (чистый воздух)».

13) Сказал рабби Шимон: «Когда они были изгнаны из Йерушалаима, и была упразднена ежедневная жертва, и враг осквернил Храм, не могла в это время Малхут», т.е. Нуква Зеир Анпина, «терпеть сынов Исраэля за их прегрешения, но лишь "Исраэль"» – ступень этого имени терпела их, «поскольку она находится в обеих сторонах: милосердия и суда», и суд является причиной раскрытия милосердия, и поэтому суд тоже считается милосердием.

14) «И из сказанного: "Не Яаков отныне будет имя твое, а Исраэль"²³ – становится понятным, что Исраэль и Яаков находятся один над другим» – что Исраэль важнее Яакова, и потому благословил его ангел именем Исраэль, «и потому на посохе Моше с двух его сторон было запечатлено Его святое имя, на одной – милосердие в суде», ступень Исраэль, «а на другой – суд в суде», ступень Яакова.

15) «И это смысл сказанного: «Не усмотрел лжи в Яакове и не видел нечестия в Исраэле»²⁹ – т.е. в Яакове не видел лжи, но нечестие видел, тогда как в Исраэле даже нечестия не видел, потому что суд в нем тоже считается милосердием. И объясняет: «Вследствие того, что мы притесняемы в изгнании среди врагов, и Шхина отстранилась от Царя», Зеир Анпина, «и отдалилась от Него» – это стало причиной того, что в конце «Он расположит Шхину среди нас и избавит нас». Потому что это притеснение приводит нас к раскаянию, а раскаяние – к избавлению. И потому даже суд на ступени Исраэль становится милосердием, и поэтому сказано: «И не видел нечестия в Исраэле», но весь он – милосердие. Однако на ступени Яаков это не так, и потому находится в нем нечестие. Поэтому благословил его ангел: «Не Яаков отныне будет имя твое, а Исраэль», так как есть в нем суд и милосердие, изгнание и избавление, и весь он – милосердие.

---

²⁹ Тора, Бемидбар, 23:21. «Не усмотрел обмана в Яакове, не видел нечестия в Исраэле, – Творец Всесильный его с ним, и трубление Царю в нем».

И жил Яаков на земле египетской   ГЛАВА ВАЕХИ

«И это внутренний смысл слов: "Так сказал Творец, Царь Исраэля и Избавитель его, Творец воинств"[30]. "И жил (ваехи)"[1], "жив (хай)"». Объяснение. «Царь» – это суд в имени Исраэль, «Избавитель» – это милосердие в имени Исраэль, и оба они включены в «воинства», т.е. Нецах и Ход, где Нецах – это милосердие в нем, а Ход – суд в нем. И называются они – «ваехи», «хай», потому что Нецах, свойство «правая нога», светит только снизу вверх, и поэтому называется «и жил (ваехи)» – в прошедшем времени, а Ход, свойство «левая нога», светит также и сверху вниз, и поэтому называется «жив (хай)» – в настоящем времени. И всё это происходит на высшей ступени – Исраэль.

Однако ниже ступени Исраэль сказано: «Так сказал Творец: "Небо – престол Мой, земля – подножие ног Моих"»[31]. Потому что наверху, на ступени Исраэль, обе ноги – свойство «жив (хай)», где правая нога, Нецах, называется «и жил (ваехи)», а левая нога, Ход, называется «жив (хай)». Но здесь они называются «подножие (адом הדום) ног Моих», от слова «безмолвие (дмама דממה)», и это – противоположность жизни.

16) «На высшей ступени» – Исраэль, «обе ноги» – Нецах и Ход, «(ступень) "хай"». Нецах – «ваехи (и жил)», Ход – «хай (жив)», и оба они включены в слово «ваехи». «У большой "йуд" – малая "йуд", у большой "хэт" – "тав", "вав-йуд" – у "вав", "вав-далет" – у "йуд"».

Объяснение. Два свойства имеются в буквах: простое значение и наполнение. Ибо, когда мы произносим «алеф א», мы слышим вместе с ней буквы «ламэд-пэй לף», т.е. «а-леф אָלֶף». А когда произносим «бэт ב», слышим вместе с ней «йуд-тав ית», т.е. «б-эт בֵּית». Буквы «алеф א», «бэт ב» называются простыми, а буквы «ламэд-пэй לף», «йуд-тав ית», которые мы слышим вместе с ними, являются наполнениями простых букв. И соответственно этому, когда четыре буквы «ваехи ויחי» находятся со своими наполнениями: «Вав ויו» «Йуд יוד» «Хэт חת» «Йуд יוד», то различают в них два деления:
1. Четыре простых буквы – «вав-йуд-хэт-йуд ויחי (ваехи)».

---

[30] Пророки, Йешаяу, 44:6. «Так сказал Творец, Царь Исраэля и Избавитель его, Творец воинств: "Я – первый, и Я – последний, и нет Всесильного кроме меня"».

[31] Пророки, Йешаяу, 66:1. «Так сказал Творец: "Небо – престол Мой, земля – подножие ног Моих. Что это за дом, который вы строите Мне, и что это за место покоя Моего?"»

2. Семь букв их наполнений – «йуд-вав יו», «вав-далет וד», «тав ת», «вав-далет וד». И они равны по своему числовому значению слову «галут (גלת изгнание)» с тремя буквами (436).

И они называются «две ноги», Нецах и Ход. Первое деление «ваехи ויחי» – это Нецах, а второе деление, составляющее в гематрии «галут (גלת изгнание)», – это Ход. И обе они – (ступень) «хай (жив)», т.е. включены в слово «ваехи ויחי». И поскольку это изгнание является причиной избавления и пробуждения к жизни, изгнание тоже считается пробуждением к жизни.

И это означает сказанное: «На высшей ступени обе ноги – (ступень) "хай"» – т.е. обе они включены в слово «ваехи ויחי». И поясняет: «У большой "йуд" – малая "йуд", у большой "хэт" – "тав", "вав-йуд" – у "вав", "вав-далет" – у "йуд"». У большой «Йуд יוד», простой, есть в наполнении ее маленькая «йуд י» – т.е. «вав-далет וד», составляющие в гематрии «йуд י». У «Хэт חת» есть в наполнении ее «тав ת». «Вав-йуд וי» имеются в наполнении «Вав וי». «Вав-далет וד» имеются в наполнении «Йуд יוד».

17) Эти два деления содержатся «в драгоценном камне, сапфире, расположенном под престолом величия», который находится «на земле египетской,[32] т.е. как сказано: "И Творец будет разить Египет"[33] – и это второе деление», т.е. буквы наполнения, указывающие на изгнание. «И сказано: "Ибо роса рассветная – роса Твоя"[34]», что означает – роса оживляющая, «и это первое деление», т.е. простые буквы, указывающие на пробуждение к жизни.

18) «И поэтому соединяются вместе второе деление», указывающее на изгнание, «с первым делением», указывающим на пробуждение к жизни и избавление. «Сказано: "Дом Яакова, поднимайтесь и пойдем в свете Творца"[35] – т.е. буквы,

---

[32] См. выше, п. 4.
[33] Пророки, Йешаяу, 19:22. «И Творец будет разить Египет, разя и исцеляя, и возвратятся они к Творцу, и Он примет их молитву и исцелит их».
[34] Пророки, Йешаяу, 26:19. «Оживут Твои умершие, восстанут мертвые тела! Пробудитесь и ликуйте, покоящиеся во прахе, ибо роса рассветная – роса Твоя, и земля изрыгнет мертвых».
[35] Пророки, Йешаяу, 2:5. «Дом Яакова, вставайте и пойдем в свете Творца».

указывающие на изгнание, к которому они были приговорены истиной и судом за свои прегрешения. И есть у них исцеление с помощью Торы, ибо воплощая ее, они выйдут из глины и грязи, т.е. из изгнания, и пойдут к свету Творца».

И сказанное: «Дом Яакова, поднимайтесь» означает – в изгнании, и вследствие того, что укрепитесь там с помощью Торы, удостоитесь сказанного: «И пойдем в свете Творца» – и это пробуждение к жизни и избавление. И получается, что изгнание является причиной избавления. Таким образом, два этих деления являются одним целым.

19) «Буквы "алеф א" "рэйш-цади רץ" слова "арец (ארץ земля)" относятся к земле опечаленной и входящей в изгнание, которое делится книгой Торы так: срок в четыреста лет (делится) на промежутки, которые соответствуют разделению слова "арец (ארץ земля)" на "алеф א" и "рэйш-цади רץ". И мы видим, что в разделении, приводимом книгой Торы, буквы "рэйш-цади" соединяются вместе в изгнании» – то есть, что они находились в египетском изгнании двести девяносто (гематрия рэйш-цади) лет. А наполнение «ламэд-пэй לף» буквы «алеф אלף» слова «арец (ארץ земля)» – в гематрии сто десять. Сто десять и двести девяносто (рэйш-цади) вместе – четыреста лет.

«Что значит – египетское изгнание? Ведь четыреста лет были указаны Аврааму как время пребывания его сыновей в изгнании – но если сосчитать их, то получается, что прошло только двести девяносто лет?»

Объяснение. Он начинает отсчет дней изгнания, фактически, со времени продажи Йосефа в Египет, когда ему было семнадцать лет. И до времени назначения его на правление прошло тринадцать лет, потому что в час, когда он предстал перед Фараоном, ему уже было тридцать лет.[36] А к тому времени, когда пришли Яаков и сыновья его в Египет, Йосефу уже исполнилось тридцать девять лет, потому что, когда пришел Яаков в Египет, уже прошло семь урожайных лет и два года дней голода.[37] И Йосеф жил, после того как пришел Яаков в

---

[36] Тора, Берешит, 41:46. «А Йосефу было тридцать лет, когда предстал он перед Фараоном, царем египетским. И вышел Йосеф от Фараона, и прошел он по всей земле египетской».

[37] Тора, Берешит, 45:6. «Ибо уже два года голод в стране, и еще пять лет будут без пахоты и жатвы».

Египет, еще семьдесят один год, так как жил Йосеф сто десять лет. А всё то время, пока был жив Йосеф, не начиналось это порабощение.

Кеат был из сошедших в Египет и дней жизни его было сто тридцать три года. Амрам, сын его, прожил сто тридцать семь лет. А дней Моше в момент их избавления из Египта было восемьдесят лет. И поскольку сказано, что Амрам родился на исходе дней Кеата, а также Моше родился на исходе дней Амрама, то вместе это – триста пятьдесят лет. А со времени продажи Йосефа и до времени назначения его в правители прошло тринадцать лет, что входит в расчет изгнания, итого их – триста шестьдесят три. Если отсчитать от них семьдесят один год, в которые он правил после прихода Яакова в Египет, ибо во время его правления не были порабощены, то получается – двести девяносто два года. Но Зоар насчитывает двести девяносто лет, поскольку два года считаются уже включёнными в их число, – ведь не родился же Амрам на самом исходе дней Кеата, или Моше – не родился же точь-в-точь на исходе дней Амрама.

20) «И умер Йосеф (в возрасте) ста десяти лет»[38]. Сказал рабби Шимон, провозгласив: «"Вот, эта молодая женщина забеременеет и родит сына, и наречёт ему имя Иммануэль"[39]. Но мы видим, что беременность и рождение, упоминаемые в этом отрывке, наполнились многочисленными изгнаниями и страданиями, и временами бедствия» – как сказано в его завершении: «Но прежде, чем отрок сумеет ненавидеть злое и избирать доброе, покинута будет та земля...»[40], «наведет Творец на тебя... дни, каких не бывало»[41].

«Хотя и будет с нами Творец в эти годы, поскольку на это указывает имя ребенка Иммануэль (с нами Всемогущий), имя Шхины, но Шхина потрясена и отдалилась от своего мужа, Зеир

---

[38] Тора, Берешит, 50:26. «И умер Йосеф ста десяти лет. И набальзамировали его, и положили в ковчег в Египте».

[39] Пророки, Йешаяу, 7:14. «Поэтому Повелитель Сам даст вам знамение: вот, эта молодая женщина забеременеет и родит сына, и наречет ему имя Иммануэль».

[40] Пророки, Йешаяу, 7:16. «Но прежде чем отрок сумеет ненавидеть злое и избирать доброе, покинута будет та земля, двух царей которой ты боишься».

[41] Пророки, Йешаяу, 7:17. «Наведет Творец на тебя, и на народ твой, и на дом отца твоего, дни, каких не бывало со дня отхода Эфраима от Йегуды, – (наведет) царя ашшурского».

Анпина, и находится с нами в изгнании». Иначе говоря, хотя Шхина и находится с нами, вместе с тем она в горе и в изгнании, и в отсутствии слияния (зивуга).

И проясняется из сказанного, что есть созревание, предваряющее рождение изгнания, «и сто десять лет – это время дополнительного становления», которое определяется как зарождение реальности изгнания. И этот отрывок «говорит о том, что со времени египетского изгнания уже прошло сто десять лет» – в состоянии зарождения, «и вместе с двумястами девяносто» – в которые они действительно находились в изгнании, «это четыреста лет» – о которых Творец сказал Аврааму в союзе между рассеченными частями,⁴² «и отсчет лет изгнания Яакова ведется только со времени смерти Йосефа». И на эти сто десять лет зарождения изгнания указывает наполнение «ламэд-пэй לף» буквы «алеф אָלֶף» слова «арец (ארץ земля)», составляющее в гематрии сто десять. А на двести девяносто, когда непосредственно находились в изгнании, указывают "рэйш-цади רץ" слова "арец (ארץ земля)".

«И одно – рядом с другим, как сказано: «А со времени упразднения ежедневной жертвы и установления мерзости безмолвной, дней – тысяча двести девяносто"⁴³». В сказанном здесь приводится «элеф אָלֶף»⁴⁴ рядом с «двести девяносто». И это, как уже объяснялось, что изгнание делится на зарождение и непосредственное изгнание. И «элеф אלף» – это зарождение, и гематрия его наполнения «ламэд-пэй לף» составляет сто десять, а «двести девяносто» – это непосредственное изгнание. И это буквы слова «арец (ארץ земля)», то есть «алеф אלף» – «рэйш-цади רץ».

21) «"И было дней Яакова, лет жизни его, сто сорок семь лет"⁴⁵. Здесь сто сорок семь лет жизни Яакова – это количество исправлений изгнания, которые произойдут у сыновей,

---

⁴² Тора, Берешит, 15:13. «И сказал Он Авраму: "Знай, что пришельцами будет потомство твое в чужой стране, и служить будут им, а те будут угнетать их четыреста лет"».

⁴³ Писания, Даниэль, 12:11. «А со времени упразднения ежедневной жертвы и установления мерзости безмолвной , дней – тысяча двести девяносто».

⁴⁴ Слово «элеф (тысяча)» и буква «алеф» в полном написании пишутся одинаково: אלף .

⁴⁵ Тора, Берешит, 47:28. «И жил Яаков в стране египетской семнадцать лет. И было дней Яакова, лет жизни его, сто сорок семь лет».

изгнанных свойством суда в три изгнания. Первое исправление относится к Египту, оно символизируется семью годами». Сказал рабби Хия, провозгласив: «"Заклинаю (ишбáти הִשְׁבַּעְתִּי) я вас, дочери Йерушалаима – не будите, не тревожьте любовь, пока не проснется"[46]». И также здесь, число семь (шéва שבע) (от лет) жизни Яакова означает «клятву (швуá שבועה)», что указывает: не пробуждать любовь, т.е. избавление, «пока не проснется».

22) Сказал рабби Шимон: «Отсюда понятен смысл числа "семь", как сказано: "Издалека Творец явился мне: "Любовью вечной возлюбил Я тебя"[47]». «Издалека» означает – в изгнании, и это произошло из-за большой любви, которая раскрывается лишь в результате изгнания. «Имеется в виду, что изгнание – это исправление, чтобы сыны Исраэля смогли выйти из изгнания», и тогда раскроется любовь Творца к нам. И Писание указывает тем самым, что «число "семь" от жизни Яакова (означает), что святые сыновья, которых изгнали за их прегрешения, будут пребывать в суде долгие годы, пока не воздастся "всемеро против грехов ваших"[48], и говорится также: "Всемеро воздастся Каину"[49]» – т.е. число это исправляет принесенный ими ущерб и раскрывает свет избавления. «И это – в первом изгнании, египетском, самом меньшем» из трех изгнаний.

23) «Второе изгнание – это вавилонское изгнание, которое считается как сорок лет от жизни Яакова, по сравнению с семью египетскими, и они превосходят те». Объяснение. В египетское изгнание они вошли как простые люди, и горе их было не очень велико, но в вавилонское изгнание они вошли как потомки царей, которые были взяты в плен, – ибо уже была у них Тора и земля Исраэля, и Храм. Поэтому велико было их горе, и считается как сорок лет по сравнению с семью египетскими.

24) «Третье изгнание – это самое длительное изгнание, в котором мы находимся, и оно считается как сто лет от жизни Яакова по сравнению с сорока (годами)» вавилонского изгнания.

---

[46] Писания, Песнь песней, 2:7. «Заклинаю вас, дочери Йерушалаима, газелями и ланями степными: не будите, не тревожьте любовь, пока она не проснется».

[47] Пророки, Йермияу, 31:2. «Издалека Творец явился мне: "Любовью вечной возлюбил Я тебя, и потому привлек Я тебя милостью!"»

[48] Тора, Ваикра, 26:21. «Если же пойдете вы наперекор Мне и не захотите слушать Меня, то поражу Я вас всемеро против грехов ваших».

[49] Тора, Берешит, 4:24.

ГЛАВА ВАЕХИ

И приблизились дни Исраэля к смерти, и призвал он сына своего Йосефа

25) «И приблизились дни Исраэля к смерти»[50]. Сказал рабби Хизкия: «Он видел беду изгнания, которую предстоит пережить его сыновьям, и приблизил ее к душе своей, и приблизилась душа его к смерти» – т.е. это означает сказанное: «И приблизились дни Исраэля к смерти»[50]. «И он не остался "жив", когда сошел со своих ступеней из-за грехов Исраэля. И не сошел» Исраэль, Зеир Анпин, «вместе с ними в изгнание», как Шхина, которая сошла вместе с ними в изгнание. И спрашивает: «Счастлив их удел» – Исраэля, «и если бы не сошел вместе с ними Зеир Анпин в изгнание, они бы остались бы среди народов?» – и не смогли бы уйти от них? «И сказано: "Почему пришел Я, и не было никого, взывал Я, и не отвечал никто?"[51] "Не отвечал никто" – это Исраэль», Зеир Анпин. «"Пришел Я, и не было никого" – это Шхина, "разве коротка стала рука Моя, чтобы избавлять?"[51]» – т.е. и Зеир Анпин сошел с ними в изгнание.

И отвечает: «Творец дал удел Исраэлю, чтобы не властвовал другой правитель среди них» – и поэтому Он находится с ними в изгнании. «И также, когда они сошли в изгнание, Шхина с ними. Но Он» – Зеир Анпин, «далек от Шхины». Объяснение. На самом деле, как Зеир Анпин находится с ними в изгнании, так и Шхина, однако Он далек от Шхины, и не происходит между ними зивуг (соединение). Поэтому сказано в начале, что Зеир Анпин не сошел в изгнание.[52]

---

[50] Тора, Берешит, 47:29. «И приблизились дни Исраэля к смерти, и призвал он сына своего, Йосефа, и сказал ему: "Если нашел я милость в глазах твоих, то положи руку твою под бедро мое и окажи мне милость и правду: не хорони меня в Египте!"»

[51] Пророки, Йешаяу, 50:2. «Почему пришел Я, и не было никого, взывал Я, и не отвечал никто? Разве коротка стала рука Моя, чтобы избавлять, или нет во Мне силы, чтобы спасать? Ведь гневом Моим Я иссушаю море, превращаю реки в пустыню, смердят рыбы их от безводья и вымирают от жажды».

[52] См. Зоар, главу Ваикра, статью «Почему пришел Я, и не было никого», пп. 47-49.

ГЛАВА ВАЕХИ

И призвал он сына своего, Йосефа

26) «"И призвал он сына своего, Йосефа"⁵⁰. Проверил Яаков своих сыновей и сказал им: "Я вижу, что большие беды и несчастья предстоит пережить вашим сыновьям, и надо им снискать высшее милосердие"».

27) «И если вы хотите избавиться от всех этих бед, то поклянитесь мне, и да будет свидетелем между нами Владыка мира, что вы будете воплощать правду и справедливость и станете как отцы ваши. И заповедайте это в каждом поколении, которое придет вслед за вами. И если вы намереваетесь так поступать, то избавитесь от всех бед, которые ожидают вас».

28) Сказал рабби Шимон: «"Восстановите правосудие во вратах, может быть, помилует Творец Всесильный воинств остаток (дома) Йосефа" – т.е. все сыновья Исраэля, все они называются (домом) Йосефа».

Чтобы избежать непонимания того, почему в Писании сказано, что он призвал только одного своего сына, Йосефа, а не все колена, приводится пояснение рабби Шимона отрывка: «Восстановите правосудие во вратах, может быть, помилует Творец остаток (дома) Йосефа»⁵³, что все сыновья Исраэля называются «(дом) Йосефа». И также здесь⁵⁰ имя Йосеф включает в себя полностью все колена, которые (Исраэль) призвал и предостерег, и заставил поклясться.

29) И после того, как Зоар приводит пояснение рабби Шимона, он заканчивает сказанное Яаковом: «И если так сделаете, то не похорóните ни одного из моих сыновей в Египте, но вернетесь вместе со мной в землю вашу с миром».

30) «Сказано: "Положи руку твою под бедро мое"⁵⁴. Что означает: "Руку твою"? Провозгласил: "Возложи меч твой на бедро

---

⁵³ Пророки, Амос, 5:15. «Возненавидьте зло и возлюбите добро, и восстановите правосудие во вратах: может быть помилует Творец Всесильный воинств остаток (дома) Йосефа».

⁵⁴ Тора, Берешит, 24:2. «И сказал Авраам рабу его, старшему в доме своем, управлявшему всем, что у него: "Положи руку твою под бедро мое"».

свое, воин, – великолепие и величие твое!"⁵⁵» И также здесь «руку твою под бедро мое»⁵⁴ означает «меч». «Это меч, в котором есть милость (хесед) и истина» – т.е. Есод, в котором есть свет хасадим и свет Хохмы, называемый истина и называемый светом лика (паним). «И поэтому говорит: "Праведность и правосудие – основание престола Твоего, милость и истина будут пред ликом Твоим"⁵⁶, "лик Творца рассеял их"⁵⁷».

«И если бы сыновья его были праведны и выполняли бы принятое на себя, то не умер бы ни один из их сыновей в Египте, ибо всё благо, которое Творец посылает людям, посылается только при условии, что они будут праведными. Как сказал Давид: "Чтобы исполнил Творец слово свое, которое Он говорил обо мне, сказав: "Если сыны твои будут хранить путь свой, чтобы ходить предо Мной в истине"⁵⁸, а если нет, то нет.

31) «Насколько прекраснее дух отца, чем дух сына, потому что дух отца – это дух сына, дух нисходит от духа. И получается, что превосходство духа отца над ним, словно преимущество корня над ветвью его. Но если есть помощь иного веяния» – ситры ахра, «в духе сына, то он не рождается совершенным, потому что становится носителем недостатка из-за этого веяния» ситры ахра.

33)⁵⁹ «И сказал он: "Поклянись мне!" И тот поклялся ему. И поклонился Исраэль в сторону изголовья ложа»⁶⁰. Заговорил рабби Хизкия, провозгласив: «"Клялся Творец десницей Своей

---

⁵⁵ Писания, Псалмы, 45:4. «Возложи меч твой на бедро свое, воин, – великолепие и величие твое!»

⁵⁶ Писания, Псалмы, 89:15. «Праведность и правосудие – основание престола Твоего, милость и истина будут пред ликом Твоим».

⁵⁷ Писания, Эйха, 4:16. «Лик Творца рассеял их, не будет Он более взирать на них – священников они не почитали и старцев не щадили».

⁵⁸ Пророки, Мелахим 1, 2:4. «Чтобы исполнил Творец слово свое, которое Он говорил обо мне, сказав: "Если сыны твои будут хранить путь свой, чтобы ходить предо Мной в истине всем сердцем своим и всею душою своею, – то сказал, – не переведется у тебя муж на престоле израэлевом"».

⁵⁹ Пункт 32 в этой главе Зоара ошибочно был взят наборщиком текста из другой главы (замечание Бааль Сулама).

⁶⁰ Тора, Берешит, 47:31. «И сказал он: "Поклянись мне!" И тот поклялся ему. И поклонился Исраэль в сторону изголовья ложа».

и мышцей силы Своей"⁶¹ – т.е. Творец клялся, что выведет Исраэль из изгнания. И это то, в чем Он поклялся им здесь, на что и намекают слова: "И тот поклялся ему"⁶⁰», тоже указывающие на Творца, «т.е. Он поклялся, что не оставит их на земле врагов».

34) «И сказал он: "Отпусти меня, ибо взошла заря". Но он сказал: "Не отпущу тебя, пока не благословишь меня"»⁶². Что означает: "Благословишь меня"?» Иными словами, что это за благословение, которым благословил его ангел? «Это значит, что дал им изгнание и поклялся им вывести их из него». Объяснение. Как пояснил выше рабби Шимон значение слов: «Не Яаков отныне будет имя твое, а Исраэль»²³ – что имя Исраэль включает суд и милосердие, изгнание и избавление, и изгнание является непосредственной причиной избавления.⁶³

35) «Мы изучали, что сделает Творец для сыновей Исраэля в будущем так, что каждый из них будет вместо престола Его, и будут они важнее всех высших ангелов. И поэтому мы находим длинную букву "вав ו" в Торе», как, например, «вав ו» в сказанном: «Всякого, ползающего на брюхе (גחון)»⁶⁴. «Это косвенно указывает на то, что Творец поклялся в завершении шести (вав) поколений» – т.е. Авраама, Ицхака, Яакова, Моше, Аарона, Йосефа, и это шесть сфирот ХАГАТ НЕХИ. «И поскольку их шесть, сказано: "И поклонился Исраэль в сторону изголовья ложа"⁶⁰» – потому что Исраэль, Зеир Анпин, включает ХАГАТ НЕХИ. «"Поклонился Исраэль" – косвенно указывает на то, что Машиах придет в конце этого счета» – т.е. в конце шести тысяч лет, указывающих на полные сфирот ХАГАТ НЕХИ, со стороны облачения его высших Абы ве-Имы, у которых каждая из сфирот включает тысячу лет, «и Шхина будет пребывать с ними».

---

⁶¹ Пророки, Йешаяу, 62:8. «Клялся Творец десницей Своей и мышцей силы Своей: не дам Я зерно твое в пищу врагам твоим, и не будут пить чужеземцы вино твое, над которым трудился ты».
⁶² Тора, Берешит, 32:27. «И сказал он: "Отпусти меня, ибо взошла заря". Но он сказал: "Не отпущу тебя, пока не благословишь меня"».
⁶³ См. выше, п. 15.
⁶⁴ Тора, Ваикра, 11:42. «Всякого, ползающего на брюхе, и всякого, ходящего на четырех, и также всякого многоногого из всех пресмыкающихся по земле не ешьте, ибо мерзость это».

ГЛАВА ВАЕХИ

Вот, отец твой болен

36) «И было после этих событий, сказали Йосефу: "Вот, отец твой болен". И взял он с собой двух сыновей своих, Менаше и Эфраима»[65]. Сказал рабби Хизкия: «Этот отрывок повествует не о том, что сделал Йосеф, а о том, что будет в конце изгнания, т.е. всё это произойдет в конце назначенного срока» – в конце шести тысяч лет. «И в этом отрывке: "Сказали Йосефу: "Вот, отец твой болен"[65] говорится о том, что придет Машиах, Йосеф, и будет сказано ему: "Твой небесный Отец беспокоится принять лик твой, смотрящий на окончание дней Машиаха"».

«Отец твой болен» означает – заботится и беспокоится. А в отрывке: «И взял он с собой Менаше и Эфраима» подразумевается следующее: «Да будет желанием Всесильного, обитающего в небесах, принять тех сыновей своих, которые расплодились (пару́ פָּרוּ) и размножились (рабу́ רָבוּ) в изгнании» – и потому называются Эфраим (אפריים), «и тех, чьи прегрешения забыты (нишкеху נשכחו) в силу изгнания» – и потому называются Менаше (מנשה), от слова «забытье (шихеха́ שִׁכְחָה)», «поскольку Творец действительно забыл их прегрешения».

37) «Когда явился рабби Аба, то сказал, что нельзя истолковывать этот отрывок так, что он о чем-то повествует» – но так, чтобы истолковать его скрытый смысл. «И сказал: "Важен внутренний смысл сказанного, и так же как во фразе: "Да прибавит мне Творец другого сына"[66] мы объясняли раньше святое имя в Йосефе» – что это имя, состоящее из трех букв «йуд-хэй-вав יהו», «так же и во фразе: "И сказали Йосефу: "Вот, отец твой", постигший будущий мир», т.е. Зеир Анпин в мохин высшей Бины, которая называется будущим миром, «хочет сделать благо сыновьям своим, чтобы они вышли из изгнания, и если ты искренне не захочешь», т.е не найдешь их достойными этого, «то четырехбуквенное единое имя АВАЯ (הויה) исправит тебя, и захочет, чтобы вернулась Шхина на свое место». Объяснение. Если сыновья не достойны избавления со своей стороны, то исправит их Зеир Анпин со стороны подъема их в будущий

---

[65] Тора, Берешит, 48:1. «И было, после этих событий сказали Йосефу: "Вот, отец твой болен". И взял он с собой двух сыновей своих, Менаше и Эфраима».

[66] Тора, Берешит, 30:24. «И нарекла ему имя Йосеф, говоря: "Да прибавит мне Творец другого сына"».

мир, Бину, и с помощью этого исправится единство: «Творец (АВАЯ) един»[67], и мы это уже выясняли.[68]

38) «Ибо праотцы являются высшим строением (меркава) святого имени, как сказано: "И вознесся Всесильный над Авраамом"[69] – т.е. восседал над ним. И сказано: "Ты дашь истину Яакову, милость (хесед) Аврааму"[70]» – т.е. Яаков был строением для Тиферет, называмой истиной, а Авраам был строением для Хеседа. И поэтому мы пояснили, что в отрывке: «Вот, отец твой болен» говорится о Зеир Анпине. «И мы изучали, что придет Машиах» – благодаря единству «Творец (АВАЯ) един»[67].

---

[67] Пророки, Зехария, 14:9. «И будет Творец Царем над всей землей. В тот день будет Творец един и имя Его едино».
[68] См. Зоар, главу Берешит, часть 1, п. 126, со слов: «Зоар выясняет сказанное...»
[69] Тора, Берешит, 17:22. «И кончил Он говорить с ним, и вознесся Всесильный над Авраамом».
[70] Пророки, Миха, 7:20. «Ты дашь истину Яакову, милость Аврааму, о которой клялся Ты отцам нашим с давних времен».

ГЛАВА ВАЕХИ

И при наступлении вечера будет свет

39) Изрек рабби Йоси: «"И будет день один – известен будет он Творцу: не день и не ночь. И при наступлении вечера будет свет"[71]» – этими словами он объяснил наш отрывок: «И взял он с собой двух сыновей своих, Менаше и Эфраима»[65] и дальше не стал объяснять. И Зоар объясняет слова рабби Йоси, говоря, что он хотел сказать о двух неприятных событиях, которые произойдут с сыновьями Яакова:

1. Что они будут в изгнании на земле врагов своих.
2. Что он не будет смотреть на них долгие годы за их прегрешения на самом деле, и так забудет их в стране врагов их.

И это свойство Эфраима и Менаше. Но в конце: «И взял он сыновей своих»[65], с которыми случились два этих бедствия, и повел их в землю благодатную, согласно истолкованию этого отрывка». «И взял он с собой Менаше и Эфраима», т.е. он взял их, когда произошли с ними эти два события, и повел их в землю благодатную.

40) «И были два важных высокопоставленных управляющих, которые под престолом величия управляющего над Исраэлем, пятой меры, добивались того, чтобы они находились в изгнании весь положенный срок» – и это сторона Эфраима. «И хуже этого, если забудет он их в стране врагов» – и это сторона Менаше.

Объяснение. Один управляющий – со стороны Эфраима, и потому его назначение: держать Исраэль в изгнании, и чтобы расплодились и умножились там. А второй управляющий – со стороны Менаше, и потому его назначение: предавать их забвению во время изгнания.

41) «Два управляющих – это две меры, в каждой из которых два языка. Выступила одна мера, обращаясь к Владыке мира. И ей было позволено говорить все, что она пожелает. И усмотрела она, что с одной стороны, нужно постановить об Исраэле, чтобы они вышли из изгнания благодаря заслуге их

---
[71] Пророки, Зехария, 14:7. «И будет день один – известен будет он Творцу: не день и не ночь. И при наступлении вечера будет свет».

праотцев. Но с другой стороны усмотрела, что нужно вынести им приговор – остаться в изгнании из-за их прегрешений, поскольку обвинители говорили о них много плохого. И всего их – четыре меры».

«Поскольку каждый из управляющих, то есть (каждая) из двух мер, обладал двумя языками, один раз – к заслуге, другой раз – к наказанию. И отсутствовала в них пятая мера – управляющий Исраэлем, и говорили все, что хотели». Один раз говорили два управляющих к заслуге, другой раз – к наказанию. И не было у них пятой меры, возвращающей все к заслугам.

Пояснение сказанного. Малхут, со своей стороны, считается мерой суда и не является достойной получения высшего света вследствие сокращения и экрана, стоящего над ней. И всё ее исправление для получения света состоит в ее подъеме и соединении с Биной, являющейся мерой милосердия. Это две меры в двух управляющих – мера суда и мера милосердия, включенные друг в друга, Бина и Малхут.[72] И они становятся четырьмя Малхут, ибо Бина состоит (теперь) из Бины и Малхут, и также Малхут состоит из Бины и Малхут. И потому они меняются с милосердия на суд и с суда на милосердие: порой они – зхарим (мужские начала), а порой – некевот (женские), потому что части Бины в них – это зхарим и милосердие, а части Малхут в них – некевот и суд.

И это две меры – мера милосердия, Бина, и мера суда, Малхут, после того как они включились друг в друга.

Первый управляющий, назначение которого заключается в удержании Исраэля в изгнании, и чтобы они плодились и размножались, относится к свойству Малхут, являющейся мерой суда. Как сказано: «Но насколько они притесняли Исраэль, настолько он умножался и распространялся»[73].

А второй управляющий, предающий их забвению в земле их врагов тем, что не будет смотреть на них долгие годы за их прегрешения,[74] то есть, он их не судит за их прегрешения, и

---

[72] См. Зоар, главу Берешит, часть 2, пп. 116 и 120.
[73] Тора, Берешит, 1:12. «Но насколько они притесняли его, настолько он размножался и распространялся, и стали им отвратительны сыны Исраэля».
[74] См. выше, п. 39.

вследствие этого приходит забвение, – от Бины, от меры милосердия. И поэтому он не смотрит на их прегрешения.

И сказано, что это две меры, в каждой из которых имеется два языка, и всего их – четыре меры. Ведь после того, как они включили в себя друг друга, они стали четырьмя Малхут таким образом, что в Бине установились милосердие и суд, и в Малхут (установились) милосердие и суд – т.е. заслуга и наказание в каждой из этих Малхут. И они меняются: порой – к заслуге, когда выходят из изгнания, благодаря заслугам праотцев, порой – к наказанию, когда остаются в изгнании за свои прегрешения.

Поэтому сказано: «И ей было позволено говорить все, что она пожелает» – т.е. превращаться порой в заслугу, а порой – в наказание. И все потому, что эта Малхут сама по себе является мерой окончательного суда, поэтому даже после того, как она включила в себя меру милосердия, она приводит к суду и наказанию в любом месте своего проявления.

Однако в конце исправления, когда Малхут получит свое полное исправление и устранится суд в ней, и она станет достойна получения светов так же, как и Бина, отменятся также переходы от милосердия к суду еще и в месте, где Малхут связана с Биной. И эта Малхут называется пятой мерой, которая больше не будет так связана с Биной, как эти четыре Малхут, а сама будет исправленной. Поэтому сказано: «И говорили все, что хотели» – т.е. один раз эти два управляющих говорили к заслуге, другой раз – к наказанию.

42) «Пока не придет к ним пятая мера», которая раскроется в конце исправления, «и не станет престолом величия святого имени» – т.е. Малхут сама по себе, без участия Бины, станет престолом величия так же, как и Бина, «и будет говорить в пользу Исраэля», так как устранятся из нее все суды. «И не будут больше бояться две первые меры» – т.е. Бина в Бине и Бина в Малхут, «говорить перед Ним» о заслугах Исраэля, как боялись до этого, когда две другие меры, Малхут в Бине и Малхут в Малхут, превращали их в наказания, «поскольку пятая мера, которая» до сих пор «была подобна ночи» из-за судов в ней, «вышла сейчас, чтобы светить им» – т.е. стала светом и милосердием, и отменились все суды, имевшиеся в двух первых Малхут, которые требовали наказания Исраэля.

И поэтому изрек рабби Йоси: «И будет день один – известен будет он Творцу: не день и не ночь. И при наступлении вечера будет свет»[71].

Объяснение. Все то время, пока Малхут еще не исправлена сама, а лишь благодаря взаимодействию с Биной, свойство Бины называется «день», а свойство Малхут – «ночь», т.е. ночь светит с помощью луны и звезд, получающих от солнца, т.е. света дня.

Однако в конце исправления: «И будет день один… не день и не ночь» – т.е. объятая тьмой Малхут не будет нуждаться в исправлении дня и ночи, но «при наступлении вечера»[71] – в то время, когда раскроется сущность Малхут, называемой «вечер», «будет свет»[71] – потому что сама тьма Малхут превратится в свет, и она больше не будет нуждаться в луне и звездах, получающих наполнение от света дня, и это – пятая мера.

И этим объяснил рабби Йоси сказанное: «И взял с собой Менаше и Эфраима» – т.е. две меры, Бину и Малхут,[75] так как это указывает на время избавления, когда раскроется пятая мера, и тогда станут эти две меры полностью милосердием, и больше не будут превращаться в наказание.

43) «Мы уже изучали речение: "И назвал Всесильный свет днем, а тьму назвал ночью"[76]», и оно означает, что Нуква Зеир Анпина, называемая тьмой и называемая ночью, получает наполнение от дня, Зеир Анпина. «Но там сказано: "И тьма над бездной"[77], и это означает, что тьма эта является клипой, а не святостью? И одно высказывание противоречит другому». Подошел рабби Эльазар к рабби Шимону, отцу своему, и сказал: «Отец мой и учитель, что означает это противоречие?»

Ответил ему: «От "берешит" до шести поколений» – т.е. ХАГАТ НЕХИ Зеир Анпина, «создал "Творец (АВАЯ) един"[78]» – т.е. Бина. И объясняет (рабби Шимон): «Хочет сказать, что

---

[75] См. выше, п. 41, со слов: «Пояснение сказанного…»
[76] Тора, Берешит, 1:5. «И назвал Всесильный свет днем, а тьму назвал ночью. И был вечер, и было утро – день один».
[77] Тора, Берешит, 1:2. «Земля же была пустынна и хаотична, и тьма над бездной, и дух Всесильного витал над поверхностью вод».
[78] Пророки, Зехария, 14:9. «И будет Творец Царем над всей землей. В тот день будет Творец един и имя Его едино».

это "вав ו" имени» АВАЯ (הויה), Зеир Анпин, и Бина «дала ему дух (руах) Хохмы, поэтому до сих пор не было известно, что представляет собой тьма». Встал рабби Эльазар и поцеловал руки отца своего.

Объяснение. Мохин Хохмы отменяют все клипот. И после того, как Зеир Анпин получает Хохму от Бины и передает эти ХАГАТ НЕХИ Нукве, устраняется из них тьма, и поэтому до сих пор не было известно, что такое тьма. И о ней сказано: «А тьму назвал ночью»[76]. Однако ниже шести поколений, ХАГАТ НЕХИ Зеир Анпина, т.е. ниже мира Ацилут, там есть тьма, являющаяся клипой, и об этом сказано: «Тьма над бездной»[77].

44) «Встал рабби Аба и спросил: "Что такое тьма?" Повернулись товарищи» – т.е. проявили старание, чтобы ответить ему, «но не смогли ответить на его вопрос. Произвели действие» – т.е. совершили определенное соединение, «и донесся голос от Владыки мира, произнесший следующее изречение: «Страна мглы, подобной мраку смертной тени, где нет устройства, а свет как мрак»[79], и этот мрак означает – «ад, то есть еще прежде, чем был создан мир, он был скрыт от грешников». И отсюда ясно, что тьма – это ад.

«Горе им, тем грешникам, которые будут находиться в этой тьме, когда Всесильный исполнит сказанное: «Ибо вот, тьма покроет землю и мрак – народы. А над тобой воссияет Творец, и величие Его над тобой проявится»[80]. Счастлив удел Исраэля, для которых Творец не создал эту тьму. «Счастлив народ, у которого это есть, счастлив народ, у которого Творец – Всесильный его»[81].

---

[79] Писания, Иов, 10:21-22. «Прежде, чем уйду безвозвратно в страну тьмы и смертной тени. В страну мглы, подобной мраку смертной тени, где нет устройства, а свет – как мрак».
[80] Пророки, Йешаяу, 60:2. «Ибо вот, тьма покроет землю, и мрак – народы. А над тобой воссияет Творец, и величие Его над тобой проявится».
[81] Писания, Псалмы, 144:15. «Счастлив народ, у которого это есть, счастлив народ, у которого Творец – Всесильный его».

ГЛАВА ВАЕХИ

И поведали Яакову

45) «И поведали Яакову и сказали: "Вот сын твой, Йосеф, идет к тебе"»[82]. Сказал рабби Йоси: «Это был ангел» – поведавший Яакову, «которому предстоит в будущем говорить хорошее об Исраэле, в то время, когда Исраэль обратятся к Творцу в результате всех своих бед при наступлении конца дней Машиаха, и будут они избавлены от всех бед, случившихся с ними. И он скажет этой мере», т.е. Яакову, свойству Тиферет: «Твои сыновья идут к тебе, и будут спасены лучшие из них» – Исраэль.

46) «Благословен удел Исраэля, зовущихся сыновьями Творца. И они, как ангелы, о которых сказано: "И возликовали все сыны Всесильного"[83]», а также Исраэль зовутся «сыны Творца», как сказано: «Сыны вы Творцу Всесильному вашему»[84].

47) «Откуда мы знаем, что Творец нарек Яакова богом (Эль), сказав ему: "Ты будешь среди нижних, а Я буду Всесильным среди высших"?» Откуда нам это известно? «Из сказанного: "И вознесся Всесильный над Авраамом"[85] – отсюда видно, что праотцы являются строением (мерκава) Творца. И мы изучали[86]: "Ты дашь истину Яакову, милость (хесед) Аврааму"[87], то есть это две сфиры» – Хесед и истина, т.е. Тиферет, «в двух больших высших строениях (меркавот)» – Аврааме и Яакове.

48) «Третий – Ицхак», который стал строением (мерκава) для сфиры Гвура. «И откуда нам это известно? Из сказанного: "И поклялся Яаков Страхом отца своего, Ицхака"[88], поскольку "Страх Ицхака", являющийся сфирой Творца», т.е. Гвурой,

---

[82] Тора, Берешит, 48:2. «И поведали Яакову и сказали: "Вот сын твой, Йосеф, идет к тебе". И собрался с силами Исраэль, и сел на ложе».
[83] Писания, Иов, 38:7. «При всеобщем ликовании утренних звезд, и возликовали все сыны Всесильного».
[84] Тора, Дварим, 14:1.
[85] Тора, Берешит, 17:22. «И кончил Он говорить с ним, и вознесся Всесильный над Авраамом».
[86] См. выше, п. 38.
[87] Пророки, Миха, 7:20. «Ты дашь истину Яакову, милость Аврааму, о которой клялся Ты отцам нашим с давних времен».
[88] Тора, Берешит, 31:53. «Всесильный Авраама и бог Нахора пусть вершат суд между нами, Всесильный отца их. И поклялся Яаков Страхом отца своего, Ицхака».

называемой Страхом, «стал престолом величия высшего строения (меркава)», относительно нее. «И эта сфира Ицхака», Гвура, «она важнее и более проявлена, чем остальные сфирот праотцев», Хесед и Тиферет. «И это смысл сказанного: "И поклялся Яаков Страхом своего отца, Ицхака"» – т.е. сфирой Гвура, называемой Страхом, поскольку она важнее их всех. Дело в том, что свечение Хохмы приходит только от сфиры Гвура, т.е. левой линии,[89] и свечение Хохмы отменяет все клипот.

49) Произнес рабби Аба: «"Всесильный Авраама и бог Нахора пусть вершат суд между нами, Всесильный отца их. И поклялся Яаков Страхом отца своего, Ицхака"[88]. Из этого изречения мы можем это увидеть». Сфира Ицхака важнее всех – ведь он не поклялся Всесильным Авраама, а Страхом Ицхака.

---

[89] См. Зоар, главу Ваеце, п. 35, со слов: «Пояснение сказанного...»

ГЛАВА ВАЕХИ

И собрался с силами Исраэль и сел на постели

50) «И собрался с силами Исраэль и сел на постели»[82]. И сказано: «В это время поднимется Михаэль, правитель великий, стоящий за сынов народа твоего, и будет время бедствий»[90]. Сказал рабби Шимон: «Это могущество (гвура) руки великого Михаэля», который поднимется за Исраэль во время избавления, и тогда «будет время бедствий, какого не бывало с тех пор, как стали они народом, и до этого времени»[90]. И об этом времени сказано здесь: «И собрался с силами Исраэль»[82].

«"И сел на постели"[82]. Так же, как поклонился ей до этого», как сказано: «И поклонился Исраэль в сторону изголовья ложа»[91], так же теперь сел на нее. Объяснение. «Постель (ложе)» – это Малхут, получающая от Яакова, Зеир Анпина, а «сел на постели» означает, что совершает отдачу ей.

«Кому поклонился Яаков? Если поклонился ложу», Малхут, «то ведь ложе было готово принять от него», а дающий не поклоняется получающему от него. «Но обрезанию», т.е. Есоду, «он поклонился, ибо оно было дорого ему». Объяснение. «Ложе» – это Малхут, «изголовье (рош) ложа» означает – Есод, рош Малхут. И в этом отрывке говорится, что он поклонился свойству Есод, самой дорогой из всех сфирот.

51) «Ибо осквернил Йегуда святость Творца, которую он любил, и сошёлся с дочерью бога чужого»[92]. И он спрашивает, что означает: «И сошёлся с дочерью бога чужого»? И говорит: «Когда ушёл свет от Него» – от Зеир Анпина, «за прегрешения их» – Исраэля, «нельзя было ей» – Шхине, «стоять перед Ним» – перед Зеир Анпином, «и была изгнана Шхина от Царя»

---

[90] Писания, Даниэль, 12:1. «В это время поднимется Михаэль, правитель великий, стоящий за сынов народа твоего, и будет время бедствий, какого не бывало с тех пор как стали они народом (и) до этого времени. И спасётся в то время народ твой, все те, которые найдены будут записанными в книгу (жизни)».

[91] Тора, Берешит, 47:31. «И сказал он: "Поклянись мне!" И тот поклялся ему. И поклонился Исраэль в сторону изголовья ложа».

[92] Пророки, Малахи, 2:11. «Изменил Йегуда, и гнусность творилась в Исраэле и в Йерушалаиме, ибо осквернил Йегуда святость Творца, которую он любил, и сошёлся с дочерью бога чужого».

– т.е. вышла вместе с Исраэлем в изгнание среди народов, «так как не могла оставить сыновей своих среди народов, чтобы убили их. И пребывал Он», Зеир Анпин, «в земле святости. И из-за того, что с Ним будут чужеземные народы», сказано: «И сошёлся с дочерью бога чужого». «Он хочет сказать, что Шхина вошла в изгнание среди народов, и в то время, когда она не была на земле (святости), а была на земле этих народов, и получается, что в свете Исраэля удерживались народы, окружавшие их». И потому сказано об этом: «И сошёлся с дочерью бога чужого»[92].

52) «Мы изучали, – сказал рабби Йоси, – что два управляющих» – т.е. ангела, «находились под святым престолом величия. Имя одного из них – Ложе, и он пребывает в сокровищнице чертога. А когда мы в изгнании, остается среди нас лишь тот, чья природа – от природы Его» – Творца, «запечатленный именем Творца» – т.е. ангел Матат, имя которого, как имя Господина его, как сказано[93]: «Так как имя Моё – на нем».[94]

53) «Сказано: "Вот Я посылаю ангела перед тобою, чтобы хранить тебя в пути и привести тебя в то место, которое Я приготовил"[93] – такое можно сказать только о будущем мире» – Бине, как мы это уже объяснили на своем месте. И она является хранением в пути». Иначе говоря, от Бины исходит сила хранения. И поэтому Бина сказала Исраэлю: «Вот Я посылаю ангела» – т.е. Шхину, «чтобы хранить тебя в пути», а не другая ступень. Ибо от нее это хранение. И сказала: «Помещаю Я Шхину среди вас, чтобы оберегать вас в изгнании, и она будет оберегать вас, пока не приведет вас в землю вашу, в которой вы были до этого». Как сказано: «Которое Я приготовил», т.е. как сказано в завершении отрывка: «И привести тебя в место, которое Я приготовил»[93] – т.е. эта земля уже являлась местом их поселения до этого.

54) «Это Шхина от Матата» – ангелом в этом отрывке является Шхина, облачающаяся и действующая через Матата. Так как в изгнание, называемое путём, «Шхина была выслана от Царя», Зеир Анпина, и действует через Матата до дней избавления,

---

[93] Тора, Шмот, 23:20-21. «Вот Я посылаю ангела перед тобою, чтобы хранить тебя в пути и привести тебя в то место, которое Я приготовил. Бойся его и слушайся, не прекословь ему, ибо он не простит ваших проступков, так как имя Мое на нем».

[94] Вавилонский Талмуд, трактат Санедрин, лист 38:2.

«пока она не вернется на свое место», в Зеир Анпин. «И поэтому сказано: "Ибо только Ог, царь Башана, уцелел из остальных рефаимов. Вот одр его, одр железный, тот самый, что в Раббе сынов Амона"[95]».

Объяснение. Ог, царь Башана, – это клипа, соответствующая Матату. Поэтому он тоже косвенно связан со словом «ложе (мита)», как и Матат, и сказано: «Вот одр его, одр железный»[95]. И его ложе тоже находится в сокровищнице чертога, как сказано: «Тот самый, что в Раббе сынов Амона»[95] – т.е. в сокровищнице чертога царя, который там.

55) «И в пути, который символизирует изгнание, будет оберегать вас» Шхина «в изгнании от всех бед, которые обрушатся на вас, пока не приведет и не введет вас в землю, обещанную отцам вашим, которая хранима» для вас.

56) «Второй управляющий, находящийся под престолом святости, пребывающий в сокровищнице чертога, – это Нуриэль. Ибо управляющий Исраэлем, назначенный над ними», то есть первый управляющий, находящийся под престолом святости, Матат, «в любое время, когда Шхина была вместе с Царем, выходил и входил перед ними. И это Матат. А этот» – второй управляющий, Нуриэль, «принимает служение Исраэля Творцу в виде огня. И когда отменяется огонь, потому что изгнаны Исраэль» и не поднимают МАН в своей работе, «удаляется свет Шхины и удаляется Шхина от Царя».

57) Начал объяснять рабби Шимон, сказав: «"Переночуй эту ночь, а утром, если выкупит он тебя, хорошо, пусть выкупит"[96]». Сказал рабби Йоси: «Милосердие властвует над судом». Ибо Рут – это свойство Малхут, т.е. суд, а «хорошо» – это милосердие. «Как сказано: "И увидел Всесильный свет, что он хорош"[97], т.е. "хорош" и "свет" равны друг другу, и он является источником тех рек, от которых происходят море и реки, существующие

---

[95] Тора, Дварим, 3:11. «Ибо только Ог, царь Башана, уцелел из остальных рефаимов. Вот одр его, одр железный, тот самый, что в Раббе сынов Амона: девять локтей его длина и четыре локтя его ширина, по локтю мужа».

[96] Писания, Рут, 3:13. «Переночуй эту ночь, а утром, если выкупит он тебя, хорошо, пусть выкупит, а если он не захочет выкупить тебя, то я тебя выкуплю, (как) жив Творец! Полежи до утра».

[97] Тора, Берешит, 1:4. «И увидел Всесильный свет, что он хорош; и отделил Всесильный свет от тьмы».

в мире». И поэтому сказанное о Рут: «Если выкупит он тебя, хорошо» – т.е. милосердие, называемое «хорошо», выкупит и будет господствовать над Рут, над судом.

58) Сказал рабби Шимон: «Однажды я поднялся и спустился, чтобы светить в источнике этих рек» – т.е. он поднял МАН и опустил МАД к Малхут от источника рек, Бины. «Рабби Аба спросил меня: "Чем вы занимаетесь?" Я ответил ему: "Вот этим изречением: "Все реки стекаются в море, а море не наполняется"[98]. Светом его (источника)» – светом Бины, «созданы все управляющие в мире, от света его проистекают все реки. И реки» в этом высказывании[98] «не наполняют» – море, т.е. Малхут, называемую морем, «в этом изгнании, ибо тьма и мгла изгнания порождены любовью матери», Бины, «сотворившей их. И если бы не было этой тьмы, то не вышла бы река, светящая дочери», Малхут. «И море не станет наполненным и совершенным, пока не придет другая сторона, которая не была в изгнании», – т.е. правая сторона, над которой не властвует ни одна клипа, и тогда наполнится море, Малхут.

---

[98] Писания, Коэлет, 1:7. «Все реки стекаются в море, а море не наполняется; к месту, куда реки текут, туда вновь приходят они».

ГЛАВА ВАЕХИ

Имена со словом «рука»

59) «Имена со словом "рука", – такие как "рука Творца", "величественная рука", "могучая рука", – являются источником света для всего. И не упоминается рука иначе, как с именем» АВАЯ, представляющим собой милосердие, «как сказано: "Ведь не коротка рука Творца"[99]».

60) Подошел рабби Эльазар и спросил у рабби Шимона, отца своего, и заплакал, и сказал ему: «Открой мне эту тайну» слова рука, «отец мой и учитель». Сказал ему: «В этом изречении откроется тебе, что "рука на престоле Творца (йуд-хэй יה) – война у Творца (АВАЯ הויה) против Амалека"[100], т.е. рука престола, принадлежащая АВАЯ», и это милосердие, «когда милосердие властвует над судом. Писание хочет сказать: «Да будет воля, чтобы всегда вместо силы (гвура) была рука величественная, которая была в Египте, т.е. милосердие, и если бы не было» этой величественной руки, «велась бы судом» эта война, без милосердия.

61) «И когда придет Машиах, он придет снова благодаря этой величественной руке, и будет вести войну с Амалеком», и возобладает милосердие над судом, как при выходе из Египта. И сказано, что «"сильной рукою вывел тебя Творец из Египта"[101]. И когда слово "рука" приводится только как "сильная рука"», а не рука Творца или величественная рука, «то это – судом, т.е. что Он будет судом вести войну с Амалеком, и явится Машиах». Объяснение. Он будет вести с Амалеком две войны: первую – когда милосердие преобладает над судом, а вторую – только судом. И тогда придет избавление.

«Рабби Эльазар подтверждает» его слова, «как сказано: "И выйдет Творец и сразится с народами теми, как в день, когда

---

[99] Пророки, Йешаяу, 59:1. «Ведь не коротка рука Творца, чтобы спасать, и не туго ухо Его, чтобы слышать».

[100] Тора, Шмот, 17:16. «Вот рука на престоле Творца (свидетельством тому), что война у Творца против Амалека из поколения в поколение».

[101] Тора, Шмот, 13:9. «И да будет это тебе знаком на руке твоей и напоминанием над глазами твоими, дабы было учение Творца на устах твоих, ибо сильной рукою вывел тебя Творец из Египта».

сражался Он, в день битвы"¹⁰²». Объяснение. Первая половина сказанного происходит при поддержке милосердия. Как сказано: «И выйдет Творец (АВАЯ) и сразится» – где АВАЯ означает милосердие. А завершающая половина происходит только судом, без милосердия, и о ней сказано: «Как в день, когда сражался Он, в день битвы» – и не упоминается здесь имя АВАЯ. Таким образом, будет два вида войн, как сказал рабби Шимон.

62) «Посмотри, как велика сила "величественной руки"» – правой руки, «достигшей этой "высшей руки"» – левой руки, которая называется сильною рукой, и называется также высшей, поскольку светит только снизу вверх. «И благодаря силе этой руки они вышли из Египта, как сказано: "Ибо сильной рукою вывел тебя Творец из Египта"¹⁰¹». И они соединяются вместе, «поскольку равны их числовые значения. Считается, что "йуд י" равна "йуд י", а "далет ד" равна "далет ד"». Он хочет сказать: «Имя "величественная рука (яд יד)" и имя "высшая рука (яд יד)", которые выходят вместе, равны по своим буквам, и числовое значение одних такое же, как числовое значение других. И это единство включило в себя две руки, обе вместе» – т.е. правая и левая соединились вместе.

63) Спрашивает: «Каким образом не прекращается их соединение друг с другом, ведь они не равны?» – одна называется величественной, а другая называется сильной. И отвечает: «Выясняется соединение их обеих, поскольку в своих буквах "йуд-далет יד (яд рука)" они равны по значению, хотя обе они не выясняются окончательно в их внешнем проявлении». Иначе говоря, поскольку относительно слова «рука» они равны между собой, уже есть возможность их соединения вместе, хотя одна называется величественной, а другая сильной. «От этих двух» – рук, «были созданы небо и земля и всё, что с ними».

«"Йуд י" с "йуд י" и "далет ד" с "далет ד"». Объяснение. После того, как выяснилась в Зоар степень важности единства двух этих рук, «величественной руки» и «сильной руки», из единства которых созданы небо и земля и всё, их наполняющее. И хотя они далеки друг от друга, ибо «величественная рука» – правая, а «сильная рука» – левая, всё же, поскольку обе они называются «рука», есть у них общая связь в отношении слова

---

¹⁰² Пророки, Зехария, 14:3. «И выйдет Творец и сразится с народами теми, как в день, когда сражался Он, в день битвы».

«рука», и потому они соединяются. А сейчас Зоар выяснит, каким образом они соединяются друг с другом в значении слова «рука», согласно десяти сфирот в каждой из них.

Известно, что ГАР каждой ступени определяются следующим образом: простые буквы названия этой ступени считаются ее сфирой Кетер, а наполнение простых букв – это Хохма в ней, а наполнение наполнений – Бина в ней.

В слове «рука (яд יד)» простые буквы «йуд-далет יד» – это сфира Кетер в нем. Буквы наполнения «йуд-далет יד», т.е. «йуд יוד», «далет דלת» – сфира Хохма в нем. Буквы наполнения наполнений, т.е. наполнения букв «йуд-вав-далет יוד», «далет-ламэд-тав דלת», и это «йуд יוד» «вав וו» «далет דלת», «далет דלת» «ламэд למד» «тав תו» – сфира Бина в ней.

Согласно этому описываются в Зоар три круга, один в другом. В ГАР, находящихся в высшем (круге), объединяются простые буквы «йуд-далет יד» величественной руки с простыми буквами «йуд-далет יד» сильной руки. Как сказано в Зоар: «"Йуд י" с "йуд י", "далет ד" с "далет ד"» – т.е. Кетер величественной руки с Кетером сильной руки, потому что простые буквы Имени указывают на Кетер.

А во втором круге, находящемся в высшем, объединяются буквы наполнения «йуд-далет יד» величественной руки, т.е. «йуд-вав-далет יוד» «далет-ламэд-тав דלת», с буквами наполнения «йуд-далет יד» сильной руки, «йуд-вав-далет יוד» «далет-ламэд-тав דלת». И это означает сказанное в Зоар: «"Йуд י" с "йуд י"» – то есть «йуд י» величественной руки соединяется с «йуд י» сильной руки, «а также "вав ו" с "вав ו", «а также "далет ד" с "далет ד"» – «далет ד» величественной руки с «далет ד» сильной руки». И они пишутся в правой стороне круга.

А в левой стороне круга пишутся наполнения «далет ד» – «далет-ламэд-тав דלת». И это означает сказанное в Зоар: «К "далет ד" – "далет ד"» – т.е. «далет ד» величественной руки соединяется с «далет ד» сильной руки. «А также к "ламэд ל" – "ламэд ל"» – т.е. «ламэд ל» величественной руки соединяется с «ламэд ל» сильной руки. «А также к "тав ת" – "тав ת"» – к «тав ת» величественной руки присоединяется «тав ת» сильной руки.

И смысл того, что наполнения «йуд י» пишутся в правой стороне круга, а наполнения «далет ד» пишутся в левой стороне круга, заключается в следующем. Суть буквы «йуд י» указывает на Хохму, и это правая сторона. А суть буквы «далет ד» указывает на Бину, являющуюся левой стороной Хохмы. Но обычно второй круг – это Хохма, поскольку она является свойством наполнения, как мы уже сказали.

А в третьем круге, находящемся внутри второго, соединяется наполнение наполнения слова «рука (яд יד)» от величественной руки с буквами наполнения наполнения слова «рука (яд יד)» от сильной руки. И это – сфира Бина в нем. И это «йуд יוד» «вав וו» «далет דלת», «далет דלת» «ламэд למד» «тав תו» величественной руки с «йуд יוד» «вав וו» «далет דלת», «далет דלת» «ламэд למד» «тав תו» сильной руки.

Однако Зоар не учитывает тут наполнение наполнения «йуд י», а только «далет ד». И дело в том, что этот круг является сфирой Бина, а «йуд י» по сути своей является свойством Хохмы, и поэтому учитывается в этом круге только наполнение наполнения «далет ד», являющееся по сути своей сфирой Бина. И это означает сказанное в Зоаре: "Далет ד" к "далет ד"» – т.е. «далет ד» наполнения наполнения величественной руки соединяется с «далет ד» наполнения наполнения сильной руки. «А также "ламэд ל" к "ламэд ל"». «А также "тав ת" к "тав ת"». И они находятся в правой стороне круга, поскольку являются основными буквами наполнения наполнения.

А в левой стороне круга «ламэд ל» наполнения наполнения величественной руки соединяется с «ламэд ל» наполнения наполнения сильной руки. «А также "мэм מ" к "мэм מ"». «А также к "далет ד" – "далет ד"». «А также к "тав ת" – "тав ת"». «А также к "вав ו" – "вав ו"». А в центре написанного – «вав ו» наверху, указывающая на их ХАГАТ, а под ним «йуд-хэй יה», «йуд-хэй יה», и они указывают на их Нецах и Ход, а под ними – Шадай (שדי), указывающий на их Есод. А под ним – строение (меркава) праотцев Исраэля, указывающее на их сфиру Малхут.

Первая сфира, высший круг, – это высший Кетер, так как в нем (содержатся) простые буквы, являющиеся свойством Кетера.

Второй круг, к которому относится сказанное: «В любом месте очи Творца видят злых и добрых»[103] – это сфира Хохма, так как «глаза» означают свойство Хохмы. И поэтому есть в нем буквы наполнения, являющиеся свойством Хохмы.

Третий круг – это сфира Бина, поскольку в ней буквы наполнения наполнения, помогающие и дающие наполнение «вав ו» имени АВАЯ (הויה), т.е. Зеир Анпину, совершившему много чудес в земле Египта.

---

[103] Писания, Притчи, 15:3. «В любом месте очи Творца видят злых и добрых».

ГЛАВА ВАЕХИ

Явился ко мне в Лузе

64) «И сказал Яаков Йосефу: "Творец Всемогущий (Эль Шадай) явился ко мне в Лузе, в земле Кнаан"»[104]. Сказал рабби Аба: «Луз – это высший Йерушалаим», т.е. Бина, «располагающий Шхину между нами. Сказал высший Яаков» – Зеир Анпин, «нижнему Яакову: "Бина дала мне благословение, желая умножить вас и дать эту землю сыновьям вашим". Луз, высший Йерушалаим», Бина, т.е. «Творец, дал благословение, и это благословение будет пребывать благодаря Ему на земле святости. Но вне ее, на другой земле, не будет благословения».

65) Заговорил рабби Эльазар, провозгласив: «"Благословляет ближнего своего громким голосом рано утром, – будет считаться для него проклятьем"[105]. Творец назвал Исраэль братьями и близкими». Смысл сказанного: «Благословляет ближнего своего» – т.е. Творец благословляет Исраэль. И он задает вопрос: «Что это за благословение, которое Он дал им?» И отвечает: «Чтобы этот народ был чист под рукой Его, и Он оказывал им покровительство». Объяснение. Из-за этого благословения Он подстраивает Исраэлю события, которые выглядят как наказания, и потому фраза завершается словами: «Будет считаться для него проклятьем». Ибо они не понимают, что это во благо им, – чтобы осуществилось благословение.

66) «Благословен удел народа праведного, который Он оберегает и который называется сыновьями – более близкими, чем высшие, как сказано: "Сыны вы Творцу Всесильному вашему"[106]. И всё – ради этого». Спрашивает: «Что это значит?» – ради этого. И отвечает: «Поскольку восполняется имя Шадай их печатью, когда они совершают обрезание», как выяснится далее.

67) «Смотри, в лике человека есть имя Творца» – т.е. «шин ש», «которому недостает "йуд י", и оно не восполнялось. Явился Авраам, и любил он Творца, и сказал ему Творец: "Тобой восполнится имя". И он совершил обрезание, и восполнилось имя

---

[104] Тора, Берешит, 48:3. «И сказал Яаков Йосефу: "Творец Всемогущий явился мне в Лузе, в земле Кнаан, и благословил меня».
[105] Писания, Притчи, 27:14. «Благословляет ближнего своего громким голосом рано утром, – будет считаться для него проклятьем».
[106] Тора, Дварим, 14:1.

буквой "йуд י" этого обрезания (мила מילה). Ибо в лике человека – "шин ש" имени Шадай (שדי)», то есть два глаза (эйнаим) и нос (хотем) посередине, и в руке его «есть "далет ד", а "йуд י" отсутствует. И восполняется она буквой "йуд י" обрезания (мила מילה), и тогда они называются сыновьями Творцу, праведными сыновьями».

68) «Но когда оскверняется знак святого союза, и (человек) вносит его в чужое владение» – т.е. совершает им нарушение, «уходит от него святость этой печати, а это все равно что уничтожает мир, так как он осквернил печать, которой восполняется имя Творца, и таким образом уничтожает мир» – потому что прерывает наполнение Творца миру.

ГЛАВА ВАЕХИ

Вот, Я распложу тебя

70)[107] «И сказал мне: "Вот, Я распложу тебя и размножу тебя"»[108]. Заговорил рабби Аба: «Сказано: "Не будет теперь пристыжен Яаков, и не побледнеет теперь лицо его"[109]. Если у человека, который посулил благо такому же человеку, как и он, и не выполнил обещанного, на лице выражается стыд, то что уж говорить об обещании, данном человеку высшими, – если он не доставляет ему всё благо, обещанное его сыновьям, стыд выражается на лице его».

71) «Сказал Творец Яакову: "Я, высший Исраэль, "вот Я распложу тебя и умножу тебя, и отдам эту землю потомству твоему"[108] с помощью благословения, данного Мне Биной: "И дам эту землю сыновьям вашим"[110]. Но сыновья его не находятся на земле этой, и Творец не с ними» – ведь это же стыд, когда обещает и не выполняет. «А когда наступит конец дней Машиаха и состоится обещанное Им, скажет Творец: "Не будет теперь пристыжен Яаков" – теперь не будет стыда на лице высшего Яакова из-за обещанного им: "И отдам эту землю потомству твоему после тебя во владение вечное"[108] – ибо до сих пор не было у него возможности дать им, и был стыд на лице его. Но теперь его обещание сбылось перед Владыкой неба и земли».

72) «И мы уже говорили[111], что война с Амалеком при завершении конца дней будет вестись рукою сильною, как "в день битвы", о котором сказано: "И выйдет Творец и сразится с народами теми, как в день, когда сражался Он, в день битвы"[102] – выйдет Он сам, а не другой».

---
[107] Пункт 69 в данной редакции текста не приводится.
[108] Тора, Берешит, 48: 4. «И сказал мне: "Вот, Я распложу тебя и размножу тебя, и сделаю тебя собранием народов, и дам эту землю потомству твоему после тебя во владение вечное"».
[109] Пророки, Йешаяу, 29:12.
[110] См. выше, п. 64.
[111] См. выше, п. 61.

ГЛАВА ВАЕХИ

И ныне два сына, которые родились у тебя

73) «"И ныне два сына, родившиеся у тебя на земле египетской"[112] – это Исраэль внизу, место которых в изгнании, и они являются сыновьями Творца, родившимися среди народов». Иными словами, сказанное: «И ныне два сына, родившиеся у тебя на земле египетской» указывает на Исраэль, которые находятся в изгнании среди народов, ведь земля Египта включает все изгнания, как мы уже выяснили в начале этой главы.

«Мы изучали, – сказал рабби Йоси, – что Исраэль, которые будут на святой земле Исраэля населять страну во время прихода Машиаха, будут со своими братьями на месте своем, потому что изгнанием оно называется лишь для тех, кто находится в чужой стране, и они называются изгнанниками». Объяснение. Но те, кто населяют землю Исраэля, не называются изгнанниками, и не находятся в изгнании даже перед приходом Машиаха. И поэтому уточняет Писание: «Родившиеся у тебя на земле египетской» – ибо они называются изгнанниками, а не те, кто родился на земле Исраэля.

74) «"И вспомню Я союз Мой с Яаковом (יעקוב)"[113]. "Вав ו" в имени Яаков (יעקב) является лишней, и это указывает, что придет «вав ו», ушедшая во время разрушения Храма, и будет поддержкой Яакову, когда придет избавление. И будет праведному сыну, Яакову, земля в вечное владение, и будут сыновья его на земле своей, на которой жили они прежде. Благословен удел их».

75) «Два сына твои, родившиеся у тебя на земле египетской, до прихода моего к тебе в Египет, мои они»[112]. «Теперь же сыновья, которые были изгнаны за пределы земли и забыты» – т.е. свойство Менаше, «и расплодились» и размножились, т.е. свойство Эфраима,[114] «и сказал высший Яаков», Зеир Анпин, «тому, который внизу: "Сыновей твоих, живущих за пределами этой

---

[112] Тора, Берешит, 48:5. «И ныне два сына, родившиеся у тебя на земле египетской, до прихода моего к тебе в Египет, мои они. Эфраим и Менаше, как Реувен и Шимон будут мне».
[113] Тора, Ваикра, 26:42. «И вспомню Я союз Мой с Яаковом, и союз Мой с Ицхаком, и союз Мой с Авраамом, и землю вспомню».
[114] См. выше, п. 36.

земли, которые родились в изгнании, в любой из этих стран, прежде чем Я пришел в Египет и совершил над ними суд за их прегрешения, Я не считаю твоими сыновьями – всех тех, кто был создан в изгнании за пределами земли, в стране чужой. И хотя они многочисленны» – т.е. свойство Эфраима, «и забыты» – свойство Менаше, сыновья «Мои они. И когда увидел Я изгнание их, излечил Я их недуги и услышал молитву их».

«Эфраим и Менаше, как Реувен и Шимон будут мне»[112]. «Реувен: "Так как Творец увидел горе мое (раа́ бе-о́ни רָאָה בְּעָנְיִי)"[115]. Шимон: "Ибо услышал (шама́ שָׁמַע) Творец, что я нелюбима"[116]. "Эфраим и Менаше"[112]» – т.е. они расплодились в изгнании и забыты в изгнании, «"как Реувен и Шимон будут мне"[112]» – т.е. увидел горе их и услышал их молитву, и избавил их, на что и указывают имена Реувен и Шимон. «И думай в сердце своем, словно они находятся предо Мной. И когда мы вернемся из Египта» – включающего все изгнания, «после того, как будет произведен над ними суд, мы их вызволим из страны изгнания их».

76) Сказал рабби Аба: «Отсюда» видно, что после того, как совершит суд в Египте, включающем все народы, Исраэль будут вызволены из изгнания, как сказано: «"И приведут всех братьев ваших от всех народов в дар Творцу"[117]. Имеется в виду, что когда Творец будет вершить суд в Египте над всеми народами, принесут все народы дар, как слышали они эту весть от Творца, в сказанном: "И устремятся к Нему все народы"[118]».

77) «Мы изучали, – сказал рабби Шимон, – что в будущем сделает Творец каждому из праведников хупу в Йерушалаиме, как сказано: "Голос радости и голос веселья, ликование жениха

---

[115] Тора, Берешит, 29:32. «И зачала Лея, и родила сына, и нарекла ему имя Реувен, ибо сказала: "Так как Творец увидел горе мое, то полюбит меня теперь муж мой"».

[116] Тора, Берешит, 29:33. «И зачала еще, и родила сына, и сказала: "Ибо услышал меня Творец, что я нелюбима, и дал мне и этого". И нарекла ему имя Шимон».

[117] Пророки, Йешаяу, 66:20. «И приведут всех братьев ваших от всех народов в дар Творцу на конях, и колесницах, и в повозках, и на мулах, и на верблюдах на гору святую Мою, в Йерушалаим, – сказал Творец, – подобно тому, как сыны Исраэля приносят дар в сосуде чистом в дом Творца».

[118] Пророки, Йешаяу, 2:2. «И будет, в последствии дней утвердится гора дома Творца как вершина гор, и возвысится над холмами, и устремятся к Нему все народы».

и ликование невесты"¹¹⁹ – когда вернется Шхина к Царю, и обручится он с ней. И об этом сказано: "Выйдите и посмотрите... в день свадьбы его и в день радости сердца его"¹²⁰. "В день свадьбы его" – дарование Торы. "В день радости сердца его" – это построение Храма, который будет отстроен вскоре, в наши дни».

78) «"А рожденные тобой, которых ты родишь после них, тебе будут"¹²¹ – это Исраэль внизу, которые родятся после избавления, у праотцев, являющихся строениями (меркавот). И будут их имена, как у родившихся после этого» – т.е. после избавления, «"по имени братьев своих наречены они будут в уделе своем"¹²¹».

79) «Мы изучали, – сказал рабби Шимон, что "рожденные тобой" – это нижний Йерушалаим» – т.е. родина твоя, «"рожденные в доме"¹²², т.е. в нижнем Йерушалаиме. Иначе говоря, люди, которые родятся в этом Йерушалаиме после того, как мир возвратится к Владыке небес, поскольку они вернутся после избавления, будут нарекаться только именами сынов Исраэля. И не будут они называться по имени отцов своих, как, например, пришелец из Каппадокии, а именем Исраэля».

80) «"Тебе будут"¹²¹ – означает, что будут нарекаться по имени Исраэля, как сказано: "По имени братьев своих наречены они будут в уделе своем"¹²¹. А когда вернутся, получат удел свой вместе с Исраэлем на этой земле, и возьмет каждое колено то, что полагается ему, и также для людей своих» – из пришельцев. «И каждый возьмет в удел себе землю по назначенному ему».

---

[119] Пророки, Йермияу, 33:10-11. «Так сказал Творец: "На этом месте, о котором вы говорите: "Оно пусто: нет ни человека, ни скота", в городах Йеудеи и на опустевших улицах Йерушалаима, где нет ни людей, ни жителей, ни скота, еще слышен будет голос радости и голос веселья, ликование жениха и ликование невесты, голос говорящих: "Славьте Творца воинств, ибо добр Творец и навеки милость Его", когда приносят они жертву благодарности в доме Творца. Ибо возвращу Я плененных страны этой, как было прежде, – сказал Творец».

[120] Писания, Песнь песней, 3:11. «Выйдите и посмотрите, дочери Циона, на царя Шломо в венце, которым украсила его мать в день свадьбы его и в день радости сердца его».

[121] Тора, Берешит, 48:6. «А рожденные тобой, которых ты родишь после них, тебе будут. По имени братьев своих наречены они будут в уделе своем».

[122] Тора, Ваикра, 18:9. «Наготы сестры твоей, дочери отца твоего или дочери матери твоей, рожденной в доме или рожденной вне его, не открывай наготы их».

ГЛАВА ВАЕХИ

Умерла у меня Рахель в пути

81) «А когда я шел из Падана, умерла у меня Рахель… в пути»[123]. Провозгласил рабби Аба: «"Слышится голос в Раме – Рахель оплакивает сыновей своих"[124]. А после этого написано: "Так сказал Творец: "Удержи голос твой от рыданья, ибо есть воздаянье за труд твой, и вернулись сыны в пределы свои"[125]. Ведь следовало сказать: "И возвратятся сыны в пределы свои"? Однако: «И вернулись" – т.е. уже вернулись». Ведь это обещание, которое дается на будущее, и следовало сказать: «И возвратятся сыны в пределы свои»?

82) «Смотри, – сказал рабби Эльазар, – в час, когда будет суд над этой горой и Шхина украсится над горой» – т.е. получит там мохин, называемые украшением (атара), «и она думает при этом, что сыновья ее пропадут из-за этого суда», но это не так. «И это значение сказанного: "Ликуй, бездетная, нерожавшая, разразись песней и веселись"[126]. Мы изучали, что многочисленней будут сыновья престола, чем ее собственные сыновья, как сказано: "Ибо многочисленнее сыновья покинутой, чем сыновья замужней"[126]. И тогда вернется Шхина к мужу своему, "В тот день будет Творец един и имя Его едино"[127]».

Пояснение сказанного. Мы уже знаем, что у Шхины есть два состояния:

1. В то время, когда она четвертая по отношению к праотцам, и ступень ее равна Зеир Анпину, т.е. свойствам ХАГАТ, называемым «праотцы» и называемым «горы», потому что оба они являются престолом для Бины. И тогда он – три опоры

---

[123] Тора, Берешит, 48:7. «А когда я шел из Падана, умерла у меня Рахель на земле Кнаан, в пути, когда оставалась еще кивра земли идти до Эфрата; и похоронил я ее там, на пути в Эфрат, он же Бэйт-Лехем».

[124] Пророки, Йермияу, 31:14. «Так сказал Творец: "Слышится голос в Раме, вопль (и) горькое рыдание: Рахель оплакивает сыновей своих; не хочет она утешиться из-за детей своих, ибо не стало их"».

[125] Пророки, Йермияу, 31:15-16. «Так сказал Творец: "Удержи голос твой от рыданья и глаза твои от слез, ибо есть воздаянье за труд твой, – изрек Творец, – и вернулись они из вражьей страны. И есть надежда будущности твоей, – изрек Творец, – и вернулись сыны в пределы свои"».

[126] Пророки, Йешаяу, 54:1. «Ликуй, бездетная, нерожавшая, разразись песней и веселись, не мучившаяся родами, ибо многочисленнее сыновья покинутой, чем сыновья замужней, – сказал Творец».

[127] Пророки, Зехария, 14:9. «И будет Творец Царем над всей землей. В тот день будет Творец един и имя Его едино».

престола, т.е. ХАГАТ, называемые «горы», а Шхина – четвертая опора престола, и тоже считается горой, как и ХАГАТ. И в этом состоянии она находится в свойстве обратной стороны (ахораим) и судов (диним).

2. Когда она снова выстраивается в свойстве лицевой стороны (паним) и милосердия (рахамим). Но тогда уменьшается ее ступень, и она больше недостойна быть престолом для Бины, а становится получающей от Зеир Анпина, т.е. спускается в НЕХИ, однако они производят при этом зивуг паним бе-паним, в милосердии. И все мохин и рождение душ Исраэля происходят от второго состояния (Шхины), ибо в первом состоянии она переполнена судами, и все получающие от нее в это время – пропадают.

И это означает сказанное: «в час, когда будет суд над этой горой» – т.е. когда Шхина будет в первом состоянии, и она поднялась к ХАГАТ, называемым «горы», и тогда властвуют суды над этой горой, как мы уже сказали, «Шхина украсится над горой» – она украшается тогда над горой, т.е. получает большие мохин, как и Зеир Анпин, «и становится престолом для Бины» – как и он, т.е. становится четвертой опорой, «и она думает при этом, что сыновья ее пропадут из-за этого суда» – т.е. она считает всех получающих от нее в этом состоянии пропащими из-за множества судов, исходящих от нее в этом первом состоянии. И поэтому Шхина в этом состоянии называется бездетной, так как нет у нее сыновей, т.е. получающих, потому что все получающие от нее пропадают.[128]

«И это значение сказанного: "Ликуй, бездетная, нерожавшая, разразись песней и веселись"[126]» – т.е. в конце исправления, когда окончательно исправляется суть самой Малхут, и она более не нуждается в получении подслащений от Бины, тогда сказано: «Ликуй, бездетная». И мы изучали, что это потому, что «многочисленней будут сыновья престола, чем ее собственные сыновья» – так как все те, кто получил от нее в первом состоянии от ступени «престол для Бины», и исчезли из мира вследствие многочисленных судов в ней, теперь все вернулись к жизни.

---

[128] См. Зоар, главу Ваера, п. 16.

И то, что Шхина думала, что она бездетная, без сыновей, в этом первом состоянии, она увидит сейчас, что сыновья от состояния престола многочисленнее ее собственных сыновей, т.е. сыновей от второго состояния, поскольку до этого исправления только у нее были сыновья. Как сказано: «Ибо многочисленнее сыновья покинутой»[126] – сыновья престола многочисленнее, «чем сыновья замужней»[126] – чем сыновья второго состояния, где только она была замужней, имеющей сыновей.

И поэтому говорит в завершение: «И тогда вернется Шхина к мужу своему, как сказано: "В тот день будет Творец един и имя Его едино"[127]». Ибо до конца исправления сказано только: «Творец (АВАЯ) един»[127], потому что Шхина включена в Зеир Анпин, называемый АВАЯ. Но в конце исправления сказано также: «И имя Его едино»[127] – так как она сама будет исправлена.[129]

83) «До этого спросила Шхина у мужа своего: "Сыновья мои" – от первого состояния, "где они?" И отвечал он ей, что они находятся в суде. А она думает, что они пропали в суде, и она "оплакивает сыновей своих"[124], которые пропали в суде». И это смысл сказанного: «Слышится голос в Раме – Рахель оплакивает сыновей своих»[124]. А он говорит ей: «Удержи голос твой от рыдания, и глаза твои от слез, ибо есть воздаяние за труд твой»[125]. «Так как большое воздаяние ты должна получить от меня за то, что была с ними, и уже "вернулись сыновья из вражьей страны"[125], поскольку уже избавлены». Объяснение. Этим он объясняет, почему сказано: «И вернулись сыны в пределы свои»[125] – в прошедшем времени, как он уже спрашивал.[130] Ведь в тот момент, когда Творец ответил ей: «Ибо есть воздаяние за труд твой», уже наступил конец исправления, и уже «вернулись сыны в пределы свои».

84) «А когда я шел из Падана, умерла у меня Рахель»[123]. И спрашивает: «Но разве не знал Йосеф, что мать его умерла, разве не был он с ней, когда она умерла?» – так почему же Яаков должен был рассказывать ему об этом? И отвечает: «Однако сказал высший Исраэль: "Когда мы вернемся в результате избавления Исраэля, пробудится Шхина, и встанет Кнессет Исраэль и начнет войну с народами, и те потерпят поражение

---

[129] См. Зоар, главу Берешит, часть 1, п. 126, со слов: «Зоар выясняет сказанное: "И был вечер, и было утро – день один"...»

[130] См. выше, п. 81.

от них» – от Исраэля в этой войне. «И начнут они постепенно возвращаться в страну. И сказал ей Творец, когда она плакала» над умершими сыновьями: «Не бойся, есть награда у сыновей твоих, которые умерли в войне за имя Мое. Остальные, кто не умер, уже вернулись, а те, что умерли, вернутся и оживут при возрождении мертвых».

85) «"Умерла у меня Рахель"[123] – умерла за единство имени Творца» – т.е. сыновья ее были убиты за святость этого имени, «поэтому сказано там: "Когда оставалась еще кивра земли идти до Эфрата"[123] – т.е. они умерли за единство имени Творца вне пределов (святой) земли» – в войне за то, чтобы войти в эту страну, «потому что на этой земле, на земле Исраэля, не умрет ни один из них». И поэтому сказано в этом отрывке: «Когда оставалась еще кивра земли идти до Эфрата»[123], что означает – чтобы прийти на землю Исраэля, ибо после того как приходят на землю Исраэля, больше не умирают.

86) «Мы изучали, – сказал рабби Аба, – что в будущем Исраэлю предстоит вести войну на пути в Эфрат, и там погибнет большая часть народа, но затем они восстанут при возрождении мертвых, и бо́льшая власть будет у тех, кто умер на этом пути» в Эфрат, «чем у всех тех, кто уже будет в Иерушалаиме до них», – т.е. бо́льшая, чем у всех тех, кто не умер в войне.

87) «И почему называется место святости этого места "Лехем"?» – о котором Писание говорит: «Эфрат, он же Бэйт-Лехем». «Потому что оно происходит от имени Творца, так как умерли они в войне за имя Его, как сказано: "Рука на престоле Творца (йуд-хэй יה), что война у Творца против Амалека"[131] – т.е. умрут они там, чтобы восполнить имя "йуд-хэй יה"». Ибо это имя не восполняется в виде АВАЯ (הויה), пока не сотрется память об Амалеке. И потому эта война за восполнение имени «йуд-хэй יה» (именем) «вав-хэй וה». Поэтому называется место Лехем (לחם), от слова «мильхама (מלחמה) война)», поскольку он воевал (лахам לחם) в изгнании, так как собирался восполнить имя Творца.

---

[131] Тора, Шмот, 17:16. «Вот рука на престоле Творца (свидетельством тому), что война у Творца против Амалека из поколения в поколение».

ГЛАВА ВАЕХИ

И увидел Исраэль сыновей Йосефа

88) «И увидел Исраэль сыновей Йосефа и сказал: "Кто эти?"»[132] Провозгласил рабби Аба: «"И ты скажешь в сердце своем: "Кто родил мне этих?"[133] Что Писание этим хочет сказать? Исраэль внизу увидел, что предстанут пред ним сыновья Исраэля, когда придут "из Эйлама, и из Шинара, и из Хамата, и с островов моря"[134], и соберутся все, и станут многочисленным народом. Скажет Шхина: "Кто эти все, нет ли среди них негодного из сыновей-инородцев?" И скажут ему: "Мы все из сыновей твоих, и нет с нами сына-инородца", поскольку отделятся они друг от друга» – многочисленная толпа отделится от Исраэля, «и вместе они сделают обрезание и обратятся в веру, и вернутся пришельцы с Исраэлем и будут вместе».

89) «Мы изучали, что тяжки пришельцы Исраэлю, как лишай на живой коже, – земле их. Сказано: "Ибо помилует Творец Яакова и снова изберет Исраэля… и присоединятся к ним чужеземцы и пристанут к дому Яакова"[135]. Когда вернутся сыновья на свою землю и меж ними будет любовь, "будет Творец един и имя Его едино"[127]. И тогда соединятся пришельцы с Исраэлем и станут для них как лишай на их плоти».

90) «Почему же настолько?!» – как лишай. «Послушай, – сказал рабби Шимон, – о пределах этой земли» здесь говорится, «потому что будет желанием каждого жить в земле Исраэля, и покажутся жители» из-за ее пределов. «Об этом сказано:

---

[132] Тора, Берешит, 48:8. «И увидел Исраэль сыновей Йосефа и сказал: "Кто эти?"»
[133] Пророки, Йешаяу, 49:20-21. «Еще скажут в слух тебе дети потерянные твои: "Тесно для меня место: подвинься, чтобы я мог поместиться". И ты скажешь в сердце своем: "Кто родил мне этих? Я же потеряла детей своих и одинока (была), изгнана и покинута: кто же растил этих? Ведь я оставалась одна – эти, где они (были)?"»
[134] Пророки, Йешаяу, 11:11. «И будет в тот день: Творец снова, во второй раз, (протянет) руку Свою, чтобы возвратить остаток народа Своего, который уцелеет, из Ашура и из Египта, и из Патроса, и из Куша, и из Эйлама, и из Шинара, и из Хамата, и с островов моря».
[135] Пророки, Йешаяу, 14:1. «Ибо помилует Творец Яакова и снова изберет Исраэля, то даст им покой на земле их. И присоединятся к ним чужеземцы и пристанут к дому Яакова».

"Колья свои укрепи"¹³⁶. Имеются в виду колья, которые были с тобой ранее», со времени изгнания, «укрепи их и исправь их более всех остальных народов, подобно тому, как считал нужным укреплять их, пребывая во всех других народах» – т.е. в изгнании среди народов, «и они» – пришельцы, «будут многочисленны».

Объяснение. Всё различие между Исраэлем и народами заключается в том, что Исраэль относятся к средней линии, ограничивающей уровень левой и объединяющей ее с правой, и это называется пределами Исраэля. А остальные народы удерживаются в левой линии и не желают оставаться в пределах средней линии.¹³⁷

А в конце исправления расширятся эти пределы экрана от уровня МА (מה) до уровня АБ (עב). Об этом и сказано: «Расширь место шатра своего… удлини веревки свои»¹³⁶. Ибо расширятся пределы земли Исраэля от уровня МА (מה) до уровня АБ (עב), но вместе с тем, отрывок завершается словами: «Колья свои укрепи» – т.е. пределы, потому что сказано: «Ибо вправо и влево распространишься ты, и потомство твое народами завладеет и города опустевшие населит»¹³⁸ – т.е. народами, которые переселятся и будут жить на земле Исраэля.

И поскольку их корень не от семени Исраэля, следует опасаться их – как бы они полностью не перешли пределы, т.е. не захотели принять на себя также и большой экран АБ. А потому следует укреплять колья, т.е. границы, так как колышек шатра определяет пределы по ширине шатра. И это смысл сказанного: «Колья свои укрепи, ибо вправо и влево распространишься ты, и потомство твое народами завладеет»¹³⁸.

И поэтому сказал рабби Шимон о пределах этой земли, что пришельцы считаются лишаем, – в связи с пределами земли Исраэля. «Потому что будет желанием каждого жить в земле Исраэля» – т.е. каждый захочет тогда жить на земле Исраэля, и все пришельцы из всех народов прибудут и поселятся в земле

---

¹³⁶ Пророки, Йешаяу, 54:2. «Расширь место шатра своего, и покровы жилищ твоих прострутся, не жалей, удлини веревки свои и колья свои укрепи».
¹³⁷ См. Зоар, главу Хаей Сара, п. 10.
¹³⁸ Пророки, Йешаяу, 54:3. «Ибо вправо и влево распространишься ты, и потомство твое народами завладеет и города опустевшие населит».

Исраэля, как сказано: «Ибо вправо и влево распространишься ты, и потомство твое народами завладеет»[138].

И потому сказано: «И покажутся жители» – т.е. переселенцы вторгнутся в пределы земли Исраэля и покажутся из-за ее пределов, в силу корня отцов их, не желающих никаких пределов. Поэтому «сказано: "Колья свои укрепи"[139]. Имеются в виду колья, которые были с тобой ранее, со времени изгнания, укрепи их и исправь их более всех остальных народов» – т.е. должны как следует укрепить пределы, чтобы они были как можно более прочными, дабы остальные народы не вторглись в них.

И говорит: «Колья, которые были с тобой ранее» потому, что в конце исправления у них не будет авиюта, чтобы быть способными поднять МАН к экрану и пределу, и потому им нужно тогда использовать авиют, который был у них ранее, чтобы поднять МАН к экрану и пределу.[140] И это означает сказанное: «Подобно тому, как считал нужным укреплять их, пребывая во всех других народах» – т.к. как бы нужно до такой степени укрепить колья, т.е. экраны, как в то время, когда они пребывали в изгнании среди других народов. Ибо по окончании исправления для экрана не будет достаточно авиюта, и потребуется использовать авиют, который был у них во время изгнания.

---

[139] Пророки, Йешаяу, 54:2. «Расширь место шатра своего, и покровы жилищ твоих прострутся, не жалей, удлини веревки свои и колья свои укрепи».
[140] См. «Предисловие книги Зоар», п. 118.

ГЛАВА ВАЕХИ

Сыновья, которых дал мне Всесильный в этом

91) «И сказал Йосеф отцу своему: "Они сыновья мои, которых дал мне Всесильный в этом (ба-зэ בָּזֶה)"»[141]. Рабби Шимон пояснил здесь: «"И вот Тора, которую изложил Моше перед сынами Исраэля"[142]. Скажет нижний Исраэль» – зовущиеся Йосефом, «когда высший Исраэль над ними сверху: "Они сыновья мои, так как Творец дал мне Тору"», которая называется «это (зэ זֶה)». И потому сказано: «В этом (ба-зэ בָּזֶה)». «Насколько же они» – Исраэль, «и их законы истинны благодаря законам Торы, которая дана им».

«Смотри, когда Исраэль будут под крыльями Шхины, их Тора называется "это (зэ)", как сказано: "Это (зэ) Создатель мой, и прославлю Его"[143]». И поэтому сказано: «Дал мне Всесильный в этом (ба-зэ בָּזֶה)» – т.е. в Торе. «И всё время, пока Давид не говорил под крыльями Шхины, а пророчествовал о том, что будет, – Тора называется «эта (зот זֹאת)», как сказано: «И вот (досл. эта) Тора, которую изложил Моше перед сынами Исраэля»[142].

Пояснение сказанного. Тора иногда называется «это (зэ זֶה)», а иногда – «эта (зот זֹאת)». Различие в том, что «это» означает мужское свойство – т.е. тот, кто действует и влияет; а «эта» означает женское свойство – т.е. та, кто получает действие, и сама вообще не действует, как сказано: «Эстер девственной землей была»[144].

И рабби Шимон выясняет, в каких случаях она (Тора) называется «это» и в каких случаях «эта». И поэтому говорит: «Смотри, когда Исраэль будут под крыльями Шхины» – т.е. во время

---

[141] Тора, Берешит, 48:9. «И сказал Йосеф отцу своему: "Это сыновья мои, которых дал мне Всесильный в этом". И сказал тот: "Возьми же их ко мне, и я благословлю их"».

[142] Тора, Дварим, 4:44. «И вот Тора, которую изложил Моше перед сынами Исраэля».

[143] Тора, Шмот, 15:2. «Моя сила и ликование – Творец. Он был спасением мне. Это Создатель мой, и прославлю Его; Всесильный отца моего, и превознесу Его».

[144] Вавилонский Талмуд, трактат Санедрин, лист 74:2.

изгнания, когда они укрываются под сенью Шхины и зовутся поддерживающими Тору, поскольку действуют и создают Тору,[145] «их Тора называется "это"» – тогда их Тора находится в свойстве захар, так как он действующий, и потому называется «это».

«И всё время, пока Давид не говорил под крыльями Шхины, а пророчествовал о том, что будет» – т.е. во время раскрытия Торы и раскрытия всех кроющихся в ней тайн она считается при этом свойством некева, ибо тогда раскрыто лишь вознаграждение в ней, и нет в ней никакого действия, и она словно «девственная земля»[144]. Поэтому она и называется тогда «эта (зот זאת)», как сказано: «И вот (досл. эта) Тора».

92) Сказал рав Нахман[146]: «Отсюда» проистекает различие между «это» и «эта», ведь сказано: «"Если расположится против меня станом, не устрашится сердце мое, если поднимется на меня войной – на нее (бе-зот בְּזֹאת) я полагаюсь"[147]. "Зот (זאת эта)" – это Тора, которая будет во время прихода Машиаха», т.е. во время раскрытия Торы.[148]

И потому сказано: «И голос горлицы (а-тор הַתּוֹר) слышен на земле нашей»[149]. И сказано: «Тор (תּוֹר горлица)» – (на иврите) в мужском роде», и не сказано: «Тора (תּוֹרָה)», как обычно. И горлица (тор תּוֹר) – это название голубя, как сказано: «Из горлиц или из молодых голубей»[150].

Тора сравнивается с голубкой, поскольку голос голубки сладок[151], и так же сладок и голос слов Торы. И голос этот раздастся, когда придет Машиах в день суда, перед избавлением.

---

[145] См. «Предисловие книги Зоар», п. 124, со слов: «"И те, кто поддерживают Тору, они словно создают ее"...»

[146] Рав Нахман бар Ицхак.

[147] Писания, Псалмы, 27:1-3. «Давиду. Творец – свет мой и спасение мое. Кого бояться мне? Творец – опора жизни моей. Кого страшиться мне? Когда приблизились ко мне злодеи, чтобы пожрать плоть мою, противники мои и враги мои, – они потерпели поражение и пали. Если расположатся против меня станом, не устрашится сердце мое, если начнется против меня война – на нее (эту опору) я полагаюсь».

[148] См. выше, п. 91.

[149] Писания, Песнь песней, 2:12. «Ростки показались на земле, время пения настало, и голос горлицы слышен на земле нашей».

[150] Тора, Ваикра, 1:14. «Если же из птиц всесожжение, жертва его Творцу, то пусть приносит жертву свою из горлиц или из молодых голубей».

[151] Писания, Песнь песней, 2:14. «Дай мне услышать голос твой, ибо голос твой сладок».

Тогда Машиах вершит суды и войны среди народов, порабощающих Исраэль. Но еще не настало время для раскрытия Торы, и потому она зовется «тор (תוֹר горлица)», в мужском роде, и называется «это (зэ)».

93) «Мы изучали: "Ростки показались на земле, время пения настало, и голос горлицы слышен на земле нашей". "Ростки" – это праотцы в строении (меркава)», Авраам, Ицхак и Яаков, которые поднимутся в мире и станут видны на земле.

94) «"Время пения настало" – это песня, которую воспоют левиты, когда вернутся к своему служению, как вначале. А "голос горлицы (тор תוֹר)" – это внутренний смысл сказанного: "Которых дал мне Всесильный в этом (ба-зэ בָּזֶה)". Иначе говоря, это Тора в свойстве захар, называемая «это», на которое указывают слова: «Которых дал мне Всесильный в этом (ба-зэ בָּזֶה)». И это слова Торы, сладкие, как голос горлицы (тор תוֹר), называемой «это (зэ)».

95) «Когда Исраэль не укрываются под сенью Шхины, буква "алеф א" в слове "эта (зот זאת)" опускается под все ступени, и уходит буква "хэй ה" из слов: "Это (зэ זה) Создатель мой, и прославлю Его"[143]. Ибо с момента разрушения Храма, поскольку "хэй ה" не могла обитать и находиться среди народов-идолопоклонников, святая "хэй ה" отделилась от имени. Когда же Исраэль возвратятся на свою землю, святая "хэй ה" вернется к слову "это (зэ זה)" и выйдет из дня суда, а "алеф א" получит свое исправление и вернется к слову "эта (зот זאת)". "Хэй ה", "алеф א"» – какая из них важнее? «"Хэй ה" важнее с точки зрения святости, а "алеф א" важнее с точки зрения букв».

96) Заговорил рабби Аба, провозгласив: «"Кто отмерил вóды горстью своей, и небеса пядью измерил?!"[152] "Это (зэ זה)" и "горлица (тор תוֹר)" как бы равны», т.е. соединяются вместе. «Буква "заин ז" слова "зэ (זה это)" соединяется с буквой "рэйш ר" слова "тор (תוֹר) горлица", а "рэйш ר" слова "тор (תוֹר)" соединяется с "тав ת" слова "тор (תוֹר)"» – и происходит от них сочетание «зэ́рэт זרת пядь)». «Буква "вав ו" слова "тор (תוֹר)" соединяется с буквой "хэй ה" слова "зэ (זה)"» – это «вав-хэй

---

[152] Пророки, Йешаяу, 40:12. «Кто отмерил воды горстью своей, и небеса пядью измерил, и вместил в меру прах земли, взвесил весами горы, и холмы – на чаше весов?!»

וה» имени АВАЯ (הויה), т.е. Зеир Анпин и Нуква. «Пядь Творца – в шестистах семидесяти годах отсюда, от небес» – т.е. Зеир Анпина, «до земли» – Нуквы. Спрашивает: «Каким образом?», и отвечает: «У "зэ (זה)" и "тор (תור)" есть два сочетания:

1. "Зэрэт вав-хэй (זרת וה)".
2. "Хэй-вав тав-рэйш-заин (הו תרז)"» – т.е. «буква "хэй ה"» слова «зэ (זה)» придвинулась «к букве "вав ו"» слова «тор (תור)». Это приближение «хэй ה» намекает на Бину, совершающую отдачу Зеир Анпину, т.е. «вав ו». «"Вав ו" придвигается к "тав ת" слова "тор (תור)"», «"тав ת" – к "рэйш ר"», а «"рэйш ר" – к "заин ז"» слова «зэ (זה)».

И это второе сочетание «хэй-вав тав-рэйш-заин (הו תרז)», шестьсот семьдесят лет от небес до земли, уровень света, передаваемый от небес, т.е. от Зеир Анпина, земле, Нукве. Это указывает на то, что ей недостает тридцати до седьмой сотни, и это ГАР, которых ей недостает на этом уровне. И хотя здесь есть только шестьсот семь (тав-рэйш-заин – תרז), семь (заин – ז) умножается на десять, и они составляют шестьсот семьдесят (тав-рэйш-аин – תרע).

Объяснение. Отсюда следует, что от имен «зэ (זה)» и «тор (תור)», равных, как одно целое,[153] происходят два вида сочетаний:

1. «Вав-хэй зэрэт (וה זרת)» – свойство Зеир Анпин, небо, когда он сам по себе.
2. «Хэй-вав тав-рэйш-заин (הו תרז)» – Зеир Анпин в качестве отдающей ступени, когда он дает наполнение Нукве.

И поэтому завершает сказанное словами: «Четырехугольным должен он быть, двойным. Пядь – длина его, и пядь – ширина его»[154], двойной. «Пядь – длина его» – это ступень отдачи Зеир Анпина, шестьсот семьдесят, в гематрии – «зэрэт (זרת пядь)». «Пядь – ширина его» – это свойство Зеир Анпина, когда он сам по себе.

---

[153] См. выше, п. 94.
[154] Тора, Шмот, 28:15-16. «И сделай наперсник судный работы ткача, той же работы, что и эфод, сделай его; из золота, синеты, и пурпура, и червленицы, и (в шесть сложений) крученого виссона сделай его. Четырехугольным должен он быть, двойным. Пядь – длина его, и пядь – ширина его».

97) «И сказал: "Возьми же их ко мне, и я благословлю их"»[141]. Сказал: «Поскольку они занимаются словами Торы», – как сказал Йосеф: «(Сыновья), которых дал мне Всесильный в этом (ба-зэ בָּזֶה)», и это Тора, – «есть эта мера, т.е. "зэ (זֶה)", среди них, и "я благословлю их"[141]».

98) И это смысл сказанного: «"Как имя твое?" И сказал он: "Яаков"[155]». Имя Яаков означает малое состояние (катнут), и он довольствуется тем, что обходится без мохин. А далее сказано: «И обратился Яаков и сказал: "Поведай же имя твое". И сказал тот: "Зачем это ты спрашиваешь об имени моем?"»[156]. То есть сказал ему: «Как связано это» – что ты спрашиваешь об имени моем, поскольку имя означает постижение, «с тем, что было прежде» – ведь ты сказал, что имя твое Яаков, и это означает, что ты удовлетворен малым состоянием и не требуешь постижения и познания имени.

И есть другое истолкование этого: «И обратился Яаков и сказал: "Поведай же имя твое". И сказал тот: "Зачем это (зэ זֶה) ты спрашиваешь об имени моем?" И благословил его там»[156]. То есть сказал (Яакову), что в будущем он благословит их лишь благодаря «этому (зэ זֶה)». И поэтому сказал: «Зачем это (зэ זֶה)», «и благословил»[156].

99) «Мы изучили очень важный смысл того, что сказано в этом месте, однако подошел я к тебе лишь затем, чтобы донести до тебя сказанное мною прежде, когда сказал я тебе, что Тора называется "это (зэ)". Сказано: "Это (зэ) Синай – пред Всесильным, Всесильным Исраэля"[157]. "Синай" – т.е. Тора, данная на Синае. И когда Тора была передана через Моше, сказано о нем: "Этот (зэ) человек Моше"[158], а также сказано: "Это (зэ) Создатель мой, и прославлю Его". То есть Тора, называемая "это (зэ)", нисходила пред Всесильным Исраэля, и тогда они сказали: "Это (зэ) Создатель мой, и прославлю Его"».

---

[155] Тора, Берешит, 32:28. «И сказал ему тот: "Как имя твое?" И сказал он: "Яаков"».

[156] Тора, Берешит 32:30. «И обратился Яаков и сказал: "Поведай же имя твое". И сказал тот: "Зачем это ты спрашиваешь об имени моем?" И благословил его там».

[157] Писания, Псалмы, 68:9. «Сотрясалась земля, и небо роняло капли перед Всесильным! Это Синай – пред Всесильным, Всесильным Исраэля!»

[158] Тора, Шмот, 32:1.

ГЛАВА ВАЕХИ

Глаза Исраэля помутнели от старости

100) «Глаза Исраэля помутнели от старости, не мог он видеть»[159]. «Рабби Хизкия учил, что это Исраэль внизу. И потому подобных слов не найти» во всей Торе. «Ибо Исраэль, находясь в изгнании на протяжении всех дней этого разрушения, состарились и не могли видеть лик Шхины до тех пор, пока не войдет в них другой дух».

101) «Ранее они осквернились в земле народов», в изгнании, «и не следовали путям Торы, как должны были следовать. Долгое время они жили среди чужеземцев, поколение за поколением, и научились их путям», как сказано: «Перемешались с народами и научились их делам»[160]. «И вернувшись в свою землю, они вначале не могли видеть лик Шхины, пока Творец не привнес в них Свой дух».

102) Сказал рабби Хия: «"И дух Мой Я внесу в среду вашу"[161], а затем: "И сделаю так, что законам Моим следовать будете и уставы Мои соблюдать будете и поступать по ним"[161], ибо после того как Я внесу в вас Свой дух и святость, вы будете следовать Моим законам и соблюдать их"».

103) «Не мог он видеть»[159]. Рабби Аба провозгласил: «"В свете лика Царя – жизнь, и благоволение Его, как облако с весенним дождем"[162], – когда они примут лик Шхины Творца и займутся теми строениями (меркавот), от которых происходят создания мира», т.е. создания, являющиеся носителями этого строения (меркава), как сказано у Йехезкеля[163], – тогда к ним относятся слова: «В свете лика Царя – жизнь»[162].

---

[159] Тора, Берешит, 48:10. «А глаза Исраэля помутнели от старости, не мог он видеть. И подвел тот их к нему, и он поцеловал их, и обнял их».

[160] Писания, Псалмы, 106:35. «Перемешались с народами и научились их делам».

[161] Пророки, Йехезкель, 36:27. «И дух Мой Я внесу в среду вашу, и сделаю так, что законам Моим следовать будете и уставы Мои соблюдать будете и поступать по ним».

[162] Писания, Притчи, 16:15. «В свете лика Царя – жизнь, и благоволение Его, как облако с весенним дождем».

[163] Пророки, Йехезкель, 1.

104) «Смотри, ты не найдешь в этих изречениях», которые в главе Ваехи до сих пор, «ничего, кроме языка обращения к людям, и не найдешь в этих изречениях языка обращения к Творцу». Иначе говоря, хотя речь идет об избавлении, и когда говорится о Яакове, и это означает, что имеется в виду высший Яаков или высший Исраэль, т.е. Творец, почему все же Писание использует язык и имена людей?

«Потому что, когда они вернутся в свою землю и даст им Творец дух мудрости, всегда их язык будет обращен к Творцу, как сказано: "И язык мой весь день возвещать будет справедливость Твою"[164]». Объяснение. До сих пор в этих изречениях говорится о приходе на землю (Исраэля), прежде чем Творец внес в них дух мудрости, поэтому здесь говорится от имени людей, и не упоминается напрямую имя Творца.

---

[164] Писания, Псалмы, 71:24. «И язык мой весь день возвещать будет справедливость Твою, ибо пристыжены и посрамлены будут желающие мне зла».

ГЛАВА ВАЕХИ

И жил Яаков

105) «И жил Яаков на земле египетской семнадцать лет»[165]. Сказал рабби Хия: «"И народ твой, все праведники, навеки унаследуют землю"[166]. Счастливы Исраэль более всех народов-идолопоклонников, потому что Творец назвал их праведниками, дабы передать им вечное наследие в будущем мире, чтобы они услаждались в том мире, как сказано: "Тогда наслаждаться будешь в Творце"[167]. Ибо Исраэль сливаются с телом Царя», т.е. со средней линией, «как сказано: "А вы, слитые с Творцом Всесильным вашим, – живы все вы ныне"[168]».

106) Сказал рабби Ицхак: «"И народ твой, все праведники, навеки унаследуют землю"[166]. Эти слова Писания – высшая тайна средь полевых жнецов», т.е. тех, кто удостоился пожать плоды от своей работы в высшем поле – Нукве. «И изучали мы в тайнах Сказания: учит рабби Шимон, что высшее наследное владение той земли» – Нуквы, «некому наследовать, кроме того, кто зовется праведником, потому что Нуква сливается с ним, чтобы получить подслащение» от горьких судов в ней, «и потому праведник, конечно же, наследует Шхину».

107) «И также здесь, о любви Творца к Исраэлю сказано: "И народ твой, все праведники"[166], и поэтому "навеки унаследуют землю"[166], так как достойны наследовать Шхину», поскольку праведник наследует Шхину, как мы уже сказали. «И почему Исраэль зовутся праведниками и наследуют Шхину? Потому что сделали обрезание, как мы изучали: каждый, кто сделал обрезание и вступил в это наследование», т.е. в Шхину, «и хранит этот союз, – вступает и сливается с телом Царя», т.е. становится строением (меркава) для Зеир Анпина, «и входит в этого праведника», т.е. становится строением для Есода. «Поэтому

---

[165] Тора, Берешит, 47:28. «И жил Яаков на земле египетской семнадцать лет. И было дней Яакова, лет жизни его, сто сорок семь лет».
[166] Пророки, Йешаяу, 60:21. «И народ твой, все праведники, навеки унаследуют землю, ветвь насаждения Моего, дело рук Моих для прославления».
[167] Пророки, Йешаяу, 58:14. «Тогда наслаждаться будешь в Творце, и Я возведу тебя на высоты земли, и питать буду тебя наследием Яакова, отца твоего, потому что уста Творца изрекли это».
[168] Тора, Дварим, 4:4. «А вы, слитые с Творцом Всесильным вашим, – живы все вы ныне».

зовутся» Исраэль «праведниками, и потому "навеки унаследуют землю". И это – земля жизни», т.е. Шхина.

108) «И еще говорит Писание: "Ветвь насаждения Моего, дело рук Моих для прославления"[166]. "Ветвь насаждения Моего" – это ветвь от тех ветвей, которые насадил Творец при сотворении мира. Сказано об этом: "И насадил Творец Всесильный сад в Эдене с востока"[169]. И эта земля является одним из тех насаждений», т.е. Нуква. «И потому сказано: "Ветвь насаждения Моего, дело рук Моих для прославления"[166]».

109) «Сказанное: "И народ твой, все праведники"[166] – это Яаков и его сыновья, сошедшие в Египет среди народа жестоковыйного[170] и все оказавшиеся праведниками. Потому и сказано о них: "Навеки унаследуют землю"[166], так как оттуда», из Египта, «они взошли, чтобы унаследовать святую землю».

110) «"И жил Яаков на земле египетской"[165] – почему эта глава не выделяется?» – т.е. нет никакого интервала в Торе между завершением главы Ваигаш и началом главы Ваехи. Сказал рабби Яаков: «В час, когда умер Яаков, помутнели глаза Исраэля». Сказал рабби Йегуда: «Ибо тогда» – после смерти Яакова, «сошли они в изгнание, и египтяне поработили их».

111) Сказал рабби Шимон: «Выше что сказано? "И поселился Исраэль на земле египетской, на земле Гошен, и вступили они во владение ею, и плодились и умножались очень"[171]» – т.е. они пользовались там царскими привилегиями.[172] «А после этого сказано: "И жил Яаков"[165]» – сразу после этого, без интервала между ними, чтобы показать, «что не подобает разделять между одним отрывком и другим, и как там они», сыны Исраэля, «пользовались царскими привилегиями, получая удовольствия и утехи для себя, так и Яаков пользовался царскими привилегиями, получая удовольствия и утехи для себя. Поэтому эти отрывки не отделены друг от друга».

---

[169] Тора, Берешит, 2:8. «И насадил Творец Всесильный сад в Эдене с востока, и поместил Он там Адама, которого создал».
[170] Тора, Шмот, 32:9. «И сказал Творец Моше: "Видел Я этот народ – народ жестоковыйный он"».
[171] Тора, Берешит, 47:27. «И поселился Исраэль на земле египетской, на земле Гошен, и вступили они во владение ею, и плодились и умножались очень».
[172] См. Зоар, главу Ваигаш, п. 135.

112) «И здесь», в Египте, «сказано: "И жил"[165], т.е. это считается для него жизнью. Ведь обо всех днях его не сказано, что он жил, так как все его дни были в страданиях, и они пребывали в страданиях. О нем сказано: "Не умиротворился я"[173] – в доме Лавана, "и не успокоился" – от Эсава, "и не отдыхал" – из-за Дины и Шхема, "и пришла тревога" – тревога из-за продажи Йосефа.[174] Когда же (Яаков) сошел в Египет, сказано: "И жил" – видел своего сына царем, видел всех своих сыновей чистыми и праведными, все они находились в удовольствиях и мирских усладах. И он пребывал среди них, подобно хорошему вину, покоящемуся на осадках. Это называется: "И жил Яаков". Вот почему (Писание) не проводит разделения», т.е. не оставляет интервала «между словами: "Плодились и умножались очень"[171] и словами: "И жил Яаков"[165], поскольку так и должно быть», так как одно следует из другого.

113) «Жил Яаков в земле египетской семнадцать лет»[165]. «Почему сказано: "Семнадцать лет"? Сказал рабби Шимон, что все дни Яакова проходили в страданиях. После того как он увидел Йосефа, и когда тот представал пред ним, и Яаков смотрел на Йосефа, душа его умиротворялась, как будто он видел мать Йосефа, так как красота Йосефа была похожа на красоту Рахели. И казалось ему, словно он никогда не испытывал страданий».

114) «Когда Йосефа разлучили с ним, тогда исполнилось сказанное: "Не умиротворился я и не успокоился, и не отдыхал, и пришла тревога"[173], поскольку эта беда была для Яакова тяжелее всего им пережитого. Сказано о времени, когда был разлучен с ним Йосеф: "Йосеф семнадцати лет..."[175] Во все дни Яакова не испытывал он страдания, подобного этому, и каждый день он оплакивал эти семнадцать лет Йосефа».

115) «И что ответили ему с небес: "И Йосеф положит руку свою на глаза твои"[176]. Это другие семнадцать лет – в наслаждениях, усладах, удовольствиях и утехах, как сказано: "И жил Яаков на земле египетской семнадцать лет"[165]. Все эти годы

---

[173] Писания, Иов, 3:26. «Не умиротворился я и не успокоился, и не отдыхал, и пришла тревога».
[174] См. главу Ваешев, п. 13.
[175] Тора, Берешит, 37:2.
[176] Тора, Берешит, 46:4. «Я сойду с тобой в Египет, и Я также выведу тебя, и Йосеф положит руку на глаза твои».

Шхина (обитель) славы Творца пребывала с ним, и потому» годы, проведенные в Египте, «называются жизнью».

116) «Смотри, сказано: "И ожил дух Яакова, их отца"[177]. Следовательно, вначале его дух был мертв, и он не намеревался в дальнейшем получить другой дух. Ведь высший дух не пребывает в пустом месте. Шхина пребывает лишь в совершенном месте – не в месте недостатка, не в месте изъяна, не в месте печали, а в правильном месте, в месте радости. И потому все те годы, пока Йосеф был разлучен со своим отцом и Яаков был в печали, – не пребывала над ним Шхина».

117) «Мы изучали, – сказал рабби Эльазар, – сказал рабби Аба: "Изречение: "Служите Творцу в радости, предстаньте пред Ним с пением"[178] означает, что служить Творцу можно только лишь находясь в радости. Шхина не воцарится в печали. Сказано об этом: "А теперь приведите ко мне музыканта (менагéн מְנַגֵּן)". И когда заиграл музыкант (ке-нагéн а-менагéн כְּנַגֵּן הַמְנַגֵּן)..."[179] Здесь трижды используется корень "נגן (наген)", чтобы пробудить дух от источника совершенства» – т.е. Зеир Анпина, который содержит три линии, «и это совершенный дух». Троекратное повторение корня «נגן (наген)» соответствует трем его линиям.

118) Сказал рабби Аба: «Мы изучали там, что все образуется от четырех сторон» – и это три линии Зеир Анпина юг-север-восток и Шхина, получающая три линии, западная сторона, и от них происходят три мира БЕА и всё наполняющее их. «И все корни высших и нижних миров включены в них. И мы изучали, что одна (сторона) входит» – и светит т.е. правая линия, называемая югом, «одна выходит» – и не светит, т.е. левая линия, называемая севером, и она не светит без правой линии, «одна преграждает» – это средняя линия, называемая востоком, светящая только укрытыми хасадим до ее зивуга с Нуквой, «одна проясняет» – это Нуква, которая светит раскрытыми хасадим во время зивуга с Зеир Анпином, называемая

---

[177] Тора, Берешит, 45:27. «И изрекли они ему все речи Йосефа, что говорил им; и он увидел повозки, которые прислал Йосеф, чтобы везти его. И ожил дух Яакова, их отца».
[178] Писания, Псалмы, 100:2.
[179] Пророки, Мелахим 2, 3:15. «"А теперь приведите ко мне музыканта". И когда заиграл музыкант, была на нем (Элише) рука Творца (дух пророческий)».

западной стороной. «Соединяются друг с другом» – эти стороны, т.е. включаются друг в друга, и тогда «они прародители всего», поскольку вся реальность, т.е. миры БЕА, происходят от них и порождаются ими.

119) Сказал рабби Шимон: «"Только отцов твоих возлюбил Творец"[180]. Сказано: "Отцов твоих", и их трое, на самом деле» – т.е. Авраам, Ицхак и Яаков. «И сказанное: "Только" на самом деле означает – только» – т.е. нет более этих трех, «и от них ответвляются и в них включены все остальные» – все ступени миров БЕА, поднимающиеся в МАН к ЗОН, «чтобы украсить имя» – т.е. привлечь новые мохин к Нукве, называемой «имя».

---

[180] Тора, Дварим, 10:15. «Только отцов твоих возлюбил Творец и избрал потомство их после них, вас, из всех народов, как это ныне».

ГЛАВА ВАЕХИ

Два верблюда

120) Сказал рабби Йоси: «С того дня, как вышел рабби Шимон из пещеры, ничто не было скрыто от товарищей. Они созерцали высшие тайны, и те раскрывались им, как будто были вручены в тот час на горе Синай. После того как умер рабби Шимон, сказано: "И закрылись источники бездны и окна небесные"[181] – т.е. перекрылись источники мудрости. И задумывались товарищи над сутью вещей, но были не в силах постичь их тайну».

121) «Однажды рабби Йегуда сидел у въезда в Тверию и увидел двух верблюдов, сбрасывающих со спины вьюк дорогих шерстяных одеяний. Свалилась ноша из шерстяных одеяний, и прилетели птицы» на то место, куда должна была упасть эта ноша, «и прежде чем одеяния достигли их, были рассечены» птицы.

122) «После этого налетело много птиц, и они ходили по ним» – по тем птицам, что были рассечены, «и поселились на скале, и не были рассечены. И кричали на них» – на этих птиц, чтобы отогнать их от рассеченных птиц, «но те не отходили от них. Услышали один голос: "Венец, что над венцами, пребывает во тьме, а господин его снаружи"».

123) «Пока сидел он» – рабби Йегуда, «прошел один человек, посмотрел на них» – на птиц, «сказал: "Этот не выполнил сказанное: "И стервятник стал опускаться на трупы, и отогнал их Аврам"[182]. Сказал ему рабби Йегуда: "Я ведь так и сделал", – чтобы эти птицы отстали от них, т.е. кричал им, – "но они не отстали". Повернул этот человек голову» к рабби Йегуде, «и сказал: "Прежде чем вырвет он волос с головы господина его, и прежде чем сделает плешь у госпожи"». Не понял рабби Йегуда, что он имел в виду. «Бежал за ним три мили», уговаривая его, чтобы раскрыл смысл своих слов, «но тот не сказал ему. Расстроился рабби Йегуда».

Пояснение сказанного. Известно, что порядок распространения мохин происходит по трем точкам холам-шурук-хирик.

---

[181] Тора, Берешит, 8:2. «И закрылись источники бездны и окна небесные, и перестал лить дождь с неба».

[182] Тора, Берешит, 15:11. «И стал опускаться стервятник на трупы, и отогнал их Аврам».

Холам – это света́ ВАК без рош, остающиеся после разделения ступени в силу подъема Малхут к Бине. И это света́ хасадим, составляющие правую линию.

Шурук – это возвращение половины ступени на свое место, когда в ней снова выходят света́ ГАР, но считающиеся (светами) ГАР де-ахор (обратной стороны), поскольку являются свойством Хохмы без хасадим, и Хохма вообще не может светить без облачения в хасадим. И потому, с появлением этих ГАР, застывают все света ступени, и она становится тьмой. И это – левая линия.

Хирик призван исправить левую линию, чтобы она включилась в правую и соединилась с ней. И потому он поднимает экран первой стадии, который снова притягивает ВАК без рош, и тогда подчиняется левая линия и соединяется с правой, и Хохма облачается в хасадим правой линии, и благодаря этому выходят ГАР де-паним (лицевой стороны). И нет необходимости подробно выяснять здесь выход трех линий, так как мы уже это делали раньше.[183]

Однако сейчас нам необходимо знать, что и сама точка хирик, т.е. средняя линия, тоже выходит в этой последовательности холам-шурук-хирик. Сначала раскрывается корень экрана де-хирик, т.е. экран манулы от первого сокращения, без которого не подчиняется левая линия, и тогда сразу же исчезают из левой линии ГАР обратной стороны.

Однако с раскрытием этого экрана он все еще ни в коем случае недостоин получить ГАР, и потому нужно снова его подсластить с помощью подъема Малхут в Бину. И тогда раскрывается точка холам средней линии – подслащенная Малхут. И хотя она тоже представляет собой ВАК без ГАР, однако эти ВАК уже достойны получить ГАР, поскольку обладают экраном мифтеха.[184]

А затем раскрывается точка шурук, т.е. ГАР де-ахор (обратной стороны) и застывание светов, так как они являются свойством Хохмы без хасадим. А в конце снова производится зивуг на экран де-хирик в первой стадии с помощью подъема МАН,

---

[183] См. Зоар, главу Берешит, часть 1, п. 9.
[184] См. Зоар, главу Лех леха, п. 22, со слов: «Экран де-хирик, на который выходит средняя линия, происходит от свойства суда, имеющегося в Малхут…»

и тогда соединяются линии правой стороны и левой стороны друг с другом, и Хохма облачается в хасадим, и возникают ГАР де-паним (лицевой стороны). Таким образом, точка хирик, т.е. сама средняя линия, тоже должна выходить по трем этим точкам: холам-шурук-хирик, и помни это.

И знай также, что эти два верблюда, увиденные рабби Йегудой, это души, которые были погружены во власть левой линии, этой точки шурук, и приняли форму верблюдов, т.е. они подобны верблюду, несущему тяжелую ношу. Ибо все возвышенные ступени, которые были у этих душ, застыли и стали тьмой, и не могли они наслаждаться ими – вплоть до того, что стали они для них тяжелой ношей. И всё их стремление сводилось лишь к тому, как избавиться от них. Поэтому они были подобны верблюдам – ведь верблюд, даже если он несет на спине бесценные сокровища, они отвратительны ему и будут ему в тягость, потому как не может насладиться ими.

И это означает сказанное: «И увидел двух верблюдов, сбрасывающих со спины вьюк дорогих шерстяных одеяний» – потому что он увидел эти души в тот момент, когда над ними раскрылся экран де-хирик, для того чтобы спасти их от власти левой линии и соединить их с правой линией, как мы уже выяснили в отношении экрана де-хирик. И поэтому говорится, что он увидел этих верблюдов, т.е. души, в то время, когда они избавлялись и сбрасывали с себя дорогие шерстяные одеяния, т.е. ступени, которые застыли на них и стали им в тягость. И благодаря появлению экрана де-хирик в корневой стадии, который является экраном первого сокращения, возвращающим левую линию в ВАК, упали с них ступени ГАР, ставшие им в тягость. «Свалилась ноша из шерстяных одеяний» – т.е. свалилась с них эта ноша благодаря вышеуказанному экрану.

«И прилетели птицы» – и оказались птицы в этом месте, т.е. ступени ГАР, происходящие от одеяний Имы, т.е. Бины, которых вовсе не затрагивает ущерб от падения поклажи. И это означает: «И прежде чем одеяния достигли их, были рассечены» – несмотря на то, что ущерб от падения поклажи не затронул их, все равно они «были рассечены», т.е. раскрылось над ними подслащение от подъема к Бине, так как этот подъем разделяет ступень на две половины: Кетер и Хохма со светами нефеш-руах остаются на ступени, а Бина, Тиферет и Малхут падают вниз со ступени.¹⁸⁵ Это и есть раскрытие точки холам снова, в средней линии, благодаря чему они вновь становятся достойны получить ГАР.

И сказано: «После этого налетело много птиц» – после того, как они получили катнут де-холам, они стали достойны получить также и ГАР обратной стороны, т.е. точку шурук средней линии. И потому появились новые птицы, «и они ходили по ним» – т.е. ходили по первым птицам, которые были рассечены. Иными словами, свойства ГАР новых птиц опирались на рассечение предыдущих птиц, поскольку без их рассечения невозможно было бы раскрытие этих ГАР точки шурук. «И поселились на скале» т.е. селились они на скале. Иначе говоря, снова застыли их света и стали словно скала, – согласно природе точки шурук.

И вот эти души явились к рабби Йегуде, чтобы он исправил их. Поэтому сказано: «И кричали на них» – т.е. рабби Йегуда кричал на них, чтобы отогнать эти мохин де-шурук от душ, «но те не отходили от них» – т.е. мохин не хотели отделяться от душ. «Услышали один голос: "Венец, что над венцами"» – т.е. Нуква, «пребывает во тьме» – она находится во тьме, «а господин его» – т.е. Зеир Анпин, «снаружи» – он снаружи. Иными словами, это состояние душ привело к тому, что Зеир Анпин и Нуква находятся в ахораим, причем Нуква пребывает во тьме, а Зеир Анпин находится снаружи ступени.

И поэтому «сказал: "Этот не выполнил сказанное: "И стервятник стал опускаться на трупы, и отогнал их Аврам"¹⁸²» – т.е. намекнул ему, что он должен отогнать от душ этих новых птиц, т.е. мохин де-ахораим в свойстве шурук и левой линии, как сказано: «И отогнал их Аврам»¹⁸². «Сказал ему рабби Йегуда: "Я ведь так и сделал, но они не отстали"» – потому что он кричал на них, чтобы отогнать, но они не слушались его. «Повернул этот человек голову» – намекнул ему тем, что повернул голову (рош), чтобы и он вернулся и сделал для этих душ новый рош в свойстве паним. «И сказал: "Прежде чем вырвет он волос с головы господина его, и прежде чем сделает плешь у госпожи"».

Объяснение. «Волосы (сеарот שערות)» – это суды, от слова «бу́ри (сеарот סערות)». И чтобы вернуть ЗОН из состояния

---
¹⁸⁵ См. Зоар, главу Берешит, часть 1, п. 2.

ахораим (обратной стороны), нужна точка хирик средней линии, возвращающей ГАР де-паним (лицевой стороны) к душам. Это также исправление, возвращающее Зеир Анпин в свойство хасадим – как в паним (лицевой стороне), так и в ахор (обратной). И потому устраняются у него тогда все волосы (сеарот שערות) спереди и сзади. И поэтому сказано: «Прежде чем вырвет он волос с головы господина его» – потому что он еще не устранил бури (сеарот שערות) и суды из рош Зеир Анпина. И «вырвет» означает устранение волос как спереди (ме-паним), так и сзади (ме-ахор), поскольку требуется удалить все суды от Зеир Анпина и дать их Нукве. А затем Зеир Анпин и Нуква совершают зивуг вместе, и тогда волосы (сеарот שערות) удаляются также и у Нуквы – но только из свойства ГАР де-паним, где происходит зивуг с Зеир Анпином де-паним. Однако в ее ГАР де-ахор остаются все суды, дабы наказывать нечестивцев, которые хотят питаться от этих ГАР де-ахор.

Но поскольку эти души были погружены во власть левой (стороны), не мог рабби Йегуда исправить их так, как сказал ему этот человек. И поэтому сказано: «Бежал за ним три мили, но тот не сказал ему» – т.е. бежал за ним три мили, чтобы тот сказал, как исправить эти души указанным им образом: «Прежде чем вырвет он волос...», но он не хотел сказать ему. «Расстроился рабби Йегуда» – потому что не знал, как исправить их.

124) Однажды заснул рабби Йегуда под деревом, и увидел он в своем сне, что четыре крыла исправляются, и рабби Шимон поднимается на них и книга Торы с ним. И не оставил он ни одной из книг высших тайн и Аггады, которой бы он не поднял с собой, и вознес их на небосвод. И увидел, что скрылись они от глаз и не раскрываются больше.

125) Когда проснулся, сказал: «Конечно, из-за смерти рабби Шимона мудрость покинула землю. Горе поколению, ибо тот драгоценный камень, за который держались они, и на который опирались высшие и нижние, исчез у них!»

126) Пришел он к рабби Аба и рассказал ему. Вознес рабби Аба руки над головой и заплакал. И сказал: «Жернова, которые молотят добрый ман каждый день, – т.е. раскрывают тайны Торы, – и собирают его, как сказано: "Самомалейший собрал

десять хомеров"[186]. А теперь удалились жернова и ман, и не осталось от него в мире ничего, кроме сказанного: "Возьми один сосуд и положи в него полный омер мана, и помести его пред Творцом для хранения"[187]. Не "открыто" сказано, а "для хранения", что означает – помести его укромно. И теперь, кто сможет раскрыть тайны и кто знает их?!»

127) Сказал он шепотом рабби Йегуде: «Наверное, тот человек, которого ты видел, был Элияу. И не хотел он раскрывать тебе этих тайн, для того чтобы познал ты величие рабби Шимона, пребывавшего в дни твои. И поколение будет оплакивать его». Сказал ему, рабби Йегуде: «Хватит поминать его плачем».

128) Рабби Йегуда плакал о нем каждый день, ведь был он с ним, – с рабби Шимоном, – в святой Идре рабби Шимона и товарищей. Сказал он рабби Аба: «Жаль, что не отошел я в святой Идре в тот день вместе с тремя, которые вознеслись (и это рабби Йоси, сын рабби Яакова, рабби Хизкия и рабби Йеса)[188], чтобы не видеть это поколение, ибо отвратилось поколение».

---

[186] Тора, Бемидбар, 11:32. «И встал народ, и весь тот день, и всю ночь, и весь следующий день собирали перепелов, самомалейший собрал десять хомеров, и разложили их себе вокруг стана».

[187] Тора, Шмот, 16:33. «И сказал Моше Аарону: "Возьми один сосуд и положи в него полный омер мана, и помести его пред Творцом для хранения во всех поколениях ваших"».

[188] См Зоар, главу Насо, Идра раба, статью «Уход трех товарищей», пп. 353-358.

ГЛАВА ВАЕХИ

Мне – серебро, и Мне – золото

129) Сказал рабби Йегуда рабби Аба: «Рабби, скажи мне, написано: "Да возьмут они золота, синеты и багряницы, и червленицы, и виссона"[189]. А о серебре не сказано. Но ведь» о добровольных приношениях для Скинии «сказано: "Золото и серебро"[190]. И также о меди здесь не сказано. Хотя серебро и медь входили в число» добровольных приношений для Скинии, «однако здесь», среди одеяний великого первосвященника, «они не упоминаются. Но если светило праведности» – т.е. рабби Шимон, «не раскрыл этой тайны на месте ее, не должен был и я раскрывать ее».

130) Сказал рабби Аба, провозгласив: «"Мне – серебро, и Мне – золото, – слово Творца"[191], то есть как сказано: "Небеса – небеса Творцу"[192]». Объяснение. Есть золото, которое перед серебром, – это Бина, как сказано: «С севера приходит золото»[193]. И о приношениях для Скинии сказано: «Золото и серебро», – т.е. здесь золото важнее по своему достоинству, чем серебро, так как это Хесед Зеир Анпина. А есть золото, которое ниже серебра, и это Гвура Зеир Анпина, которая тоже называется золотом, как сказано: «Мне – серебро, и Мне – золото, – слово Творца (АВАЯ)»[192]. То есть Бина, называемая АВАЯ, говорит: «Мне – серебро» – Хесед Зеир Анпина, «и Мне – золото» – Гвура Зеир Анпина. И поэтому объясняет (рабби Аба): «То есть как сказано: "Небеса – небеса Творцу"[192]», что означает – «небеса», т.е. Зеир Анпин, «небеса Творцу (АВАЯ)» – т.е. они от Бины, называемой АВАЯ. И также сказанное здесь: «Мне – серебро, и Мне – золото, – слово Творца (АВАЯ)»[192] – это тоже Бина, которая говорит: «Мне – Хесед и Гвура Зеир Анпина, называемые серебром и золотом. Ведь от меня они происходят».

---

[189] Тора, Шмот, 28:5. «Да возьмут они золота, синеты и багряницы, и червленицы, и виссона».
[190] Тора, Шмот, 25:3. «И вот возношение, которое должны вы брать у них: золото и серебро, и медь».
[191] Пророки, Хагай, 2:8. «Мне – серебро, и Мне – золото, – слово Творца воинств».
[192] Писания, Псалмы, 115:16. «Небеса – небеса Творцу, землю же отдал Он сынам человеческим».
[193] Писания, Иов, 37:22.

131) «В нескольких местах я видел, что об этих келим святости» – т.е. одеяниях великого коэна, «сказано: "Это священные одежды"[194], и сказано: "И сделают они священные одежды"[195]. И какая святость есть в одеждах великого коэна? Но мы изучали, что они являются святостью во всех упомянутых местах, то есть: "Это священные одежды"[195], а также: "И сделай священные одежды"[196] – наподобие высших». Иначе говоря, наподобие Абы ве-Имы, зовущимися святыми, так как великий коэн – это свойство высшего Абы, и потому его одеяния называются одеяниями святости, как мы сейчас выясним.

132) «Мы изучали, что есть великий коэн наверху» – и это Аба, «великий коэн внизу» – соответственно ему. «И потому одеяниям величия» Абы «наверху соответствуют одеяния величия» великого коэна «внизу». И поэтому, так же как Аба представляет собой свойство святости, так и великий коэн представляет собой свойство святости. И так же как одеяния величия Абы являются одеяниями святости, так и одеяния величия великого коэна являются одеяниями святости. «И поэтому Писание не упоминает здесь», в одеяниях великого коэна, «серебро и медь, так как они относятся к другому источнику» и не соответствуют высшим Абе ве-Име, «ибо сказано: "Все столбы вкруг двора с ободами серебряными"[197], и сказано: "Подножия их из меди"[197] – так как это принадлежности, которые используются для Скинии», Нуквы Зеир Анпина.

133) «Однако этими одеяниями величия» великого коэна «нельзя пользоваться ни одному человеку, кроме великого коэна, у которого на голове "елей священного помазания"[198]. И сказано: "И сделай священные одежды Аарону, брату твоему,

---

[194] Тора, Ваикра, 16:4. «Хитон льняной, священный, пусть наденет, и льняные штаны пусть будут на теле его, и поясом льняным пусть опояшется, и тюрбан льняной пусть наденет. Это священные одежды – пусть омоет тело свое в воде и наденет их».

[195] Тора, Шмот, 28:4. «И вот одежды, которые они сделают: хошен, и эфод, и мантию, и клетчатый хитон, тюрбан и пояс. И сделают они священные одежды Аарону, брату твоему, и сыновьям его для служения Мне».

[196] Тора, Шмот, 28:2. «И сделай священные одежды Аарону, брату твоему, для славы и для великолепия».

[197] Тора, Шмот, 27:17. «Все столбы вкруг двора с ободами серебряными, их крючки из серебра, а их подножия из меди».

[198] Тора, Шмот, 30:31-32. «А сынам Исраэля скажи, что елеем священного помазания будет это Мне для поколений ваших. На тело (любого) человека не должно возливать, и по его составу не делайте подобного ему; он свят, свят будет он для вас».

для славы и для великолепия"¹⁹⁶ – так как в этих одеяниях он подобен высшему» – т.е. высшему Абе. Объяснение. И потому упомянуто в них только золото – т.е. свойство высшей Бины, от которой происходят облачения высшего Абы, а не серебро и медь, происходящие от ЗОН, которые вовсе не являются свойством великого коэна, а свойством – «столбы двора»¹⁹⁷.

ГЛАВА ВАЕХИ

И приблизились дни Исраэля к смерти

134) «И приблизились дни Исраэля к смерти»[199]. Сказал рабби Йегуда: «Горе миру, ибо люди не видят, не слышат, не ведают, что каждый день раздается голос воззвания в двухстах пятидесяти мирах».

Объяснение. Свечение ночного зивуга во власти левой линии, т.е. несовершенное свечение Хохмы, называется воззванием или голосом воззвания, а совершенный дневной зивуг называется голосом и речью.[200] И в Бине есть пять сфирот, называемых КАХАБ ТУМ или ХАГАТ Нецах Ход, и это – пять миров. А поскольку сфирот Бины исчисляются сотнями, их насчитывается пятьсот миров. И вследствие подъема Малхут в Бину, она разделилась на две половины: половина ее, т.е. двести пятьдесят миров, осталась в Бине, а половина, т.е. двести пятьдесят нижних миров, упали из нее за пределы ступени. И хотя в большом состоянии (гадлут) эти двести пятьдесят миров возвращаются к Бине, все равно они являются ахораим (обратной стороной) Бины. А высшие двести пятьдесят миров являются частью паним (лицевой стороной) Бины.

И это означают слова: «Что каждый день раздается голос воззвания» – т.е. когда полуночный зивуг, свечение которого называется воззванием, производится в двухстах пятидесяти мирах, упавших из Бины, в них раздается голос воззвания, возвращающий их на свою ступень в Бину. Так же происходит и на всех ступенях ниже Бины, каждая из которых восполняется благодаря голосу этого воззвания, и все упавшие из них половины ступеней возвращаются на свою ступень и восполняются.

135) «Мы изучали, что один мир известен наверху» – Нуква, «и когда выходит это воззвание» и восполняет его, «содрогается тот мир и сотрясается», потому что этот зивуг приходит во власти левой линии, которая пробуждает суды. «Выходят

---

[199] Тора, Берешит, 47:29. «И приблизились дни Исраэля к смерти, и призвал он сына своего, Йосефа, и сказал ему: "Если нашел я милость в глазах твоих, то положи руку твою под бедро мое и окажи мне милость и правду: не хорони меня в Египте!"»
[200] См. Зоар, главу Ваишлах, п. 136.

две птицы, поднявшиеся из того мира, и жилище их – под тем деревом, в котором есть образ жизни и смерти».

Объяснение. Две птицы – это две искры от ХУБ Нуквы, которые упали в клипот в момент греха Древа познания вместе с келим обратной стороны Нуквы, опустившимися тогда в клипот. А полуночный зивуг возвращает келим обратной стороны, упавшие из Нуквы, и соединяет их с Нуквой, и таким образом эти две птицы тоже возвращаются вместе с этими келим обратной стороны в тело Нуквы.

Поэтому сказано: «И когда выходит это воззвание» – т.е. свечение полуночного зивуга, «выходят две птицы, поднявшиеся из того самого мира» – выходят эти две птицы, удалившиеся от Нуквы и упавшие в клипот, и вновь соединяются с Нуквой. «И жилище их – под деревом, в котором есть образ жизни и смерти» – т.е. в ахораим (обратной стороне) Нуквы, называемой «под деревом, в котором есть образ жизни и смерти». Потому что «под» означат – келим де-ахораим, а Нуква называется Древом добра и зла,[201] и там находится жилище этих птиц, поскольку с ними они опускаются в клипот и вместе с ними поднимаются оттуда.

136) «Одна птица выходит в южную сторону» – та, что происходит от искры Хохмы, правой линии, «а другая птица выходит в северную сторону» – та, что происходит от искры Бины, левой линии. «Одна выходит, когда светит день» – происходящая от свойства Хохмы, «другая – когда меркнет день» – под вечер, после полудня, происходящая от свойства Бины. И каждая призывает и возглашает то, что слышала из этого воззвания» – т.е. они светят в мере того, что получили от свечения полуночного зивуга, называемого воззванием.

137) «После этого» – т.е. когда наступает ночная тьма, «они хотят подняться на свое место» – в ахораим тела Нуквы, где находится их жилище, «но ноги их попадают в отверстие великой бездны» – потому что в начале ночи умножаются суды, и келим де-ахораим Нуквы снова падают в клипот мира Брия, называемые отверстием великой бездны, и вместе с ними туда

---

[201] См. «Предисловие книги Зоар», п. 123, «Малхут – это Древо познания добра и зла, если удостоился человек – стало добром, а если не удостоился – то злом».

падают и там уловляются эти птицы. «И они удерживаются в ней, пока не разделяется ночь. Когда же ночь разделяется, т.е. когда осуществляется полуночный зивуг, провозглашает воззвание: "И подобно птицам, попавшимся в силок, – так же как они уловляются в злой час сыны человеческие"[202]». Объяснение. Благодаря свечению зивуга, называемого воззванием, они спасаются и высвобождаются из силка, и вновь соединяются в мире Ацилут, в своем жилище, как вначале. И так – каждый день.

138) Сказал рабби Йегуда: «В час, когда ноги человека скованы и дни его на исходе, день этот называется днем Творца – дабы вернуть Ему дух. Мы изучали, что в этот час пребывает святой венец (кетер) над духом его», человека. «И что он собой представляет? Это тот, о котором сказано: "Дни лет наших – семьдесят лет"[203]. И это – седьмой из всех венцов (кетеров)» – т.е. Нуква, являющаяся седьмой сфирой и завершающая все сфирот.

139) «Если же со стороны Гвуры приходит» Нуква к человеку, т.е. Бина, находящаяся выше семи сфирот ХАГАТ НЕХИМ, «сказано: "А если в силах (гвурот) – восемьдесят лет"[203] – потому что венец (кетер) Гвуры является восьмым. Отсюда и далее нет более места для продления жизни, как сказано: "Но превосходство их – суета и ложь", ибо там, где нет основы, не сможет стоять здание». «Венец (кетер)» означает – сфира.

Объяснение. Душа человека родилась от ЗОН, представляющих собой семь сфирот ХАГАТ НЕХИМ, каждая из которых состоит из десяти, – и всего их семьдесят. И поэтому число этих семидесяти сфирот – это дни лет его жизни. И относительно келим, они начинаются сверху вниз, как известно.

Таким образом, первые десять лет его жизни – от Хеседа, вторые – от Гвуры, (и так) до последних десяти лет, которые от Малхут. И тогда ему больше не от кого получать, и потому

---

[202] Писания, Коэлет, 9:12. «И даже не знает человек час свой, подобно рыбам, захваченным злой сетью, и подобно птицам, попавшимся в силок, – так же как они уловляются в злой час сыны человеческие, когда внезапно он их настигает».

[203] Писания, Псалмы, 90:10. «Дни лет наших – семьдесят лет, а если в силах – восемьдесят лет, но превосходство их – суета и ложь, ибо промелькнут они и исчезнут бесследно».

он умирает, так как у него больше нет основы от высших сфирот ЗОН, от которой он мог бы получать жизненные силы. И это смысл слов: «Отсюда и далее нет более места для продления жизни, ибо там, где нет основы, не сможет стоять здание».

Если же корень его души – от Бины, т.е. Гвура, и это внутренний смысл[204] сказанного: «Я разум (бина), у меня сила (гвура)»[205], тогда годы его жизни составляют восемьдесят. «Но превосходство их»[203] – если его дни продлятся более этого, то они «суета и ложь»[203] – поскольку ему не от кого питаться, как мы уже выяснили.

140) Сказал рабби Йегуда: «Счастливы праведники, когда Творец желает вернуть их дух Себе и вобрать тот дух, что пребывает в них. В час, когда Творец желает вернуть Себе дух, если праведник он, то сказано об этом духе: "А дух возвратится к Всесильному, который дал его"[206]».

141) «Но если он не стал праведником – горе тому духу, ибо должен он совершить омовение в палящем огне и исправиться, чтобы быть принятым в тело Царя» – т.е. в Творца. «Если же он не исправляется – горе тому духу, который мечется, словно камень в праще. Сказано об этом: "А души врагов твоих выбросит Он, как из пращи"[207]. Если же дух тот удостаивается – сколько блага скрыто для него в мире, как сказано: "Глаз, который не видел иных божеств, но лишь Тебя, даст Он уповающему на Него"[208]».

142) «Когда дни человека близятся» к смерти, «возвещают о нем в мире за тридцать дней», что настало ему время умирать. «И даже птицы небесные возвещают о нем. Если же он

---

[204] См. «Предисловие книги Зоар», п. 26, со слов: «И об этой "нун ן" сказано: "Я разум (бина), у меня сила (гвура)", так как в большом состоянии (гадлут), когда ХАГАТ становятся ХАБАД, Гвура становится Биной».

[205] Писания, Притчи, 8:14. «У меня совет и понимание; я разум, у меня сила».

[206] Писания, Коэлет, 12:7. «И прах возвратится в землю, как и был, а дух возвратится к Всесильному, который дал его».

[207] Пророки, Шмуэль 1, 25:29. «И если поднимется человек преследовать тебя и искать души твоей, да будет душа господина моего увязана в средоточие жизни Творца Всесильного твоего, а души врагов твоих выбросит Он, как из пращи».

[208] Пророки, Йешаяу, 64:3. «И никогда не слышали, не внимали; глаз, который не видел иных божеств, но лишь Тебя, даст Он уповающему на Него».

праведен, то возвещают о нем за тридцать дней среди праведников в Эденском саду».

143) «Все эти тридцать дней выходит из него душа каждую ночь, и поднимается и видит свое место в том мире. А сам человек не ведает об этом, и не присматривает, и не властвует над своей душой в течение всех этих тридцати дней, как и вначале. Сказано об этом: "Нет человека властного над духом, чтобы удержать дух"[209]. Когда начинаются эти тридцать дней, образ человека меркнет, а облик» этого образа, «который виден на земле, скрыт» от взора.

---

[209] Писания, Коэлет, 8:8. «Нет человека властного над духом, чтобы удержать дух, и нет власти над днем смерти, и нет освобождения от войны, и не спасет нечестие совершающих его».

ГЛАВА ВАЕХИ

Рабби Ицхак сидит в печали

144) Рабби Ицхак сидел однажды у входа к рабби Йегуде, погруженный в печаль. Вышел рабби Йегуда и увидел его у входа, сидящего в печали, сказал ему: «Чем этот день отличается от других?!»

145) Сказал ему (рабби Ицхак): «Я пришел, чтобы попросить тебя о трех вещах. Первое: когда ты будешь говорить слова Торы и упомянешь те, что сказаны мной, говори их от моего имени, дабы упомянуть мое имя. Второе: помоги сыну моему, Йосефу, удостоиться Торы. Третье: ходи на мою могилу все семь дней траура и возноси молитву обо мне».

146) Спросил его: «Откуда ты знаешь, что умрешь?» Сказал ему рабби Ицхак: «Вот, душа уходит от меня каждую ночь и не светит мне во сне, как вначале. И еще: когда я молюсь и дохожу до благословения "Слышащий молитву", то, глядя на свой образ на стене, я не вижу его. Говорю тебе – я умру, поскольку ушел от меня образ и не виден. Ибо выходит воззвание, провозглашающее: "Только по образу должен ходить человек"[210] – пока образ человека не ушел от него, может ходить человек, и дух его жив в нем. Когда же удаляется образ человека и не виден, человек уходит из этого мира».

147) Сказал ему рабби Йегуда: «И это следует также из сказанного: "Что тень – дни наши на земле"[211]. Всё, о чем ты меня попросил, я сделаю. Но я прошу тебя, чтобы в том мире ты выбрал мне место у себя, как был я у тебя в этом мире». Заплакал рабби Ицхак и сказал: «Пожалуйста, не расставайся со мной все эти дни».

148) Пошли они к рабби Шимону и нашли его занимающимся Торой. Поднял глаза рабби Шимон, увидел рабби Ицхака и увидел, что ангел смерти бежит перед ним и танцует перед ним. Встал рабби Шимон, взял рабби Йегуду за руку и сказал: «Я постановляю: кто обычно приходит ко мне – пусть войдет,

---

[210] Писания, Псалмы, 39:7. «Только по образу должен ходить человек, но лишь к суете стремление его, копит и не знает, кто заберет это».

[211] Писания, Иов, 8:8-9. «Ибо спроси-ка поколения прежние и вникни в наблюдения отцов их. Ведь вчерашние мы и не знаем, что тень – дни наши на земле».

а кто обычно не приходит ко мне – не войдет». Вошли рабби Ицхак и рабби Йегуда. Навязал он этим ангелу смерти находиться снаружи, и тот не мог войти.

149) Посмотрел рабби Шимон и увидел, что до сих пор еще не пришло время его умирать, а до восьми часов дня назначено ему время, посадил его, занялся с ним Торой и сказал своему сыну, рабби Эльазару: «Сядь у входа и кого ни увидишь – не говори с ним. Если же он захочет войти сюда, дай клятву, что он не войдет».

150) Сказал рабби Шимон рабби Ицхаку: «Видел ли ты облик отца своего в этот день, или нет? Ведь мы изучали, что в час, когда человек уходит из мира, его отец и близкие находятся там с ним, и он видит их и узнаёт их. Все те, с кем будет пребывание его в том мире на одной ступени, собираются и находятся с ним, и идут с его душой до того места, где он поселится». Сказал рабби Ицхак: «До сих пор еще не видел я облика своего отца».

151) Между тем встал рабби Шимон и сказал: «Владыка мира, известен у нас рабби Ицхак, и из числа семи глаз он здесь», – т.е. из семи учеников, которые остались в живых при выходе из Идры раба,[212] – «вот, я держу его, дай же его мне». Раздался голос и сказал: «Престол Господина его», – Нуква, – «приблизился» к зивугу «благодаря крыльям рабби Шимона», – т.е. благодаря его работе и подъему МАН, – «вот твой рабби Ицхак, и придешь ты с ним в то время, когда придешь, чтобы воссесть на своем престоле», – т.е. в час, когда уйдет рабби Шимон из мира. Сказал рабби Шимон: «Конечно», – то есть: «Так я и сделаю – приведу его с собой в час моего ухода из мира».

152) В то же время увидел рабби Эльазар, что ушел ангел смерти, и сказал: «Нет смертного приговора в месте рабби Шимона».

Сказал рабби Шимон рабби Эльазару: «Иди сюда и поддержи рабби Ицхака, ибо я вижу, что он боится». Вошел рабби Эльазар и поддержал его, а рабби Шимон повернул лицо свое и занялся Торой.

---

[212] См Зоар, главу Насо, Идра раба, статью «Уход трех товарищей», пп. 353-358.

153) Заснул рабби Ицхак и увидел своего отца. Сказал ему отец: «Сын мой, счастлив твой удел в этом мире и в мире будущем. Ибо меж листьев Древа жизни из Эденского сада ты сидишь. Большое и сильное Древо в двух мирах – это рабби Шимон, который поддерживает тебя своими ветвями. Счастлив твой удел, сын».

154) Сказал ему: «Отец, а что я представляю собой там, в мире истины?» Поведал ему (отец): «Три дня спешно готовили твою опочивальню и устанавливали для тебя открытые окна, чтобы светить тебе с четырех сторон мира. Видел я твое место и возрадовался, сказав себе: "Счастлив твой удел, сын. Единственное, что до сих пор сын твой не удостоился Торы"», – и сожалел об этом.

155) «Теперь же должны были прийти к тебе двенадцать праведников из числа товарищей. Когда они отправлялись, пробудился голос во всех мирах: "Кто товарищи, стоящие здесь? Украшайтесь благодаря рабби Шимону, который попросил Творца, чтобы не умер рабби Ицхак, и было разрешено ему"».

156) «Более того, семьдесят мест украшаются здесь благодаря ему, и в каждом месте открыты проходы к семидесяти мирам, и каждый мир открывается семидесяти гонцам, и каждый гонец открыт для семидесяти высших венцов, а оттуда открываются пути к Атику, скрытому от всех, – чтобы видеть высшее благо, которое светит и несет наслаждение всем. Как сказано: "Созерцать благо Творца и посещать храм Его"[213]. Что значит: "И посещать храм Его"? Это как сказано: "Во всем Моем доме доверенный он"»[214].

Пояснение сказанного. Мы не постигаем ГАР (три верхние сферы), а только семь нижних сфирот (ЗАТ), но из этого следует, что в ГАР мы не постигаем даже ГАР десяти сфирот мира Асия. А что касается семи нижних сфирот (ЗАТ), особо выдающиеся люди могут постигать даже ЗАТ де-ГАР мира Ацилут.

---

[213] Писания, Псалмы, 27:4. «Об одном я спрашиваю у Творца и лишь того прошу, чтобы пребывать мне в доме Творца все дни жизни моей, созерцать благо Творца и посещать храм Его».

[214] Тора, Бемидбар, 12:6-7. «И сказал Он: "Слушайте слова Мои: если и есть у вас пророк, то Я, Творец, в видении открываюсь ему, во сне говорю Я с ним. Не так с рабом Моим Моше – во всем Моем доме доверенный он"».

И отец рабби Ицхака дал нам понять, что рабби Шимон проник в сущность ЗАТ всех парцуфим мира Ацилут, и даже в ЗАТ де-ГАР мира Ацилут.

И «место» – это Нуква Зеир Анпина, как сказано: «Вот место со Мною»[215]. И это означает сказанное: «Семьдесят мест украшаются здесь благодаря ему» – т.е. семь нижних сфирот (ЗАТ) Нуквы, каждая из которых состоит из десяти, и всего их семьдесят.

А Зеир Анпин называется миром, как сказано: «Мир милостью устроен»[216]. Поэтому сказано: «И в каждом месте открыты проходы к семидесяти мирам» – т.е. к семи нижним сфирот Зеир Анпина, каждая из которых состоит из десяти.

Света Бины называются гонцами, как сказано: «Ибо в спешке ты вышел из земли египетской»[217] – т.е. в свойстве Бины. Поэтому сказано: «И каждый мир открывается семидесяти гонцам» – и это семь нижних сфирот (ЗАТ) ИШСУТ, каждая из которых состоит из десяти.

А сфирот Хохмы, представляющие собой парцуф высших Абы ве-Имы, называются высшими венцами. Потому сказано: «И каждый гонец открыт для семидесяти высших венцов» – от них к семи нижним сфирот (ЗАТ) Атика, «а оттуда открываются пути к Атику, скрытому от всех».

И говорится, что они открываются одни из других, потому что пять парцуфим облачаются друг на друга, начиная с Нуквы. Таким образом, от нее открываются проходы к Зеир Анпину, так как она облачает его, а от Зеир Анпина – к ИШСУТ, а от ИШСУТ – к высшим Абе ве-Име, а от высших Абы ве-Имы – к ЗАТ Арих Анпина, который называется Атиком, поскольку они облачаются друг на друга, как известно.

---

[215] Тора, Шмот, 33:21-23. «И сказал Творец: "Вот место со Мною; ты стань на скале. И будет, когда проходить будет слава Моя, укрою тебя в расселине скалы, и заслоню тебя Моею рукой, пока не пройду. И отведу руку Мою, и увидишь Меня сзади, а лица Моего не будет видно"».

[216] Писания, Псалмы, 89:3. «Ибо сказал я: "Мир милостью устроен, в небесах – там утвердил Ты верность Свою"».

[217] Тора, Дварим, 16:3. «Не ешь при ней квасного, семь дней ешь при этом мацу, хлеб бедности. Ибо в спешке ты вышел из земли египетской, – чтобы ты помнил день своего исхода из земли египетской во все дни своей жизни».

ГЛАВА ВАЕХИ Когда приходит время уйти из мира

Когда приходит время уйти из мира

157) Спросил у него: «Отец, сколько мне еще осталось жить в этом мире?» Ответил ему: «Нет у меня права сообщать тебе об этом, и не сообщают об этом человеку. Однако во время великой радости рабби Шимона», – т.е. в день его ухода, поскольку великая радость пребывала во всех мирах благодаря многочисленным тайнам, которые он тогда раскрыл,[218] – «ты будешь готовить стол его», – т.е. участвовать с ним вместе в раскрытии тайн, – «как сказано: "Выйдите и посмотрите, дочери Циона, на царя Шломо в венце, которым украсила его мать в день свадьбы его и в день радости сердца его"[219]».

158) В этот момент проснулся рабби Ицхак, и он смеялся, а лицо его светилось. Увидел рабби Шимон и посмотрел ему в лицо, спросил его: «Ты слышал что-то новое?» Сказал ему рабби Ицхак: «Конечно, слышал». И рассказал ему то, что видел в своем сне. Пал ниц рабби Ицхак перед рабби Шимоном.

159) «Мы учили, что с этого дня рабби Ицхак держал своего сына рядом с собой и занимался с ним Торой, и не отпускал его от себя. Когда входил к рабби Шимону, он сажал своего сына снаружи, и входил и садился перед рабби Шимоном, и провозглашал перед ним: «Творец! Стеснен я, выручи меня»[220].

160) «В тот тяжкий и грозный день, когда подошло время человека уйти из мира, четыре стороны мира», ХУГ ТУМ, «пребывают в суровом суде, чтобы вершить суд над миром. И пробуждаются суды с четырех сторон мира, и те четыре» основы человека огонь-ветер-вода-прах, «что связаны друг с другом, сталкиваются, и пребывает меж ними раздор, и хотят они разойтись, каждый в свою сторону»: основа огня в человеке – к общей основе огня мира, основа воды в человеке – к основе воды мира, и т.д., а основа праха в человеке – к основе

---

[218] См. Зоар, главу Аазину, Идра зута, пп. 23-31.
[219] Писания, Песнь песней, 3:11. «Выйдите и посмотрите, дочери Циона, на царя Шломо в венце, которым украсила его мать в день свадьбы его и в день радости сердца его».
[220] Пророки, Йешаяу, 38:14. «Щебетал я, как ласточка, (как) журавль, ворковал, как голубь, – подняты были глаза мои к небу: "Творец! Стеснен я, выручи меня"».

праха мира. Ибо так разделяются четыре основы человека в момент его смерти.

161) «Воззвание» – свечение Хохмы от зивуга левой линии, «выходит и провозглашает в высшем мире» – в Твуне, «и оно слышно в двухстах семидесяти мирах» – т.е. от хазе и ниже, где находятся две сфиры, Нецах и Ход, и это «двести», а также две трети Тиферет, и это «семьдесят». «Если праведник он, все миры радуются ему», – т.е. «если удостоился – стало добром»[221]. «Но если неправеден он, горе тому человеку и его уделу», – ведь «если не удостоился – то злом»[221].

162) И он объясняет, что происходит в состоянии, когда «если не удостоился – то (стало) злом»[221], и говорит: «Мы изучали, что тотчас с провозглашением воззвания, выходит одно пламя с северной стороны и непрерывно разгорается в реке огненной», – о которой сказано: «Река огненная (ди-нур) вытекает и протекает перед ним»[222], – «и простирается на четыре стороны мира, и сжигает души грешников».

163) «И выходит это пламя», – т.е. суд Малхут, раскрывающийся в случае «если не удостоился – то (стало) злом»[221], – «и поднимается» к Бине, «и опускается в мир», и возвращается к Малхут. «И пламя это протягивается под крылья черного петуха и бьет по его крыльям, и он кричит на входе между вратами».

Объяснение. Он поясняет, как суд Малхут, раскрывающийся в случае «если не удостоился – то (стало) злом»[221], может принести ущерб келим Бины. Поэтому говорит: «И выходит это пламя и поднимается» – т.е. оно поднимается к Бине и причиняет ей ущерб, а затем «опускается в мир» – опускается к Малхут, называемой миром, и может причинить ущерб келим в ней. И потому говорит: «И пламя это протягивается под крылья черного петуха» – происходящего от Гвуры Бины, «и он кричит на входе между вратами» – т.е. он посередине этих двух врат: между вратами Бины и вратами Малхут. Иначе говоря, из-за того что стоит посередине, благодаря включению Малхут

---

[221] См. «Предисловие книги Зоар», п. 123, «Малхут – это Древо познания добра и зла, если удостоился человек – стало добром, а если не удостоился – то злом».

[222] Писания, Даниэль, 7:10. «Река огненная вытекает и протекает перед ним, тысячи тысяч служат ему, и десять тысяч десятков тысяч стоят перед ним; суд сел, и книги открылись».

в Бину, он наносит ущерб обеим. И также в полуночном зивуге исправляются поэтому они обе.²²³

164) «В первый раз провозглашает, говоря: "Вот приходит день Творца, пылающий как печь"²²⁴. Во второй раз провозглашает, говоря: "Ибо вот Создающий горы, Творящий ветер и Сообщающий человеку предреченное ему"²²⁵. В этот час сидит человек и слушает о делах своих: свидетельствуют перед ним очевидцы, и он признаётся в них. В третий раз, когда хотят забрать у него душу, провозглашает петух, говоря: "Кто не убоится Тебя, Царь народов, как и подобает Тебе"²²⁶».

165) Сказал рабби Йоси: «Черный петух – почему он приходит?» Сказал ему рабби Йегуда: «Всё, что свершил Творец на земле, указывает на мудрость, только люди этого не знают. И это означает сказанное: "Как многочисленны дела Твои, Творец. Все их с мудростью содеял Ты, полна земля созданиями Твоими"²²⁷. И поскольку содеяны они с мудростью, все они указывают на мудрость».

166) «И относительно черного петуха, мы изучали, что суд пребывает только в том месте, которое соответствует ему. И чернота исходит со стороны суда», – так как черный цвет указывает на Малхут, являющуюся свойством суда. «И потому ровно в полночь, когда пробуждается северный ветер», – т.е. левая линия, «выходит одно пламя и стегает под крылья петуха, и он кричит», как мы уже выяснили. «И в особенности черный петух», происходящий от свойства суда, «указывает на это больше другого», – т.е. это более явный намек, чем петух другого цвета.

---

²²³ См. «Предисловие книги Зоар», п. 171, со слов: «И сказано в Зоаре: "Когда наступает полночь..."»
²²⁴ Пророки, Малахи, 3:19. «Ибо вот приходит день тот, пылающий как печь, и станут все надменные и все творящие преступление, как солома. И спалит их день грядущий тот, – сказал Творец воинств, – так что не оставит им ни корня, ни ветви».
²²⁵ Пророки, Амос, 4:13. «Ибо вот Создающий горы и Творящий ветер, Сообщающий человеку предреченное ему и Обращающий зарю во тьму, Попирающий высоты земли, – Творец Всесильный воинств имя Его».
²²⁶ Пророки, Йермияу, 10:7. «Кто не убоится Тебя, Царь народов, как и подобает Тебе, ибо среди всех мудрецов народов и во всем их царстве нет подобных Тебе».
²²⁷ Писания, Псалмы, 104:24.

167) «Также и здесь – в час, когда пробуждается суд над человеком», черный петух «начинает взывать. И никто не знает об этом, кроме того человека, который должен умереть. Ибо мы изучали: когда человек должен умереть, и суд пребывает над ним, чтобы уйти из мира, добавляется ему высший дух в такой мере, какой не было у него во все дни его. И когда пребывает над ним и сливается с ним, видит он то, чего не удостоился увидеть за все свои годы, и все потому, что добавился ему этот дух».

«И когда добавляется ему этот дух, и он видит, тогда он выходит из этого мира, как сказано: "Добавишь дух им – умрут и к праху своему возвратятся"[228]. Тогда сказано: "Ибо не может человек увидеть Меня и остаться в живых"[229]. То есть при жизни не удостаиваются они увидеть, но при смерти – удостаиваются».

168) «В час, когда человек умирает, дается ему позволение видеть, и он видит рядом с собой своих близких и друзей из мира истины и узнаёт их. Все они запечатлены в том облике, в каком были в этом мире. И если человек праведен, все они радуются перед ним и первыми приветствуют его».

169) «Если же он неправеден, то являются ему лишь те грешники, которых бьют каждый день в аду, и все они печальны, с возгласа "о, горе!" начинают и возгласом "о, горе!" заканчивают. И этот человек поднимает глаза и видит их, как нечто спаленное, подымающееся из огня. И тогда он тоже начинает говорить о них с возгласа: "О, горе!"»

170) «В час, когда вышла душа человека, все его близкие и друзья в мире истины идут с его душой и показывают ей место наслаждения (эден) и место наказания. Если он праведник, то видит свое место, и поднимается, и поселяется, и услаждается в высшем Эдене того мира».

«А если он не праведник, остается та душа в этом мире, пока тело не будет погребено в земле. Когда же оно погребено,

---

[228] Писания, Псалмы, 104:29. «Скроешь лицо Свое – испугаются, добавишь дух им – умрут и к праху своему возвратятся».

[229] Тора, Шмот, 33:20. «Ты не сможешь увидеть лик Мой, ибо не может человек увидеть Меня и остаться в живых».

многочисленные обвинители держат ее, пока она не дойдет до Думы, и вводят ее в пределы ада».

171) Сказал рабби Йегуда: «Все семь дней траура ходит душа от дома к могиле и от могилы обратно домой и скорбит по телу, как сказано: "Лишь пока плоть его на нем, больно ему, и душа его скорбит о нем"[230]. Отправляется она и сидит дома, и видит всех в печали, и сама тоже скорбит».

172) «Спустя семь дней тело становится тем, чем становится, а душа вступает на свое место и входит в пещеру Махпела, и видит то, что видит, и вступает туда, куда вступает, пока не приходит к Эденскому саду и встречает херувимов и пламя меча, что в Эденском саду. [231] И если она достойна войти, то входит».

173) «Четыре столпа», – т.е. четыре ангела, происходящие от четырех духовных основ ХУБ ТУМ, «предуготовлены душе, и форма тела ее у них в руках» – т.е. одеяние, называемое мантией мудрецов, «и она облачается в нее с радостью, и поселяется в пределе нижнего Эденского сада до срока, назначенного ей» проживать там.

174) «Трехцветный столп предуготовлен там», в нижнем Эденском саду, и это – три цвета радуги. «Столп этот называется местом горы Цион, как сказано: "И сотворит Творец над всем местом горы Цион и над собраниями ее облако днем, и дым"[232]. И душа поднимается по этому столпу ко входу праведности, где находятся Цион и Йерушалаим» – т.е. Есод и Малхут Нуквы Зеир Анпина, называемой праведностью.

175) «Если же она удостоилась подняться еще выше, то прекрасны ее участь и удел, чтобы слиться с телом Царя», – т.е. с Зеир Анпином, ведь поскольку она уже удостоилась подняться к Циону и Йерушалаиму, т.е. к Нукве, то следующая после

---

[230] Писания, Иов, 14:22. «Лишь пока плоть его на нем, больно ему, и душа его скорбит о нем».

[231] Тора, Берешит, 3:24. «И изгнал Адама и поместил к востоку от сада Эденского херувимов и пламя обращающегося меча, чтобы охранять путь к Древу жизни».

[232] Пророки, Йешаяу, 4:5. «И сотворит Творец над всем местом горы Цион и над всеми собраниями ее облако днем, и дым и сияние пылающего огня ночью, – ибо над всею славою будет покров».

этого ступень – это тело Царя, т.е. Зеир Анпин. «Если же она не удостаивается подняться выше, то сказано о ней: "И будет, кто останется в Ционе и кто уцелеет в Йерушалаиме", в Нукве, "тот будет назван святым"[233]. А если она достойна подняться выше – счастлив тот, кто удостоился славы Царя», Зеир Анпина, «и наслаждаться в высшем Эдене наверху, от места, называемого небесами», т.е. от Зеир Анпина, «как сказано: "Тогда наслаждаться будешь в Творце (досл. над Творцом)"[234]. Именно "над Творцом (АВАЯ)"» – т.е. Зеир Анпином, называемым АВАЯ. «Счастлив удел того, кто удостоился этой милости, как сказано: "Ибо велика, выше небес, милость Твоя"[235]».

176) «Но разве милость (хесед) находится над небесами, – ведь сказано: "Ибо велика, до небес, милость Твоя"[236]?» – и отсюда следует, что милость находится под небесами. Сказал рабби Йоси: «Есть милость и есть милость, и это – высшая милость и нижняя милость. Высшая милость (хесед)», т.е. Хесед самого Зеир Анпина, «находится над небесами», так как небесами называется Тиферет, а Хесед (милость) предшествует Тиферет, «и об этом сказано: "Выше небес милость Твоя"[235]. А нижняя милость» – т.е. Хесед Зеир Анпина, облачающийся в Нукву через Нецах и Ход Зеир Анпина, «это как сказано: "Неизменные милости Давиду"[237]» – т.е. они называются по имени Нуквы, зовущейся Давидом. «И о них сказано: "До небес милость Твоя"», так как они находятся под небесами, т.е. под Тиферет Зеир Анпина.

---

[233] Пророки, Йешаяу, 4:3. «И будет, кто останется в Ционе и кто уцелеет в Йерушалаиме, тот назван будет святым, – все, кто записан для жизни в Йерушалаиме».

[234] Пророки, Йешаяу, 58:14. «Тогда наслаждаться будешь в Творце, и Я возведу тебя на высоты земли, и питать буду тебя наследием Яакова, отца твоего, потому что уста Творца изрекли это».

[235] Писания, Псалмы, 108:5. «Ибо велика, выше небес, милость Твоя и до облаков – истина Твоя».

[236] Писания, Псалмы, 57:11. «Ибо велика, до небес, милость Твоя и до облаков – истина Твоя».

[237] Пророки, Йешаяу, 55:3. «Преклоните ухо ваше и идите ко Мне, слушайте, и жива будет душа ваша, и Я заключу с вами союз вечный – неизменные милости Давиду».

ГЛАВА ВАЕХИ

Радующаяся мать сыновей

177) «Мы изучали, – сказал рабби Ицхак, – что сказано: "Радующуюся мать сыновей. Алелуйа"[238]. "Мать" – известно, кто она», поскольку это Бина, «но кто такие сыновья?» Сказал рабби Шимон: «Мы ведь изучали, что два ребенка есть у Творца», у Бины, «мужского и женского пола (захар и некева). Ребенка мужского пола Он дал Яакову, как сказано: "Сын Мой, первенец Мой, Исраэль"[239], и сказано: "Исраэль, в котором Я прославлюсь"[240]. А дочь Он дал Аврааму, как сказано: "А Творец благословил Авраама во всем"[241]. Дочь была у Авраама, и Ба-коль (בַּכֹּל во всём) – имя ее».

Объяснение. У Бины есть двое детей, и это Тиферет и Малхут, которые происходят от нее. Сына (захар), т.е. Тиферет, Он дал Яакову, потому что Яаков – это строение (меркава) для сфиры Тиферет. А дочь, т.е. Малхут, Он дал Аврааму, потому что Авраам – это строение для Хеседа Зеир Анпина, а Нуква исправляется лишь Хеседом, и поэтому она была дана Аврааму, так как он является свойством Хесед.

178) «И мать» – Бина, «сидит над ними» – над ЗОН, «и питает их. И об этом сказано: "Не бери матери над детьми"[242] – т.е. не должен человек преумножать грехи внизу, в этом мире, так как из-за этого уйдет мать», Бина, «от детей», ЗОН. «И сказано: "Она мать твоя, не открывай наготы ее"[243]» – т.е. чтобы не вызвать ее удаления от детей. «Горе тому, кто открывает наготу» – т.е. вызывает удаление матери от детей.

---

[238] Писания, Псалмы, 113:9. «Превращает (бездетную) хозяйку дома в радующуюся мать сыновей. Алелуйа».

[239] Тора, Шмот, 4:22. «И передай Фараону, что так сказал Творец: "Сын Мой, первенец Мой, Исраэль"».

[240] Пророки, Йешаю, 49:3. «И сказал мне: "Ты раб Мой, Исраэль, в котором Я прославлюсь"».

[241] Тора, Берешит, 24:1. «И Авраам состарился, достиг преклонных дней. А Творец благословил Авраама во всем».

[242] Тора, Дварим, 22:6-7. «Если попадется тебе птичье гнездо на дороге, на каком-либо дереве или на земле, с птенцами или с яйцами, а мать сидит на птенцах или на яйцах, то не бери матери над детьми – отпусти мать, а детей возьми себе, чтобы было тебе хорошо и продлились дни твои».

[243] Тора, Ваикра, 18:7. «Наготы отца твоего и наготы матери твоей не открывай: она мать твоя, не открывай наготы ее».

179) «А когда сыны мира совершают возвращение и преумножают добрые дела пред Творцом, и мать», Бина, «возвращается и укрывает детей», ЗОН, «тогда называется она», Бина, «возвращением. И почему она называется возвращением? Это – возвращение, потому что она возвращается к своему существованию». Иначе говоря, Бина возвращается, чтобы укрыть сыновей, ЗОН, и дает им питание, как вначале. «И тогда сказано: "Радующуюся мать сыновей"[238]. Конечно же, мать сыновей» – т.е. Бина. «Поэтому не освобожден человек от указания плодиться и размножаться, пока не порождает сына и дочь», которые соответствуют ЗОН, детям Бины.

180) Сказал рабби Ицхак: «Мы изучали, что слова: "Созерцать благо Творца"[244] означают – стремление праведника видеть благо Творца», т.е. благодатные мохин Зеир Анпина, «как же сказано: "Над Творцом"[245]?» Объяснение. Из сказанного следует, что всё стремление праведников – видеть благо АВАЯ, Зеир Анпина, и не выше. Почему же сказано: "Тогда наслаждаться будешь над Творцом (АВАЯ)"[245]?» – т.е. выше ступени Зеир Анпина.

Сказал рабби Шимон: «Всё это едино. Ибо из сказанного: "Благо Творца"[244] следует, что оно приходит от святого Атика к небесам» – т.е. мохин, которые Зеир Анпин получает свыше. «И таково стремление праведников, безусловно» – т.е. только постичь эти мохин Зеир Анпина, но не выше Зеир Анпина, так как нет никакого постижения ГАР. «И "выше небес милость Твоя"[235] сказано о них», так как они исходят свыше, чем Зеир Анпин. «И также сказано: "Тогда наслаждаться будешь над Творцом (АВАЯ)"[245]». Но они уже облачены в Зеир Анпин, и потому называются благом Творца. Однако прежде чем это благо облачается в Зеир Анпин, нет никакого постижения его. «Счастлив удел того, кто удостоился этого. И, конечно же, немногочисленны они».

---

[244] Писания, Псалмы, 27:4. «Об одном я спрашиваю у Творца и лишь того прошу, чтобы пребывать мне в доме Творца все дни жизни моей, созерцать благо Творца и посещать храм Его».

[245] Пророки, Йешаяу, 58:14. «Тогда наслаждаться будешь в Творце (досл. над Творцом), и Я возведу тебя на высоты земли, и питать буду тебя наследием Яакова, отца твоего, потому что уста Творца изрекли это».

ГЛАВА ВАЕХИ

Сыновья матери моей разгневались на меня

181) «Мы изучали, – сказал рабби Шимон, – изречение: "Сыновья матери моей разгневались на меня"²⁴⁶. "Сыновья матери моей" – это как сказано: "Отринул от небес землю"²⁴⁷», т.е. Нукву. «Ибо когда пожелал Творец разрушить Свой нижний дом», т.е. Храм, «и отправить Исраэль в изгнание среди народов, Он отстранил от Себя эту землю», Нукву, «и удалился от нее, как сказано: «И стала сестра его вдали»²⁴⁸. И когда эта земля отдалилась от высших небес», т.е. Зеир Анпина, «нижняя земля», т.е. Храм, «была разрушена, и Исраэль рассеялись среди народов. Сказала Кнессет Исраэль: "Кто вызвал во мне это, и кто сделал мне это?! – Сыновья матери моей"», т.е. Зеир Анпин и Нуква, «которые разгневались на меня и отдалились от меня», потому что Зеир Анпин и Нуква – это сыновья Бины, называемой матерью.²⁴⁹

182) Рабби Йоси шел по дороге, и с ним был рабби Хия сын Рава. Пока они еще шли, спросил рабби Йоси у рабби Хия: «Видишь ли ты то, что вижу я?» Сказал ему: «Я вижу одного человека в реке и птицу на голове его, и зубы во рту у птицы, и она (его) терзает и попирает своими лапами, и человек этот возносит голоса и кричит. И я не знаю, что он говорит».

183) Сказал рабби Йоси: «Подойдем же к этому человеку и послушаем». Сказал рабби Хия: «Я боюсь приближаться к нему». Сказал ему (рабби Йоси): «Разве человек на этом месте – ведь это намек мудрости, посылаемый нам Творцом!» Подошли они к нему и услышали, что говорит он: «Венец! Венец!», – т.е. Зеир Анпин и Нуква, называемые венцами (атарот). «Двое сыновей», т.е. дети Бины, «пребывают вне места

---

²⁴⁶ Писания, Песнь песней, 1:6. «Не смотрите на меня, что я смугла, ибо солнце опалило меня. Сыновья матери моей разгневались на меня, поставили меня стеречь виноградники, а своего виноградника я не устерегла».

²⁴⁷ Писания, Эйха, 2:1. «Как омрачил Владыка в гневе Своем дочь Циона! Отринул от небес землю, великолепие Исраэля, и не помнил Свое подножие в день гнева Своего».

²⁴⁸ Тора, Шмот, 2:4. «И стала сестра его вдали, чтобы узнать, что с ним будет».

²⁴⁹ См. выше, п. 177.

своего», и Зеир Анпин «не успокаивается, и нет покоя» Нукве, «пока птица не будет отброшена, разорванная на куски».

Объяснение. Птица – это намек на народы, порабощающие и терзающие Исраэль в изгнании. Человек в реке – намек на Исраэль, на голове которого стоит птица и попирает его своими лапами. И он говорит: «Венец! Венец! Двое сыновей», Зеир Анпин и Нуква, дети Бины, «пребывают вне места своего», и из-за этого Исраэль находятся в изгнании, как сказано: «Сыновья матери моей разгневались на меня»[246]. Зеир Анпин «не успокаивается, и нет покоя» Нукве, «пока птица не будет отброшена, разорванная на куски» – т.е. пока не воздадут по заслугам тому народу.

184) Заплакал рабби Йоси и сказал: «Мы изучали: "Сыновья матери моей разгневались на меня"[246] – это указывает на ЗОН. И почему? – Потому что "своего виноградника я не устерегла"[246]».

185) Сказал: «Конечно, изгнание продолжается, и потому птицы небесные, т.е. правители народов, не отстраняются от своей власти, пока власть народов-идолопоклонников не будет устранена из мира. И случится это, когда настанет день Творца и суды Его пробудятся в мире, как сказано: "И будет день один – известен он будет Творцу: не день и не ночь"[250]».

186) Пока они шли, услышали один голос, сказавший: «Пламя Кафтора» – т.е. пламя Малхут, «пришло в своих судах. Вышло одно пламя и сожгло эту птицу». Сказал рабби Йоси: «Конечно же, это как сказано: "И отдано на сожжение огню"[251].

Объяснение. Это сказано у Даниэля[252] о четвертом звере из числа четырех зверей, символизирующих народы, которые порабощали Исраэль в четырех изгнаниях. И четвертый зверь – это последнее изгнание, и птица, по всей видимости, тоже представляет собой четвертого зверя, о котором сказано: «И большие железные зубы у него. Он пожирает и дробит, а

---

[250] Пророки, Зехария, 14:7. «И будет день один – известен будет он Творцу: не день и не ночь. И при наступлении вечера будет свет».
[251] Писания, Даниэль, 7:11. «Смотрел я тогда из-за звука слов высокомерных, которые произносил рог, пока не увидел, как был убит зверь, а тело его сокрушено и отдано на сожжение огню».
[252] Писания, Даниэль, 7.

остатки топчет ногами»²⁵³ – т.е. подобно тому, что он говорит выше о птице. И поэтому завершает словами: «И отдано на сожжение огню», сказанными о том же звере.

---

[253] Писания, Даниэль, 7:7. «Потом увидел я в видении ночном, что вот, четвертый зверь – страшный и ужасный, и очень сильный, и большие железные зубы у него. Он пожирает и дробит, а остатки топчет ногами; и не похож он на всех тех зверей, что были до него, и десять рогов у него».

ГЛАВА ВАЕХИ

Ваш союз искупает смерть

187) Сказал рабби Йоси: «Творец изгнал Исраэль лишь тогда, когда не было среди них веры», т.е. Шхины, которая называется верой. Ибо нарушили они свой союз, и ушла от них Шхина. «А когда была забрана у них вера, то это словно находится во всем». Иначе говоря, Шхина наверху тоже отделилась от Зеир Анпина. «Как сказано: "И будет расторгнут союз ваш со смертью"[254]». Ведь соблюдение союза искупает смерть. И уж тем более, он искупил бы их, чтобы они не были изгнаны. Однако они нарушили свой союз, и ушла от них Шхина, как мы уже сказали.

188) Сказал рабби Хия: «Что означает сказанное: "Уничтожит Он смерть навеки"[255]?» Сказал ему рабби Йоси: «Когда Творец пробудит Свою десницу, истребится смерть из мира. Но не пробудится эта десница, пока не пробудятся Исраэль, чтобы слиться с десницей Творца. И что это такое?» – десница Творца. «Это Тора, как сказано: "От Его десницы пламя Закона им"[256]. В это время: "Десница Творца дает силу"[257]. А далее сказано: "Не умру, но жив буду и расскажу о деяниях Творца"[258]». Таким образом, десница отменяет смерть.

189) «Мы учили, что о праведнике, которого желает Творец, тридцать дней сообщает воззвание среди праведников

---

[254] Пророки, Йешаяу, 28:15-18. «Так как говорили вы: "Мы вступили в союз со смертью и с преисподней заключили договор; когда бич стремительный пронесется, нас он не настигнет, ибо сделали мы обман убежищем своим и спрятались во лжи". Посему так сказал Всемогущий Творец: "Вот, положил Я в основание камень на Ционе, камень надежный, краеугольный, драгоценный, основание крепкое; верующий не поспешит. И сделаю Я суд мерилом и справедливость – весами, и сметет град покров лжи, и смоют воды укрытие. И будет расторгнут союз ваш со смертью, и договор ваш с преисподней не состоится. Когда бич стремительный пронесется, будете им попраны"».

[255] Пророки, Йешаяу, 25:8. «Уничтожит Он смерть навеки, и отрет Всемогущий Творец слезы со всех лиц, и позор народа Своего устранит Он на всей земле, ибо (так) сказал Творец».

[256] Тора, Дварим, 33:2. «И сказал он: "Творец от Синая выступил и воссиял от Сеира им, озарил от горы Паран, и явился из среды мириадов святых; от десницы Его пламя Закона им"».

[257] Писания, Псалмы, 118:16. «Десница Творца вознесена, десница Творца дает силу».

[258] Писания, Псалмы, 118:17. «Не умру, но жив буду и расскажу о деяниях Творца».

в Эденском саду. Все праведники радуются, все праведники являются и украшают место того праведника, пока он не придет, чтобы поселиться среди них».

190) «Если же он грешник, то извещает о нем воззвание в аду тридцать дней. И все грешники печальны, и все начинают говорить: "Горе, ибо новый суд возбужден сейчас против такого-то". Сколько же обвинителей идут ему навстречу и спешат сказать: "Горе, горе грешнику, горе живущему рядом с ним"».

ГЛАВА ВАЕХИ

Горе грешнику зло

191) «И все начинают говорить: "Горе грешнику зло, ибо по делу рук его воздастся ему"[259]. Что значит "по делу рук его"?» Сказал рабби Ицхак: «Это включает того, кто предается разврату с помощью рук, изливая и уничтожая свое семя напрасно».

192) «Каждый, кто изливает свое семя напрасно, называется это злом и он не видит лика Шхины. Сказано: "Ибо Ты не божество, желающее беззакония, не водворится у Тебя зло"[260], и сказано: "Но был Эр, первенец Йегуды, злом"[261]. Так и здесь, "горе грешнику зло"[259]», указывает на того, кто изливает семя напрасно, «горе этому грешнику – ведь он зло, и сам сделал себя злом, "ибо по делу рук его воздастся ему". Это указывает на того, кто предается разврату с помощью рук, изливая и уничтожая свое семя напрасно, и его наказывают в мире истины более, чем за все (прочие) нарушения».

193) «Сказано: "Горе грешнику". Если сказано: "Горе грешнику", то зачем говорить к тому же: "Зло"?» – ведь грешный и означает зло. «Однако он, как я уже сказал, делает себя злом», и в особенности это относится к тому, кто изливает свое семя напрасно, «и также: "Не водворится у Тебя зло"[254]. И все поднимаются из ада, а этот не поднимается. А что же с остальными грешниками, которые убивали людей?» – что они будут считаться лучше него, раз они поднимутся, а он не поднимется? «Однако все поднимаются, а он не поднимается, так как они убивали других людей, а этот убивал своих собственных детей и пролил много крови. Об остальных грешниках мира не сказано: "И было злом в глазах Творца"[262]. Здесь же сказано: "И было злом в глазах Творца то, что он делал"[262]. А почему? Потому что, как сказано: "Изливал на землю"[263]».

---

[259] Пророки, Йешаяу, 3:11. «Горе грешнику зло, ибо по делу рук его воздастся ему».

[260] Писания, Псалмы, 5:5. «Ибо Ты не божество, желающее беззакония, не водворится у Тебя зло».

[261] Тора, Берешит, 38:7. «Но был Эр, первенец Йегуды, злом в глазах Творца, и умертвил его Творец».

[262] Тора, Берешит, 38:10. «И было злом в глазах Творца то, что он делал, и умертвил Он также и его».

[263] Тора, Берешит, 38:9. «И знал Онан, что не ему будет семя. И было: если входил он к жене брата своего, то изливал на землю, чтобы не дать семени брату своему».

194) Сказал рабби Йегуда: «Нет в мире нарушения, которое не подлежит раскаянию, кроме этого» – изливающий семя напрасно. «И нет грешников, которые не увидят лика Шхины при смерти, кроме этого. И о нем сказано: "Не водворится у Тебя зло"[260] вовсе». Сказал рабби Ицхак: «Счастливы праведники в этом мире и в мире грядущем. О них сказано: "И народ твой, все праведники, навеки унаследуют землю"[264]. Что значит: "Навеки унаследуют землю"?» Сказал рабби Йегуда: «Это как сказано: "И буду ходить я пред Творцом в землях жизни"[265]». Имеется в виду Шхина, которая называется землею, и здесь земля тоже означает – Шхина.

---

[264] Пророки, Йешаяу, 60:21. «И народ твой, все праведники, ветвь насаждения Моего, дело рук Моих для прославления, навеки унаследуют землю».

[265] Писания, Псалмы, 116:9. «И буду ходить я пред Творцом в землях жизни».

ГЛАВА ВАЕХИ

Образ

195) «"И жил Яаков"²⁶⁶ среди них. Поэтому человек не должен смешивать свой образ с образом идолопоклонников, так как одно является святостью, а другое – скверной».

196) «Смотри, в чем различие между Исраэлем и идолопоклонниками. В Исраэле, когда есть мертвый человек, он оскверняет каждое тело, и дом оскверняется. А тело идолопоклонника не оскверняет другого, и тело его не является нечистым, когда он мертв. И в чем здесь дело?»

197) «Когда Исраэль умирает, все святыни Господина его удаляются от него – удаляется от него святой образ и удаляется от него святой дух, и тело его остается нечистым».

198) «Но у чужеземца, поклоняющегося идолам, который при жизни нечист со всех сторон, образ его осквернен, и дух его осквернен. И поскольку эти виды нечистоты пребывают в нем – нельзя приближаться к нему. Когда же он умирает, все эти виды нечистоты выходят из него, и тело остается без нечистоты и не делает (другого) нечистым».

199) «И хотя тело их нечисто как при жизни, так и при наступлении смерти, но при жизни, когда в них находятся все нечистоты, у них есть силы, чтобы осквернять других, а при наступлении смерти, когда все нечистоты выходят из них, они не могут осквернять. А тело Исраэля после смерти своей может осквернять других, поскольку все святыни вышли из него, и царит над ним другая сторона».

200) «И этот образ святости, – когда человек непрерывно растет, и образуется и завершается его форма в таком виде, формируется другой образ и он соединяется вместе» с первым, «и один принимает другой. Когда у человека есть два образа – оберегается человек, и тело его живёт, а дух царит в нем».

201) «Когда дни его близятся к смерти, устраняются от него образы – причем один устраняет другой, так как они

---

²⁶⁶ Тора, Берешит, 47:28. «И жил Яаков на земле египетской семнадцать лет. И было дней Яакова, лет жизни его, сто сорок семь лет».

объединены между собой. И остается человек без защиты. Сказано об этом: "Пока не занялся день, и не убежали тени"[267] – две». Здесь сказано не «убежал образ (цэ́лем צלם)», а «убежали тени (цлали́м צללים)», – т.е. две, как мы уже сказали.

Пояснение сказанного. «Образы (цлами́м צלמים)» – это облачения на мохин, которые нижний получает от высшего. Потому что ЗОН со своей стороны неспособны получить мохин, так как их келим происходят от свойства Малхут, на которую было сделано первое сокращение, чтобы не получать высший свет. Но поскольку Бина и ТУМ Абы ве-Имы спустились в келим ЗОН во время малого состояния (катнут) Абы ве-Имы, ЗОН поднимаются с этими келим во время их большого состояния (гадлут), когда они (Аба ве-Има) возвращают свою Бину и ТУМ на их ступень. И ЗОН тогда получают мохин Абы ве-Имы.[268] И знай, что так же как они получают мохин от Абы ве-Имы, они обязаны получить также их келим, чтобы облачить мохин, поскольку их собственные келим неспособны принять свет. И поэтому от этих Бины и ТУМ Абы ве-Имы, спустившихся в них, они получают келим, называемые образами (цлами́м צלמים), которые облачают мохин. И их два: от Бины и ТУМ Абы и от Бины и ТУМ Имы.

И так же, как выяснилось относительно двух образов (цлами́м צלמים) ЗОН, которые они получают от Абы ве-Имы, точно таким же путем это происходит и с душами людей, рождающимися от ЗОН, чтобы облачиться в людей. Ибо ЗОН не порождают душ, пока не поднимаются и не облачают высших Абу ве-Иму. А нижний, поднимающийся к высшему, становится как он, и тогда они полностью считаются как сами Аба ве-Има. И у мужских и женских душ, рождающихся от ЗОН, есть такое же отношение (к ЗОН), как у ЗОН к Абе ве-Име. И эти души тоже получают облачения мохин от ЗОН, т.е. от их Бины и ТУМ, называемые образами (цлами́м צלמים): один – от Нуквы, а другой – от Зеир Анпина. И сначала получает образ от Нуквы, а затем – от Зеир Анпина.

---

[267] Писания, Песнь песней, 2:17. «Пока не занялся день, и не убежали тени. Обернись, будь подобен оленю, возлюбленный мой, на горах разделения!»

[268] См. «Предисловие книги Зоар», п. 17, со слов: «И это означает: "Мать (има) одалживает свои одежды дочери и венчает ее своими украшениями"...»

И это означает сказанное[269]: «И этот образ святости, – когда человек непрерывно растет, и образуется и завершается его форма в таком виде», – потому что сначала он получает образ от Нуквы, а после того как этот образ вырастет, и завершится его форма, тогда (человек) получает второй образ, от Зеир Анпина. И поэтому сказано: «Формируется другой образ», – т.е. от Зеир Анпина, «и он соединяется вместе (с первым), и один принимает другой», – так как они нуждаются друг в друге, потому что образ (цэ́лем צלם) Нуквы притягивает Хохму, которая не может светить без хасадим, а образ (цэлем צלם) Зеир Анпина притягивает хасадим для облачения Хохмы. И тогда они соединяются как одно целое и светят вместе, «и один принимает другой», – так как один без другого не может светить.

И сказано: «Когда дни его близятся к смерти, удаляются от него образы». Иначе говоря, уход этих образов является причиной его смерти, так как они представляют собой келим и облачения мохин, являющиеся светом жизни. И когда уходят эти келим, уходит свет жизни, потому что нет света без кли, и потому он умирает. «Причем один устраняет другой» – поскольку они нуждаются друг в друге, потому что Хохма, являющаяся светом жизни, не может светить без хасадим. «И остается человек без защиты» – т.е. без келим для сохранения мохин, и потому уходят мохин, являющиеся светом жизни.

202) «Когда пробуждается суд в мире и Творец восседает на престоле суда, чтобы судить мир», – т.е. в Рош а-шана (в начале года), «человек должен пробудиться к раскаянию, чтобы раскаяться в своих прегрешениях. Ибо в этот день записываются показания, и все они приобщаются к делу. И если удостоился человек вернуться к раскаянию пред своим Господином, то разрывают эти показания против него».

203) «А затем Творец уготовил человеку День искупления, День раскаяния. Если он раскаялся в своих грехах – хорошо, а если нет, то повелевает Царь подписать показания, и горе человеку, ибо раскаяние хочет уйти от него».

204) «Если человек удостоился прийти к раскаянию, но оно еще не полное, приговор откладывается до последнего дня, называемого Аце́рет (собрание), и это восьмой день праздника

---

[269] См. выше, п. 200.

Суккот. Если он пришел к полному раскаянию пред своим Господином, то разрываются показания. А если он не удостоился, то показания выносятся из царского дома и вручаются карающему ангелу, и вершится суд. После того как показания вынесены, они больше уже не возвращаются в царский дом», а указанный в них суд обязан свершиться.

205) «Тогда уходят от него образы и не находятся с ним. И поскольку они ушли от него, то неизбежно постигнет его царское наказание, и он узнает вкус чаши смерти. И в последнюю ночь праздника», в ночь Шмини Ацерет[270], «наказующие готовы и получают записи показаний. И после того как получают эти записи, уходят образы и не находятся в них. Если же находятся в них образы, то нет против них суда, или злых недугов, приходящих вследствие ущерба в этих образах».

206) «А в книгах первых (мудрецов) они выясняются еще подробнее. Когда у тени недостает головы и остается тело, это значит, что сын или жена человека останутся в живых, а сам он уйдет. И это верно в том случае, если за всё это время он не раскаялся. Но если раскаялся, он лишь отведает вкус смерти и исцелится от недуга».

207) «Но если не будет видно тела от его тени, а будет только голова, то его домочадцы уйдут, а он останется в живых. И это верно только в том случае, если его младший сын еще находится под его ответственностью».

208) «Если руки от его тени повреждены, это значит, что испортятся деяния рук его. Если повреждены ноги, значит, болезни преследуют его. Если же тень убегает от него и возвращается, убегает и возвращается, то сказано о нем: "Утром скажешь: "О, если бы настал вечер!"[271] Так происходит, только если светит луна и ночь исправлена светом ее», когда человек проверяет свою тень.

209) «Однако праведники и хасиды каждый день в сердце своем представляют, словно они в этот день уйдут из мира,

---

[270] Шмини Ацерет – восьмой завершающий день праздника Суккот.
[271] Тора, Дварим, 28:67. «Утром скажешь: "О, если бы настал вечер!", а вечером скажешь: "О, если бы настало утро!" – от страха в сердце своем, которым ты будешь объят, и от зрелища пред глазами твоими, которое ты увидишь».

– и приходят к полному раскаянию пред своим Господином. И им не нужно ничего другого», т.е. проверять свою тень и тому подобное. «Счастлив их удел в этом мире и в мире будущем».

ГЛАВА ВАЕХИ

Четыре вида

210) «Сказано: "Каждого, названного именем Моим"[272]. Насколько важны служители святого Царя, потому что делами, совершаемыми внизу, они связывают их с высшими действиями наверху» – т.е. с корнями, потому что у всякой вещи внизу, в этом мире, есть корень наверху, в высших мирах. «И когда берут их внизу и совершают с ними действие, пробуждается», соответственно им, «то действие, что наверху», т.е. в их корнях в высших мирах. «Как например иссоп и кедровое дерево», которые велела Тора брать совершающему очищение, «и мы уже это выясняли».

211) «Есть среди них те, что связаны со святым именем наверху, такие, например, как пальмовая ветвь (лулав) и этрог, мирт и ива.[273] И мы учили об этом, что нужно соединять их», т.е. скреплять их вместе, «и совершать ими действие», т.е. встряхивать ими, «чтобы пробудить радость в корне, с которым (человек) связан наверху. И мы это изучали: в речах», т.е. в благословениях заповедей, «и в выполнении» заповедей «надо показать с помощью того», что внизу, «для того чтобы пробудить этим то», что наверху, т.е. высший корень его.

212) «"Каждого, названного именем Моим и во славу Мою"[272] – т.е. для того, чтобы он принес Мне славу, "сотворил Я его"[272] – чтобы устанавливать Мое единство, "создал Я его"[272] – чтобы совершать для Меня добрые дела, "и сделал Я его"[272] – чтобы пробуждалась с его помощью высшая сила».

213) Сказано: «И возьмите себе в первый день плод дерева великолепного, ветви пальмовые, и ветвь дерева густолиственного и ив речных»[274]. «Сказанное: "Каждого, названного именем Моим"[272] – это как сказано: "Плод дерева великолепного (этрог)". "И во славу Мою сотворил Я его"[272] – "ветви пальмовые". "Создал Я его"[272] – "ветвь дерева густолиственного". "И сделал Я его"[272] – "и ив речных"».

---

[272] Пророки, Йешаяу, 43:7. «Каждого, названного именем Моим и во славу Мою, сотворил Я его, создал Я его и сделал Я его».
[273] См. далее, п. 213.
[274] Тора, Ваикра, 23:40. «И возьмите себе в первый день плод дерева великолепного, ветви пальмовые, и ветвь дерева густолиственного, и ив речных, и веселитесь пред Творцом Всесильным вашим, семь дней».

Объяснение. Он выясняет «корни» четырех видов (растений), и это четыре мира АБЕА. «Этрог» соответствует миру Ацилут, и о нем сказано: «Каждого, названного именем Моим»[272], – так как Нуква Ацилута называется «имя». «Ветви пальмовые» соответствует миру Брия (букв. творение), и о нем сказано: «И во славу Мою сотворил Я его»[272]. А «ветвь дерева густолиственного» соответствует миру Ецира (букв. созидание), и о нем сказано: «Создал Я его»[272]. «И ив речных» соответствуют миру Асия (букв. деяние), и о нем сказано: «И сделал Я его»[272].

214) «И исправление их, это как сказано в Писании: "И возьмите себе в первый день"[274], – именно так, т.е. пять над десятью». Объяснение. Пятнадцатое число месяца указывает на то, что Нуква, т.е. десятая сфира, обозначенная цифрой десять, поднялась и включилась в Иму, которая обозначается цифрой пять, поскольку включает в себя пять сфирот Хесед-Гвура-Тиферет-Нецах-Ход, каждая из которых состоит из десяти, как известно. И когда эти пять сфирот Бины светят в Нукве, Нуква называется пятнадцатым числом месяца, и тогда луна, т.е. Нуква, пребывает в наибольшей своей полноте.

215) «Но "в первый день"[274], о котором говорит Писание, – что это за "первый день"?» – на что он указывает. «Однако, это день, который первым отправился в передвижения по истокам живой воды», т.е. первая линия из трех линий, передвигающихся по трем местам, и вследствие их передвижения выходят хасадим, раскрытые в Хохме, которые называются живой водой,[275] т.е. правая линия, Хесед, совершающая передвижение первой. «И мы должны притянуть его в мир», потому что Суккот – это время притяжения хасадим, о котором сказано: «А правая обнимает меня»[276].

216) «Это подобно царю, который заключил людей в свою темницу. Пришла мать его, царица, и освободила их. И царь, отдавая ей дань уважения, передал их в ее распоряжение. А она, обнаружив, что они голодны и испытывают жажду, сказала сыну своему, царю: "Раз я освободила их, дай им еду и питье"».

---

[275] См. Зоар, главу Берешит, часть 1, п. 12, со слов: «Это имя содержится в трех местах...»
[276] Писания, Песнь песней, 8:3. «Левая рука его у меня под головою, а правая обнимает меня».

217) «Вот так День искупления» – свойство Има (мать), т.е. Бина, «освободил всех, и мы испытываем голод и жажду», потому что от свойства Бины не распространяются материальные еда и питье, и поэтому мы постимся и воздерживаемся от еды в День искупления. «Поэтому она венчает царя» – Зеир Анпина, сына Бины, «его коронами» – т.е. мохин де-хасадим. «В этот день» – первый день праздника, «мы узнаем, что есть у нее живая вода, и мы просим пить у того, кто освободил нас», т.е. чтобы она передала Зеир Анпину хасадим для нас, после того как мы удостоились получить от нее в День искупления мохин Хохмы, называемые свободой. «И поэтому мы называем этот день первым днем».

218) «Это сказано в книге Аггады, и это верно. Однако», помимо сказанного, «в этот день, указывающий на Авраама», сфиру Хесед, «начало всего: как в облаках славы», т.е. в окружающих светах, «это начало», потому что первый окружающий свет – это Хесед, «так и в воде», во внутреннем свете, «это начало», потому что первый внутренний свет – это Хесед. «И это означает, что Авраам начал копать колодцы с водой».

219) «"Плод дерева великолепного"[274] – это колодец Ицхака», т.е. Нуква, которая называется колодцем в то время, когда получает Хохму от левой линии Зеир Анпина, называемой Ицхаком. «Ведь Ицхак возвеличил Творца и назвал его Древом великолепия», и «плод этого Древа великолепия», Нуква, «известен. "Ветви пальмовые"[274], как сказано: "Праведник, как пальма, расцветет"[277]», – т.е. Есод-праведник. «И нет разделения между ними» – между Есодом и Нуквой. «И поэтому написано не "и ветви (ве-капот וכפת)", а "ветви (капот כפת)"», что указывает на связь и единение, «так как они не бывают друг без друга», а всегда связаны (кфутим כפותים) вместе. «И благодаря этому наполняется колодец», т.е. Нуква, «от колодца высшей живой воды», т.е. от Бины, «потому что он», Есод, «наполняется сначала» – от Тиферет, а Тиферет – от Бины, «а от него наполняется колодец, пока он не становится родником, текущим для всех».

220) «"И ветвь дерева густолиственного"[274] – это ветвь великого дерева», т.е. Тиферет, «которое укрепилось и пустило

---

[277] Писания, Псалмы, 92:13. «Праведник, как пальма, расцветет, как кедр в Леваноне, возвысится».

корни, став деревом, высшим над всем, соединенным со всех сторон», – т.е. Тиферет, включающая все шесть сфирот ХАГАТ НЕХИ, которые соединены с ним со всех сторон. «"Ветвь" – это "дерево густолиственное (аво́т עבות)", т.е. дерево, включающее праотцев (авот אבות)» – потому что это средняя линия, включающая в себя правую и левую, т.е. Хесед и Гвуру, называемые Авраам и Ицхак. И объясняет, что «авот (עבות густолиственное)» – это как «авот (אבות праотцы)», потому что «аин ע» и «алеф א» меняются одна на другую. «Ибо отсюда», от Тиферет, «получает основа (есод) мира и наполняется, чтобы влиться в колодец», т.е. в Нукву. Это земля, которая полностью орошаема[278]. Объяснение. Когда Нуква получает от Есода, она называется землей, которая полностью орошаема.

221) «"И ив речных"[274] – их две», что указывает на «два водных потока» – т.е. две сфиры, Нецах и Ход, «в которых собираются воды, чтобы влиться в праведника» – в Есод, который получает от сфирот Нецах и Ход.

«Другое объяснение. "И ив речных"[274] – это преодоления (гвурот), которые включены в Ицхака», левую линию, «и приходят со стороны высшей реки», т.е. Имы, «а не со стороны Абы», правой линии. «И поэтому все ивы красивые, но не сладкие, как плоды, и не плодоносят». Объяснение. В левой линии есть многочисленные суды, и она не плодоносит, хоть она и красива, – т.е. в ней заключена Хохма, а красота указывает на Хохму. И поэтому на ее свойство указывают «ивы речные», которые красивы, но не плодоносят.

222) «"И ив речных"[274] – это два столпа, на которых стоит тело (гуф)», т.е. Нецах и Ход. «Однако "и ив речных" – это, безусловно, то, что мы выяснили» – т.е. гвурот, исходящие из левой линии. Иначе говоря, те же гвурот нисходят в эти Нецах и Ход. «И все они (призваны) вливать воду в колодец» – т.е. передавать наполнение Нукве.

223) «Сказанное: "И возьмите себе в первый день плод дерева великолепного"[274] – это Авраам», т.е. Хесед, «"ветви пальмовые"[274] – это Ицхак», Гвура, «"и ветвь дерева

---

[278] Тора, Берешит, 13:10. «И поднял Лот глаза свои, и увидел всю окрестность Ярдена, как вся она орошаема рекой: до истребления Творцом Сдома и Аморы была она как сад Творца, как земля египетская, – доходя до Цоара».

густолиственного"²⁷³ – это Яаков», Тиферет, «"и ив речных"²⁷⁴ – это две ступени, как мы сказали», Нецах и Ход.

224) «И изучающему это», – что «плод дерева великолепного» – это Авраам, а «ветви пальмовые» – это Ицхак, – «(надо знать:) связано это с тем, что "дерево густолиственное" – это Яаков», который включает все эти части, потому что все шесть концов ХАГАТ НЕХИ включены в него, и поэтому он называется деревом густолиственным (аво́т עבות), и потому говорит, что «плод дерева великолепного» – это Авраам и т.д.

«Конечно, это Яаков» – однако не поэтому мы должны сказать, что «плод дерева великолепного» – это Авраам и т.д. «Но мы уже выяснили, что "плод дерева великолепного" – это колодец Ицхака, т.е. нижняя Гвура», Нуква.

«"Ветви пальмовые". "Ветви (капот כַּפֹּת)" написано без "вав ו"», что означает «связан», и это «связь, которая установлена с колодцем, как сказано: "Были связаны в облачении своем"²⁷⁹», т.е. Есод и Нуква, «так как они не поднимаются друг без друга», и они словно связаны.

«"И ветвь дерева густолиственного"²⁷⁴ – это высшая ветвь, которая стала деревом густолиственным, включающим все стороны», т.е. все ХАГАТ НЕХИ, где Тиферет – это гуф (тело), а Хесед и Гвура – его руки, Нецах и Ход – его ноги, Есод – святой союз.

«"Ивы речные"²⁷⁴ – это Ицхак со всеми сторонами, которые связаны со стороной реки», т.е. Имы, «а не со стороной Абы».²⁸⁰ «И мы изучали, что несмотря на то, что в этой реке», т.е. в Бине, «нет судов, вместе с тем это те суды, которые пробуждаются оттуда».

225) «И рав Амнуна Саба пояснил: "И ив речных"²⁷⁴ – это два столпа», т.е. Нецах и Ход, «и мы сказали, что воды выходят из них, и это верно. Однако посмотри, мы ведь видим, что от этих двух ступеней», Нецах и Ход, «которые стоят над ступенью праведника», т.е. Есода, «исходят плоды и множество

---

²⁷⁹ Писания, Даниэль, 3:21. «Тогда мужи эти были связаны в облачении своем, накидках своих, тюрбанах своих, во всем одеянии, и брошены были в раскаленную горящую печь».
²⁸⁰ См. выше, п. 221.

благословений. Но от "ив речных"», которые тоже указывают на Нецах и Ход, «ни плоды не исходят от них, ни вкус и ни запах. И мы уже это выяснили и все это верно». То есть, как мы сказали,[280] «ивы речные» указывают на Нецах и Ход, только когда они получают гвурот Ицхака с левой стороны. И поэтому они не дают плодов, так как над ними пребывают суды. Но в то время, когда они получают также и хасадим, от них исходят все благословения мира.

226) «И поэтому этрог держат слева, напротив сердца. Лулав (пальмовую ветвь) – справа, вместе с остальными видами, и соединенным со всеми ними. Потому что праведник», Есод, «соединен со всеми» сфирот, «и связан со всеми ними. И это связь веры», – чтобы светить Нукве, называемой «вера».

227) «И в книге Аггады красиво сказано, что все они», эти четыре вида, «это гости», – т.е. семь сфирот ХАГАТ НЕХИМ, «которых святой народ пригласил в этот день», т.е. как принято молиться в дни Суккота перед трапезой, говоря: «Входите, высокие гости». «И нужно найти их после того как (человек) пригласил их, и о них он возносит свою молитву к Царю». И через четыре эти вида, которые указывают на эти сфирот, он постигает их. «Счастливы Исраэль, которые знают пути святого Царя и знают пути Торы, для того чтобы идти путем истины и удостоиться с их помощью этого мира и будущего».

228) «В этот день Исраэль выходят со знаками, отмеченными Царем», т.е. с четырьмя видами, «потому что они выиграли суд. И что это за знаки? Это знаки веры», Шхины, «печать высшего Царя», Зеир Анпина. «Это подобно двум людям, которые явились на суд перед царем, и жители мира не знали, кто из них выиграл. Вышел из царского дома царский сановник, и стали они спрашивать его. Ответил он им: "Кто выйдет из царского дома, и в руках его будут знаки царского признания, тот и есть победитель"».

229) «Так и все жители мира являются на суд перед высшим Царем, и Он судит их в День начала года (рош а-шана) и в День искупления (йом кипур), до пятнадцатого числа месяца. И вследствие этого оказывается, что весь Исраэль удостоились совершить раскаяние и усердствуют, строя сукку, и с лулавом и этрогом. И неизвестно, кто выиграл суд, и высшие

ангелы вопрошают: "Кто выиграл суд?" Отвечает им Творец: "Те, кто держит в руках знаки Мои, – т.е. четыре вида, – они выиграли суд"».

230) «В этот день Исраэль выходят с записью царской, с песнью восславления, входят в сукку, этрог – в левой руке, лулав – в правой. Все видят, что Исраэль записаны в списках святого Царя, и начинают речь свою словами: «Счастлив народ, у которого это есть, счастлив народ, у которого Творец – Всесильный его»[281].

231) «До сих пор – это радость всего, радость приема гостей, и даже народы мира разделяют эту радость и благословляются от нее. И поэтому каждый день за них приносят жертву, чтобы установить над ними мир, и чтобы они благословились от него. Начиная с этого момента – один день высшего Царя, когда он радуется вместе с Исраэлем, как сказано: "В восьмой день праздника завершение (ацерет) будет у вас"[282] – т.е. что этот день принадлежит только лишь Царю, и радость его – в Исраэле».

Это подобно Царю, который пригласил гостей,[283] и все его придворные прилагали большие старания, чтобы встретить их. В конце сказал Царь своим придворным: «До теперешнего момента мы с вами прилагали старания, чтобы принять гостей. И вы совершали жертвоприношения за все остальные народы каждый день, всего семьдесят быков. Отныне и далее мы с вами будем пребывать в радости один день». Об этом сказано: «В восьмой день завершение (ацерет) будет у вас»[282]. «У вас» – чтобы совершить жертвоприношение его (этого дня) за вас. Однако гости веры, которые присутствовали в семь дней Суккот, всегда пребывают с Царем. И также в Шмини Ацерет, в день радости Царя, все собираются у него и находятся вместе с ним. И поэтому сказано: «Завершение (ацерет)», что означает «собрание».

---

[281] Писания, Псалмы, 144:15. «Счастлив народ, у которого это есть, счастлив народ, у которого Творец – Всесильный его».
[282] Тора, Бемидбар, 29:35. «А в восьмой день завершение будет у вас, никакой должной работы не делайте».
[283] Далее приводится текст из статьи «Шмини Ацерет», главы Эмор, п. 288.

ГЛАВА ВАЕХИ

Нарцисс и лилия

232) Сказал рабби Шимон, провозгласив: «"Я – нарцисс Шарона, лилия долин!"[284] Как мила Кнессет Исраэль Творцу, если Творец восхваляет ее, а она постоянно восхваляет Творца», как сказано в Песни песней. «И как много поэтов и певцов созывает она постоянно для Творца. Счастлива доля Исраэля, которые связаны с назначенным им в уделе святости, как сказано: "Ибо удел Творца – народ Его"[285]».

233) «"Я – нарцисс Шарона"[284] – это Кнессет Исраэль», т.е. Нуква, «которая стоит в великолепии красоты в саду Эденском. И называется она шаронской, потому что она слагает песни (мешорэ́рет) и восхваляет высшего Царя».

234) «"Я – нарцисс Шарона"[284], который должен поливаться живительной влагой глубокой реки, истока (всех) рек», т.е. Бины. «Как сказано: "И станет сухая земля (шарав) озером"[286]». И поэтому Нуква называется «Шарон», от слова «шарав», так как она жаждет испить воды Бины. «И она называется "лилия долин (амаки́м עֲמָקִים)", поскольку находится в самой глубине (о́мек עֹמֶק). И что это за "глубины"? Это как сказано: "Из глубин (ми-маамаки́м מִמַּעֲמַקִּים) воззвал я к Тебе, Творец"[287]. "Нарцисс Шарона" – это нарцисс из того места, откуда выходит вся живительная влага рек, не прекращаясь никогда. "Лилия долин" – это лилия из места, которое глубже всего и закрыто со всех сторон».

Объяснение. Есть два состояния в Нукве:
1. Когда она становится четвертой относительно праотцев, т.е. когда поднимается выше хазе Зеир Анпина и становится четвертой опорой высшего престола, т.е. Бины.[288] И тогда они называются «два великих светила», и оба они находятся

---

[284] Писания, Песнь песней, 2:1. «Я – нарцисс шаронский, лилия долин!»
[285] Тора, Дварим 32:9. «Ибо удел Творца – народ Его, Яаков – предел наследия Его».
[286] Пророки, Йешаяу, 35:7. «И станет сухая земля озером, и безводное место – источниками вод; в жилище шакалов, где обитали они, (будет) место для тростника и камыша».
[287] Писания, Псалмы, 130:1. «Песнь ступеней. Из глубин я воззвал к Тебе, Творец».
[288] См. выше, п. 82, со слов: «Пояснение сказанного...»

на одной ступени, поскольку получают от Бины. ХАГАТ Зеир Анпина получает от правой линии Бины, а Нуква, соединенная с ними, получает от левой линии Бины, т.е. Хохму без хасадим. И тогда она испытывает жажду и стремится всеми силами получить хасадим, потому что Хохма не светит без хасадим. И в этом состоянии она называется «нарцисс Шарона». Шарон – от слов: «Посмотрят (яшóру ישורו) на людей»[289], что означает «ви́дение», т.е. получение Хохмы. «Нарцисс (хавацéлет חבצלת)» означает «сокрытый от тени (хавýй ми-цель חבוי מצל)». Иначе говоря, нет у него тени, притягивающей хасадим.

2. Второе состояние, когда она называется седьмой относительно сыновей, т.е. после того как она уменьшается и опускается ниже хазе Зеир Анпина, и получает от НЕХИ Зеир Анпина. Иными словами, после того как она установилась в двух точках, включенных в экран де-хирик, которые называются манула и мифтеха, ибо тогда она состоит из Хохмы и хасадим вместе. Хохма – от того времени, когда она была четвертой, в свойстве ХАГАТ Зеир Анпина, а хасадим – от того, что она сейчас становится седьмой, т.е. находится в свойстве НЕХИ Зеир Анпина.

Поэтому сказано: «"Я – нарцисс Шарона", который должен поливаться живительной влагой глубокой реки», – т.е. она должна получать Хохму и хасадим вместе от экрана точки хирик после того, как он включен в Бину, и тогда Бина называется «глубокая река». «Река» – это Бина, являющаяся источником всей отдачи и мохин. «Глубокая» – по причине ее соединения с экраном точки хирик средней линии. И тогда сказано о Нукве: «И станет сухая земля озером»[286], потому что когда она была в свойстве «нарцисс», она была сухой без воды, т.е. в недостатке хасадим, однако после того, как получила хасадим от «глубокой реки», она стала озером.

А сказанное: «И она называется "лилия долин (амакúм עֲמָקִים)", поскольку находится в самой глубине (óмек עֹמֶק)», указывает на второе состояние, когда она включена в манулу, считающуюся местом, глубже которого нет, и нет того, кто бы постиг его. Однако если бы она была только лишь как точка манулы, она бы не была достойна получить мохин, и поэтому она должна подсластиться от Бины и получить точку мифтехи,

---

[289] Писания, Иов, 33:27. «Посмотрит на людей и скажет: "Грешил я, и прямое искривил, но не стоило (делать) мне это"».

благодаря которой она становится подслащенной и достойной мохин.²⁹⁰ И тогда считается, что у нее есть две точки, называемые «две глубины», и тогда говорится о ней: «Из глубин воззвал я к Тебе, Творец»²⁸⁷.

И сказано: «"Нарцисс Шарона" – это нарцисс из того места, откуда выходит вся живительная влага рек, не прекращаясь никогда». Нарцисс (хавацéлет חבצלת) означает «сокрытый от тени (хавýй ми-цель חבוי מצל)», т.е. от тени Бины, откуда исходят хасадим в непрерывном зивуге. И поэтому у нее есть только лишь Хохма без хасадим.

И сказано: «"Лилия долин" – это лилия из места, которое глубже всего и закрыто со всех сторон». Иначе говоря, и название «долин» пришло к ней, главным образом, от точки манулы, включенной в нее во втором состоянии, которая «глубже всего и закрыта со всех сторон».

235) «И вот, сначала она зеленая как нарцисс, у которого зеленые лепестки». Объяснение. В первом состоянии, когда она называется «нарцисс», она находится на одной ступени с Зеир Анпином, к которому относится зеленый цвет, и поэтому она тоже зеленая.

«Но затем», во втором состоянии, «она – красная лилия с белыми включениями», потому что во втором состоянии у нее есть две точки – манула и мифтеха, т.е. свойство суда и милосердия, добра и зла, «если удостоился человек – стало добром, а если не удостоился – то злом»²⁹¹.

«Лилия с шестью лепестками» – потому что она находится в свойстве седьмая, получающая от ХАГАТ НЕХИ. «Лилия (шошанá שושנה) – от слова "изменение (шинýй שינוי)", ведь она меняется от одного цвета к другому, изменяя свой цвет». Объяснение. Она меняется от суда к милосердию, т.е. от красного к белому, а также от милосердия к суду. Поэтому она называется «шошанá (שושנה лилия)» – от слова «шинýй (שינוי изменение)».

---

²⁹⁰ См. «Предисловие книги Зоар», статью «Две точки», п. 122.
²⁹¹ См. «Предисловие книги Зоар», п. 123, «Малхут – это Древо познания добра и зла, если удостоился человек – стало добром, а если не удостоился – то злом».

236) «Называется "лилия", поскольку сначала она – "нарцисс". В то время, когда она стремится слиться с царем, называется "нарцисс"» – потому что в первом состоянии у нее нет зивуга с Зеир Анпином, но это лишь подготовка к зивугу. «А после того как она слилась с царем в поцелуях», т.е. во втором состоянии, «она называется "лилия", как сказано: "Губы его словно лилии"[292]. Лилией долин она зовется потому, что меняет свои цвета – то к добру, то к злу, то к милосердию, то к суду. Как сказано: «Если удостоился человек – стало добром, а если не удостоился – то злом»[291].

237) «И увидела жена, что дерево это хорошо для еды»[293]. «Смотри, люди не изучают, не знают и не наблюдают того, что когда Творец создал Адама и наделил его высшим величием», т.е. высшими мохин, «Он ждал от него, чтобы тот прилепился к Нему, чтобы был единственным, и чтобы сердце его было единым, и чтобы Адам был слит с единственным местом слияния, которое не меняется», – т.е. с Зеир Анпином, о котором сказано: «Я, АВАЯ, не менялся»[294], «и не изменяется никогда. Посредством этой связи единство всего соединяется с Ним, как сказано: "И Древо жизни, – т.е. Зеир Анпин, – посреди сада"[295]».

238) «Потом они отклонились от пути веры и оставили единственное дерево, высшее из всех деревьев», т.е. Зеир Анпин, «и стали прилепляться к месту, которое изменяется и преображается от одного цвета к другому и от добра к злу и от зла к добру», т.е. к Нукве, когда она не находится в зивуге с Зеир Анпином и питается только от левой стороны. «И спустились они сверху вниз во множестве изменений, и оставили единственное дерево, высшее из всех деревьев. Как сказано: "Что Всесильный сотворил Адама прямым, а они впали в различные домыслы"»[296].

---

[292] Писания, Песнь песней, 5:13. «Щеки его – гряды благовоний, цветник благовонных растений, губы его словно лилии, с которых каплет мирра текучая».

[293] Тора, Берешит, 3:6. «И увидела жена, что дерево это хорошо для еды, и желанно дерево для постижения. И взяла от его плодов и ела, и дала она также мужу своему при ней, и он ел».

[294] Пророки, Малахи, 3:6. «Ибо Я, Творец, не менялся, и вы, сыновья Яакова, не исчезли».

[295] Тора, Берешит, 2:9. «И произрастил Творец из земли всякое дерево, приятное на вид и годное в пищу, и Древо жизни посреди сада, и Древо познания добра и зла».

[296] Писания, Коэлет, 7:29. «Только вот что я нашел: что Всесильный сотворил Адама (человека) прямым, а они впали в различные домыслы».

239) «И тогда, конечно, их сердце обратилось именно в эту сторону», поскольку получили многочисленные изменения, «то к добру, то к злу, то к милосердию, то к суду. И в том, к чему они прилепились», к левой стороне, «конечно же, "они впали в различные домыслы"[296]», т.е. в различные изменения, «и прилепились к ним».

240) «Сказал ему Творец: "Адам, ты оставил жизнь и прилепился к смерти". "Жизнь" – это как сказано: "И Древо жизни посреди сада"[295]», – т.е. Зеир Анпин, «называемое жизнью, "ибо тот, кто держится за него, никогда не ощущает вкуса смерти. А ты прилепился к другому дереву» – к Нукве, когда она не в зивуге с Зеир Анпином, «и, конечно же, смерть оно для тебя, как сказано: "Ноги ее нисходят к смерти"[297], т.е. "если не удостоился – то стало злом"[291]. И сказано: "И нахожу я, что горше смерти женщина"[298]», – т.е. Нуква, когда она не в зивуге с Зеир Анпином. «Разумеется, что он прилепился к месту смерти и оставил место жизни, и поэтому приговаривается он и весь мир к смерти».

241) «Если он согрешил, то в чем же грех всего мира?» – почему весь мир приговаривается к смерти? «Если бы весь мир отведал от этого Древа, то все были бы обречены на смерть, – но ведь это не так? Однако в час, когда был создан Адам и встал на ноги, видели его все творения и трепетали перед ним, и следовали за ним, как рабы за царем. И он говорил им: "Я и вы, "пойдем, поклонимся и склонимся, преклоним колена пред Творцом, создавшим нас"[299]. Когда же они увидели Адама, как он преклоняется перед тем местом», левой стороной, «и прилепился к нему, все они устремились за ним, и поэтому он навлек смерть на весь мир».

242) «И тогда стал меняться Адам по-всякому – то суд, то милосердие, то смерть, то жизнь. И он не оставался постоянно ни в одном из них, ибо так вынуждало его это место. И поэтому

---

[297] Писания, Притчи, 5:5. «Ноги ее нисходят к смерти, на преисподнюю опираются стопы ее».

[298] Писания, Коэлет, 7:26. «И нахожу я, что горше смерти женщина, потому что она – западня, и сердце ее – тенета, руки ее – оковы; угодный Всесильному убежит от нее, а грешник – ей попадется».

[299] Писания, Псалмы, 95:6. «Пойдем, поклонимся и склонимся, преклоним колена пред Творцом, создавшим нас».

это место называется "пламя меча обращающегося"[300], поскольку оно обращается от одной стороны к другой: от добра к злу, от милосердия к суду, от мира к войне. Как правило, оно обращается от добра к злу, как сказано: "И Древо познания добра и зла"[295]».

243) «Высший Царь, любя его за дела его, увещевал его, говоря: "А от Древа познания добра и зла нельзя тебе есть"[301]. Но он не послушал Его, а последовал за своей женой и был изгнан из сада Эденского навечно. Ведь жена восходит к месту перемены жизни и смерти, и не более того, поэтому жена навлекла смерть на всех».

244) «О будущем мире сказано: "Ибо как дни дерева (будут) дни народа Моего"[302]. "Как дни дерева" – т.е. Древа жизни. И о том же времени сказано: "Уничтожит Он смерть навеки, и отрет Творец Всесильный слезы со всех лиц, и позор народа своего устранит на всей земле, ибо так сказал Творец"[303]», потому что в Древе жизни нет изменений, и нет в нем смерти.

---

[300] Тора, Берешит, 3:24. «И изгнал Адама и поместил к востоку от сада Эденского херувимов и пламя обращающегося меча, чтобы охранять путь к Древу жизни».

[301] Тора, Берешит, 2:17. «А от Древа познания добра и зла нельзя тебе есть, ибо день, когда ты вкусишь от него, должен будешь умереть».

[302] Пророки, Йешаяу, 65:22. «Не будут они строить, а другие – жить, не будут они сажать, а другие – есть, ибо как дни дерева (будут) дни народа Моего и дело рук своих переживут избранники Мои».

[303] Пророки, Йешаю, 25:8. «Уничтожит Он смерть навеки, и отрет Творец Всесильный слезы со всех лиц, и позор народа своего устранит на всей земле, ибо так сказал Творец».

ГЛАВА ВАЕХИ

И приблизились дни Исраэля к смерти

245) «И приблизились дни Исраэля к смерти»[304]. «Мы изучали, – сказал рабби Хия, – сказано: "И жил Яаков на земле египетской семнадцать лет"[305]. Когда речь идет о жизни его, сказано: "Яаков", а когда о смерти, сказано: "Исраэль"», – разве имя Исраэль не важнее, чем Яаков? «Сказал рабби Йоси: "Так оно и есть"» – что здесь следует сказать «Исраэль», «поскольку не сказано: "И приблизился день Исраэля умирать", а сказано: "Дни". Но непонятно, разве человек умирает за несколько дней, а не за один час, – в одно мгновение он умирает и уходит из мира?!»

246) «Но мы так учили: что когда Творец желает вернуть к себе дух человека, все те дни, которые человек живет в этом мире, засчитываются Им и входят в счет, а когда приближаются дни прихода к Нему согласно этому счету, человек умирает, и Творец возвращает Себе дух этого человека, – то дыхание, благодаря которому человек вдыхает и выдыхает, Он возвращает Себе».

247) «Счастлив удел человека, дни которого приблизились к Царю без стыда, и ни один день из них не был отвергнут из-за того, что обнаружилось, что в этот день он совершил прегрешение. Поэтому относительно праведников сказано о приближении, так как дни эти приблизились к Царю без стыда».

248) «Горе грешникам, относительно которых не говорится о приближении! Ведь как приблизятся дни его к Царю, когда все дни его погрязли в мирских грехах? И поэтому не приближаются они к Царю и не будут засчитаны Им, и не будут помянуты

---

[304] Тора, Берешит, 47:29. «И приблизились дни Исраэля к смерти, и призвал он сына своего, Йосефа, и сказал ему: "Если нашел я милость в глазах твоих, то положи руку твою под бедро мое и окажи мне милость и правду: не хорони меня в Египте!"».

[305] Тора, Берешит, 47:28. «И жил Яаков на земле египетской семнадцать лет; и было дней Яакова, лет жизни его, сто сорок семь лет».

наверху, а закончатся сами собой. О них сказано: "Путь нечестивых, как тьма, – не знают они, обо что споткнутся"[306]».

249) «А здесь сказано: "И приблизились дни Исраэля"[304]. Безусловно, они приблизились без стыда – в совершенстве, в полной радости. И поэтому сказано: "Дни Исраэля", а не "дни Яакова", так как имя Исраэль более совершенно, чем Яаков. Но ведь сказано: "А Яаков – человек непорочный"[307] – т.е. имя Яаков тоже совершенно?» Также и имя Яаков, «оно совершенно, но не так совершенно на высшей ступени, как Исраэль».

250) «Мы учили, – сказал рабби Йоси, – что когда дни человека засчитываются Царем, есть праведник, дни которого засчитываются, но они далеки от Царя, а есть праведник, что когда засчитываются дни его, они непосредственно близки к Царю и не отдаляются, и они без стыда входят и приближаются к Царю. Счастлива доля их! И это означает сказанное: "И приблизились дни Исраэля к смерти"[304]».

---

[306] Писания, Притчи, 4:19. «Путь нечестивых, как тьма, – не знают они, обо что споткнутся».

[307] Тора, Берешит, 25:27. «И выросли отроки, и стал Эсав человеком, сведущим в улове, человеком полевым; а Яаков – человеком непорочным, живущим в шатрах».

ГЛАВА ВАЕХИ

И призвал он сына своего, Йосефа

251) «И призвал он сына своего, Йосефа»[304]. «Сказал рабби Ицхак: "Разве остальные колена – не сыновья его?"» – почему он призвал только Йосефа? «Однако, – сказал рабби Аба, – Йосеф был его сыном более остальных. Мы учили: когда жена Потифара приставала к Йосефу, сказано: "И вошел он в дом делать свое дело, и не было никого из домашних"[308]. Следовало сказать: "И никого не было дома". Что значит: "Из домашних"? Это для того, чтобы включить образ Яакова, который был там. И поэтому сказано: "Из домашних", чтобы показать, что другой человек», который не из домашних, «был там», т.е. Яаков. «Когда Йосеф поднял взор и увидел образ своего отца, он опомнился и пришел в себя».

252) «Смотри, что сказано: "Но не согласился он и сказал жене своего господина"[309]. Сказал ему Творец: "Ты говоришь: "Но не согласился он и сказал", – клянусь тебе, другое "но не согласился и сказал" придет благословлять сыновей твоих, и они будут благословлены им". И это, как сказано: "Но не согласился его отец и сказал: "Знаю, сын мой, знаю. Также и он станет народом, и также он будет велик"[310]».

253) «После того, как сказал: "Знаю, сын мой", почему (Яаков) еще раз сказал: "Знаю"?» – ведь сказал: «Знаю, сын мой, знаю»[310]. Но он сказал этим: «"Знаю, сын мой", раз ты доказал телом своим, что ты сын мой, в тот момент, когда увидел образ мой и вернулся к своему союзу», и не осквернил его. «И поэтому сказано: "Знаю, сын мой"». А вторым «знаю» сказал: «"Знаю", о том, что ты сказал, что этот (Менаше) – первенец"». И на это ответил он ему: «"Также и он станет народом, и также он будет велик"[310]. И поэтому сказано: «И призвал он сына своего, Йосефа»[304], – так как он доказал своим телом, что он его сын, как мы выяснили.

---

[308] Тора, Берешит, 39:11. «И было в такой день, и вошел он в дом делать свое дело, и не было никого из домашних там, в доме».

[309] Тора, Берешит, 39:8. «Но не согласился он и сказал жене своего господина: "Вот, мой господин не ведает при мне о том, что в доме, и все, что есть у него, вручил он мне"».

[310] Тора, Берешит, 48:19. «Но не согласился отец его и сказал: "Знаю, сын мой, знаю. Также и он станет народом, и также он будет велик, но брат его младший будет больше его, и (славой) его потомства наполнятся все племена"».

254) «"И призвал он сына своего, Йосефа"³⁰⁴. Ибо с виду они были так похожи, что всякий, видевший Йосефа, свидетельствовал о том, что он – сын Яакова». «Сказал рабби Йоси: "Совершенно верно"», что он призвал сына своего, поскольку они были одинаковы с виду. «И еще потому, что Йосеф кормил его и сыновей его на старости лет. И поэтому на самом деле он сын его больше всех остальных».

«"И призвал он сына своего, Йосефа"³⁰⁴. Почему он призвал Йосефа, а не другого? Потому что у него было право вынести его оттуда» в пещеру Махпела, так как он был царем, но у другого не было (такого) права.

255) «Сказал рабби Йоси: "Раз Яаков знал, что сыновья его будут порабощены там, в Египте, почему не был он похоронен там, чтобы его заслуги защищали сыновей его, и почему он хотел быть вынесен оттуда? Ведь сказано: "Как жалеет отец сыновей"³¹¹, – где же здесь милосердие?"»

256) «Но мы изучали, что в час, когда Яаков нисходил в Египет, он боялся. Сказал он: "Может быть, пропадут сыновья мои среди народов, а может быть, удалит Творец Шхину Свою от меня, как вначале". Что сказано? "И явился Всесильный Яакову"³¹², "Не бойся сойти в Египет, ибо большим народом сделаю Я тебя там"³¹³, а относительно сказанного тобой: "Чтобы не удалил Я Шхину Мою от тебя", "Я сойду с тобой в Египет"³¹⁴».

257) «И еще сказал (Яаков): "Боюсь я, что похоронят меня там, и не удостоюсь быть похороненным рядом с моими отцами". Сказал Он ему: "И Я выведу тебя, также выведу"³¹⁴, т.е. "и Я выведу тебя" – из Египта, "также выведу" – чтобы быть похороненным в могиле твоих отцов».

---

³¹¹ Писания, Псалмы, 103:13. «Как отец жалеет сыновей, жалеет Творец боящихся Его».

³¹² Тора, Берешит, 35:9. «И явился Всесильный Яакову еще раз по возвращении его из Падан-Арама, и благословил его».

³¹³ Тора, Берешит, 46:3. «И сказал Он: "Я Всесильный – Всесильный отца твоего. Не бойся сойти в Египет, ибо большим народом сделаю Я тебя там».

³¹⁴ Тора, Берешит, 46:4. «Я сойду с тобой в Египет, и Я выведу тебя, также выведу, и Йосеф закроет глаза твои».

258) «И поэтому хотел он, чтобы он (Йосеф) вынес его из Египта. Первая причина – чтобы не сделали из него божество, поскольку видел он, что в будущем Творец воздаст божествам египетским. А вторая – он видел, что Шхина поселится среди сыновей его в изгнании», и ему нет необходимости быть похороненным в Египте, чтобы защищать их. «И еще одна – он хотел, чтобы тело его находилось между телами его отцов, чтобы быть включенным между ними, а не оставалось бы с грешниками в Египте».

259) «И мы изучали, что тело Яакова происходит от красоты Адама Ришона. А образ Яакова был образом высшей святости – образом святого престола. И не хотел он быть похороненным среди грешников. Ведь нет разделения между праотцами, и они соединены постоянно. И поэтому сказано: "И лягу я с моими отцами"[315]».

260) «"И призвал он сына своего, Йосефа"[304]. "Сына своего", – сказано в Писании, – потому что у них были одинаковые черты лица, так как он породил его в желании духа и сердца более всех остальных колен. Ведь всё желание Яакова было к Рахели. Поэтому сказано: "И призвал он сына своего, Йосефа"[304]».

261) «Мы изучали, – сказал рабби Шимон, провозгласив, – "Сокрытое – Творцу Всесильному нашему, а открытое – нам и нашим детям вовеки, чтобы исполнить все речи Учения этого"[316]. "Сокрытое – Творцу Всесильному нашему" – смотри, насколько человек должен остерегаться грехов своих и быть внимательным, чтобы не нарушить желания Господина своего. Ведь всё, что человек делает в этом мире, все дела эти записаны в книге и приходят для отчета к святому Царю, и всё открыто для Него, как сказано: "Если спрячется человек в укрытии, то разве Я его не увижу? – сказал Творец"[317]. В таком случае, как же человеку не остерегаться согрешить перед своим

---

[315] Тора, Берешит, 47:30. «"И лягу я с моими отцами, а ты вынеси меня из Египта и захорони меня в их гробнице". И сказал он: "Я сделаю по слову твоему"».

[316] Тора, Дварим, 29:28. «Сокрытое – Творцу Всесильному нашему, а открытое – нам и нашим детям вовеки, чтобы исполнить все речи Учения этого».

[317] Пророки, Йермияу, 23:24. «Если спрячется человек в укрытии, то разве Я его не увижу? – сказал Творец, – ведь и небо и земля полны Мною».

Господином. Даже то, что человек думает и хочет сделать, – все это находится перед Творцом и не ускользнет от Него».

262) «Так вот. В ту ночь, когда Лея пришла к Яакову и дала ему те знаки, которые Яаков дал Рахели», – из опасения, как бы ее отец не подменил ее на другую, и когда увидела Рахель, что отец привел вместо нее Лею, а она не знает этих знаков и будет смущена, она тут же передала ей эти знаки, – «и показалось ему, что это Рахель, и он сошелся с нею, и эта капля Яакова была первой, как сказано: "Сила моя и начаток мощи моей"[318]. И он принял ее за Рахель. Творец, открывающий все самое тайное и скрытое, и знающий о происходящем во тьме, поднял это желание на свое место, и первородство ушло от Реувена и было отдано Йосефу. А почему? Потому что эта первая капля, вышедшая от Яакова, предназначалась Рахели. И поскольку первородство Реувена принадлежало ей, его унаследовал Йосеф, – и Рахель наследовала свое».

263) «Поэтому Реувен не удостоился имени, как все остальные колена, а Реувен (ראובן), – т.е. оно состоит просто из слов "смотрите-сын (реу бен ראו בן)", а имя этого сына неизвестно. И поэтому Лея не назвала его "сын мой (бни)", и не был он назван "Реу-бни (смотрите: сын мой)", ибо Лея знала происходящее» – что мысли Яакова были с Рахелью, а не с ней.

264) «Раскрыто перед Творцом, что у Яакова не было желания грешить перед Ним тем, что он вошел к Лее, думая о Рахели. И он в этот момент не представлял себе мысленно другую женщину, как грешники мира. И поэтому сказано: "И было сынов Яакова двенадцать"[319], – ибо сыновья других грешников мира, совершающих такое деяние, называются иначе», т.е. подменными сыновьями. «Поэтому: "И призвал он сына своего, Йосефа"[304], – по-настоящему сына его. С самого начала», с момента рождения Реувена, «и до конца, он был сыном его».

265) «Мы изучали, – сказал рабби Йоси, – чем Яаков заставил поклясться Йосефа, как сказано: "Положи руку твою под бедро мое"[304]. Тем знаком союза, который запечатлен на плоти

---

[318] Тора, Берешит, 49:3. «Реувен, первенец мой ты, сила моя и начаток мощи моей, верх достоинства и верх могущества».

[319] Тора, Берешит, 35:22. «И было в пребывание Исраэля на той земле, и пошел Реувен и лег с Билгой, наложницей своего отца, и услышал Исраэль... И было сынов Яакова двенадцать».

его», он заставил поклясться его, «и праотцам это было важнее всего. А союз – это свойство Йосефа». Иначе говоря, Йосеф – это свойство Есод-праведник, так как он является его носителем (меркава).

266) Сказал рабби Шимон: «Об Аврааме и Яакове сказано: "Положи руку твою под бедро мое"[320], – т.е. в то место, под которым подразумевается святое имя, чтобы извлечь на свет семя святости, семя веры. Об Ицхаке не сказано: "Положи руку твою", – ибо от него родился Эсав».

267) «И еще – в чем смысл сказанного здесь: "Положи руку твою под бедро мое ...не хорони меня в Египте"[304]. Однако этим Яаков сказал Йосефу: "Поклянись мне этой святой печатью – извлекать на свет семя святое и верное, которое оберегается и не оскверняется никогда, что не будет оно похоронено среди тех нечистых, которые не берегли его никогда, и сказано о них: "Чья плоть – плоть ослиная, и семя жеребцов – семя их"[321]».

268) «Ты можешь сказать: так ведь Йосеф, который хранил союз свой больше всех, был похоронен среди них – в Египте? Но мы учили, сказано: "Было слово Творца к Йехезкелю, сыну Бузи, священника, в земле Касдим, на реке Квар, и была на нем там рука Творца"[322]. Но ведь Шхина пребывает только на земле Исраэля, почему же Шхина раскрылась здесь? Дело в том, что сказано: "На реке"», – т.е. вода не оскверняется и не подобна земле (других) народов. «И сказано: "И была на нем там рука Творца"[322]», – т.е. Шхина. «Так же и здесь с Йосефом – саркофаг его был спущен в воду. Сказал Творец: "Если Йосеф уйдет отсюда, изгнание не состоится"», так как Исраэль не смогут выдержать (его), «"но если он будет похоронен в месте, не подверженном осквернению, сыны Исраэля выдержат изгнание"».

269) «Мы изучали, – сказал рабби Йоси: "Увидел Яаков – что бы ни происходило, святой престол исправляется с помощью

---

[320] Тора, Берешит, 24:2. «И сказал Авраам рабу его, старшему в доме своем, управлявшему всем, что у него: "Положи руку твою под бедро мое"».
[321] Пророки, Йехезкель, 23:20. «И больше наложниц их осквернялась она с теми, чья плоть – плоть ослиная, и семя жеребцов – семя их».
[322] Пророки, Йехезкель, 1:3. «Было слово Творца к Йехезкелю, сыну Бузи, священника, в земле Касдим, на реке Квар, и была там на нем рука Творца».

отцов», Авраам и Ицхак – справа и слева, а он – посередине. «Сказал Яаков: "Если это тело будет похоронено здесь, в Египте, как же оно будет соединено с отцами?"» И даже пещера, где он похоронен, называется Махпела (букв. удвоение), поскольку всё, что сдвоено», (и делится) на левую и правую стороны, «это – двое и один», т.е. они нуждаются в третьем, который согласовывал бы между ними. «Также и пещера – это двое и один», Авраам и Ицхак – слева и справа, и Яаков – согласовывающий между ними.

270) «Праотцы удостоились быть похороненными в пещере Махпела – они и жены их. Яаков был похоронен с Леей. В чем причина того, что Рахель не была похоронена с ним – ведь сказано: "А Рахель была бесплодна (акара́ עקרה)"[323], и это указывает, что она была хозяйкой дома (акéрет байт)? Однако Лея еще больше удостоилась его», Яакова, «родить от него миру шесть колен, от святого семени, поэтому она была помещена в пещеру вместе с ним как жена».

271) Сказал рабби Йегуда: «Лея весь день стояла на перепутье дорог и проливала слезы по Яакову, чтобы он взял ее в жены, потому что слышала, что он праведник, и выходила навстречу ему с молитвой, как сказано: "И глаза у Леи слабы"[324]. И мы уже выяснили, что она выходила навстречу и садилась на перепутье дорог молиться».

272) «Рахель никогда не выходила на дороги, чтобы, как Лея, молиться о замужестве с Яаковом. Поэтому Лея удостоилась быть похороненной вместе с ним, а Рахель находится на перепутье дорог и похоронена там. Как сказано: "А когда я шел из Падана, умерла у меня (досл. за меня) Рахель"[325]. Что значит: "За меня"? "За меня", конечно. Иначе говоря, "за меня" означает – "из-за меня". "На земле Кнаан, в пути"[325], – из-за меня она умерла в пути, поскольку никогда не выходила она из-за меня, чтобы молиться, как сестра ее».

---

[323] Тора, Берешит, 29:31. «И увидел Творец, что нелюбима Лея, и отверз утробу ее, а Рахель была бесплодна».
[324] Тора, Берешит, 29:17. «И глаза у Леи слабы, а Рахель была хороша обликом и хороша видом».
[325] Тора, Берешит, 48:7. «А когда я шел из Падана, умерла у меня Рахель на земле Кнаан, в пути, когда оставалась еще киврá земли идти до Эфрата; и похоронил я ее там, на пути в Эфрат, он же Бэйт-Лехем».

273) «Поэтому Лея, которая вышла и плакала на перепутье дорог о Яакове, удостоилась быть похороненной вместе с ним. Рахель, которая не хотела выйти, чтобы молиться о нем, из-за этого погребена на перепутье дорог. Одна – открыто, другая – скрыто». Объяснение. Рахель – это открытый мир, от хазе и ниже Зеир Анпина, в котором раскрываются хасадим, и поэтому могила ее на дороге, в месте, открытом глазу. А Лея – это скрытый мир, укрытые хасадим, от хазе и выше Зеир Анпина, и поэтому она была похоронена в пещере Махпела, в месте, скрытом от глаз.

274) «Много слез пролила праведница Лея, чтобы быть в уделе Яакова, а не грешника Эсава. А мы изучали: любой человек, проливающий слезы перед Творцом, несмотря на то, что ему уже вынесено наказание, – приговор будет порван, и наказание не будет властно над ним. Откуда мы это знаем? От Леи – ведь назначено было Лее быть в уделе Эсава, но она благодаря своей молитве была первой отдана замуж за Яакова, и не была отдана Эсаву».

ГЛАВА ВАЕХИ

И умножилась мудрость Шломо

275) «Сказал рабби Хия: "И лягу я с моими отцами, а ты вынеси меня из Египта и захорони меня в их гробнице"[326]». «Сказал рабби Ицхак, провозгласив: "Какая польза человеку от всех трудов его, что трудится он под солнцем?"[327] Во многих местах мы изучали речения Шломо, и речения его кажутся непонятными. Однако все речения Шломо – все они провозглашены в мудрости».

276) «Сказано: "И превзошла мудрость Шломо мудрость всех сынов Востока"[328]. В дни царя Шломо стояла луна», Нуква, «в полноте своей» – т.е. Нуква облачала высшую Иму, и это является предельным ее наполнением. «Поэтому сказано: "И превзошла мудрость Шломо мудрость всех сынов Востока". Мы уже изучали, кто такие "сыны Востока", однако "мудрость сынов Востока" – это мудрость, которую они унаследовали от Авраама».

277) «Сказано: "И отдал Авраам всё, что у него было, Ицхаку"[329]. Что значит: "Всё, что у него было?" Это высшая мудрость (хохма) – т.е. он знал святое имя Творца. И это следует из сказанного: "Всё, что у него было" – т.е. ему она принадлежала, высшая мудрость. Как сказано: "А Творец благословил Авраама во всём"[330] – т.е. той дочерью, которая была у Авраама, и Ба-ко́ль (בַּכֹּל во всём) – имя её[331]», т.е. Нуквой. Объяснение. Нижняя Хохма, которая называется «во всём», она считается дочерью его, как сказано: «Отец породил дочь». Но свойство самого Авраама, которое принадлежит ему, это высшая Хохма, потому что Авраам – это Хесед, который поднялся в Хохму. И это то, что он дал Ицхаку.

---

[326] Тора, Берешит, 47:30. «"И лягу я с моими отцами, а ты вынеси меня из Египта и захорони меня в их гробнице". И сказал он: "Я сделаю по слову твоему"».
[327] Писания, Коэлет, 1:3. «Какая польза человеку от всех трудов его, что трудится он под солнцем?»
[328] Пророки, Мелахим 1, 5:10. «И превзошла мудрость Шломо мудрость всех сынов Востока, и всю мудрость Египта».
[329] Тора, Берешит, 25:5. «И отдал Авраам всё, что у него было, Ицхаку».
[330] Тора, Берешит, 24:1. «И Авраам состарился, достиг преклонных дней. А Творец благословил Авраама во всём».
[331] См. выше, п. 177.

278) «"А сыновьям наложниц, которые у Авраама, дал Авраам дары, и отослал он их от Ицхака, сына своего, при жизни своей, на восток, на землю восточную"[332]. Он подарил им вещи, которые известны в нижних кетерах, и отослал их "на землю восточную". И оттуда унаследовали "сыны Востока" мудрость» – от нижних кетеров, «как сказано: "Мудрость всех сынов Востока"[328]».

279) «Однажды рабби Шимон прибыл из Каппадокии в Лод, и были вместе с ним рабби Аба и рабби Йегуда. Рабби Аба был утомлен и бежал за рабби Шимоном, который ехал верхом. Сказал рабби Аба: "Верно сказано: "За Творцом последуют – взревет, как лев; как лев взревет Он"[333]».

280) «Спустился вниз рабби Шимон, сказал ему: "Верно сказано: "И пробыл я на горе сорок дней и сорок ночей, хлеба не ел и воды не пил"[334]. Мудрость вселяется лишь когда человек сидит – и не находится в движении, а пребывает в совершенстве своем. Как сказано: "И пробыл на горе сорок дней"[334]. И мы уже выяснили эти вещи – то, о чем сказано: "И пробыл". Теперь все зависит от покоя". Сели они».

281) «Заговорил рабби Аба: "Сказано: "И превзошла мудрость Шломо мудрость всех сынов Востока, и всю мудрость Египта"[328]. Что такое мудрость Шломо и что такое мудрость Египта, и что такое мудрость всех сынов Востока?" Сказал ему: "Смотри, мы во многих местах выясняли это название – "луна", т.е. Нуква. "Когда она благословляется от всех" сфирот, "сказано: "И превзошла" – и это сказано в дни Шломо, когда она", Нуква, "выросла и благословилась и пребывала в своей полноте"».

282) «И мы учили, что тысяча гор выращивают траву перед ней, но все они – лишь один глоток для нее. Тысяча больших рек у нее, и одним глотком выпивает она их».

---

[332] Тора, Берешит, 25:6. «А сыновьям наложниц, которые у Авраама, дал Авраам дары, и отослал он их от Ицхака, сына своего, при жизни своей, на восток, на землю восточную».

[333] Пророки, Ошеа, 11:10. «За Творцом последуют – взревет, как лев; как лев взревет Он, и устремятся (к Нему) сыны из-за моря».

[334] Тора, Дварим, 9:9. «Когда поднялся я на гору получить каменные скрижали, скрижали союза, который заключил Творец с вами, и пробыл я на горе сорок дней и сорок ночей, хлеба не ел и воды не пил».

Пояснение сказанного. Зоар приводит здесь порядок гадлута мохин Нуквы, который был в дни Шломо. И известно, что от мохин Хохмы притягиваются во время гадлута Нуквы только ВАК де-АБ, но не ГАР де-АБ.

Однако невозможно притянуть только половину ступени, и вначале надо притянуть полную ступень, ГАР и ВАК де-АБ. А затем оставляют ГАР на их месте в Нукве, притягивая только ВАК. И это, как сказано: «Взращивает Он траву для животного»[335] – т.е. ГАР де-АБ, когда половина этого света остается в пищу самой Нукве, называемой животным, а оставшаяся половина, ВАК де-АБ, нисходит к людям, что и означает сказанное: «И растительность для труда человеческого»[335].

И в этих ГАР де-АБ есть свойство «пища», т.е. часть хасадим в них, и есть в них свойство «питьё», т.е. часть Хохмы в них. И они состоят друг из друга. «Тысяча гор» – это пища. «Тысяча рек» – питьё. Число «тысяча (элеф אלף)» указывает на Хохму, как сказано: «И я научу тебя (ва-аалефхá וַאֲאַלֶּפְךָ) мудрости»[336], и поскольку пища тоже состоит из Хохмы, то и у них (гор) тоже число «тысяча».[337]

И сказано: «И все они – лишь один глоток для нее», и также: «И одним глотком выпивает она их» – потому что эти мохин исходят от «урха (досл. дорожка)», находящейся ниже хотем Арих Анпина. И она устанавливается в виде дорожки, чтобы пройти по ней, а не застрять на ней. И поэтому получение этих мохин всегда совершается поспешно, чтобы не давать подпитки судам. И поэтому Нуква тоже совершает их получение поспешно. И это смысл сказанного: «Но все они – лишь один глоток для нее», и также: «И одним глотком выпивает она их».

283) «Ногти ее соединяют тысячу и семьдесят сторон, руки ее охватывают двадцать четыре тысячи сторон, которые не

---

[335] Писания, Псалмы, 104:14. «Взращивает Он траву для животного и растительность для труда человеческого, извлекает хлеб из земли».
[336] Писания, Иов, 33:31-33. «Внимай, Иов, слушай меня и молчи, (пока) я говорю. Если есть у тебя слова – ответь мне, говори, ибо я хотел бы тебя оправдать. Если же нет, – ты слушай меня и молчи, и я научу тебя мудрости».
[337] См. Зоар, главу Берешит, часть 1, статью «Да произрастит земля зелень», пп. 76-79.

уходят у нее ни вправо, ни влево, но (остаются) только посередине. И множество тысяч щитов охвачены волосами ее».

Объяснение. Пальцы относятся к свойству Хохмы. И есть в них десять сфирот: три первые (ГАР), семь нижних (ЗАТ), и посередине парса. ГАР – это их «плоть (басар)», и это их «лицевая сторона (паним)». О них сказано: «Ты не можешь увидеть лик Мой»[338]. «Ногти» означают парса, которая находится между ГАР и ЗАТ, свойством ахораим. ЗАТ включены в парсу, ногти. И о них сказано: «И увидишь Меня сзади (ахорай אֲחֹרָי)»[339]. И ранее мы это уже подробно выясняли.[340]

И известно, что во время гадлута парса опускается, и поднимает и соединяет келим де-ахораим у их ступени вместе с келим де-паним. На келим де-паним, называемые плотью пальцев, указывает число «тысяча», так как «тысяча» указывает на Хохму. На келим де-ахораим, ЗАТ, каждое из которых состоит из десяти, указывает число «семьдесят». И поэтому сказано: «Ногти ее соединяют тысячу и семьдесят сторон». «Ногти ее», т.е. парса, «соединяют тысячу» – свойства «паним» пальцев, «и семьдесят» – свойства «ахораим пальцев», и число их – семьдесят. И соединяются оба они с помощью ногтей в одну ступень – ступень «паним».

И сказано: «Руки ее охватывают двадцать четыре тысячи сторон», так как число «двенадцать» указывает на Хохму,[341] и есть «двенадцать» Зеир Анпина – двенадцать дневных часов, и есть «двенадцать» Нуквы – двенадцать ночных часов.[342] И когда Нуква в гадлуте, в зивуге паним бе-паним с Зеир Анпином, она включает в себя также «двенадцать» Зеир Анпина. И тогда «двенадцать» Зеир Анпина – в правой ее руке, а ее собственные «двенадцать» – в ее левой руке. А когда Луна находится

---

[338] Тора, Шмот, 33:20. «Ты не сможешь увидеть лик Мой, ибо не может человек увидеть Меня и остаться в живых».

[339] Тора, Шмот, 33:22-23. «И будет, когда проходить будет слава Моя, укрою тебя в расселине скалы, и заслоню тебя ладонью Своею, пока не пройду. И отведу ладонь Свою, и увидишь Меня сзади, но лика Моего не будет видно».

[340] См. Зоар, главу Берешит, часть 1, п. 129.

[341] См. «Предисловие книги Зоар», статью «Роза», Обозрение Сулам, п. 2, со слов: «Итак, мы видим, что вследствие выхода Бины из рош Арих Анпина в ней возникло два отдельных свойства: ГАР и ЗАТ...»

[342] См. Зоар, главу Берешит, часть 1, п. 126, со слов: «Зоар выясняет сказанное: "И был вечер, и было утро – день один"...»

в полноте своей, они исчисляются в тысячах, – т.е. «двадцать четыре тысячи сторон»: «двенадцать тысяч» – в правой руке и «двенадцать тысяч» – в левой руке.

«И множество тысяч щитов охвачены волосами ее». «Щиты» – это ангелы, которые не поднимаются для получения ГАР, а остаются всегда внизу, на месте ГАР де-ВАК, и оберегают мохин, чтобы не досталось от них внешним.[343] Они охвачены волосами (сеарот) Нуквы, означающими суды.

284) «Один юноша, величина которого от начала мира до конца его» – т.е. Матат, ступень которого – от рош мира Брия до конца мира Асия, «исходит от ног (раглаим)» – от НЕХИ Нуквы, «с помощью шестидесяти ударов огня он облачается» – т.е. ими он отгоняет внешних, чтобы не удерживались в раглаим Нуквы. «Таким образом он становится управляющим над нижними с четырех сторон. Это юноша, который владеет шестьюстами и тринадцатью высшими ключами со стороны Имы. И все эти высшие ключи висят на лезвии меча, опоясывающего чресла его».

Объяснение. После того, как он выяснил ступень Нуквы мира Ацилут, какой она была в дни Шломо, он выясняет также три мира БЕА во всей мере, получаемой ими от Нуквы в дни Шломо через ангела Матата. И известно, что парса мира Ацилут задерживает свет Хохмы, чтобы он не спускался в БЕА, но вместе с тем свечение Хохмы светит в БЕА, благодаря облачению ахораим Нуквы Ацилута, поскольку из-за того, что ахораим являются суровыми судами, экран не удерживает их от распространения в БЕА. И так как они – от Нуквы Ацилута, они вместе с собой проводят содержащееся в них свечение Хохмы в три мира БЕА. А управляющий над всеми свечениями, нисходящими в БЕА, – это Матат.

И сказано: «С помощью шестидесяти ударов огня он облачается» – т.е. силы суда от ахораим Нуквы находятся в ее ХАГАТ НЕХИ, и каждая из них состоит из десяти, всего шестьдесят. «Таким образом он становится управляющим над нижними с четырех сторон» – т.е. передает нижним мохин от четырех сторон Нуквы, ХУГ ТУМ (Хесед-Гвура-Тиферет-Малхут). И сказано: «Это юноша, который владеет шестьюстами и тринадцатью

---
[343] См. Зоар, главу Берешит, часть 2, п. 93.

высшими ключами со стороны Имы». «Юноша» – это Матат, и у него есть ВАК со стороны Имы, сфирот которой исчисляются сотнями, всего шестьсот. А со стороны мохин есть у него тринадцать: двенадцать быков мира Брия и один, который включает их. Всего – шестьсот тринадцать. То есть, только мохин от Имы, поскольку невозможно свечение мохин де-Аба в мире Брия из-за того, что экран, находящийся под Ацилутом, задерживает свет Абы.

«Ключи» означают – открыть свечение Хохмы. И сказано: «Все высшие ключи висят на лезвии меча, опоясывающего чресла его», – он тем самым защищен от трудностей, чтобы свечение Хохмы не могло пройти от парсы Ацилута и ниже. И как он удерживает в БЕА эти шестьсот тринадцать ключей, которые являются продолжением Хохмы? И поэтому он объясняет нам, что все эти ключи висят на лезвии меча, т.е. все связаны с ахораим Нуквы Ацилута, которые являются суровыми судами, и парса не задерживает их, и они могут распространяться в БЕА, и они проводят вместе с собой свечение Хохмы от Нуквы.

285) «Этот юноша называется в Брайте[344] "Ханох, сын Ереда", как сказано: "Наставь (ханох חֲנֹךְ) юношу на путь его"[345]. И если скажешь ты, что это Мишна, а не Брайта, то в нашей Мишне мы приводили эти вещи и они выяснены. И все они рассматривают одну и ту же суть».

Объяснение. Мишна и Брайта – это внутренняя и внешняя части законов. Ибо Брайта является внешней частью Мишны. И поэтому сказано: «Этот юноша называется в Брайте "Ханох, сын Ереда"». Иначе говоря, со стороны внешней части, со стороны ВАК, Матат называется «Ханох, сын Ереда», поскольку Еред (ירד) означает – «опускание (ерида́ ירידה)» и «внешнее». Но он спрашивает: почему и со стороны внутренней части Матат называется «Ханох, сын Ереда»? И объясняет, что относительно внутренней части «сын Ереда» произносится как похвала, ибо это опускание вызывает в нем внутренние мохин. И смысл этого уже выяснялся и нет необходимости выяснять его здесь.

---

[344] Брайта – внешняя Мишна, все законы (алахот), которые рабби Йегуда а-Наси не ввел в список законов, вошедших в основные трактаты Мишны.

[345] Писания, Притчи, 22:6. «Наставь юношу на путь его, и он не уклонится от него, когда и состарится».

Как Мишна, так и Брайта рассматривают его опускание, но в Брайте это опускание еще не приводит к мохин, а является действительно опусканием. Однако в Мишне это опускание уже исправлено и становится причиной мохин.

«Под ним», в тени его, «находили убежище все "полевые звери"» – т.е. ангелы мира Ецира. И так же как святой высший Исраэль, Зеир Анпин, называется сыном матери своей, Бине, как сказано: «Ибо был я сыном отцу своему, нежным и единственным у матери моей»[346], и сказано: «Сын Мой, первенец Мой, Исраэль»[347], что указывает на Зеир Анпин, так же и ниже Ацилута он, Матат, называется «юношей у матери своей», т.е. Нуквы, как сказано: «Когда Исраэль был юношей, полюбил Я его»[348] – что указывает на Матата.

«И с разных сторон он называется сыном Ереда», т.е. один раз – в порицание, другой раз – в похвалу, как различие между внутренней сутью Матата и внешней сутью Матата. Но здесь говорится о сыне Ереда на самом деле, т.е. о внешней сути Матата, и опускание его – в порицание, поскольку еще не приводит к мохин. И мы учили, что Шхина совершила десять нисхождений к земле, и все они приводились товарищами, и они выяснены. А под внешней сутью Матата находятся ангелы, пребывающие в мире Ецира, называемые «полевые звери».

286) «Под этими животными удерживаются волосы (сеарот) луны», Нуквы, «называемые "звезды скипетра", действительно скипетра», – т.е. они являются свойствами скипетра, чтобы ими судить мир, и делятся они на «носителей суда, носителей весов, носителей сурового суда и носителей дерзости. И все они называются носителями волос. Ее руки и ноги удерживают это, как могучий лев удерживает добычу свою, и об этом сказано: "Пожирает, и некому спасти от него"[349]».

---

[346] Писания, Притчи, 4:3. «Ибо был я сыном отцу своему, нежным и единственным у матери моей».

[347] Тора, Шмот, 4:22. «И передай Фараону, что так сказал Творец: "Сын Мой, первенец Мой, Исраэль"».

[348] Пророки, Ошеа, 11:1. «Когда Исраэль был юношей, полюбил Я его, и из Египта призвал Я сына Моего».

[349] Пророки, Миха, 5:7. «И будет остаток Яакова между народами, среди племен многих, как лев меж животных лесных, как молодой лев меж стад мелкого скота, который, если пройдет, топчет и пожирает, и некому спасти от него».

Пояснение сказанного. «Звезды скипетра» – это экран Малхут меры суда, называемый «манула (замок)», и это «запертые врата»[350], которые не открываются до конца исправления.

И сказано: «Под этими животными удерживаются волосы (сеарот) луны», Нуквы, «называемые "звездами скипетра"». Иначе говоря, не просто сеарот Нуквы, которые подслащены в Бине, в свойстве мифтеха, и это о них сказано: «Множество тысяч щитов охвачены волосами ее», но те сеарот, которые называются звездами скипетра, т.е. относящиеся к Малхут свойства суда, которые находятся только в БЕА, под «полевыми зверями». И поэтому уточняет: «Действительно скипетра», т.е. в них содержится суть формы Малхут де-Малхут свойства суда, называемая скипетром.

И поэтому сказано, что они делятся на носителей суда и носителей весов, так как в них есть два состояния:
1. Когда экран в месте Малхут, эти сеарот (волосы) называются носителями суда.
2. Когда экран возвышается по форме своей, устанавливаясь в Бине, деля там ступень на две половины: на Кетер-Хохму и Бину-Тиферет-Малхут. И они вследствие этого устанавливаются в свойстве «весы»[351], и поэтому в этом свойстве сеарот называются носителями весов.

И от них происходят два других вида:
1. Носители сурового суда, происходящие от носителей суда.
2. Носители дерзости, происходящие от носителей весов, и они поднимаются в место Бины, хотя у них нет никакого права находиться там, и это считается дерзостью.

И известно, что две эти линии, правая и левая, находятся в противоречии, и каждая хочет отменить свечение другой, и поэтому они не могут светить, пока не выходит средняя линия на экран де-хирик, согласовывающая и устанавливающая мир между ними. И этот экран должен исходить сначала от меры

---

[350] См. «Предисловие книги Зоар», статью «Манула и мифтеха», п. 43, со слов: «У одних ворот нет стороны...»
[351] См. Зоар, главу Берешит, часть 1, п. 321.

суда, т.е. свойства манулы (замка). И тогда сокращается ГАР левой линии, и она подчиняется правой и соединяется с ней.[352]

И сказано: «Ее руки и ноги удерживают это, как могучий лев удерживает добычу свою». Две линии от хазе и выше называются руками, а две линии от хазе и ниже называются ногами. И они удерживаются в том, чтобы светить в совершенстве, только благодаря экрану де-хирик, получаемому от меры суда этих сеарот, т.е. свойства манулы.

И поскольку с помощью экрана этого сурового суда сокращается ГАР левой линии, это называется добычей, так как этот экран де-хирик «пожирает» ГАР левой линии, и поэтому уподобляет это могучему льву, схватившему свою добычу. Как сказано: «Пожирает, и некому спасти от него»[349]. Ибо в то время, когда экран сурового суда поднимается в МАН средней линии, «пожирая» ГАР левой линии, «и некому спасти от него», и по этой причине тотчас объединяются друг с другом две линии, называемые руками, а также две линии, называемые ногами, и тогда светят во всем совершенстве, какое только возможно в течение шести тысяч лет.

287) Ногти ее, напоминающие о грехах человеческих, пишут, ведя запись их грехов с непреклонностью сурового суда. И об этом сказано: «Грех Йегуды написан железным резцом, алмазным острием»[353]. И что такое алмаз? Тот, что пишет и высекает по камню, и обтесывает его со всех сторон.

Объяснение. Ногти – это парса, которая образовалась посередине ступени из-за подъема Малхут в Бину этой ступени. Таким образом, две силы включены в парсу: Малхут, которая поднялась, и это свойство сурового суда, и Бина, принявшая форму Малхут, вследствие подъема Малхут в нее. И эти две силы – это манула и мифтеха, две точки, установившиеся в Нукве. И о них сказано: «Если удостоился – стало добром»[354]

---

[352] См. Зоар, главу Лех леха, п. 22, со слов: «Экран де-хирик, на который выходит средняя линия, происходит от свойства суда, имеющегося в Малхут...»

[353] Пророки, Йермияу, 17:1. «Грех Йегуды написан железным резцом, алмазным острием, начертан на скрижали сердца их и на рогах жертвенников ваших».

[354] См. «Предисловие книги Зоар», п. 123, «Малхут – это Древо познания добра и зла, если удостоился человек – стало добром, а если не удостоился – то злом».

– т.е. скрывается свойство суда, манула, и властвует только свойство милосердия, мифтеха. «А если не удостоился» – т.е. притягивает света сверху вниз, «то стало злом» – тогда раскрывается над ним скрытое свойство суда, манула, и света уходят.

И сказанное: «Ногти ее, напоминающие о грехах человеческих, пишут, ведя запись их грехов с непреклонностью сурового суда» означает, что если не удостоился, то раскрывается сила меры суда, которая скрыта в ногтях. И когда раскрылась эта мера суда, они становятся жесткими.

«И об этом сказано: "Грех Йегуды написан железным резцом, алмазным острием (досл. ногтем)"[353]». Ибо точка манулы, содержащаяся и скрытая в ногте, называется железным резцом. А точка мифтехи, раскрытая в ногте и властвующая в то время, когда Исраэль достойны, называется алмазным острием (досл. ногтем).

А «грех Йегуды», – т.е. когда они грешат, раскрываются над ними две эти точки, и тогда грехи эти помечаются как «железным резцом», так и «алмазным острием (ципорен шамир ציפורן שמיר)». И тогда, поскольку и точка манулы раскрылась над ними, они сразу же получают наказание. Однако о выполняющих желание Его сказано: «Никакого железного орудия не было слышно в Храме при возведении его»[355], потому что «шамир (שמיר)» резал всё,[356] и «железного орудия» – манулы, «не было слышно» – так как она была скрыта. И сказано: «И что такое алмаз (шамир שמיר)? Тот, что пишет и высекает по камню» – т.е. записывает и высекает выход катнута ступеней, называющихся камнями, «и обтесывает его со всех сторон» – придавая ему форму его с каждой стороны во время гадлута этих ступеней.[356]

288) «Нечистота этих ногтей – это все те, кто не слит с телом (гуф) Царя», со средней линией, но слит с левой линией, «и питается от стороны скверны в то время, когда луна находится в ущербе». Иначе говоря, то наполнение, которое они притягивают в это время со стороны ногтей, переходит на сторону этой скверны и называется нечистотой ногтей.

---

[355] Пророки, Мелахим 1, 6:7. «И когда строился этот Храм, то строился он из доставляемого цельного камня. Ни молота, ни топора, и никакого железного орудия не было слышно в Храме при возведении его».
[356] См. Зоар, главу Ноах, п. 327.

289) «И поскольку царь Шломо овладел луной в ее полноте», т.е. Нуквой в гадлуте ее, «он должен владеть ею во время ее ущерба. И поэтому он пытался узнать с помощью познаваемого ду́хами и демонами, как овладеть луной», Нуквой, «во всех состояниях».

Объяснение. Мохин катнута вызывают мохин гадлута, так как во время подъема Малхут в Бину де-Има, когда Има возвращается в мохин де-ВАК без рош, вследствие падения у нее Бины и ТУМ в ЗОН, получает ЗОН мохин катнута от Имы благодаря облачению в них Бины и ТУМ Имы. И также Бина и ТУМ де-ЗОН нисходят к душам людей, и эти души получают мохин катнута от ЗОН. И это становится причиной того, что они получат также и мохин гадлута.

Ибо затем, во время гадлута Имы, когда Има возвращает на свою ступень Бину и ТУМ, упавшие у нее в ЗОН, также и ЗОН поднимаются вместе с этими Биной и ТУМ в Иму, получая от нее мохин гадлута. А затем ЗОН тоже возвращают свои Бину и ТУМ, которые упали к душам людей, и эти души тоже поднимаются вместе с ними, получая мохин гадлута от ЗОН. И мы видим: если бы нижний не принял катнут высшего, т.е. Бину и ТУМ высшего, то не было бы у него реальной возможности получить мохин гадлута высшего.

И это означает сказанное: «И поскольку царь Шломо овладел луной в ее полноте» – т.е. ее мохин гадлута, «он должен владеть ею во время ее ущерба» – он должен владеть мохин ее катнута, при котором она пребывает в ущербе, ведь иначе у него бы не было никакой возможности получить мохин гадлута. И мы это уже выясняли.[357] И также выяснилось, что во время сокращения Нуквы исходят и образуются от нее клипот и демоны, и духи.[358] И это означает сказанное: «И поэтому он пытался узнать с помощью познаваемого ду́хами и демонами, как овладеть луной» – потому что они нисходят и порождаются от мохин катнута Нуквы.

290) «И в дни царя Шломо луна светила со всех ступеней, как сказано: "И превзошла мудрость Шломо"[328]. Именно "и

---

[357] См Зоар, главу Берешит, часть 1, п. 3, со слов: «В свойстве суда, т.е. в свойстве Малхут мира АК, прежде чем она подсластилась в Бине, в свойстве милосердия, мир не мог существовать...»
[358] См. Зоар, главу Берешит, часть 1, пп. 98-103.

превзошла"» – указывает, что умножилась его мудрость, превысив «мудрость всех сынов Востока», которая включилась тогда в Нукву, и всю мудрость Египта, которая включилась в нее. И мудрость сынов Востока – «это высшая тайна, как сказано: "И вот цари, которые царствовали на земле Эдома, прежде чем царствовал царь у сынов Исраэля"[359], именно они называются сынами Востока. И ни один из них не смог существовать, кроме того, кто включал захара и нукву, и называется он Адар, как сказано: "И воцарился вместо него Адар"[360]», о котором сказано: «А имя жены его Меэйтавэль»[360]. Но у предыдущих царей некева (женская сторона) не упоминается.

291) «И мы изучали, что хотя эта Нуква смогла существовать благодаря царю Адару, всё же она не светила в совершенстве до прихода царя Шломо, который был предназначен ей. Поэтому матерью его была Бат-Шева». Иначе говоря, Нуква, которая в своем гадлуте называется Бат-Шева (досл. включающая семь), поскольку состоит из всех семи сфирот ХАГАТ НЕХИМ Зеир Анпина, была матерью его. Поэтому он достоин наследовать ей в дни полноты ее.

292) «"И всю мудрость Египта"[328] – это нижняя мудрость (хохма), называемая служанкой, которая за жерновами. И всё включила в себя эта мудрость Шломо: мудрость сынов Востока и мудрость Египта». Сказал рабби Аба: «Благословен Милосердный, что я спросил у тебя это, поскольку благодаря этому удостоился я всех этих вещей». Сказал рабби Шимон: «Все это я уже говорил и эти вещи мы уже выясняли».

Пояснение сказанного. Три Хохмы в Ацилуте:
1. Скрытая Хохма Арих Анпина, и это Хохма десяти сфирот прямого света. И после разбиения келим, в мире исправления, эта Хохма полностью скрылась и уже не светит в Ацилуте. И то, что упало от этой Хохмы в момент разбиения келим, называется «мудрость (хохма) сынов Востока». И сказано[361]: «"Превзошла мудрость всех сынов Востока"[328] – это высшая тайна, как сказано: "И вот цари, которые царствовали на земле Эдома, прежде

---

[359] Тора, Берешит, 36:31. «И вот цари, которые царствовали на земле Эдома, прежде чем царствовал царь у сынов Исраэля».
[360] Тора, Берешит, 36:39. «И умер Баал-Ханан, сын Ахбора, и воцарился вместо него Адар, а имя его города Пау, а имя жены его Меэйтавэль, дочь Матреда, дочь Мей-заав».
[361] См. п. 290.

чем царствовал царь у сынов Исраэля"³⁵⁹» – потому что царствование и смерть этих семи царей и означает разбиение келим.³⁶²

2. Вторая Хохма – это Бина, которая вышла из рош Арих Анпина, и, вернувшись в нее, стала Хохмой. И называется она высшей Хохмой. И хотя вся Хохма в мирах исходит от нее, все же сама она светит только (светом) хасадим. Как сказано: «Ибо склонен к милости (хафец хесед) Он»³⁶³. И то, что упало из этой Хохмы в клипот – это «мудрость (хохма) Египта». И это то, что сказано: «"И всю мудрость Египта"³²⁸ – это нижняя мудрость» – т.е. то, что упало из высшей Хохмы в клипу нижних кетеров, и называется «служанка, которая за жерновами».

3. Третья Хохма – это «мудрость Шломо», т.е. нижняя Хохма, Хохма, светящая в Нукве паним бе-паним во время ее гадлута, и все три Хохмы светят в ней вместе, и тогда она выводит «мудрость (хохма) сынов Востока» и «мудрость Египта» из клипот, и умножается от них очень. И поэтому сказано: «И превзошла (досл. умножилась) мудрость Шломо мудрость всех сынов Востока и всю мудрость Египта» – т.е. умножилась Хохма ее (Нуквы) от них.

293) «Сказано: "Какая польза человеку от всех трудов его, что трудится он под солнцем?"³²⁷. Неужели то же самое можно сказать и о трудах его в Торе? Однако сказано: "(От всех трудов его,) что трудится он под солнцем". И отличаются труды в Торе тем, что она "выше солнца"» – что она от высших.

«Сказал рабби Хия: "Но то же самое и с трудами в Торе"», – что сказано о ней: «Какая польза человеку от всех трудов его, что трудится он под солнцем?», – «если он трудится в Торе ради людей или ради самоуважения, то об этом сказано: "Под солнцем", поскольку такая Тора не поднимается наверх». «Мы изучали, – сказал рабби Эльазар, – даже если человеку исполнится тысяча лет в день его ухода из мира, ему будет казаться, словно жил он всего лишь один день».

---

³⁶² См. Зоар, главу Насо, Идра раба, статью «И это цари», п. 12.
³⁶³ Пророки, Миха, 7:18. «Кто Творец, как Ты, который прощает грех и проявляет снисходительность к вине остатка наследия Своего, не держит вечно гнева Своего, ибо склонен к милости Он».

ГЛАВА ВАЕХИ

И лягу я с моими отцами

294) «"И лягу я с моими отцами"[364]. Благословен удел праотцев, ибо Творец делает их святым строением (меркава) и желает их, чтобы украситься ими, как сказано: "Только отцов твоих возжелал Творец"[365]. Сказал рабби Эльазар: «Яаков знал, что украшение его – в отцах его, так как украшение праотцев – с ним, а он – с ними. И мы учили в начертанных буквах, что есть в букве "шин ש" три связи: одна с одной стороны, другая – с другой», т.е. справа и слева, «и одна связь, которая включает их», средняя, «как сказано: "А средний засов, внутри брусьев, проходит от края до края"[366] – потому что та связь, что посередине, содержит одну сторону», правую, «и другую», левую. «И об этом сказано: "И лягу я с моими отцами"».

Объяснение. Правая линия – свойство Авраам, левая линия – Ицхак, а средняя линия – Яаков, и это три вершины буквы «шин ש». Две линии, правая и левая, не могут светить иначе, как с помощью силы средней линии, согласовывающей их между собой и объединяющей их. И у средней линии, Зеир Анпина, также нет собственных мохин, но лишь в той мере, в какой она согласовывает правую и левую линии и вызывает совершенное свечение в них, как сказано: "Трое выходят благодаря одному, один находится в трех"[367].

Поэтому сказано: «Яаков знал, что украшение его – в отцах его» – т.е. мохин Яакова пребывают в праотцах, и поскольку он согласовывает их между собой, то получает от них мохин. И сказано: «А он – с ними» – потому что, если бы он не был с ними, не могли бы светить праотцы, ведь они не могут светить иначе, как с помощью средней линии. И это называется: «И лягу я с моими отцами» – ибо они нуждаются в нем, а он нуждается в них, как мы выяснили.

---

[364] Тора, Берешит, 47:30. «"И лягу я с моими отцами, а ты вынеси меня из Египта и захорони меня в их гробнице". И сказал он: "Я сделаю по слову твоему"».

[365] Тора, Дварим, 10:15. «Только отцов твоих возжелал Творец любить, и избрал Он их потомство после них, вас, из всех народов, как и сегодня».

[366] Тора, Шмот, 26:26-28. «И сделай засовы из дерева шиттим: пять для брусьев одной стороны Скинии, и пять засовов для брусьев другой стороны Скинии, и пять засовов для брусьев задней стороны Скинии, к западу. А средний засов, внутри брусьев, проходит от края до края».

[367] См. Зоар, главу Берешит, часть 1, п. 363.

295) Сказал рабби Йегуда, провозгласив: «"Глухие, слушайте, и, слепые, смотрите, чтобы видеть"[368]. "Глухие, слушайте" – это те люди, которые не слушают речений Торы и не пытаются открыть уши свои, чтобы услышать заповеди Господина своего. "И, слепые" – это те, кто не вглядывается, чтобы знать, ради чего они живут, ибо изо дня в день выходит вестник и призывает, но нет того, кто внял бы ему».

296) «Мы изучали, что все дни человека, с того часа, когда он создан, в тот самый день, когда он появился на свет, они уже существуют» – т.е. это реальные света, от которых проистекают дни человека. «И они непрестанно проходят по миру, нисходя и предупреждая человека каждый день особо. И когда приходит день и предупреждает того человека, а человек совершает в этот день нарушение перед Господином своим, этот день поднимается с позором и свидетельствует о нем. И он становится снаружи отдельно».

297) «И после того, как становится отдельно» снаружи, «он пребывает так, и ждет, пока не придет человек к раскаянию» в своем грехе. «Если он удостоился» и пришел к раскаянию, «возвращается этот день на свое место. А если не удостоился», т.е. не пришел к раскаянию, «один этот день нисходит и соединяется с внешним духом, и возвращается в дом его и устанавливается в подлинном образе этого человека, чтобы причинить ему зло. И этот день поселяется вместе с ним в доме. Если он удостаивается» и приходит к раскаянию, «то пребывает с ним во благо, а если не удостаивается, то пребывает с ним во зло».

298) «Так или иначе, сосчитаны дни этого человека, и их недостает. И те, что остались из-за грехов, не входят в счет. Горе человеку, который укоротил дни свои пред святым Царем, и нет у него наверху дней, чтобы украситься ими в мире грядущем и приблизиться с ними к святому Царю».

299) «Когда эти дни приблизились к святому Царю, если человек, который уходит из мира, праведник, он поднимается и входит в эти дни, и они – одеяние величия, в которое

---
[368] Пророки, Йешаяу, 42:18. «Глухие, слушайте, и, слепые, смотрите, чтобы видеть. Кто слеп, если не раб Мой, и глух, как вестник Мой, которого Я посылаю? Кто слеп, как безупречный, и слеп, как раб Творца?»

облачается душа его. И были эти дни потому, что он удостоился с их помощью и не грешил во время них».

300) «Горе человеку, укоротившему дни свои наверху, и когда хотят облачить его в дни его, недостает в этом облачении тех дней, которые он испортил своими прегрешениями, и он облачается в ущербное кли. И тем более, если многочисленны они», испорченные дни, «и не будет у человека во что облачиться в том мире, – горе ему, горе душе его, потому что судят его в аду за эти дни, дни за дни, двойные дни, за один день наказывают его вдвойне. А когда уходит из мира, то не находит дни, в которые мог бы облачиться, и нет у него одеяния, которым он мог бы прикрыться. Счастливы те праведники, все дни которых спрятаны у святого Царя, и из них создается одеяние величия, чтобы облачиться в него в мире будущем».

301) «Сказано: "И узнали, что наги они"[369] – совершенно отчетливо увидели, что этого облачения величия, образующегося из дней, им недостает, и не осталось у них ни одного дня из этих дней, чтобы облачиться в него. Как сказано: "Бесформенным видели меня очи Твои, и в книге Твоей записаны все, дни созданы и нет ни одного из них"[370] – это указывает на Адама Ришона. "Дни созданы", конечно, – т.е. созданы для того, чтобы стать облачением, "и нет ни одного из них" – не остался у него ни один из них, чтобы облачиться в него».

«Пока не постарался Адам и не совершил возвращение, – и Творец принял его возвращение и сделал для него другое кли и облачение, но не из его дней», потому своим возвращением он не исправил полностью греха Древа познания, «как сказано: "И сделал Творец для Адама и для жены его одеяния кожаные и облачил их"[371]».

302) «Об Аврааме, когда он удостоился, что сказано: "Достиг преклонных дней"[372] – потому что он удостоился этого. И

---

[369] Тора, Берешит, 3:7. «И открылись глаза их обоих, и узнали, что наги они; и сшили листья смоковницы, и сделали себе опоясанья».
[370] Писания, Псалмы, 139:16. «Бесформенным видели меня очи Твои, и в книге Твоей записаны все, дни созданы и нет ни одного из них».
[371] Тора, Берешит, 3:21. «И сделал Творец для Адама и для жены его одеяния кожаные и облачил их».
[372] Тора, Берешит, 24:1. «И Авраам состарился, достиг преклонных дней. А Творец благословил Авраама во всем».

поэтому, когда он ушел из этого мира, в эти дни его он как раз вошел и облачился в них. И он не потерял ничего от своего облачения величия, ведь сказано: "Достиг преклонных дней (букв. вошел во дни)". Тогда как о Иове сказано: "Нагим вышел я из чрева матери моей и нагим возвращусь туда"[373] – поскольку не осталось у него одеяния, чтобы облачиться в него».

303) «Счастливы праведники, так как дни их чисты» от греха, «и остаются для мира будущего. И когда уходят из мира, все они соединяются, становясь для них одеянием величия, чтобы облачиться в них. И в этом одеянии они удостаиваются получать наслаждение мира будущего. И в этом одеянии им предстоит подняться в мире и жить» при возрождении из мертвых. И все те, у кого есть одеяние, поднимутся, как сказано: "И встанут согласно одеянию"[374]. Горе грешникам мира, которым недостает дней из-за их прегрешений, и не осталось от них ничего, чтобы укрыться при уходе из мира».

304) «Все те праведники, которые удостоились облачиться в одеяние величия от дней своих, все они венчаются в том мире украшениями, которыми увенчались праотцы, от реки, которая нисходит и втекает в Эденский сад, как сказано: "И Творец будет вести тебя всегда, и насыщать в чистоте душу твою, и кости твои укрепит, и будешь ты, как сад орошенный"[375]. Но о грешниках мира, которые не удостоились облачиться в одеяние своих дней, сказано: "И будет он как можжевельник посреди степи и не увидит наступления благоденствия, и будет жить в сожженной (зноем) пустыне"[376]».

305) Сказал рабби Ицхак: «Благословен удел Яакова, у которого была большая уверенность, как сказано: "И лягу я с

---

[373] Писания, Иов, 1:21. «И сказал: "Нагим вышел я из чрева матери моей, нагим и возвращусь туда. Творец дал и Творец взял. Да будет имя Творца благословенно!"»

[374] Писания, Иов, 38:12-14. «От дней твоих повелевал ли ты рассвету, указывал ли заре место ее, чтобы она охватила землю за края, и посыпались с нее нечестивцы, изменилась бы, как глина под печатью? И встанут согласно одеянию».

[375] Пророки, Йешаяу, 58:11. «И Творец будет вести тебя всегда, и насыщать в чистоте душу твою, и кости твои укрепит, и будешь ты, как сад орошенный и как источник, воды которого не иссякают».

[376] Пророки, Йермияу, 17:6. «И будет он как можжевельник посреди степи и не увидит наступления благоденствия, и будет жить в сожженной (зноем) пустыне, среди необитаемых солончаков».

моими отцами"³⁶⁴, и он удостоился их, а не иного, – удостоился их, чтобы облачиться в свои дни и в их дни».

306) Сказал рабби Йегуда: «Сказано: "И обонял (Ицхак) запах одежд его, и благословил его"³⁷⁷. "Одежд его" сказано, но следовало сказать: "Одежд Эсава" – ведь это были не его одежды, а Эсава, как сказано: "И взяла Ривка любимую одежду Эсава, старшего сына своего"³⁷⁸? "Одежду Эсава" сказано, однако здесь из сказанного: "Запах одежд его"³⁷⁷ следует, что они – Яакова».

307) «Однако мы выясняли: "И обонял (досл. ощутил)"³⁷⁷ – т.е. увидел дальше, и ощутил запах одеяний его в мире истины, и тогда "благословил его"³⁷⁷. И об этом сказано: "Гляди, запах сына моего, как запах поля"³⁷⁷ – это поле священных яблонь», Нуква Зеир Анпина. «Сказал: "Поскольку удостоился ты этих одеяний величия, то "даст тебе Всесильный от росы небес"³⁷⁹. Что это значит?», что небесная роса зависит от одеяний величия. «Ибо это поле яблонь», в запахе которого предстали перед ним одеяния величия, «получает каждый день росу от места, которое называется небеса», т.е. Зеир Анпина, «как сказано: "От росы небес"». И поэтому сказал: «Поскольку удостоился ты этих одеяний величия, то "даст тебе Всесильный от росы небес"³⁷⁹».

308) Сказал рабби Йоси: «Всем он благословил его, "от росы небес и от туков земли"³⁷⁹» – так же и от наполнения Нуквы, называемой землей. «Почему? Потому что "обонял запах одежд его" – истинных одеяний, как мы уже выяснили». И эти одеяния получают также и от Нуквы. «Мы изучали, что тысяча пятьсот запахов поднимается каждый день от Эденского сада», Нуквы, «которыми умащаются. Это одеяния величия, украшающиеся от дней человека в том мире», ведь эти одеяния получают также и от Нуквы.

---

[377] Тора, Берешит, 27:27. «И обонял запах одежд его и благословил его, и сказал: "Гляди, запах от сына моего, как запах поля, которое благословил Творец"».

[378] Тора, Берешит, 27:15. «И взяла Ривка любимую одежду Эсава, старшего сына своего, которая у нее в доме, и одела Яакова, младшего сына своего».

[379] Тора, Берешит, 27:28. «И даст тебе Всесильный от росы небес и от туков земли, и обилие хлеба и вина».

А число «тысяча пятьсот» дает понять, что запах не является ступенью ГАР в совершенстве, а только половиной ступени, поскольку он принимается не сверху вниз, а только снизу вверх. И ступень ГАР в совершенстве – это «три тысячи», а половина ее – это «тысяча пятьсот».[380]

309) Сказал рабби Йегуда: «Сколько таких одеяний?» – есть у человека от дней его. Сказал рабби Эльазар: «В мире есть разные мнения на этот счет, но их три (одеяния). Одно – когда облачается в одеяние дух (руах), пребывающий в земном Эденском саду. Другое – самое величественное из всех, в которое облачается душа (нешама), обитающая внутри средоточия жизни», Нуквы, «в ее одеяние, называемое "порфира (царское одеяние)". И еще одно – это внешнее одеяние, находящееся и не находящееся, зримое и не зримое». Ведь поскольку оно относится к внешнему, нет у него постоянного существования, но бывает, что оно есть, и бывает, что его нет, иногда оно видимо, иногда – нет. «В это одеяние облачается оживляющая сила (нефеш), и она непрестанно странствует по миру».

310) «И в каждое новомесячье и субботу отправляется эта оживляющая сила (нефеш) и связывается с духом (руах), находящимся в земном Эденском саду, и предстает у величественной завесы, и у него (у руаха) учится нефеш и познаёт то, что познаёт, и, странствуя, сообщает это миру».

311) «Мы учили, что двумя видами связи соединяется нефеш во все новомесячья и субботы:
1. Связью руаха, находящегося среди запахов умащений в земном Эденском саду.
2. И оттуда отправляется нефеш и странствует, и связывается с руахом, что в нешама, который связан со средоточием жизни, и насыщается и питается от тех сокровенных светов, которые приходят справа и слева. Как сказано: "И Творец будет вести тебя всегда"[375], именно всегда» – чтобы показать, что она получает со всех сторон, и никогда не прерывается.

312) «"И насыщать в чистоте (досл. в очищениях) душу твою"[375]. Что значит: "В очищениях"? Однако, одно очищение она (нефеш) получает, когда соединяется с руахом в нижнем Эденском саду. Очищение внутри очищения она получает,

---

[380] См. Зоар, главу Берешит, часть 1, п. 321.

когда связывается с высшей душой (нешама), находящейся в средоточии жизни. Как сказано: "В очищениях (бе-цах-цахот בצחצחות)". "Цах (צח очищение)" – одно, "цахот (צחות очищения)" – два. И сами они находятся высоко-высоко, в сокровении души. Однако говорит: "В очищениях" – это тот, кто перенял их. И это означает "душу (нефеш) твою" – настоящую "душу твою"», которая перенимает их (очищения) от нешамы. «Благословен удел праведников».

313) Сказал рабби Шимон: «Когда я среди товарищей из Вавилона, они приобщаются ко мне и изучают речения открыто, и они вкладывают их в ящик, окованный крепким железом, закрытый со всех сторон», т.е. скрывают их так, чтобы не открылись никому.

314) «Сколько раз обучал я их путям царского сада», Нуквы, «и путям Царя», Зеир Анпина. «Сколько раз обучал я их всем ступеням праведников в том мире, и все они с трепетом произносят эти речения, но запинаются при изучении. И поэтому называются косноязычными, так как они словно косноязычный, лепечущий невнятное устами своими».

315) «Но я сужу о них положительно, поскольку трепетны они, – ведь воздух святости и дух святости уходят от них», так как находятся за пределами (святой) земли. «И они питаются воздухом и духом владения иного», чем святость. «Но кроме того, еще и радуга появляется над ними», – признак того, что они пребывают в свойстве суда и нуждаются в милосердии, как сказано: «И как будет радуга в облаке, Я увижу ее, чтобы вспомнить вечный союз»[381]. «И они недостойны принять лик Элияу, и уж тем более другие лики».

316) «Однако приносит им пользу то, что я нахожусь в мире и я поддерживаю мир, поскольку при жизни моей не будет горестей в мире, и он не будет осужден высшим судом. После меня не встанет поколение, подобное этому, и в будущем будет так, что не найдут в мире того, кто бы защитил их, и все дерзкие лики будут находиться как наверху, так и внизу». Ибо и

---

[381] Тора, Берешит, 9:16. «И как будет радуга в облаке, Я увижу ее, чтобы вспомнить вечный союз между Всесильным и между всяким живым существом во всякой плоти, что на земле».

«наверху» будут дерзкие лики, т.е. обвинение клипот, «из-за прегрешений внизу и дерзости их».

317) «И в будущем станут кричать жители мира, и не будет оберегающего их. И будут главы их искать спасения во всех сторонах света и не вернутся с каким-либо целительным средством для излечения ран своих. Но одно лишь целительное средство нашел я для них в мире: в месте, где найдутся занимающиеся Торой, и найдется у них книга Торы, в которой не будет изъяна, закравшегося при издании ее, пробудятся высшие и нижние. И тем более, если святое Имя записано в ней как должно».

318) «Горе поколению, в котором обнаружилась книга Торы», и они вынесли ее на городскую площадь, чтобы молиться, «и не пробудились над ней наверху и внизу», т.е. молитва их не была принята наверху, потому что молитва их была без поста и раскаяния внизу. Кто пробудится над ней в молитве, когда на мир обрушились беды, и мир нуждается в дождях, и более всего они нуждаются в раскрытии книги Торы из-за тяжелого состояния в мире?»

319) «Когда беды обрушиваются на мир, и люди начинают взывать к милосердию над могилами, все мертвые пробуждаются», чтобы просить за мир. «Ибо нефеш первая сообщает руаху, что книга Торы находится в изгнании, что изгнана она из-за отторжения миром, и живые пришли к могилам просить о милосердии».

320) «И тогда руах сообщает душе (нешама), а нешама – Творцу. И тогда пробуждается Творец и проявляет милосердие к миру. И всё из-за того, что книга Торы изгнана из места ее, и живые пришли просить о милосердии над могилами мертвых. Горе поколению, если они вынуждены переносить книгу Торы с места на место, и даже из одного места молитвенного собрания в другое», чтобы молиться. «Поскольку не находится среди них тот, кто бы присматривал за ними» и молился за них, потому что нет среди них праведника.

321) «И люди не знают, почему Шхина, вынужденная уйти в последнее изгнание, прежде чем удалилась наверх, произнесла, как сказано: "Кто дал бы мне в пустыне пристанище для

путников?"³⁸²», а не – удалиться наверх. Ибо она желала уйти в изгнание вместе с Исраэлем. «И затем», когда она уже была в изгнании вместе с Исраэлем, «в то время, когда миру угрожают большие бедствия, она в этом мире находится там» – в пустыне, в месте клипот. «И также при изгнании книги Торы она находится там» – в пустыне. И все вспоминают» и сокрушаются «о ней, высшие и нижние».

322) Сказал рабби Шимон: «Если бы эти глупые вавилоняне знали речения тайной мудрости, например, "на чем держится мир", и "почему сотрясаются основания его, когда на мир обрушиваются бедствия", знали бы о славе рава Амнуна Сабы – ведь он находился среди них, а они не знали величия его. Я нахожу, что речения его связаны с речениями царя Шломо и восходят к высшей мудрости. Но они не знали о славе его».

323) «А сейчас они исследуют речения мудрости, но нет того, кто бы постиг» тайну их, «и нет того, кто научит. Однако, несмотря на все это, есть среди них мудрецы по установлению високосного года и определению месяца, хотя и не передано им знание» о високосном годе и об освящении месяца. И не устанавливают високосный год и не определяют месяц иначе, как на земле Исраэля».

324) «Мы изучали, что двенадцать месяцев душа (нефеш) связана с телом в могиле, и вместе они предаются суду. За исключением души праведника, и она находится в могиле и испытывает свои страдания» от наказаний, «и страдания живых. И не старается» молиться «за них».

325) «А спустя двенадцать месяцев нефеш одевается в особое облачение, и отправляется странствовать по миру, и узнает от руаха то, что узнает. И пытается просить о милосердии к испытываемым в мире страданиям, и почувствовать страдание живых».

326) «Кто же пробуждает всё это – чтобы молились души мертвых за живых? Всё это, когда есть праведник в мире, который извещает их надлежащим образом, и этот праведник известен среди них. Поскольку мы изучали, что когда остается праведник в мире, он известен среди живых и среди мертвых,

---

³⁸² Пророки, Йермияу, 9:1.

потому что каждый день возглашают о нем среди них. Но когда на мир обрушивается большая беда, и он (праведник) не может защитить поколения, он сообщает им о той беде, которая стряслась с миром», и они просят о милосердии к живым.

327) «Но когда нет праведника, о котором провозгласили бы среди них, и нет того, кто бы пробудил души в обрушившихся на мир невзгодах, а только книга Торы, тогда высшие и нижние пробуждаются над ней», чтобы молиться за мир. «Но в это время все должны пребывать в раскаянии. И если они не находятся в раскаянии, то пробуждаются против них обвинители», чтобы обвинить в перенесении с места на место книги Торы. «И не только души (нефашот), но даже руах, находящийся в Эденском саду, пробуждается над ними ради книги Торы, чтобы просить о милосердии, как мы учили».

328) «"И лягу я с моими отцами"[364] – т.е. телом (гуф), оживляющей силой (нефеш), духом (руах), душой (нешама), включенными в единое строение (меркава), в высшую ступень». Иными словами, «И лягу я с моими отцами» указывает на то, что тело (гуф) и все свойства души (нешама) будут находиться вместе с праотцами.

«Сколь же глухи ко всему обитатели мира» в чувствах своих, «ведь не знают, не видят, не слышат и не созерцают они происходящего в мире. И как Творец преисполнен милосердия к миру в любое время и мгновение, и нет того, кто бы увидел это».

329) «Трижды в день ветер (руах) входит в пещеру Махпела и веет на могилы праведников, и все кости их исцеляются и восстанавливаются. И этот ветер (руах) приносит росу свыше, с головы (рош) Царя» – из ХАБАД Зеир Анпина, «из места, в котором находятся высшие праотцы» – из ХАГАТ, ставших ХАБАД. «И когда приходит от них роса, пробуждаются нижние праотцы» в пещере Махпела.

330) «Эта роса нисходит по известным ступеням, ступень за ступенью, и достигает нижнего Эденского сада. И этой росой освежаются ароматы Эденского сада. Тогда пробуждается один ветер (руах), состоящий из двух других» – т.е. руах от средней линии, называемой Яаков и состоящей из двух линий, Авраам и Ицхак. «И он поднимается и блуждает среди ароматов, и

проникает во вход пещеры. И тогда пробуждаются праотцы – они и жены их, и просят о милосердии к сыновьям».

331) «А когда мир в тяжелом состоянии» и не отвечают им, «потому что они», праотцы, «спят из-за прегрешений мира, и эта роса не пробуждает их, так как не опускается и не появляется, пока книга Торы не пробудится в мире как подобает, и тогда нефеш сообщает руаху, руах – нешаме, а нешама – Творцу. Тогда восседает Царь на троне милосердия, и вызывает из святого Атика» – т.е. Арих Анпина, «нисхождение хрустальной росы» – т.е. моха стимаа Арих Анпина, «и достигает она головы (рош) Царя» – ХАБАД Зеир Анпина, «и благословляются праотцы» – ХАГАТ Зеир Анпина, «и нисходит эта роса к этим спящим» – к праотцам, пребывающим в пещере Махпела. «И тогда объединяются все они» – чтобы молиться за мир, «и Творец проявляет милосердие к миру. Творец не проявляет милосердия к миру пока не сообщит праотцам, и благодаря их заслугам благословляется мир». Сказал рабби Йоси: «Конечно, это так» – что благодаря заслугам праотцев благословляется мир, «и я также нашел эти слова в книге царя Шломо – это тот высший, который зовется советом мудрости каждого» человека, как сказано: «И был он мудрее всех людей»[383].

332) «И рав Амнуна раскрыл это, и сказал, что показали ему во сне, что Рахель сделала больше всех» праотцев, поскольку она стоит на разветвлении дорог в любой момент, когда нуждается мир» в милосердии. И дело в том, что ковчег и крышка, и херувимы находятся в уделе Биньямина», сына Рахели, «который родился в пути, и Шхина – над всем» уделом его, как сказано: «Укрывает Он его всегда»[384].

---

[383] Пророки, Мелахим 1, 5:10-11. «И превзошла мудрость Шломо мудрость всех сынов Востока, и всю мудрость Египта. И был он мудрее всех людей: Эйтана эзрахитянина, и Эймана, и Калкола, и Дарды – сыновей Махола; и (славно) было имя его среди всех окрестных народов».

[384] Тора, Дварим, 33:12. «О Биньямине сказал: "Любимый Творцом, он в безопасности пребудет при Нем; укрывает Он его всегда и меж рамен его пребывает"».

ГЛАВА ВАЕХИ

И поклонился Исраэль в сторону изголовья ложа

333) «"И поклонился Исраэль в сторону изголовья ложа"[385]. "Изголовье ложа" – это Шхина», потому что Шхина находится над изголовьем больного. Сказал рабби Шимон: «Ни в коем случае» нельзя говорить, что он поклонился Шхине, ибо он был строением (меркава) для сфиры Тиферет, которая находится выше Шхины. «Лишь собственному свойству», Тиферет, «он поклонился и преклонился. "Ложе" – это Шхина, как сказано: "Вот ложе Шломо"[386]. "Изголовье ложа" – основа (есод) мира, и это изголовье святого ложа», т.е. Шхины. «"В сторону изголовья" – это Исраэль», Тиферет, «находящийся над изголовьем ложа», Есода, потому что Тиферет находится над Есодом. «Таким образом», получается, что «Исраэль поклонился сам себе», т.е. Тиферет.

334) «И если скажешь», что он поклонился Шхине, которая находится над изголовьем больного, «ведь в это время он (Исраэль) еще не был болен. Ибо затем сказано: "И было, после этих событий сказали Йосефу: "Вот, отец твой болен"[387]. А в час, когда он поклонился, он не был болен. И несомненно, что он поклонился, так как знал, т.е. взошел в это время на высшую святую ступень, на совершенный престол», Тиферет. «Поэтому он поклонился этому строению (меркава), высшему престолу», поскольку ХАГАТ являются высшим престолом, т.е. Бине, а Тиферет включает их всех. «И это – совершенство большого могучего древа, названного его именем», – т.е. Тиферет, называемого именем Исраэль. «И поэтому: "И поклонился Исраэль в сторону изголовья ложа", конечно, – потому что поднялся на свою ступень и увенчался украшениями», т.е. мохин «святого Царя», Тиферет.

---

[385] Тора, Берешит, 47:31. «И сказал он: "Поклянись мне!" И тот поклялся ему. И поклонился Исраэль в сторону изголовья ложа».
[386] Писания, Песнь песней, 3:7. «Вот ложе Шломо! Шестьдесят воинов вокруг него, воинов исраэлевых».
[387] Тора, Берешит, 48:1. «И было, после этих событий сказали Йосефу: "Вот, отец твой болен". И взял он с собой двух сыновей своих, Менаше и Эфраима».

335) «И сказал он: "Поклянись мне!" И тот поклялся ему. И поклонился Исраэль в сторону изголовья ложа»[385]. Сказал рабби Хия, провозгласив: «"Всё это испытал я в мудрости. Думал я: "Стану мудрым", но мудрость далека от меня"[388]. Ведь мы изучали, что царь Шломо удостоился луны, т.е. Нуквы, во всех ее свойствах, и в дни его стояла луна в полноте своей, потому что получала благословение от всех» ступеней, «но когда захотел опираться на законы Торы, сказал: "Думал я: "Стану мудрым", но мудрость далека от меня"[388]».

336) Сказал рабби Йегуда: «Яаков сказал: "И лягу я с моими отцами, а ты вынеси меня из Египта и захорони меня в их гробнице"[389]. О том, чья душа вышла в иное владение», за пределы земли (святости), «а тело его погребено в земле святости, сказано: "А вы пришли и осквернили землю Мою, и сделали удел Мой скверною"[390]. И Яаков сказал: "И захорони меня в их гробнице"[389] – но душа его отошла в ином владениии», в Египте.

337) Сказал рабби Йегуда: «Яаков отличается» от остальных людей, «потому что Шхина удерживалась в нем и была слита с ним, как сказано: "Я сойду с тобой в Египет"[391] – чтобы поселиться с тобой в изгнании, "и Я выведу тебя, также выведу"[391] – т.е. душа твоя соединится со Мной, а тело будет похоронено в гробнице отцов твоих. Что это значит? Несмотря на то, что вышла душа его в ином владении», вместе с тем: «И Я выведу тебя, также выведу»[391] – чтобы он был похоронен в гробнице отцов его.

338) «"И Йосеф закроет глаза твои"[391], конечно, потому что он – первенец», и первенец закрывает глаза отца своего. «Ведь относительно помыслов сердца, он был первенцем от первой капли.[392] И поскольку Творец знал эту тайну», что мысли его

---

[388] Писания, Коэлет, 7:23. «Всё это испытал я в мудрости. Думал я: "Стану мудрым", но мудрость далека от меня».

[389] Тора, Берешит, 47:30. «"И лягу я с моими отцами, а ты вынеси меня из Египта и захорони меня в их гробнице". И сказал он: "Я сделаю по слову твоему"».

[390] Пророки, Йермияу, 2:7. «И привел Я вас в землю плодородную, чтобы ели вы плоды ее и блага ее; а вы пришли и осквернили землю Мою, и сделали удел Мой скверною».

[391] Тора, Берешит, 46:4. «Я сойду с тобой в Египет, и Я выведу тебя, также выведу, и Йосеф закроет глаза твои».

[392] См. выше, п. 362.

были с Рахель, «то сообщил ему о Йосефе, что тот закроет ему глаза, поскольку вся его любовь была связана с ним».

339) «"И Йосеф закроет глаза твои"[391]. Для чего это сказано?» Сказал рабби Йеса: «Чтобы показать нам величие Яакова», что его сын, будучи царем, закроет глаза его, «и чтобы сообщить ему, что Йосеф жив и будет присутствовать при смерти его». Сказал рабби Хизкия: «Понял я одну вещь, и боюсь открыть ее. А в обычаях мира заключена мудрость».

Подошел рабби Аба, подтолкнул его, сказав: «Скажи эту вещь и препояшься оружием, потому что во дни рабби Шимона эти вещи открыты» и бояться нечего.

340) Сказал рабби Хизкия: «Мы изучали в речениях рабби Йеса Сабы, что по принятым в мире обычаям, если человек удостоился сына в этом мире, этот сын должен возложить прах на глаза его во время захоронения. И в этом заключается величие его, указывающее, что мир стал скрыт от него», от отца его, «а он», сын, «наследует после него этот мир».

341) «Потому что в глазах человека отражается образ мира, и также все краски сменяются в них. И белая краска в них подобна большому океану, окружающему мир со всех сторон. Другой цвет в них подобен суше, которую извлекли воды, и суша находится посреди вод, также и этот цвет находится посреди вод, внутри белого цвета, символизирующего воды океана».

342) «Еще один цвет, третий, находится в центре глаза. Это Йерушалаим, являющийся центром мира. Четвертый цвет в глазу – там сила зрения любого глаза», черный цвет в глазу. «И называется он глазным зрачком, и посредством глазного зрачка виден облик. И самый дорогой из всех образ – Цион, самая центральная точка из всех, и облик всего мира виден там. И там царит Шхина, являющая собой красоту всего и облик всего. И этот глаз является наследием мира, и поэтому, один оставляет его» – тот, кто умирает, «а сын его получает его и наследует его».

343) Заметил ему: «Ты хорошо сказал, но это является самым непонятным, и пребывающие в мире не знают этого и

не обращают на это внимания. Ибо в час, когда человек уходит из мира, душа его скрывается вместе с ним, и прежде чем она выходит из тела, глаза человека видят то, что видят, как сказано: "Ибо не может человек увидеть Меня и остаться в живых"[393], при жизни – не видят, но в момент смерти – видят».

344) «И глаза его раскрыты из-за увиденного им облика, и те, кто стоит рядом с ним, должны положить ему руку на глаза и закрыть их. В час, когда глаза его раскрыты из-за увиденного сокровенного облика, если он удостоился сына, то сыну предоставляется право положить руку на глаза его и закрыть их. Как сказано: "И Йосеф закроет глаза твои"[391]. Поскольку другой облик, не являющийся святостью, возникает перед ним, а глаз, который увидел теперь святой высший облик, не должен смотреть на иной облик».

345) «И еще. Когда эта душа (нефеш) находится близко, напротив него, в доме, если глаз останется открытым, и иной облик», ситра ахра, «будет пребывать над глазами его, то всё, на что он посмотрит, будет проклято. И поскольку душа его находится напротив его, получается, что он посмотрит на душу, и она будет проклята. Это не делает чести глазу, и тем более – близким мертвого, и уж тем более – самому́ мертвому, так как не доставляет ему чести смотреть на то, на что он не должен смотреть и вызывать появление над глазами иной вещи», ситры ахра. «И поэтому его покрывают прахом. И уже напомнили товарищи о суде», которым осуждается мертвый, «в могиле. И является честью, когда глаз закрывается от всего его сыном, которого он оставил в этом мире».

346) «Все семь дней» после его смерти «душа его ходит от дома к могиле, и от могилы к дому, и скорбит по нему. И трижды в день душа и тело осуждаются, как одно целое. И нет в мире того, кто бы знал об этом и обратил внимание на это, чтобы пробудить сердце».

347) «Затем тело закрывается» в могиле, «а душа уходит и совершает омовение в аду, и выходит и странствует по миру, и навещает тело в могиле, пока не облачится в то, во что облачится».

---

[393] Тора, Шмот, 33:20. «Ты не сможешь увидеть лик Мой, ибо не может человек увидеть Меня и остаться в живых».

348) «После двенадцати месяцев успокаиваются все. Тело умиротворяется в земле, а душа (нефеш) приобщается к руаху и светит в руахе и в одеянии, в которое облачился руах. Руах наслаждается в Эденском саду. А нешама поднимается в средоточие жизни», Нукву, «в самое большое наслаждение из всех, и все они связываются друг с другом», нефеш с руахом, а руах с нешамой, «в установленные времена» – в субботы, в праздники и в новомесячья.

349) «Горе тем людям, которые не обращают внимания и не знают, и не видят, на чем они стоят. И у них предается забвению выполнение заповедей Торы. И есть заповеди Торы, которые создают одеяние величия наверху», в высшем Эденском саду, «а есть заповеди Торы, которые создают одеяние величия внизу», в нижнем Эденском саду. «И есть заповеди Торы, создающие одеяние величия в этом мире. И все они нуждаются в человеке, и от дней его все они действительно устанавливаются».[394]

350) «Рабби Йегуда, старец, был очень взволнован однажды» тем, что желал узнать, что будет с ним в мире истины. «И показали ему во сне один из его образов сильного света, светящего в четырех сторонах. Спросил он у них: "Что это?" Сказали ему: "Это твое облачение для твоего пребывания здесь". И с этого дня и далее он пребывал в радости».

351) Сказал рабби Йегуда: «Каждый день души (рухот) праведников в своих одеяниях садятся рядами в Эденском саду и восхваляют Творца высшей славой, как сказано: "Но праведники воздадут благодарность имени Твоему, справедливые обитать будут пред Тобой"[395]».

Сказал рабби Аба: «В начале сказано: "И поклонился Исраэль в сторону изголовья ложа"[385]. Мы уже выяснили[396], что "ложе" – это Кнессет Исраэль», Нуква, «"изголовье ложа" – праведник, "в сторону изголовья ложа" – праведный царь, во власти которого приведение всех к миру», т.е. Тиферет, «как сказано: "Вот ложе Шломо"[386]. И он (Яаков) поклонился само-

---
[394] См. выше, п. 303.
[395] Писания, Псалмы, 140:14. "Но праведники воздадут благодарность имени Твоему, справедливые обитать будут пред Тобой».
[396] См. выше, п. 333.

му себе», так как является строением (меркава) для Тиферет, «тому, кто стоит у "изголовья ложа", и имя его – Исраэль». Ибо Тиферет зовется Исраэль. «Поэтому: "И поклонился Исраэль в сторону изголовья ложа"[385]».

352) «Затем, когда познал Яаков, что восполнился более высокой ступенью, и его ступень», т.е. Тиферет, «находится наверху с праотцами», т.е. с Хеседом и Гвурой, «и только он является совершенным исправлением», поскольку Тиферет является средней линией, включающей в себя Хесед и Гвуру, и она расценивается как весь ХАГАТ, «он укрепил сердце свое и возрадовался, и укрепился в высшем желании Творца, благоволящего ему. Что сказано о нем: "И собрался с силами Исраэль и сел на ложе"[397]. Именно "на ложе"», Малхут, «ибо он восполнился более высокой ступенью», свойством Тиферет, находящимся над Малхут. «Благословен удел его».

---

[397] Тора, Берешит, 48:2. «И поведали Яакову и сказали: "Вот сын твой, Йосеф, идет к тебе". И собрался с силами Исраэль, и сел на ложе».

ГЛАВА ВАЕХИ

В четыре времени года судится мир

353) Сказал рабби Йегуда: «Мы выяснили в Брайте сказанное: "В четыре времени года судится мир: в Песах – за урожай, в Ацерет – за плоды дерева, в Рош а-шана (Начале года) все приходящие в мир проходят перед Ним друг за другом, а в праздник они осуждаются за воду"[398]».

«"В Песах – за урожай, в Ацерет и т.д." – это соответствует высшему строению (меркава), то есть праотцам», ХАГАТ, «и царю Давиду» – Малхут. Иначе говоря, эти четыре времени соответствуют праотцам и царю Давиду. И объясняет: «"В Песах – за урожай"[398] – именно так, и мы уже это выясняли, почему переходят к маце в Песах. Потому что маца – это суд, и суд в Малхут – это суд. Другими словами, маца – это суд в Малхут. И это было началом, когда Исраэль начали входить в удел святости Творца и сжигать "квасное", – т.е. поклонение идолам, назначенным над народами-идолопоклонниками и называмым "иные боги", "чужие боги", и они называются "квасное", "злое начало", чтобы перейти к маце», Малхут, «святому уделу Творца. Поэтому в Песах они судятся за урожай, т.е. мир отдается на суд "хэй ה"», Малхут. И слово «твуа (תבואה урожай)» состоит из слов «таво хэй (תבא ה придет хэй)».

354) «"В Ацерет – за плоды дерева". Но ведь следовало бы сказать: "За плоды деревьев"? Однако, это большое могучее дерево наверху», Зеир Анпин, «как сказано: "Я как вечнозеленый кипарис – от Меня будут плоды твои"[399]». Иначе говоря, это указывает на души праведников, которые являются плодами Зеир Анпина, называемого деревом. И они судятся в Ацерет, что указывает на Тиферет.

355) «"В Рош а-шана (Начале года) все приходящие в мир проходят перед Ним друг за другом"[398]. "Начало года" – это начало года Царя. "Начало года" – это Ицхак, который называется началом, так как он – одно из начал Царя», Зеир Анпина, рош его Гвуры, «места, которое называется "год (шана)". Поэтому: "В Начале года все приходящие в мир проходят перед Ним

---

[398] Мишна, раздел Моэд, трактат Рош а-шана, часть 1, учение 2.
[399] Пророки, Ошеа, 14:9. «(Скажет) Эфраим: "Зачем мне больше идолы?" Отзовусь Я и укреплю его: "Я как вечнозеленый кипарис – от Меня будут плоды твои"».

друг за другом", потому что в Начале года царит Ицхак», рош левой линии, в которой властвуют суды. И поэтому говорится о Начале года: «Его левая рука под моей головой»[400].

356) «А в праздник они судятся за воду. Это начало» свечения «правой (линии) Царя» – т.е. хасадим, называемых водой, «потому что о празднике сказано: "А правая его обнимает меня". И поэтому радость от воды пребывает во всем, когда возливают воду и черпают ее, ибо известно, что такое вода», – это хасадим.

«И потому, в этих четырех временах находится всё». Поскольку в Песах суд происходит в Малхут, называемой урожаем. В Ацерет – суд в свойстве Тиферет, называемом деревом. В начале года – в Гвуре. В праздник – в Хеседе.

357) «Всё находится в этих четырех временах: Аврааме, Ицхаке, Яакове», т.е. Хесед-Гвура-Тиферет, «и царе Давиде», Малхут. «И ими», ХУГ ТУМ, «судится мир. В четыре времени судятся люди, в те дни, когда они», ХУГ ТУМ, «находятся в мире. И каждый день эти книги раскрыты, и деяния» людей «записываются, и нет соблюдающего, и нет внимающего. И Тора увещевает каждый день: "Кто несмышлен, пусть завернет сюда", – неразумному говорит она"[401]. Но нет того, кто внял бы ее голосу».

358) «Мы изучали: в час, когда человек встает утром, свидетели выступают против него, свидетельствуя о нем, а он не обращает внимания. И душа свидетельствует о нем во всякое время и во всякий час. Если он слышит, то хорошо. А если не слышит, то ведь книги открыты, и деяния записываются». Сказал рабби Хия: «Счастливы праведники, которые не страшатся суда ни в этом мире, ни в мире будущем. Как сказано: "А праведники неустрашимы, как львы"[402]. И сказано: "Праведники унаследуют землю"[403]».

---

[400] Писания, Песнь песней, 2:6. «Его левая рука под моей головой, а правая обнимает меня».
[401] Писания, Притчи, 9:4. «"Кто несмышлен, пусть завернет сюда", – неразумному говорит она».
[402] Писания, Притчи, 28:1. «Бегут нечестивые, но никто за ними не гонится, а праведники неустрашимы, как львы».
[403] Писания, Псалмы, 37:29. «Праведники унаследуют землю и пребудут на ней вовеки».

ГЛАВА ВАЕХИ

И было на заходе солнца

359) Заговорил рабби Хизкия, провозгласив: «"И было на заходе солнца, крепкий сон одолел Аврама. И вот ужас, великая тьма падает на него"[404]. Мы изучали этот отрывок, но здесь описан день сурового суда, приводящий к уходу человека из этого мира. И если пришло время человеку уйти из этого мира, это время является днем большого суда, когда меркнет солнце, переставая светить луне, как сказано: "Пока не померкло солнце"[405]. Это святая душа, которая отнимается у человека за тридцать дней до того, как он оставит этот мир. И видит он, что образ его отошел от него и не появляется более».

360) «А почему исчез его образ? Потому что святая душа ушла и покинула его, и больше не появляется. То есть, не говори, что после того как человек умирает, обессилев, покидает его душа, но когда он еще жив и полон сил, покидает его душа (нешама), и больше не светит духу (руах), а дух (руах) не светит оживляющей силе (нефеш), тогда образ оставляет его и не светит ему. Отныне и далее, все провозглашают о его смерти, и даже птицы небесные. Поскольку ушла от него душа (нешама), и дух (руах) не светит оживляющей силе (нефеш), то угасает оживляющая сила (нефеш), и желание к еде и всякое желание тела исчезают и уходят от него».

361) Сказал рабби Йегуда: «И даже все то время, когда человек прикован к постели и не способен молиться, душа (нешама) уходит и покидает его. И тогда дух (руах) не светит оживляющей силе (нефеш) до тех пор, пока человеку не вынесут решения суда. Если решение суда в его пользу, тогда душа (нешама) возвращается на свое место и светит всем», т.е. руаху и нефеш. Но это когда исход дела зависит от суда. Когда же исход дела не зависит от суда, ибо смертный приговор вынесен окончательно, то душа уходит на тридцать дней раньше всех, и образ исчезает у него».

---

[404] Тора, Берешит, 15:12. «И было на заходе солнца, крепкий сон одолел Аврама. И вот ужас, великая тьма падает на него».
[405] Писания, Коэлет, 12:1-2. «И помни о Создателе своем с юных дней, пока не пришли худые дни, и не наступили годы, о которых скажешь: "Нет мне в них проку", пока не померкло солнце, и свет, и луна, и звезды, и не пришли снова тучи после дождя».

362) «Когда человека судят наверху, его душу (нешама) поднимают в высший суд и судят по слову ее, и она свидетельствует обо всем, свидетельствует обо всех дурных помыслах, которые намеревался совершить человек. Однако о злодеяниях его она не свидетельствует, поскольку все они записаны в книгу. И за всё человеку выносится приговор в час, когда судят человека наверху», как за мысли, так и за деяния. «И тогда тело страдает еще больше, чем в остальное время».

363) «Если решение суда в его пользу, тогда его оставляют, и тело его покрывается пóтом, а затем душа возвращается и светит всем», т.е. руаху и нефеш. «И человек никогда не исцеляется от своего недуга до тех пор, пока не выносится решение суда свыше. И можно возразить: "Ведь столько нарушителей в мире и столько грешников в мире продолжают существовать – значит, они излечиваются от своих недугов?!" Однако Творец сам следит за судом человека, и хотя сейчас человек не заслужил этого, но если Творец видит, что заслужит потом, то судит в его пользу. Или иногда, если родит он сына, который станет праведником в мире, Творец судит поэтому в его пользу».

364) «И все действия и суды Творца – во благо, и за всеми Он следит, как сказано: "Жив Я, – слово Творца! Разве Я хочу смерти нечестивого? Только лишь возвращения нечестивого с пути его"[406]. И поэтому все те грешники мира, которые выздоровели, (выздоровели потому, что) Творец судит в их пользу».

365) «А иногда, когда завершается время болезней, в течение которого они должны нести страдания больному, как сказано: "Недуги тяжкие и верные"[407], когда они надежно выполняют свое предназначение, т.е. пребывают над человеком, они уходят по завершении их времени как у праведников, так и у грешников, и всё вершится по суду, как уже отмечалось».

---

[406] Пророки, Йехезкель, 33:10-11. «И ты, сын человеческий, скажи дому Исраэля: "Так говорили вы, сказав: "Воистину преступления наши и грехи наши на нас, и в них гнием мы. Как же мы сможем жить?" Скажи им: "Жив Я, – слово Творца! Разве Я хочу смерти нечестивого? Только лишь возвращения нечестивого с пути его". И будет жить! Вернитесь, вернитесь с путей своих дурных, – и зачем умирать вам, дом Исраэля?!»

[407] Тора, Дварим, 28:58-59. «Если не будешь строго исполнять все слова учения этого, написанные в этой книге, и бояться имени этого, почитаемого и страшного, Творца Всесильного твоего, то обрушит Творец кары на тебя и кары на потомство твое, кары великие и верные, и недуги тяжкие и верные».

ГЛАВА ВАЕХИ

И увидел Исраэль сыновей Йосефа

366) «И увидел Исраэль сыновей Йосефа и сказал: "Кто эти?"»[408]. Сказал рабби Ицхак: «Трудно понять этот отрывок, ведь сказано: "И увидел Исраэль", и сказано: "А глаза Исраэля помутнели от старости, не мог он видеть"[409]. Если "не мог он видеть"[409], что значит: "И увидел Исраэль"[408]? И отвечает: «"И увидел Исраэль" означает, что с помощью духа святости увидел этих сыновей Йосефа, и это – Яровам и его сообщники. Яровам сделал двух золотых тельцов и сказал: "Вот божества твои, Исраэль"[410]. И потому спросил Яаков: "Кто эти?" – кто он, который скажет в будущем: "Вот божества твои"[410], чтобы поклоняться им? И об этом сказано: "И увидел Исраэль сыновей Йосефа"[408]».

367) «"Праведники видят вещи" до их прихода в мир, "потому что Творец украшает их Своим венцом – тем, что Творец видит далеко, как сказано: "И увидел Всесильный всё созданное Им"[411]. Ибо Творец видит все дела до их свершения, и все они проходят пред Ним».

368) «Подобно этому, все поколения мира, от края мира и до края его, предстают и стоят пред Ним до своего прихода в мир. Все ду́ши, спускающиеся в мир, прежде чем спуститься, стоят пред Творцом в том облике, в каком они находятся в этом мире, и нарекаются своими именами, как сказано: "Всех их по имени называет Он"[412]».

369) «И также праведникам Творец показывает все поколения мира, прежде чем они приходят и находятся в мире. Откуда

---

[408] Тора, Берешит, 48:8. «И увидел Исраэль сыновей Йосефа и сказал: "Кто эти?"»

[409] Тора, Берешит, 48:10. «А глаза Исраэля помутнели от старости, не мог он видеть. И подвел тот их к нему, и он поцеловал их, и обнял их».

[410] Тора, Шмот, 32:4. «И взял он из их рук и придал этому форму, и сделал из этого литого тельца. И сказали они: "Вот божества твои, Исраэль, которые вывели тебя из земли Египта!"»

[411] Тора, Берешит, 1:31. «И увидел Всесильный всё созданное Им, и вот – хорошо очень».

[412] Пророки, Йешаяу, 40:26. «Поднимите глаза ваши ввысь и посмотрите, Кто создал их. Выводящий по числу воинства их, всех их по имени называет Он; от Великого могуществом и Мощного силой никто не скроется».

нам это известно? От Адама, который был первым, кому Творец показал все поколения до их прихода, как сказано: "Вот книга порождений Адама"[413]. И мы учили, что Он показал ему все поколения, которым предстоит прийти в мир, и (показал их) также Моше, как сказано: "Показал ему Творец всю землю"[414] – т.е. Творец показал ему все поколения мира и всех предводителей мира, и всех пророков прежде, чем они пришли в мир».

370) «Так и здесь: "И увидел Исраэль сыновей Йосефа"[408] означает, что увидел далеко вперед, как в будущем они предадутся идолопоклонству, и с содроганием сказал: "Кто эти?"[408] И сказанное подходит как в одном случае», с Яровамом, сказавшем: «"Вот божества твои, Исраэль"[410], «так и в другом», также и в простом значении, как если бы он спрашивал о самих Менаше и Эфраиме, «на что и ответил ему Йосеф, сказав: "Это сыновья мои, которых дал мне Всесильный здесь"[415]» – то есть, что они достойны. Но он не отвечал ему о Яроваме и его сообщниках. «И откуда нам известно, что Творец с помощью духа святости показал ему?» – Ярована и его сообщников. «Потому что сказано: "И вот показал мне Всесильный также потомство твое"[416]. Слово "также" включает те поколения, которые произошли от него, как уже говорилось».

---

[413] Тора, Берешит, 5:1. «Вот книга порождений Адама. Когда Всесильный сотворил Адама, по подобию Всесильного Он создал его».

[414] Тора, Дварим, 34:1. «И взошел Моше с равнин Моава на гору Нево, на главу вершины, что пред Йерехо. И показал ему Творец всю землю – от Гилада до Дана».

[415] Тора, Берешит, 48:9. «И сказал Йосеф отцу своему: "Это сыновья мои, которых дал мне Всесильный здесь". И сказал тот: "Возьми же их ко мне, и я благословлю их"».

[416] Тора, Берешит, 48:11. «И сказал Исраэль Йосефу: "Увидеть лицо твое не думал я, и вот показал мне Всесильный также потомство твое"».

ГЛАВА ВАЕХИ

И благословил Йосефа

371) «"И благословил Йосефа, и сказал: "Всесильный, пред которым ходили отцы мои, Авраам и Ицхак, Всесильный, направляющий меня..."[417] Следует всмотреться в этот отрывок. Мы здесь не находим благословения, которым бы он благословил Йосефа, а только сыновей его. Но если сыновей, надо было сказать: "И благословил их", почему же говорится: "И благословил Йосефа" – ведь мы здесь не находим, чтобы был благословлен Йосеф?»

372) Сказал рабби Йоси: «"Йосефа (эт Йосеф את יוסף)" именно "эт"» – т.е. сказано точно, ибо «эт» намекает на Малхут. «И сказано: "Йосефа (эт Йосеф)", так как это благословение его сыновей», поскольку его сыновья, Менаше и Эфраим, представляют собой свойство Малхут, которая называется «эт (את)». «А при благословении сыновей, он благословляется вначале, и потому упомянут также и Йосеф, ведь сыновья человека – это его благословение».

373) «Сказал рабби Эльазар, – рабби Эльазар не собирается выяснять вышеприведенный вопрос, а высказывается отдельно, – "И благословил (эт) Йосефа"[417], именно "эт"», указывающая на Малхут, «т.е. он благословил знак союза, тот знак союза, который хранил Йосеф», – и это Малхут. «И поэтому он называется праведником», Йосеф. «"Эт", – то, что сказано: "(Эт) Йосефа", – потому что Йосеф включает в себя этот союз», т.е. Малхут, «который пребывает с ним».

374) «"Всесильный, пред которым ходили отцы мои, Авраам и Ицхак"[417]. "Всесильный (Элоким)" – это святой союз», т.е. Малхут, называемая святым союзом, «"пред которым ходили отцы мои" – именно так», потому что отцы, «они являются первыми и высшими, пред этим свойством», т.е. перед Малхут, так как отцы мои, «это "Авраам и Ицхак"[417]», Хесед и Гвура Зеир Анпина, которые идут перед Малхут и являются высшими по

---

[417] Тора, Берешит, 48:15-16. «И благословил Йосефа, и сказал: "Всесильный, пред которым ходили отцы мои, Авраам и Ицхак, Всесильный, направляющий меня с тех пор, как я существую, до сего дня, ангел, избавляющий меня от всякого зла, да благословит этих отроков, и будет наречено в них имя мое и имя отцов моих, Авраама и Ицхака, и расплодятся они во множестве среди земли"».

отношению к ней, поскольку «от них питается и насыщается это место», Малхут.

375) «"Всесильный, направляющий меня"[417]. Почему он сказал: "Всесильный" во второй раз? Это высшая тайна, так как он благословил это место», Малхут, «от свойства "Всесильный жизни"», т.е. Бины, «Источника жизни, из которого нисходят благословения. И потому он упомянул себя в этом месте, сказав: "Всесильный, направляющий меня"[417]. "Меня" – потому что все благословения, исходящие от Источника жизни», Бины, «получает их Яаков», т.е. средняя линия, без которой две линии Бины не могут светить.[418] «И когда он получает их, и это место», Малхут, «получает благословения от него. И всё зависит от мужского свойства (захар)», т.е. Яакова. «И потому сказано: "И благословил (эт) Йосефа"[417]», где «эт» – это Малхут, которая получила эти благословения от Яакова, Зеир Анпина.

376) «Поэтому в любом месте, где нужно совершать благословения, Творец», т.е. Малхут, «должен благословляться первым. Если же Творец не благословляется первым, то благословения не исполняются».

377) «И можно возразить: когда Яакова благословлял отец, он не благословил сначала Творца. Однако в час, когда Ицхак благословлял Яакова, он не благословил его, пока не благословил сначала Творца, и после того, как вначале благословил Творца, благословил Яакова. Откуда мы это видим? Из сказанного: "И сказал: "Гляди, запах сына моего, как запах поля, которое благословил Творец"[419]. Здесь содержится благословение Творцу, как сказано: "Которое благословил Творец", т.е. Он благословляется за выполнение благословений, а затем сказано: "Пускай же даст тебе Всесильный от росы небесной и от туков земли"[420]. После того, как поле», т.е. Малхут, «уже получило исполнение благословений, так как благословения исходят от него только после того, как оно уже получило их. И так же Яаков вначале благословил Творца, а затем благословил

---

[418] См. выше, п. 294, со слов: «Объяснение. Правая линия – свойство Авраам, левая линия – Ицхак, а средняя линия – Яаков...»

[419] Тора, Берешит, 27:27. «И обонял (Ицхак) запах одежд его и благословил его, и сказал: "Гляди, запах сына моего, как запах поля, которое благословил Творец"».

[420] Тора, Берешит, 27:28. «И даст тебе Всесильный от росы небес и от туков земли, и обилие хлеба и вина».

своих сыновей. И человек утром должен вначале произнести благословения Творцу, а затем – жителям мира, как сказано: "Утром будет есть добычу, а к вечеру будет делить добычу"[421]».[422]

378) «Когда Яаков хотел благословить сыновей Йосефа, он увидел с помощью духа святости, что от Эфраима произойдет Яровам, сын Невата. И тогда сказал: "Кто эти?"», поскольку тот сказал: «Вот (досл. эти) божества твои, Исраэль»[410], как мы уже выясняли[423].

«Чем же отличается сказанное об этой работе стороны идолопоклонства: "Эти божества твои, Исраэль"[410]? Однако здесь заключена тайна. Во всех сторонах, имеющихся в змее зла, считается, что от стороны духа скверны исходит свойство змея. И есть тот, кто восседает на нем», т.е. Сам. Иначе говоря, в них есть захар и некева (мужское и женское свойства). «И когда они соединяются, то называются "эти (эле אלה)"», во множественном числе, в качестве указания на то, что они не едины, как захар и некева святости, а разобщены. «И они встречаются в мире во всех их сторонах». Иначе говоря, все свойства, идущие от змея, происходят от зивуга захара и некевы, называемых «эти (эле אלה)».

379) «А дух святости», Нуква Зеир Анпина, «называется "эта (зот זאת)". И это союз обрезания, навсегда запечатленный в человеке», т.е. знак от обрезания. «И также: "Это Создатель мой, и прославлю Его"[424] – это Творец», Зеир Анпин, «т.е. в единственном числе. Но эти захар и некева ситры ахра, т.е. Сам и змей, называются "эти (эле)"», во множественном числе, как мы уже сказали. «И потому сказано: "Эти божества твои, Исраэль"[410]».

380) «Поэтому сказано: "Эти-то забудут"[425]», т.е. ЗОН ситры ахра, «"но Я", т.е. "эта (зот)"», Нуква Зеир Анпина, «"не забуду

---

[421] Тора, Берешит, 49:27. «Биньямин – волк терзающий, утром будет есть добычу, а к вечеру – делить добычу».
[422] Как это выяснится далее, в п. 795.
[423] См. выше, п. 366.
[424] Тора, Шмот, 15:2. «Моя сила и ликование – Творец. Он был спасением мне. Это Создатель мой, и прославлю Его; Всесильный отца моего, и превознесу Его».
[425] Пророки, Йешаяу, 49:14-15. «А говорил Цион: "Оставил меня Творец, и забыл меня Господин мой!" Забудет ли женщина младенца своего, не жалея сына чрева своего? Эти-то забудут, но Я не забуду тебя».

тебя"⁴²⁵. И сказано: "Об этих я плачу"⁴²⁶. Ибо этот грех» тельца, называемый «эти», «много раз вызывал у них плач», так как из-за этого был разрушен Храм.

«Другое объяснение слов: "Об этих я плачу"⁴²⁶. Это потому, что дана власть змею и Саму господствовать над Исраэлем и разрушить Храм. И потому, что дана им власть господствовать, "Я плачу"⁴²⁶. Это – дух святости», Нуква, «называемый "Я"».

381) «Но ведь сказано: "Эти слова союза"⁴²⁷», как же может быть, чтобы «этими» назывались захар и нуква ситры ахра? «Но это на самом деле так, что все эти проклятия исполняются лишь от "этих"», т.е. от ситры ахра, «поскольку там находятся все проклятия. И мы выясняли, что змей называется проклятым, как сказано: "Проклят ты более всякого зверя полевого"⁴²⁸. А потому предупредила Тора и сказала: "Эти", и стоит это рядом с теми, кто преступил слова союза».

382) «"Эти заповеди, которые Творец заповедал"⁴²⁹» – почему даже о святости сказано: «Эти»? «Это потому, что все заповеди Торы призваны очищать человека, чтобы он не сходил с этого пути, и оберегал себя от этого» – от ситры ахра, «и отделился от них». Поэтому о заповедях сказано: «Эти». «А в отрывке: "Эти порождения Ноаха"⁴³⁰» почему тогда сказано: «Эти»? «Потому же, конечно» – там тоже ситра ахра, «ведь от него произошел Хам, отец Кнаана. И сказано: "Проклят Кнаан"⁴³¹. И

---

⁴²⁶ Писания, Эйха, 1:16. «Об этих я плачу, льются слезы из очей моих как вода, ибо удалился от меня утешитель, отрада души моей; сыны мои покинуты, ибо враг победил».

⁴²⁷ Тора, Дварим, 28:69. «Вот (досл. эти) слова союза, который Творец повелел Моше заключить с сынами Исраэля на земле Моав, кроме союза, который заключил Он с ними у Хорева».

⁴²⁸ Тора, Берешит, 3:14. «И сказал Творец Всесильный змею: "За то, что ты сделал это, проклят ты более всякого скота и всякого зверя полевого! На чреве твоем ходить будешь и прах будешь есть все дни жизни твоей"».

⁴²⁹ Тора, Ваикра, 27:34. «Вот (досл. эти) заповеди, которые Творец заповедал Моше для сынов Исраэля на горе Синай».

⁴³⁰ Тора, Берешит, 6:9. «Вот (досл. эти) порождения Ноаха. Ноах, муж праведный, непорочным он был в поколениях своих, пред Всесильным ходил Ноах».

⁴³¹ Тора, Берешит, 9:25. «И сказал: "Проклят Кнаан, раб рабов будет он у братьев своих!"»

поэтому здесь сказано: "Эти"⁴³⁰» – потому что проклятым называется змей, как уже пояснялось⁴³².

383) «И об этом сказано: "И сказали они: "Эти божества твои, Исраэль"⁴¹⁰. И всё это – выплавка золотой окалины. Аарон совершил приношение золота, и это его сторона», левая сторона, которая включена в силу огня. «И все это – одно, так как эта сторона» считается свойством «золото и огонь», а золотая окалина – это клипот и скверна. «И дух скверны, всегда присутствующий в пустыне, нашел в это время место, чтобы укрепиться в нем» и удерживаться в Исраэле.

384) «Исраэль были чисты от первой скверны» зме́я, «которую он привнес в мир, вызвав смерть в мире» грехом Древа познания, и от которой они очистились. «Когда стояли у горы Синай, она снова вернулась. И змей снова, как и в начале, привел к тому, что осквернил их и одолел их, и навлек смерть на них, и на весь мир, и на поколения после них. Сказано об этом: "Я сказал: "Ангелы вы и сыновья Всевышнего все вы. Однако, как человек, умрете"⁴³³» – так как из-за тельца они снова осуждены были стать смертными, как при Адаме Ришоне.

385) «И потому, когда Яаков с помощью духа святости увидел Ярована, сына Невата, предавшегося идолопоклонству и сказавшего: "Эти божества твои, Исраэль"⁴¹⁰, он содрогнулся и сказал: "Кто эти?"⁴⁰⁸ А когда хотел затем благословить их, благословил сначала Шхину, а потом благословил его сыновей. После того, как сначала благословил Творца, затем из того места, которое благословил вначале, он благословил их, как сказано: "Ангел, избавляющий меня от всякого зла, да благословит этих отроков"⁴³⁴» – т.е., чтобы Шхина, называемая ангелом, благословила их, и теперь уже он был уверен, что его благословение не придет к Ярована и его сообщникам.

---

⁴³² См. выше, п. 381.
⁴³³ Писания, Псалмы, 82:6-7. «Я сказал: "Ангелы вы и сыновья Всевышнего все вы. Однако, как человек, умрете и, как любой сановник, упадете».
⁴³⁴ Тора, Берешит, 48:15-16. «И благословил Йосефа, и сказал: "Всесильный, пред которым ходили отцы мои, Авраам и Ицхак, Всесильный, направляющий меня с тех пор, как я существую, до сего дня, ангел, избавляющий меня от всякого зла, да благословит этих отроков, и будет наречено в них имя мое и имя отцов моих, Авраама и Ицхака, и расплодятся они во множестве среди земли"».

ГЛАВА ВАЕХИ

И обратил Хизкияу лицо свое к стене

386) Заговорил рабби Йегуда, провозгласив: «"И обратил Хизкияу лицо свое к стене и молился Творцу"[435]. Мы уже выясняли, что человек должен молиться только у стены, и чтобы ничто не разделяло между ним и стеной, как сказано: "И обратил Хизкияу лицо свое к стене". В чем здесь отличие? Почему обо всех, кто возносил молитву, не сказано: "Обратил лицо свое к стене", а достаточно было сказать: "Молился Творцу"? И тот, кто возносит молитву, устремляет намерение должным образом», даже если не обращает лицо к стене. «Сказано о Моше: "И молился Творцу"[436], "И возопил Моше к Творцу"[437], и не сказано: "Обратил лицо свое". Почему же сказано здесь о Хизкияу: "Обратил лицо свое к стене"[435], а затем: "И молился Творцу"[435]?»

387) «Но дело в том, что Хизкияу в то время не был женат, и не было у него жены, и не породил он детей. Что сказано? "И пришел к нему Йешаяу, сын Амоца, пророк, и сказал ему: "Ибо умираешь ты и жить не будешь"[438]. И мы изучали: "Ибо умираешь ты" – в этом мире, "и жить не будешь" – в мире будущем, так как он не породил сыновей».

388) «Поскольку каждый, кто не старается породить сыновей в этом мире, не может существовать в мире будущем, и нет у него удела в том мире, и душа его изгоняется из мира и не находит покоя ни в каком месте мира. И это наказание, о котором сказано в Торе: "В одиночестве умрут"[439], т.е. бездетными. Ибо бездетный, когда уходит в тот мир, он мертвый

---
[435] Пророки, Йешаяу, 38:2. «И обратил Хизкияу лицо свое к стене и молился Творцу».
[436] Тора, Бемидбар, 11:2. «И возопил народ к Моше, и молился Моше Творцу, и утих огонь».
[437] Тора, Шмот, 17:4. «И возопил Моше к Творцу, говоря: "Что мне делать с этим народом, еще немного и они побьют меня камнями!"»
[438] Пророки, Йешаяу, 38:1. «В те дни Хизкияу был смертельно болен, и пришел к нему Йешаяу, сын Амоца, пророк, и сказал ему: "Так сказал Творец: сделай завещание для дома твоего, ибо умираешь ты и жить не будешь"».
[439] Тора, Ваикра, 20:20. «И всякий, кто ляжет с тетей своей, наготу дяди своего открыл, – грех свой понесут они, в одиночестве умрут».

там». Выходит, что он мертв «в этом мире и в мире будущем. И потому сказано: "Умираешь ты и жить не будешь"[438]».

389) «Но мало того, Шхина не пребывает над ним вовсе. Тогда сказано: "И обратил Хизкияу лицо свое к стене"[435] – т.е. направил мысли свои и обратил лицо свое к тому, чтобы взять жену, дабы пребывала над ним Шхина, называемая стеною».

390) «Поэтому сказано затем: "И молился Творцу"[435]. Отсюда мы видим, что тот, кто совершил нарушение и хочет попросить о милосердии к себе, должен обратить лицо и мысли свои к тому, чтобы исправить себя относительно этого нарушения, а затем вознести молитву с просьбой. Как сказано: "Поищем пути наши и исследуем"[440] сначала, а затем: "Совершим возвращение"[440]. Так и здесь, когда узнал Хизкияу о грехе своем, что сказано? "И обратил Хизкияу лицо свое к стене"[435] – направил лицо свое к тому, чтобы исправить его в отношении Шхины, называемой стеною, так как относительно этого места он согрешил».

391) «Ибо в Шхине содержатся все женские свойства мира. Над тем, у кого есть Нуква, пребывает Шхина, а над тем, у кого нет, – не пребывает. И потому Хизкияу направил себя на то, чтобы исправиться относительно нее, и взял на себя (обязательство) жениться, а затем: "И молился Творцу"[435]».

392) «Стена – это Владыка всей земли, Шхина, как сказано: "Вот ковчег завета – Владыка всей земли"[441]. Таким образом, ковчег завета, т.е. Шхина, называется Владыкой всей земли и называется стеной. И сказано: "(День) крушения стены и крика"[442], что означает вопль о крушении стены, т.е. Владыки» всей земли, «в тот момент, когда был разрушен Храм, как

---

[440] Писания, Эйха, 3:40. «Поищем пути наши и исследуем, и совершим возвращение к Творцу».
[441] Пророки, Йеошуа, 3:11. «Вот ковчег завета – Владыка всей земли пойдет пред вами через Ярден».
[442] Пророки, Йешаяу, 22:5. «Ибо это день бедствия, и попрания, и смятения от Владыки, Творца воинств, в долине видения, (день) крушения стены и крика: "На гору!"»

сказано: "Рахель оплакивает сыновей своих"[443], и это мы выяснили[444]. Поэтому: "И обратил Хизкияу лицо свое к стене"[435]».

393) «И что сказано в молитве: "Прошу, Творец, вспомни, прошу, что я ходил пред Тобою"[445] – показал тем самым, что он хранил святой союз и не осквернял его, и хранил его как подобает», потому что сказано здесь: "Что я ходил пред Тобою", и сказано в другом месте: "Ходи предо Мною и будь непорочен, и заключу Я союз между Мною и тобою"[446]. Как там: "Ходи предо Мною"[446] означает – в святом союзе, так и здесь: "Ходил пред Тобою"[445] означает, что он оберегал святой союз как подобает, "истинно и всем сердцем"[445] – стремился к этому на всех путях веры, включенных в истину».

394) «"И делал угодное в глазах Твоих"[445] – т.е. он приблизил молитву к избавлению». Есод называется избавлением, а Нуква называется молитвой. «И мы уже выяснили, и поясняли товарищи, что он стремился привести их к единству как подобает. И потому: "Заплакал Хизкияу плачем великим"[445], ибо нет врат, которые устояли бы пред слезами» и не открылись бы. Когда «избавление» близко к молитве, Нуква «называется ангелом-избавителем, потому что присутствует при всех избавлениях в мире».

---

[443] Пророки, Йермияу, 31:14. «Так сказал Творец: "Слышится голос в Раме, вопль (и) горькое рыдание: Рахель оплакивает сыновей своих; не хочет она утешиться из-за детей своих, ибо не стало их"».

[444] См. выше, пп. 81-83.

[445] Пророки, Йешаяу, 38:3. «И сказал: "Прошу, Творец, вспомни, прошу, что я ходил пред Тобою истинно и всем сердцем, и делал угодное в глазах Твоих", и заплакал Хизкияу плачем великим».

[446] Тора, Берешит, 17:1. «И было Авраму девяносто лет и девять лет, и явил Себя Творец Авраму, и сказал Он ему: "Я Творец Всемогущий. Ходи предо Мною и будь непорочен, и заключу Я союз между Мною и тобою, и весьма-весьма размножу тебя"».

ГЛАВА ВАЕХИ

Ангел-избавитель

395) «Ангел, избавляющий меня от всякого зла, да благословит этих отроков»[447]. Сказал рабби Эльазар: «После того как Яаков произнес благословение и стремился к единению снизу вверх, сказав: "Всесильный", Малхут, "пред которым ходили отцы мои"[447]», Хесед и Гвура,[448] «он совершил притяжение сверху вниз, как сказано: "Всесильный, направляющий меня"[447]», т.е. Бина,[449] и он совершил притяжение от Бины до собственного свойства, Тиферет. «После того, как получил сам, он передал затем благословения тому самому месту», Нукве, «и когда эти благословения дошли до этого места, провозгласил: "Ангел, избавляющий меня от всякого зла, да благословит этих отроков"[447]», чтобы от нее распространились эти благословения к нижним.

396) Провозгласил и сказал: «"Ибо херувимы простирали крылья над местом ковчега и осеняли херувимы сверху ковчег"[450]. Херувимы, благодаря знамению и чуду, стояли и трижды в день простирали свои крылья, покрывая ковчег внизу. И сказано: "Простирали крылья", не сказано: "С распростертыми крыльями"», что означало бы, что они всегда находятся с распростертыми крыльями, «а "простирали"», что означает, что они совершают действие и простирают крылья трижды в день.

397) «Творец сделал внизу высшее подобие», т.е. херувимы в Скинии подобны высшим херувимам. Облик высших херувимов подобен облику отроков, и они стоят под тем самым местом», Нуквой мира Ацилут, «справа и слева». И стоят они в святая святых мира Брия, и это – Матат и Сандал. «И они благословляются первыми от тех благословений, которые нисходят свыше, и отсюда эти благословения распространяются вниз».

---

[447] Тора, Берешит, 48:15-16. «И благословил Йосефа, и сказал: "Всесильный, пред которым ходили отцы мои, Авраам и Ицхак, Всесильный, направляющий меня с тех пор, как я существую, до сего дня, ангел, избавляющий меня от всякого зла, да благословит этих отроков, и будет наречено в них имя мое и имя отцов моих, Авраама и Ицхака, и расплодятся они во множестве среди земли"».
[448] См. выше, п. 374.
[449] См. выше, п. 375.
[450] Пророки, Мелахим 1, 8:7. «Ибо херувимы простирали крылья над местом ковчега и осеняли херувимы сверху ковчег и шесты его».

398) «И поэтому сказано: "Ангел, избавляющий меня от всякого зла, да благословит этих отроков"[447]. "Меня"[447]» – т.е. Тиферет, «который получает благословения от высших свойств, и после того как получил, благословляет отроков, т.е. херувимов», Матата и Сандала, «через которых передаются благословения от высших к нижним».

399) «Ангел, избавляющий меня от всякого зла, да благословит этих отроков, и будет наречено в них имя мое и имя отцов моих»[447]. Рабби Хия провозгласил и сказал: «"Дом и богатство – наследие отцов"[451] – разве они наследие отцов, ведь Творец дает человеку всё?! Но если Творец удостаивает человека домом и богатством, иногда человек всё передает по наследству сыну, и у того есть наследие отцов. Однако: "И от Творца – разумная жена"[451] – потому что, когда человек удостаивается жены, он от Творца удостаивается ее, поскольку Творец удостаивает ею человека лишь после того, как о нем провозглашают на небосводе».

400) «Ибо Творец создает брачные связи прежде, чем человек приходит в мир. Когда же люди удостаиваются их, по их делам им дается жена. Все дела людей открыты пред Творцом, и по делам праведников – так Он создает и брачные связи», прежде чем человек приходит в мир.

401) «А иногда они удостаиваются соединения», т.е. возглашают о них: «Дочь такого-то – такому-то» прежде, чем они приходят в мир, «но когда, родившись, человек извращает свой путь, тогда связь (зивуг) его отдается другому, пока он не исправит свои деяния. И если он улучшил свои деяния и пришло его время обрести жену, то отвергается один мужчина из-за другого, и приходит он и забирает свое». Иначе говоря, тот, кто был женат на его супруге, пока он не улучшил свои деяния, отвергается теперь из-за него, т.е. умирает, и человек получает от него свою жену. И трудно Творцу отвергнуть одного человека из-за другого. И поэтому именно Творец дает жену человеку, и от Него приходят супружеские связи. Поэтому сказано: "И от Творца – разумная жена"[451]».

---

[451] Писания, Притчи, 19:14. «Дом и богатство – наследие отцов, и от Творца – разумная жена».

402) «В действительности, Творец дает человеку всё. И если ты скажешь, что только разумную жену дает Он, и ничего другого, то посуди сам: хотя Творец и предуготавливает благо, чтобы дать его человеку, если человек уклонился на путях своих от Творца к ситре ахра, то от этой ситры ахра, к которой он прилепился во всех обвинениях и во всех дурных делах, придет к нему то, что придет. И придет к нему это не от Творца, а от той стороны зла, к которой он прилепился вследствие совершенных им деяний».

403) «А потому, если жена (человека) неразумна, то возглашает о нем Шломо: "Нахожу я, что горше смерти жена"[452], так как он навлек ее на себя посредством своих грехов и свершенных деяний", а не с помощью Творца. И потому, когда Творец благоволит к человеку вследствие его добрых дел, Он подготавливает ему разумную жену и вызволяет его из ситры ахра».

404) «Поэтому сказал Яаков: "Ангел, избавляющий меня от всякого зла". Что значит: "От всякого зла"? – "Что не попалась мне жена от ситры ахра (иной стороны), и не оказалось негодного в моем потомстве – все праведны и совершенны, пребывая в совершенстве, так как я избавлен от всякого зла"», т.е. ситры ахра. «И Яаков не прилеплялся к этой ситре ахра вовсе».

405) «И поэтому: "Ангел, избавляющий меня от всякого зла, да благословит этих отроков". А почему они достойны благословения? – Потому что Йосеф оберегал знак святого союза. И об этом сказал Йосеф: "Они сыновья мои, которых дал мне Всесильный в этом (ба-зэ)"[453] – т.е. показал ему знак союза», называемого «это (зэ)», «который он хранил. И поскольку он хранил его, сыновья его достойны благословиться, а он достоин многих благословений. Поэтому Яаков дал каждому одно благословение, а Йосефу дал множество благословений. И это означает сказанное: "Благословения отца твоего превышают благословения моих родителей... Да будут они на главе Йосефа"[454]».

---

[452] Писания, Коэлет, 7:26. «Нахожу я, что горше смерти жена, которая сама – западня, и сердце ее – тенета, руки ее – оковы, угодный Всесильному убежит от нее, а грешник – ей попадется».

[453] Тора, Берешит, 48:9. «И сказал Йосеф отцу своему: "Это сыновья мои, которых дал мне Всесильный в этом". И сказал тот: "Возьми же их ко мне, и я благословлю их"».

[454] Тора, Берешит, 49:26. «Благословения отца твоего превышают благословения моих родителей до пределов возвышений мира. Да будут они на главе Йосефа и на темени отличившегося среди братьев своих».

406) Сказал рабби Йегуда, провозгласив: «"К Тебе поднимаю глаза мои, Восседающий в небесах"[455]. Молитва человека, возносящего ее, направлена наверх, в высшую глубину», т.е. Бину. «И оттуда исходят все благословения» – от правой линии, «и вся свобода» – от левой линии, «и оттуда выходят они, чтобы произвести всё» – из ее средней линии.

407) «Поэтому здесь имеется добавочная буква "йуд י"», – и сказано: "Восседающий (а-йошви́ הישבי) в небесах"[455], а не «Восседающий (а-йошев הישב)», – «поскольку "йуд י"», т.е. Хохма, «не выходила из этого места никогда», так как зивуг Хохмы и Бины никогда не прерывается. «И потому сказано: "Восседающий (а-йошви הישבי) в небесах" с добавочной буквой "йуд י", так как» Бина «соединена наверху с высшей Хохмой», называемой «йуд י», «и соединена внизу, поскольку восседает на престоле праотцев», т.е. ХАГАТ, «на престоле, который называется "небеса"», и это Зеир Анпин, включающий ХАГАТ. Ибо ХАГАТ Зеир Анпина – это три опоры высшего престола, Бины.[456] «И потому сказано: "Восседающий (а-йошви́ הישבי) в небесах"[455]».

408) «Отсюда следует, что когда благословения нисходят свыше, из этой глубины», т.е. из Бины, «их все получает место, называемое "небеса"», т.е. Зеир Анпин. «А от него они распространяются вниз, пока не приходят к праведникам», т.е. к свойствам «праведник и праведность», «и они – союз мира», Нуквы. «А от него благословляются все воинства и все станы по их видам» – т.е. нижние, пребывающие в мирах БЕА.

409) И он продолжает выяснять, как Нуква, называемая миром, получает от небес, т.е. от ХАГАТ Зеир Анпина, и говорит: «В семидесяти двух светах», и это семьдесят два имени в ХАГАТ Зеир Анпина,[457] «возносится венец всех воинств» – Нуква, от которой получают все воинства в мирах БЕА. И он устанавливается, чтобы быть «кру́гом мира в семидесяти местах», т.е. семьдесят два имени Зеир Анпина светят в Нукве в семидесяти местах,[458] в свойстве круга, и это значит, что он светит

---

[455] Писания, Псалмы, 123:1. «Песнь ступеней. К Тебе поднимаю глаза мои, Восседающий в небесах».
[456] См. Зоар, главу Ваера, п. 16.
[457] См. Зоар, главу Ваера, п. 280.
[458] См. Зоар, главу Ваера, п. 278.

лишь из места своего центра и вверх,⁴⁵⁹ и не распространяется сверху вниз. «И все они – один круг», все эти семьдесят мест.

«Внутри этого круга есть одна точка, находящаяся в центре» – и это экран, на который производится зивуг, и свет принимается оттуда и вверх во все стороны, и поэтому «от той точки питается весь круг. И называется она обителью "святая святых". Она – место для духа (руах) всех духов (рухот)», и там совершает зивуг Зеир Анпин, и это свет руах, от которого исходят все рухот в мирах. «Здесь тайна всех тайн» – точка манула, «скрытая в ней», и только точка мифтеха раскрыта и властвует.⁴⁶⁰ «Она скрыта среди воинств», распространяющихся от Нуквы, «и скрыта», в себе самой, «глубоко внутри». «И когда она», Нуква, «поднимается» с помощью семидесяти двух светов, «все миры поднимаются за ней. И это означает сказанное: "Влеки меня, за тобой побежим!"⁴⁶¹»

---

⁴⁵⁹ См. Зоар, главу Берешит, часть 2, п. 103.
⁴⁶⁰ См. «Предисловие книги Зоар», п. 122.
⁴⁶¹ Писания, Песнь песней, 1:4. «Влеки меня, за тобой побежим! Привел меня царь в покои свои, – возликуем и возрадуемся с тобою, вспомним ласки твои, что (лучше) вина! Справедливо любят тебя!»

ГЛАВА ВАЕХИ

Не вспоминай нам грехов прежних

410) Рабби Хизкия, рабби Йоси и рабби Йегуда находились в пути. Сказал рабби Йоси: «Каждый из нас должен сказать слово Торы». Начал рабби Йоси и сказал: «Творец в Своей любви к Исраэлю, которые являются уделом и достоянием Его, наблюдает за судами их, и никто кроме Него. И когда Он наблюдает за их судами, Он полон милосердия к ним, потому что Он как отец, жалеющий сыновей. Сказано об этом: "Как жалеет отец сыновей, так жалеет Творец боящихся Его"[462]. И если есть у них грехи, Он их устраняет один за другим, пока не устранит их все от Себя. И после того как устранил Он их от Себя, не остается у них грехов, которые дали бы власть ситре ахра их судить из-за них».

411) «Приходят к тому, чтобы грешить пред Ним как вначале, к тем грехам прежним, которые Он устранил уже от лика Своего, – Он снова думает о них. И потому сказано: "Не вспоминай нам грехов прежних, скорее да будет явлено нам милосердие Твое"[463]. Ведь если не проявится Твое милосердие к Исраэлю, они не смогут существовать в мире. Поскольку множество представителей тяжкого суда и множество обвинителей стоят над Исраэлем свыше, и если бы Творец не проявил милосердие к Исраэлю прежде, чем взглянул на их суд, они не смогли бы существовать в мире. Поэтому сказано: "Скорее да будет явлено нам милосердие Твое, ибо оскудели мы очень"[463]. И это – скудость добрых дел, скудость искренних деяний».

412) «Если бы прибавляли Исраэль в добрых делах пред Творцом, не вставали бы против них народы-идолопоклонники в мире. Но Исраэль приводят к тому, что остальные народы поднимают голову в мире. Ведь если бы Исраэль не грешили пред Творцом, остальные народы-идолопоклонники смирились бы перед ними».

413) «Если бы Исраэль не привлекали дурными делами иную сторону на землю Исраэля, не властвовали бы остальные народы-идолопоклонники на земле Исраэля, и не были бы они

---

[462] Писания, Псалмы, 103:13. «Как жалеет отец сыновей, так жалеет Творец боящихся Его».

[463] Писания, Псалмы, 79:8. «Не вспоминай нам грехов прежних, скорее да будет явлено нам милосердие Твое, ибо оскудели мы очень».

изгнаны из этой земли. И об этом сказано: "Ибо оскудели мы очень"[463] – т.е. нет у нас добрых дел как подобает, и поэтому "оскудели мы очень"».

ГЛАВА ВАЕХИ

Служите Творцу в страхе

414) Заговорил рабби Йоси, провозгласив: «"Служите Творцу в страхе и радуйтесь в трепете!"[464] И сказано также: "Служите Творцу в радости, предстаньте пред Ним с пением!"[465] Каждый человек, желающий служить Творцу, утром и вечером должен служить Ему».

415) «Утром, когда восходит свет и в мире начинается пробуждение правой стороны», т.е. Хеседа, «человек должен соединиться с правой стороной Творца и выполнить пред Ним работу молитвы, потому что молитва придает силу и мощь наверху и притягивает благословения из высшей глубины», т.е. Бины, «ко всем высшим мирам. А оттуда привлекает благословения к нижним. Тем самым благословляются высшие и нижние благодаря работе молитвы».

416) «Работа молитвы состоит в том, что человек должен служить пред Творцом в радости и с пением», и это Хесед и Гвура, «чтобы включить Кнессет Исраэль», т.е. Нукву, «между ними, и привести затем к надлежащему единству» в Зеир Анпине, «о чем сказано: "Познайте, что Творец – Он Всесильный"[466]. Это и есть то единство, которое познается в работе».

417) И вместе с тем, должен человек служить пред Творцом в радости и показывать радость в работе своей. И два этих атрибута, радость и пение, соответствуют двум молитвам, двум ежедневным жертвоприношениям: радость утром и пение вечером. Сказано об этом: "Одного ягненка приноси утром, а другого ягненка приноси в сумерки"[467]».

418) «И потому вечерняя молитва (арви́т) добровольна, поскольку в тот час она раздает пищу всем воинствам, это время не благословляться, а давать пропитание. Днем она

---

[464] Писания, Псалмы, 2:11. «Служите Творцу в страхе и радуйтесь в трепете!»
[465] Писания, Псалмы, 100:2. «Служите Творцу в радости, предстаньте пред Ним с пением!»
[466] Писания, Псалмы, 100:3. «Узнайте, что Творец – Он Всесильный, Он сотворил нас, а мы – Его, народ Его и паства Его».
[467] Тора, Шмот, 29:39. «Одного ягненка приноси утром, а другого ягненка приноси в сумерки».

благословляется от этих двух сторон», Хеседа и Гвуры, «утром и вечером – в радости и пении, а ночью раздает благословения всем, как подобает. Сказано об этом: «Встает она еще ночью и раздает пищу в доме своем»[468].

---

[468] Писания, Притчи, 31:15. «Встает она еще ночью, раздает пищу в доме своем и урок служанкам своим».

ГЛАВА ВАЕХИ

Да утвердится молитва моя как воскурение

419) Заговорил рабби Хизкия, провозгласив: «"Пусть станет молитва моя воскурением пред Тобой, а вознесение рук моих – вечерним приношением"[469]. Почему он говорит: "Вечерним приношением", и не говорит: "утренняя молитва", – ведь не сказано: "Пусть станет утренняя молитва моя"? Но мы изучали: "Пусть станет молитва моя воскурением пред Тобой"[469] означает, что воскурение совершается только в радости, как сказано: "Елей и курения радуют сердце"[470]. И потому, когда коэн зажигал лампады, он совершал воскурение, как сказано: "После очищения светильника будет он совершать воскурение. И когда будет зажигать Аарон лампады в сумерки, должен он воскурять его"[471]. Утром он совершает воскурение в радости, ибо это урочное время», потому что утро – это время радости. «А вечером» совершает воскурение, «чтобы порадовать левую сторону. И так подобает» делать. «Всегда воскурение должно совершаться в радости».

420) «Воскурение устанавливает связи» – т.е. связь сфирот друг с другом, «и находится наверху и внизу, отвращая смерть, обвинение и гнев, чтобы они не могли властвовать в мире, как сказано: "Сказал Моше Аарону: "Возьми совок и положи в него огня с жертвенника, и положи курения..." И прекратился мор"[472]. Ибо никакие дурные свойства и никакие обвинители не могут устоять перед воскурением. И потому оно – всеобщая радость и связь всего».

---

[469] Писания, Псалмы, 141:2. «Пусть станет молитва моя воскурением пред Тобой, а вознесение рук моих – вечерним приношением».

[470] Писания, Притчи, 27:9. «Бальзам и курения радуют сердце, но сладость друга – в душевном совете».

[471] Тора, Шмот, 30:7-8. «И будет Аарон воскурять на нем благовония каждое утро – после очищения светильника будет он совершать воскурение. И когда будет зажигать Аарон лампады в сумерки, должен он воскурять его: постоянное воскурение пред Творцом в поколения ваши».

[472] Тора, Бемидбар, 17:11-13. «И сказал Моше Аарону: "Возьми совок и положи в него огня с жертвенника, и положи курения, и неси скорее к общине, и искупи их, ибо вышел гнев от Творца – начался мор". И взял Аарон, как говорил Моше, и побежал в среду общества, и вот, начался мор в народе; а он положил курение и искупил народ. И стал он между мертвыми и живыми, и прекратился мор».

421) «И в час послеполуденной молитвы (минха), когда в мире царит суд, Давид обращался с этой молитвой» воскурения, «как сказано: "Пусть станет молитва моя воскурением пред Тобой"[469]. И эта молитва, которую он возносил, предотвращала гнев сурового суда, властвующего теперь, в это время» вечера, «с помощью воскурения, которое отвращает и отводит весь гнев и всякое обвинение в мире. То есть, как сказано: "(А вознесение рук моих –) вечерним приношением"[469] – и это приношение в тот момент, когда суд господствует в мире».

422) «При разрушении Храма, в момент его возгорания было время вечернего приношения (минха). И потому сказано: "О горе нам, ибо день уже клонится (к вечеру) и распростерлись вечерние тени!"[473]. Что это – "вечерние тени"? Это обвинители мира и гнев судов, уготованных в то время. Поэтому мы изучали, что человек должен направить свой разум на молитву "минха". Во всех молитвах человек должен сосредоточить свой разум, а в этой молитве больше, чем во всех остальных, ибо суд царит в мире. И потому время молитвы "минха" было установлено Ицхаком», являющимся левой линией и судом, «и мы уже выясняли это».

---

[473] Пророки, Йермияу, 6:4. «Готовьтесь к бою с нею! Вставайте, и пойдем в полдень! О горе нам, ибо день уже клонится (к вечеру) и распростерлись вечерние тени!»

ГЛАВА ВАЕХИ

Ужасная гора

423) Когда они были в пути, подошли к одной горе. Сказал рабби Йоси: «Гора эта внушает страх. Пойдем и не будем задерживаться здесь, ибо ужасна эта гора». Сказал рабби Йегуда: «Если бы он был один, я бы так и сказал, поскольку мы учили, что отправляющийся в путь один, рискует жизнью, но трое – нет. И каждый из них достоин встать на защиту, чтобы не ушла от них Шхина».

424) Сказал рабби Йоси: «Мы ведь учили, что человек не должен полагаться на чудо. Откуда это известно? От Шмуэля, как сказано: "Как я пойду? Ведь услышит Шаул и убьет меня"[474], а Шмуэль был достоин чуда больше нас». Сказал ему: «Пусть даже и так», что достоин он чуда больше нас, «но он был один, и вред очевиден» – т.е., конечно же, Шаул услышит и убьет его. «Но нас трое, и вред не очевиден», т.е. не обязателен, «если это вредители», т.е. демоны, «троим они не показываются и не вредят, если же это грабители, то они не находятся здесь, (ведь) гора расположена далеко от поселения, и люди здесь не обитают. Но есть страх перед дикими зверями, которые водятся здесь».

425) «Сказано: "Ангел, избавляющий меня от всякого зла"[475]. Следовало сказать: "Избавивший", что значит – "избавляющий"? Это потому, что он всегда пребывает с человеком и никогда не оставляет человека праведного».

«"Ангел избавляющий" – это Шхина, которая всегда идет с человеком и не уходит от него, пока человек соблюдает заповеди и Тору. Поэтому человек должен быть осторожен и не отправляться в путь один. Что значит – один? Человек должен быть внимателен в соблюдении заповедей Торы, чтобы не ушла от него Шхина, и не пришлось ему идти одному, без зивуга со Шхиной».

426) «Когда человек отправляется в путь, он должен вознести молитву пред Господином своим, чтобы привлечь к себе Шхину.

---

[474] Пророки, Шмуэль 1, 16:2. «И сказал Шмуэль: «Как я пойду? Ведь услышит Шаул и убьет меня". И сказал Творец: "Телицу возьмешь ты с собою и скажешь: "Пришел я принести жертву Творцу"».
[475] Тора, Берешит, 48:16.

А затем пусть отправляется в путь, и будет зивуг Шхины, чтобы избавлять его в пути и спасать его всегда, когда нужно».

427) «Что сказано о Яакове? "Если будет Всесильный со мною"[476] – это зивуг Шхины, "и сохранит меня на этом пути"[476] – чтобы избавить его от всякого зла. И Яаков был в то время один, но Шхина шла перед ним, а с товарищами, между которыми есть слова Торы, тем более».

428) Сказал рабби Йоси: «Что мы будем делать, если задержимся здесь, вот уж и день клонится к закату, а если идти наверх, то гора эта – большая и страшная, и боюсь я зверей полевых». Сказал рабби Йегуда: «Удивляюсь я тебе, рабби Йоси» – что ты так боишься. Сказал ему рабби Йоси: «Мы ведь учили, что человек не должен полагаться на чудо, ибо не каждый час Творец вершит чудо». Сказал ему: «Это сказано, когда он один, но нас трое, и слова Торы между нами, и Шхина с нами, – я не боюсь».

429) Пока они шли, увидели высоко на горе камень, а в нем одна пещера. Сказал рабби Йегуда: «Пойдем, поднимемся к этому камню, в котором я вижу какую-то пещеру». Поднялись они туда и увидели пещеру. Сказал рабби Йоси: «Я боюсь, может быть, эта пещера – звериное логово, как бы не застали они нас здесь».

430) Сказал рабби Йегуда рабби Хизкие: «Вижу я, что рабби Йоси боится. Если скажешь, из-за того что он грешник, поскольку любой боящийся – грешник, как сказано: "Устрашились на Ционе грешники"[477], то он ведь не грешник», а праведник, «и сказано: "А праведники беспечны, как львы"[478]. Сказал рабби Йоси: «Поскольку вред очевиден», а в месте, в котором очевиден вред, следует опасаться.[479]

---

[476] Тора, Берешит, 28:20-21. «И дал Яаков обет, сказав: "Если будет Всесильный со мною и сохранит меня на том пути, которым я иду, и даст мне хлеб в пищу и одежду для облачения, и возвращусь с миром в дом отца моего, будет Творец мне Всесильным"».

[477] Пророки, Йешаяу, 33:14. «Устрашились на Ционе грешники, трепет объял лицемерных: "Кто из нас жить может? Огонь пожирающий! Кто из нас жить может?"»

[478] Писания, Притчи, 28:1. «Бегут нечестивые и никто не гонится за ними, а праведники беспечны, как львы».

[479] См. выше, п. 424.

431) Сказал ему: «Если грех очевиден, то это верно», что нужно бояться, «но здесь вред не очевиден», то есть мы не видим тут зверей, которые причинили бы нам вред, «и после того, как мы вошли в пещеру», мы уверены, что «уже не войдет вредитель на нашу беду». И об этом сказано: «А праведники беспечны, как львы»[478]. Вошли они в пещеру. Сказал рабби Йегуда: «На всякий случай, разделимся согласно трем стражам, на которые делится ночь, и каждый из нас будет стоять на посту в одну из трех частей ночи, и не будем спать».

ГЛАВА ВАЕХИ

Три стражи

432) Сказал рабби Йегуда, провозгласив: «"Учение Эйтана Эзрахи"[480] – эту песнь праотец Авраам возгласил в час, когда усердствовал в работе Творца и милостиво обходился с жителями мира, чтобы все познали Творца, что Творец властвует над землею. И зовется он Эйтаном (сильным) потому, что сильно укрепился в Творце».

433) «"Милости Творца вечно воспевать буду"[480]. Разве со стороны тех, кто милостив», т.е. с правой, «мы приступаем к пению?» Ведь пение исходит от левой линии. «Однако здесь левая линия включилась в правую. Поэтому Творец "испытал Авраама"[481] и проверил его. Но мы изучали, что Ицхаку было тридцать семь лет» во время связывания его на жертвеннике[482], «почему же сказано, что Он "испытал Авраама"[481], следовало сказать: "Испытал Ицхака"? Однако сказано: "Испытал Авраама"[481], – для того, чтобы он находился в свойстве суда и чтобы включился должным образом в суд, поскольку сам он целиком относился к милости (Хесед), чтобы пребывать в подобающем совершенстве. И поэтому: "Милости Творца вечно воспевать буду" – так как он уже включал левую линию, от которой исходит пение».

Объяснение. Если бы слово «испытал (ниса́ (נִסָּה))» означало проверку, следовало бы сказать: «Испытал Ицхака». Ведь ему было уже тридцать семь лет, и он был в силах постоять за себя. Однако же слово «испытал (ниса́ (נִסָּה))» означает возвышение (итнасу́т (התנשאות)) и завершение, так как с помощью связывания, представляющего собой действие суда и преодоления, Авраам включился в левую линию, и завершилось его свойство во всем совершенстве.

---

[480] Писания, Псалмы, 89:1-2. «Учение Эйтана Эзрахи. Милости Творца вечно воспевать буду, из рода в род возвещать буду верность Твою устами своими».

[481] Тора, Берешит, 22:1-2. И было: после этих речей Всесильный испытал Авраама, и сказал ему: "Авраам!" И сказал он: "Вот я". И сказал Он: "Возьми же сына твоего, единственного твоего, которого ты любишь, Ицхака, и иди на землю Мория, и принеси его там во всесожжение на одной из гор, которую Я укажу тебе"».

[482] Тора, Берешит, 22:9. «И пришли на место, о котором сказал ему Всесильный. И построил там Авраам жертвенник, и разложил он дрова, и связал Ицхака, сына своего, и положил его на жертвенник, поверх дров».

434) «Сказанное: "Милости Творца вечно воспевать буду"[480] – это милости, которые Творец проявляет по отношению к миру, как сказано: "Из рода в род возвещать буду веру Твою устами своими"[480] – т.е. о милости и истине, которые Он проявляет ко всем. "Из рода в род возвещать буду веру Твою устами своими"[480] – это вера Творца, которую Авраам возвестил в мире, и привел к поминанию о ней устами всех творений. И потому: "Возвещать буду веру Твою устами своими"[480]».

435) «Творец сообщил Аврааму тайну веры», т.е. Нуквы. «И когда познал он тайну веры, узнал, что он», Авраам, «основа и становление мира, поскольку благодаря ему был сотворен и смог существовать мир», так как он является свойством Хесед, «как сказано: "Ибо сказал я: "Мир милостью устроен"[483]. Ведь когда Творец сотворил мир», Нукву, «видел Он, что мир не может установиться. До тех пор, пока не простер десницу Свою», т.е. Хесед, «и он установился. А если бы не простер над ним Свою десницу, он не существовал бы, так как этот мир», Нуква, «сотворен судом», и потому нет у него становления без Хеседа (милости).

436) «Мы учили, что в слове "берешит (בראשית вначале)" есть две частные формы одного общего. Хотя мы говорили, что "берешит (בראשית вначале)" – это начало снизу вверх», т.е. Малхут, «решит (ראשית начало) – оно также» означает начало, «сверху вниз», т.е. Хохма, иначе говоря, это Бина, вновь ставшая Хохмой. «И мы выяснили, что слово "берешит (בראשית вначале)", "бэт решит (ב' ראשית)", это как чертог (байт בית) "святая святых", и она», Нуква, «чертог (байт) этого "начала (решит ראשית)"» Хохмы. «И это слово, "берешит (בראשית вначале)", включает в себя их», Нукву и Хохму, «как одно целое».

437) «И в этом чертоге сотворен этот мир», и это Нуква, т.е. она выстраивается в качестве чертога для Хохмы, и получает ее от левой линии, поэтому лишена хасадим, «и может существовать лишь благодаря правой», т.е. Хеседу, потому что Хохма без Хеседа не может существовать. «И мы уже выясняли выражение "при сотворении их (бе-ибара́м בְּהִבָּרְאָם)"», как сказано: «Вот порождения неба и земли при сотворении их»[484]. Буквы в словах «при сотворении их (бе-ибара́м בְּהִבָּרְאָם)» те же, что и в словах

---

[483] Писания, Псалмы, 89:3. «Ибо сказал я: "Мир милостью устроен, в небесах – там утвердил Ты веру Свою"».

[484] Тора, Берешит, 2:4. «Вот порождения неба и земли при сотворении их, в день созидания Творцом Всесильным земли и неба».

«"при Аврааме (бе-Авраам בְּאַבְרָהָם)"», т.е. при появлении Хеседа.[485] «И потому сказано: "Сказал я: "Мир милостью устроен"[483]. И начальное строение мира», Нуквы, «в том самом свете первого дня», т.е. Хеседе, «могло существовать. А затем, во второй день, оно включилось в левую сторону», Гвуру, «и в них установилось небо», Зеир Анпин. «И сказано: "В небесах – там утвердил Ты веру Свою"[483]». Благодаря тому, что небо установилось в двух линиях, Хеседе и Гвуре, оно стало подготовкой для веры, Нуквы, которая тоже установится в двух линиях, Хеседе и Гвуре.

438) «"В небесах – там утвердил Ты веру Свою"[483]. Небеса», Зеир Анпин, «установились в этих хасадим, и вера», т.е. Нуква, «установилась в них», как сказано: «Мир милостью (хесед) устроен». И получается, что небо дало Хесед Нукве, называемой миром. И поэтому сказано: «В небесах – там утвердил Ты веру Свою»[483], «поскольку исправление к Нукве приходит только с небес», т.е. от Зеир Анпина.

439) «"Заключил Я союз с избранником Моим"[486]. "Союз" – это вера», которая дана Давиду, «"союз" – это праведник», Есод, «от которого нисходят благословения ко всем нижним. И все святые создания», т.е. ангелы, «благословляются от этого изобилия, изливающегося нижним. И поэтому сказано: "Заключил Я союз с избранником Моим"[486]», так как он удостоится этого союза.

440) «"Клялся Я Давиду, рабу Моему"[486]. «Клятва эта – это вера», Нуква, «всегда находящаяся в праведнике», Есоде. «Это вечная клятва о том, что они не расстанутся никогда. Кроме времени изгнания, когда» они расстаются, и «прекращается изобилие благословений, и вера не восполняется, и прекращается всякое веселье. И когда наступает ночь, с этого времени радость не появится пред Царем».

441) «И хотя радости не пробуждаются» ночью, «однако вне царского чертога стоят ангелы и воспевают песнь. Когда же разделяется ночь и пробуждение поднимается снизу вверх, тогда пробуждает Творец все небесные воинства для плача и бьет по небосводу, и содрогаются высшие и нижние».

---

[485] См. «Предисловие книги Зоар», п. 46.
[486] Писания, Псалмы, 89:4. «Заключил Я союз с избранником Моим, клялся Я Давиду, рабу Моему».

442) «И нет отрады Ему, кроме того часа, когда внизу пробуждаются в Торе. Тогда Творец и все души праведников, все они слушают и радуются этому голосу, и тогда есть у Него отрада. Ибо со дня разрушения Храма внизу поклялся Творец, что не вступит в высший Йерушалаим до тех пор, пока Исраэль не вступят в нижний Йерушалаим. Сказано об этом: "В среде твоей Свят, не приду Я в город"[487]». И означает это, что хотя и «в среде твоей Свят», все равно «не приду Я в город», т.е. в высший Йерушалаим, пока не вступят Исраэль в нижний Йерушалаим.

Пояснение сказанного. Ночь – это Нуква, а день – Зеир Анпин. И пребывают они в зивуге, о котором сказано: «И был вечер, и было утро – день один»[488]. Все порядки, действующие днем, действуют также и ночью. А разница – во власти: ночь находится во власти Нуквы, которая происходит от левой линии, и в это время привлекаются мохин обратной стороны, а день находится во власти Зеир Анпина, и в это время привлекаются мохин лицевой стороны.

Поэтому, подобно тому как в дневном зивуге имеется порядок трех линий, происходящих от трех точек холам-шурук-хирик, так и в ночном зивуге имеются три ночных стражи, во время которых воспевают ангелы.[489] Ибо мохин раскрываются в пении. Однако это лишь мохин обратной стороны, т.е. внешняя часть и малое состояние (катнут), но в отношении лицевой стороны и внутренней части – это тьма, а не свет.

И это означает сказанное[490]: «И когда наступает ночь, с этого времени радость не появится пред Царем», так как в отношении светов лицевой стороны это тьма, и нет радости в это время, но лишь мохин обратной стороны светят.

И поэтому сказано[491]: «И хотя радости не пробуждаются, однако вне царского чертога стоят ангелы и воспевают песнь»,

---

[487] Пророки, Ошеа, 11:9. «Не поступлю по ярости гнева Моего, не стану более уничтожать Эфраима, ибо Я Творец, а не человек, – в среде твоей Свят, не приду Я в город».
[488] Тора, Берешит, 1:5. «И назвал Всесильный свет днем, а тьму назвал Он ночью. И был вечер, и было утро – день один».
[489] См. Зоар, главу Ваишлах, п. 133, со слов: «"Дерево это" – Зеир Анпин, "раскрывается днем и укрывается ночью"...»
[490] См. выше, п. 440.
[491] См. выше, п.441.

поскольку мохин обратной стороны, т.е. ГАР внешней части, привлекаются в это время. И потому стоят ангелы вне чертога и воспевают песнь, чтобы привлечь эти мохин.

Три стражи – это три линии, исходящие от трех точек холам-шурук-хирик. Первые две стражи – это две линии, правая и левая, исходящие от холам и шурук. А в середине второй стражи, и это точка полночи, привлекается экран точки хирик, и на него выходит средняя линия,[492] у которой есть два действия:

1. Она уменьшает десять сфирот левой линии, светящие в обратной стороне, с ГАР до ВАК.
2. Соединяет левую линию с правой.[493]

Поэтому сказано[491]: «Когда же разделяется ночь и пробуждение поднимается снизу вверх», – т.е. когда поднимают МАН для раскрытия экрана хирик и появления средней линии, «тогда пробуждает Творец все небесные воинства для плача». «Плач» означает сокращение ГАР, так как вследствие раскрытия экрана точки хирик сокращаются ГАР левой линии, и все ангелы плачут, т.е. даже у ангелов внешней стороны больше нет ГАР, и они плачут.

Поэтому сказано[491]: «И бьет по небосводу», т.е. когда Творец раскрывает экран де-хирик, «и содрогаются высшие и нижние» – так как аннулируются все мохин, поэтому сразу же после этого наступает второе действие, т.е. притягивание ступени хасадим на экран де-хирик. И с помощью него Он соединяет две линии, правую и левую, и снова привлекает ГАР, но в свойстве ВАК де-ГАР.[493]

И сказано[494]: «И нет отрады Ему, кроме того часа, когда пробуждаются внизу (заниматься) Торой», – т.е. поднимают МАН для привлечения ступени хасадим, и тогда объединяются правая и левая линии, и ГАР возвращаются, и возвращаются также ангелы, чтобы воспевать песнь.

«Ибо со дня разрушения Храма» – т.е. Нуквы, называемой Храмом, и она была разбита в силу свечения левой линии и стала

---
[492] См. Зоар, главу Ваишлах, п. 134.
[493] См. Зоар, главу Лех леха, п. 22, со слов: «Экран де-хирик, на который выходит средняя линия, происходит от свойства суда, имеющегося в Малхут...»
[494] См. выше, п. 442.

застывшим морем.⁴⁹⁵ Тогда поднял Творец экран де-хирик и привлек среднюю линию, чтобы соединить правую с левой. По этой причине уменьшились ГАР де-ГАР до ВАК де-ГАР. И это уменьшение называется клятвой, так как вследствие этого исправления больше не светят ГАР де-ГАР вплоть до конца исправления.

И это смысл сказанного: «Поклялся Творец, что не вступит в высший Йерушалаим» – т.е. не притянет ГАР де-ГАР, «до тех пор, пока Исраэль не вступят в нижний Йерушалаим» – т.е. в конце исправления, когда будет исправлена вся Малхут, тогда вернется зивуг ГАР де-ГАР, т.е. (Творец) вступит в высший Йерушалаим. И этим объясняется сказанное: «Клялся Я Давиду, рабу Моему»⁴⁸⁶ – это клятва о том, что не вступит (Творец) в высший Йерушалаим, пока не вступят Исраэль в нижний Йерушалаим.

443) «И все эти воспевающие стоят вне дворца и возглашают песнь во время трех ночных страж», соответствующих трем линиям, как уже выяснено,⁴⁹⁶ «и все они – известные воспеватели песней⁴⁹⁷, и все небесные воинства, все они пробуждаются ночью», поскольку относятся к внешней части, а ночью светят внешние мохин.⁴⁹⁶ «А Исраэль – днем», поскольку они относятся к внутренней части, а внутренние мохин светят только днем. «И не благословляют "Свят" наверху, пока Исраэль не совершат освящение внизу», потому что становление внешних мохин, относящихся к ангелам, может произойти лишь благодаря средней линии, которая светит днем, Исраэлю. «И тогда все небесные воинства освящают святое имя вместе. И поэтому Исраэль, которые святы, освящаются от высших и нижних вместе, как сказано: "Святы будьте, ибо свят Я, Творец Всесильный ваш"⁴⁹⁸».

444) Сказал рабби Йоси, провозгласив: «"Во что погружены ее основания?"⁴⁹⁹ – эти слова Творец сказал» Иову, «потому что когда Творец создавал мир», Нукву, «Он создал его на столбах

---

⁴⁹⁵ См. Зоар, главу Берешит, часть 1, п. 301.
⁴⁹⁶ См. выше, п. 442.
⁴⁹⁷ См. даллее, п. 449.
⁴⁹⁸ Тора, Ваикра, 19:1-2. «И говорил Творец Моше так: "Говори всей общине сынов Исраэля и скажи им – святы будьте, ибо свят Я, Творец Всесильный ваш"».
⁴⁹⁹ Писания, Иов, 38:4-6. «Где был ты, когда Я основал землю? Скажи, если обладаешь разумом. Знаешь ли ты, кто положил ей меру, или кто простер над нею черту? Во что погружены ее основания, или кто заложил краеугольный камень ее?»

– семи столбах мира», ХАГАТ НЕХИМ, «как сказано: "Вытесала семь столбов его"⁵⁰⁰. И эти столбы стоят неизвестно на чем».

Объяснение. Мир – это Нуква, и она стоит на семи столбах, и это семь сфирот ХАГАТ НЕХИМ, которые она получает от Бины и от Зеир Анпина. Нуква в своем собственном свойстве недостойна получать высший свет, поскольку это свойство Малхут, которая сократилась во время сотворения мира, чтобы не получать высший свет.⁵⁰¹ Поэтому сказано: «И эти столбы» – семь светов в ней, ХАГАТ НЕХИМ, «стоят неизвестно на чем», так как Нуква не может их получить из-за действующего над ней сокращения.

445) «И это глубокая тайна, самая скрытая из всего скрытого. И мир», Нуква, «не был сотворен, пока Он не взял один камень, называемый камнем основания, и взял его Творец и бросил его в бездну. И вонзился он, (упав) сверху вниз. И от него был основан мир», Нуква, «и это центральная точка» заселения «мира, и в этой точке находится святая святых», т.е. ГАР Нуквы. «Об этом сказано: "Кто заложил краеугольный камень ее?"⁴⁹⁹ И сказано: "Камень надежный, краеугольный, драгоценный"⁵⁰². А также сказано: "Камень, отвергнутый строителями, стал краеугольным"⁵⁰³». И во всех них говорится об этом камне основания.

Объяснение. Камень основания – это Малхут, называемая камнем, которая поднялась в Бину и соединилась с ней, и благодаря этому подъему «Мать (има) одалживает свои одежды дочери»⁵⁰⁴, т.е. она получила келим Имы, «йуд-хэй יה» имени АВАЯ (דהויה), и поэтому она смогла получить свойства семи сфирот ХАГАТ НЕХИМ от Имы, и поэтому называется основанием

---

⁵⁰⁰ Писания, Притчи, 9:1. «Мудрость построила себе дом, вытесала семь столбов его».

⁵⁰¹ См Зоар, главу Берешит, часть 1, п. 3, со слов: «В свойстве суда, т.е. в свойстве Малхут мира АК, прежде чем она подсластилась в Бине, в свойстве милосердия, мир не мог существовать...»

⁵⁰² Пророки, Йешаяу, 28:16. «Посему так сказал Всемогущий Творец: "Вот, в основание положил Я на Ционе камень, камень надежный, краеугольный, драгоценный, основание крепкое, – верующий не будет спешить"».

⁵⁰³ Писания, Псалмы, 118:22. «Камень, отвергнутый строителями, лег в основу здания».

⁵⁰⁴ См. «Предисловие книги Зоар», п. 17, со слов: «И это означает: "Мать (има) одалживает свои одежды дочери и венчает ее своими украшениями"...»

(штия́ שתיה), т.е. основой (шет שֵׁת) «йуд-хэй יה», так как Има, свойство «йуд-хэй יה», установила ее.

И поэтому сказано: «И мир не был сотворен, пока Он не взял один камень, называемый камнем основания» – ибо прежде чем Малхут поднялась в Бину и обрела от Бины келим, и тогда она называется камнем основания, она не могла получить никакого света из-за действующего над нею сокращения и не могла установиться. И поэтому сказано: «И бросил его в бездну» – камень основания, то есть подслащенную Малхут бросил в место ее собственной Малхут, называемое бездной. «И вонзился он сверху вниз», так как опустилась она из места Бины и вонзилась в бездну, т.е. в Малхут внизу, относящуюся к Нукве. И это смысл сказанного: «И в этой точке находится святая святых» – т.е. с помощью нее она получает ГАР, называемые «святая святых».

446) «Камень этот сотворен из огня, ветра и воды», т.е. получает от трех линий Зеир Анпина. «И стал он твердым от всех них, и стал единым камнем, который поднимается над бездной. Иногда воды текут из него, и наполняются бездны. И стоит этот камень как знак в центре мира. Это – камень, который поставил и основал Яаков для развития и становления мира, как сказано: "И взял Яаков камень и поставил его памятником"[505]».

447) «"И камень этот, который я поставил памятником, будет домом Всесильного"[506]. Разве этот камень поставил Яаков – ведь он был сотворен вначале, когда Творец создавал мир, как было сказано? Однако он поставил его для становления наверху и внизу, и потому сказано: "Который я поставил памятником"[506]. Что значит: "Который я поставил"? Это значит, как сказано, что он "будет домом Всесильного"[506], т.е. он установил здесь высшую обитель» – иначе говоря, притянул в него высшие мохин.

448) «На этом камне есть семь глаз, как сказано: "На одном камне семь глаз"[507]. Глаза – это Хохма, и когда Хохма раскрывается от ХАГАТ НЕХИМ Нуквы, называется она семью глазами.

---

[505] Тора, Берешит, 31:45. «И взял Яаков камень и поставил его памятником».
[506] Тора, Берешит, 28:22. «И камень этот, который я поставил памятником, будет домом Всесильного, и от всего, что Ты дашь мне, я отделю десятину Тебе».
[507] Пророки, Зехария, 3:9. «Ибо вот камень тот, который положил Я пред Йеошуа. На одном камне семь глаз, вот Я делаю резьбу на нем, – слово Создателя воинств, – и сниму грех той земли в один день».

«И почему он называется (камнем) основания? – Потому что от него основан мир. Слово "основание (штия שתיה)" раскладывается на буквы слов "основа (шет שת) "йуд-хэй יה", так как поставил его Творец», т.е. Бина, называемая «йуд-хэй יה», «чтобы благословлялся от него мир, и мир благословляется от него».

449) «В час, когда заходило солнце», т.е. сразу же с наступлением первой ночной стражи, «херувимы, которые стояли в этом месте», т.е. в святая святых, находящейся в центральной точке, в месте, где находится камень основания,[508] «и садились благодаря чуду» – т.е. с помощью светов Бины, не принадлежащих ему и являющихся для него чудом, «били крыльями и расправляли их, и был слышен звук мелодии их крыльев наверху. И тогда начинают петь ангелы, воспевающие песнь в начале ночи, чтобы вознеслась слава Творца снизу вверх. И что за песнь они возглашали? Мелодию крыльев херувимов: "Так благословите же Творца все рабы Творца, вознесите руки ваши в святости и благословите Творца"[509]. И тогда доходило пение до высших ангелов, чтобы воспевать».

450) «Во время второй стражи херувимы били своими крыльями наверху, и был слышен звук их мелодии. И тогда начинали петь ангелы, стоявшие во второй страже. И что за песнь они возглашали в этот час? Мелодию крыльев херувимов: "Полагающиеся на Творца подобны горе Цион – не поколеблется, вечно пребывать будет"[510]. И тогда доходило пение до стоявших во второй страже, чтобы воспевать».

451) «В третью стражу херувимы били крыльями и возглашали песнь. Какую? "Алелуйа. Славьте, служители Творца, славьте имя Творца! Да будет имя Творца благословенно отныне и вовеки. От восхода солнца до заката его прославлено имя Творца"[511]. Тогда ангелы, стоявшие в третьей страже, все они возглашали песнь».

---

[508] См. выше, п.445.
[509] Писания, Псалмы, 134:1-3. «Песнь восхождений. Благословите Творца все рабы Творца, стоящие в доме Творца по ночам, вознесите руки ваши в святости и благословите Творца. Да благословит тебя с Циона Творец, создавший небо и землю».
[510] Писания, Псалмы, 125:1. «Песнь восхождений. Полагающиеся на Творца подобны горе Цион – не поколеблется, вечно пребывать будет».
[511] Писания, Псалмы, 113:1-3. «Алелуйа. Славьте, служители Творца, славьте имя Творца! Да будет имя Творца благословенно отныне и вовеки. От восхода солнца до заката его прославлено имя Творца».

Пояснение сказанного. Херувимы – это малый лик, ГАР малого состояния (катнут). Ибо ГАР, привлекаемые ночью, – это ГАР обратной стороны, т.е. внешняя часть и малое состояние.[512] И стоят они в святая святых, т.е. в ГАР Нуквы. И поскольку они представляют собой мохин обратной стороны, сказано об их раскрытии, что «били крыльями», так как обратная сторона называется крыльями, и привлечение их (мохин) происходит с помощью ударения.

И уже выяснилось, что в ночных мохин тоже есть три линии, т.е. три стражи, которые исходят от мохин, называемых «херувимы». И поэтому их пение также делится на три линии. И потому в первую стражу, которая представляет собой правую линию, исходящую от точки холам, т.е. от раскрытия в них ВАК без рош, возглашают: «Так благословите же Творца»[509], «И вознесу руки свои к заповедям Твоим»[513] – так как «руки» указывают на ВАК без рош. И сказано о них, что они расправляют крылья свои, т.е. раскрывают свойство суда в них.

Во вторую стражу возглашают: «Полагающиеся на Творца подобны горе Цион – не поколеблется, вечно пребывать будет»[510]. Это указывает на левую линию, исходящую от точки шурук, в которой раскрыта суть этих ГАР обратной стороны. И о ГАР сказано: «Не поколеблется».

А в третью стражу, которая представляет собой среднюю линию, исходящую от точки хирик, возглашают: «Алелуйа. Да будет благословенно имя Творца... от восхода солнца до заката его». Ибо от третьей линии зависит всё совершенство и всё существование этих мохин. А порядок выхода трех точек холам-шурук-хирик уже выяснялся ранее.[514]

452) «Все звезды и созвездия на небосводе начинают песнь во время третьей стражи, как сказано: "Когда возликуют вместе утренние звезды и возгласят приветствия ангелы

---

[512] См. выше, п. 442, со слов: «Пояснение сказанного...»
[513] Писания, Псалмы, 119:48. «И вознесу руки свои к заповедям Твоим, которые полюбил, и расскажу о законах Твоих».
[514] См. Зоар, главу Берешит, часть 1, п. 9, со слов: «Эти три посева называются холам-шурук-хирик...»

Всесильного"[515]. И сказано: "Славьте Его, все звезды светлые"[516]. Ибо эти светлые звезды поют о свете», т.е. с помощью пения притягивается свет.

453) «При появлении утреннего света возглашают вслед за ними песнь Исраэль внизу», получающие ГАР внутренней части, т.е. ГАР большого состояния. «И возносится слава Творца снизу вверх. Исраэль» возглашают песнь «внизу днем, а высшие ангелы – ночью. И тогда восполняется святое Имя со всех сторон» – как от мохин обратной стороны, так и от мохин лицевой стороны.

454) «И этот камень, о котором сказано: "И камень этот, который я поставил памятником, будет домом Всесильного"[506], – все высшие ангелы и Исраэль внизу, все они укрепились с помощью этого камня», Малхут, т.е. они получили от нее свои мохин. «И он поднимается наверх, чтобы увенчаться украшением» – т.е. получить мохин, «от праотцев» – от ХАГАТ Зеир Анпина, «днем. А ночью Творец», т.е. Зеир Анпин, «является, чтобы радоваться с праведниками в Эденском саду», в Малхут, т.е. получает от нее свойство мохин ее обратной стороны.

455) «Счастливы те, кто поддерживает себя и занимается Торой ночью, потому что Творец и все праведники в Эденском саду слышат голоса людей, занимающихся Торой. Сказано об этом: "Обитающая в садах, товарищи внемлют голосу твоему! Дай мне услышать его!"[517]»

456) «Камень этот – камень драгоценный», т.е. подслащен в Бине, и он ценен и достоин получать мохин, «и об этом сказано: "Вставь в него камни в оправах, четыре ряда камней"[518]. Это порядки, относящиеся к драгоценному камню, наполнения драгоценного камня». Иначе говоря, это мохин свечения Хохмы, получаемые в Малхут трижды по четыре – всего двенад-

---

[515] Писания, Иов, 38:7. «Когда возликуют вместе утренние звезды и возгласят приветствия ангелы Всесильного».

[516] Писания, Псалмы, 148:3. «Славьте Его, солнце и луна, славьте Его, все звезды светлые».

[517] Писания, Песнь песней, 8:13. «Обитающая в садах, товарищи внемлют голосу твоему! Дай мне услышать его!»

[518] Тора, Шмот, 28:17-20. «И вставь в него камни в оправах, четыре ряда камней. Рубин, топаз и изумруд – первый ряд. Второй ряд – гранат, сапфир и алмаз. Третий ряд – яхонт, агат и аметист. И четвертый ряд – хризолит, оникс и яшма. В золотых оправах они должны быть».

цать.⁵¹⁹ «Поскольку есть другой камень», недостойный мохин, т.е. Малхут, не подслащенная в Бине, «о котором сказано: "И удалю из плоти вашей сердце каменное"⁵²⁰. И сказано: "И дух Мой Я вложу в вас"⁵²¹», то есть, все то время, пока не удалено каменное сердце, не находится в нас дух Творца, и это потому, что она не подсластилась в Бине. Но она (Малхут) называется «также: "Камень надежный, краеугольный, драгоценный"⁵⁰²».

457) «И об этом сказано: "Скрижали каменные"⁵²², потому что эти скрижали были высечены отсюда» – из драгоценного камня, о котором говорилось выше. «И потому они называются по имени этого камня, как сказано: "Оттуда оберегает камень Исраэля"⁵²³» – и это тот же драгоценный камень.

458) Заговорил рабби Хизкия, провозгласив: «"И камни эти будут по именам сынов Исраэля – двенадцать"⁵²⁴. Это высшие драгоценные камни, называемые камнями того места, как сказано: "Взял он из камней того места"⁵²⁵, и это уже выяснено» – т.е. сфирот Нуквы, так как Нуква называется местом. «"И камни эти по именам сынов Исраэля – двенадцать", ибо как есть двенадцать колен внизу, так есть и наверху», в Нукве, «двенадцать колен, т.е. двенадцать драгоценных камней». Объяснение. Четыре ряда камней – это ее ХУБ ТУМ, каждая из которых включает три линии, – всего двенадцать. «И сказано: "Куда восходили колена, колена Творца, – свидетельство

---

⁵¹⁹ См. Зоар, главу Лех леха, п. 10, со слов: «Вследствие подъема Малхут и подслащения ее в Бине...»

⁵²⁰ Пророки, Йехезкель, 36:26. «И дам вам сердце новое и дух новый вложу в вас. И удалю из плоти вашей сердце каменное, и дам вам сердце из плоти».

⁵²¹ Пророки, Йехезкель, 36:27. «И дух Мой Я вложу в вас, и сделаю, что законам Моим следовать будете и уставы Мои соблюдать будете, и поступать по ним».

⁵²² Тора, Шмот, 31:18. «И дал Он Моше, по окончании разговора с ним на горе Синай, две скрижали откровения, скрижали каменные, написанные перстом Всесильного».

⁵²³ Тора, Берешит, 49:24. «Но тверд остался лук его, и распространилась сила его при поддержке Могучего Яакова; оттуда оберегает камень Исраэля».

⁵²⁴ Тора, Шмот, 28:21. «И камни эти будут по именам сынов Исраэля – двенадцать по именам их резьбы печатной, каждый со своим именем будут они для двенадцати колен».

⁵²⁵ Тора, Берешит, 28:11. «И достиг он того места, и заночевал там, когда зашло солнце. И взял он из камней того места и положил себе в изголовье, и лег на том месте».

Исраэлю"⁵²⁶ – это высший Исраэль», т.е. Зеир Анпин, дающий эти двенадцать Нукве. И все они – «чтобы благодарить имя Творца», т.е. Нукву. «И поэтому сказано: "И камни эти будут по именам сынов Исраэля"⁵²⁴».

459) «И так же как есть двенадцать дневных часов», двенадцать Зеир Анпина, «так же есть и двенадцать ночных часов», двенадцать Нуквы. «Дневные – наверху, ночные – внизу». Двенадцать Зеир Анпина – наверху, а двенадцать Нуквы – внизу, т.е. они получают от двенадцати Зеир Анпина, которые наверху. «И все они в соответствии друг другу. Двенадцать ночных часов делятся на три части» – и это три вышеуказанные стражи. «И многочисленные воинства правителей стоят под ними, ступени за ступенями, и все они назначаются ночью, и получают пищу первыми», а затем возглашают песнь. Сказано об этом: «Встает она еще ночью и раздает пищу в доме своем»⁵²⁷.

460) «И тогда, когда разделяется ночь, имеются два порядка с одной стороны и два порядка с другой стороны, и высший дух выходит меж ними. И тогда все деревья в Эденском саду начинают воспевать, и Творец входит в Эденский сад, как сказано: "Тогда возликуют все деревья лесные перед Творцом, ибо явится Он судить землю, весь мир Он будет судить по справедливости"⁵²⁸, и сказано: "Будет судить бедных по справедливости"⁵²⁹, потому что правосудие», т.е. Зеир Анпин, «входит меж ними, и наполняется им Эденский сад».

Объяснение. Мы уже выясняли, что «ночь» – это парцуф Нуквы, в которой властвует левая линия, Хохма без хасадим, и поэтому она – тьма. А точка полночи – это ее точка хазе, т.е. экран де-хирик, и на него раскрывается средняя линия, соединяющая друг с другом две линии, правую и левую.

---

⁵²⁶ Писания, Псалмы, 122:4. «То место, куда восходили колена, колена Творца, – свидетельство Исраэлю, чтобы благодарить имя Творца».
⁵²⁷ Писания, Притчи, 31:15. «Встает она еще ночью и раздает пищу в доме своем, и урок – служанкам своим».
⁵²⁸ Писания, Псалмы, 96:12-13. «Наполнятся радостью поля и все, что на них, тогда возликуют все деревья лесные перед Творцом, ибо явится Он судить землю, весь мир Он будет судить по справедливости и народы – истиной Своей».
⁵²⁹ Пророки, Йешаяу, 11:4.

И поэтому сказано: «Когда разделяется ночь, имеются два порядка с одной стороны и два порядка с другой стороны», поскольку считается тогда, что есть две линии от точки хазе и выше, т.е. с начала ночи до полуночи, и две линии от точки хазе и ниже, с полуночи до утра.

«И высший дух выходит меж ними», т.е. средняя линия, называемая высшим духом, выходящая на экран де-хирик, называемый точкой полуночи, – и это Зеир Анпин. «И тогда все деревья в Эденском саду начинают воспевать» – потому что средняя линия, Зеир Анпин, соединяет правую и левую линии в Эденском саду, в Нукве, и все они наполняются светом. «И Творец» – средняя линия, «входит в Эденский сад», Нукву.

«Потому что правосудие входит меж ними, и наполняется им Эденский сад» – Зеир Анпин, средняя линия, называется правосудием, «и наполняется им Эденский сад», так как соединились друг с другом стороны, что выше и ниже хазе.[530]

461) «И северный ветер пробуждается в мире, и пребывает радость», так как после согласования средней линии северная сторона облачается в южную, и Хохма облачается в хасадим, и тогда пребывает радость в свечении северной стороны, т.е. в средней линии, «потому что этот ветер», средняя линия, «доносит благоухания», т.е. свечение Хохмы, благодаря чему облачается свечение Хохмы, содержащееся в благоуханиях, в хасадим, имеющиеся в этом ветре, и это благоухания, «возносящие аромат снизу вверх», а не сверху вниз, «и праведники венчаются своими украшениями», т.е. получают мохин, «и наслаждаются сиянием светящего зеркала», Зеир Анпина.

462) «Счастливы праведники, удостаивающиеся этого высшего света. И этот свет светящего зеркала светит всем сторонам», правой и левой. «И каждый из этих праведников получает в свой удел подобающее ему, и каждый получает по совершённым им в этом мире деяниям. А некоторые стыдятся того света, который получил их товарищ, чтобы светить сильнее».

463) «Ночные стражи. Начиная с того часа, когда наступает ночь, множество посланников суда пробуждаются и блуждают

---

[530] См. Зоар, главу Ваигаш, статью «Шестьдесят дыханий», п. 39.

по миру, и перекрываются проемы» светов. И это первая стража. «А затем», во вторую стражу, пробуждаются «множество видов» сил суда, «каждый по виду своему». Вторая стража – это левая линия, северный ветер, и пока он не соединился с южным ветром, т.е. с правой линией, многочисленные суды пробуждаются от него. «И тогда, когда разделяется ночь» в середине второй стражи, т.е. в точке хазе, «северный ветер нисходит сверху вниз», из места над хазе спускается под хазе, «и удерживается в ночи», Нукве, «до завершения двух ночных страж».

Объяснение. Первая стража – это правая линия, а вторая стража – это левая линия, и хотя экран де-хирик пробуждается в полночь, т.е. в середине второй стражи, это только для того, чтобы привлечь северный ветер под хазе. А основная его сила, соединяющая левую линию с правой, проявляется лишь после завершения второй стражи.

464) «А затем», в третью стражу, «южная сторона», Хесед, «пробуждается», чтобы соединиться с северной при помощи средней линии, «до наступления утра». «Когда же наступает утро, южная и северная стороны уже содержатся в ней», в Нукве. «И тогда приходят Исраэль внизу с молитвой и просьбой и возносят ее наверх», к Зеир Анпину, «пока она не поднимается и не скрывается между ними» в светах Зеир Анпина, т.е. уменьшает себя и аннулируется перед ступенью Зеир Анпина.[531] «И принимает она благословения от головы (рош) Царя», т.е. получает от Зеир Анпина ГАР де–паним (лицевой стороны), относящиеся к его рош.

465) «И благословляется она от той росы, которая нисходит» к Зеир Анпину «свыше», от Гальгальты Арих Анпина. И от этой росы отделяется, чтобы светить разным сторонам», как правой, так и левой, хотя сама роса это только свет Хесед. «И множество десятков тысяч ступеней питаются от этой росы, и от нее в будущем будут возрождаться из мертвых, как сказано: "Пробудитесь и ликуйте, покоящиеся во прахе, ибо роса рассветная – роса Твоя"[532], т.е. роса от тех высших светов, что светят наверху».

---

[531] См. Зоар, главу Берешит, часть 1, п. 113, со слов: «В состоянии "два великих светила"...»

[532] Пророки, Йешаяу, 26:19. «Оживут Твои умершие, восстанут мертвые тела! Пробудитесь и ликуйте, покоящиеся во прахе, ибо роса рассветная – роса Твоя, и земля изрыгнет мертвых».

466) Пока они сидели, разделилась ночь. Сказал рабби Йегуда рабби Йоси: «Сейчас пробудился северный ветер, и разделилась ночь, и сейчас желанен Творцу голос праведников в этом мире. Тех, кто занимается Торой, слушает Творец теперь. И в этом месте мы не перестанем заниматься речениями Торы».

ГЛАВА ВАЕХИ

Ангел избавляющий

467) Сказал, провозгласив: «"Ангел, избавляющий меня от всякого зла"[533] – это мы уже учили и выяснили. Но посуди сам, сказано: "Вот Я посылаю ангела пред тобою, чтобы хранить тебя в пути"[534] – это ангел, избавляющий мир», который зовется ангелом-избавителем. «И он – защита людям», как сказано: «Чтобы хранить тебя в пути»[534]. «И это он вызывает благословения для всего мира, потому что он получает их сначала, а затем вызывает их в мире», т.е. ангел Матат. «И поэтому сказано: "Вот Я посылаю ангела пред тобою", "И пошлю Я перед тобою ангела"[535]».

468) «Это ангел, который является иногда захаром (мужчиной), а иногда – некевой (женщиной). И он такой, что когда вызывает благословения в мире, он захар, и называется захаром. Как захар вызывает благословения для нуквы, так он вызывает благословения для мира. А в то время, когда он пребывает в суде над миром, то называется некевой. Подобно женщине, которая беременна, он наполняется судами. Поэтому иногда зовется мужчиной, иногда – женщиной, и всё это – одно целое».

---

[533] Тора, Берешит, 48:16. «Ангел, избавляющий меня от всякого зла, да благословит этих отроков, и будет наречено в них имя мое и имя отцов моих, Авраама и Ицхака, и расплодятся они во множестве среди земли"».

[534] Тора, Шмот, 23:20. «Вот Я посылаю ангела пред тобою, чтобы хранить тебя в пути и привести тебя на место, которое Я уготовил».

[535] Тора, Шмот, 33:2. «И пошлю Я перед тобою ангела, и прогоню кнаанеев, эмореев, и хеттов, и призеев, хивеев и йевусеев».

ГЛАВА ВАЕХИ

Три цвета

469) «И подобно этому сказано: "И пламя обращающегося меча"[536]» – иначе говоря, «есть ангелы-посланники в мире, которые обращаются в разные обличья: иногда – в женщину, иногда – в мужчину, иногда – в суд, а иногда – в милосердие. И всё это – в одном создании.[537] И подобно этому тот самый ангел является в разных обличьях. И все цвета мира», Нуквы, «все они», и это белый-красный-зеленый, «находятся в этом месте, и это смысл сказанного: "Как вид радуги, появляющейся в облаках в день дождя, так и вид этого сияния вокруг – это вид образа величия Творца"[538]», т.е. три эти цвета, указанные выше, составляют образ радуги, Нуквы. «И равно как есть в нем», в ангеле, «все эти цвета, так он управляет всем миром». И понятие трех цветов радуги мы уже выясняли раньше.[539]

470) «Высшие возлюбленные, обладающие разумом, смотрите» – т.е. души, относящиеся к правой линии, «обладающие судом, известные в наказании, приблизьтесь, чтобы узнать» – относящиеся к левой линии, откуда исходят все суды. «Кто из вас обладает глазами разума?» – относится к средней линии и удостоился мудрости (хохма), получаемой с помощью разума. Известно, что в час, когда возвысился в своем желании самый скрытый из всего скрытого извлечь три цвета, соединенных вместе, белый-красный-зеленый», т.е. три линии: правая – белая, левая – красная, средняя – зеленая, «три цвета, включенных вместе друг в друга и соединенных вместе друг с другом», тогда «нижняя магрефа», Нуква, «окрасилась и сформировалась из этих цветов».

471) «И все эти цвета», белый-красный-зеленый, «видны в ней», в Нукве. «Она – зеркало, чтобы смотреться», т.е. только в нем можно видеть,[540] «в час когда оно выглядит как

---

[536] Тора, Берешит, 3:24. «И изгнал Адама и поместил к востоку от сада Эденского херувимов и пламя обращающегося меча, чтобы охранять путь к Древу жизни».
[537] См. Зоар, главу Берешит, часть 2, п. 120, со слов: «Пояснение сказанного...»
[538] Пророки, Йехезкель, 1:28. «Как вид радуги, появляющейся в облаках в день дождя, так и вид этого сияния вокруг – это вид образа величия Творца. И увидел я и упал на лицо свое, и услышал голос говорящий».
[539] См. Зоар, главу Берешит, часть 1, пп. 70, 71.
[540] См. Зоар, главу Берешит, часть 1, п. 69.

"хрустальный глаз", согласно тому, как ударил внутрь него», т.е. согласно зивугу де-акаа Зеир Анпина, произведшему зивуг с ней на эти три цвета его, «также видно» в Нукве «и снаружи, что эти три цвета вращают его» направо, налево и посередине. «И цвет перемещается, поднимается и опускается». Иначе говоря, белый цвет, правая линия, перемещается, чтобы соединиться с левой, а красный цвет, левая линия, поднимается, т.е. светит снизу вверх, а зеленый цвет, который посередине, опускается, т.е. светит сверху вниз. «Назначаемые производить суд постановляют в нем» – наказать тех, кто притягивает свечение левой линии сверху вниз.

472) «Эти цвета, которые обращают», Нукву, «соединенные вместе, поднимают ее» к зивугу паним бе-паним с Зеир Анпином «днем, и она опускается» в собственное свойство «ночью». И она как «горящая свеча – свечение ее видно ночью, а днем ее свечение скрывается» и становится невидимым. «Свет скрыт в двухстах сорока восьми мирах. Все они постоянно светят в ней сверху вниз. В трехстах шестидесяти пяти частях они спрятаны и укрыты внизу».

Объяснение. Существует два зивуга в Нукве: дневной и полуночный. И есть преимущество у ночи в том, что она светит при этом в ее собственном свойстве, и это свечение Хохмы. И есть недостаток в том, что это зивуг де-ахораим, в котором отсутствуют хасадим, и из-за этого она не светит. И есть преимущество у дневного зивуга в том, что она получает при этом от зивуга паним бе-паним с Зеир Анпином, но есть и недостаток, поскольку она тогда полностью отменяет свое собственное свойство по отношению к Зеир Анпину, и у нее нет больше своих светов.[541]

И это означает: «Поднимают ее днем» – т.е. к зивугу паним бе-паним с Зеир Анпином, «и она опускается ночью» – опускается к зивугу ахораим из своего собственного свойства. Однако «свечение ее видно ночью» – т.е. ночью видно ее собственное свойство, и это свечение Хохмы в ней, но сама она не светит, как мы уже сказали. «А днем ее свечение скрывается» – днем, несмотря на то, что есть у нее свечение паним бе-паним, все

---

[541] См. Зоар, главу Берешит, часть 1, п. 113, со слов: «В состоянии "два великих светила"...»

же ее собственное свойство скрыто, потому что она полностью отменяет себя по отношению к Зеир Анпину.

И как днем, так и ночью Нуква получает свои света от Зеир Анпина, называемого «Тора». И тогда вся она, правая и левая, и Тора (611) с двумя составляющими, правой и левой, – в гематрии ТАРЬЯГ (613), и РАМАХ (248) из них находятся справа, и дают Нукве днем, а ШАСА (365) из них находятся в его левой стороне, и дают Нукве ночью. И РАМАХ светят в ней сверху вниз, а ШАСА – лишь только снизу вверх.

И это означает сказанное: «Свет скрыт в двухстах сорока восьми мирах, все они постоянно светят в ней сверху вниз» – потому что света правой стороны могут светить в ней сверху вниз, «в трехстах шестидесяти пяти частях они спрятаны и укрыты внизу» – и (могут светить) только лишь снизу вверх, поскольку являются светами левой стороны.

473) «Тот, кто стремится достичь ее, сокрушит крылья», скрывающие ее, «и скрытые клипот, и тогда отворит врата. Тот, кто удостаивается видеть, будет видеть знанием и разумом так, словно видит сквозь стену. И только Моше, высший верный пророк, видел Его с глазу на глаз наверху, в месте, которое непознаваемо».

Объяснение. Все пророки получали от Нуквы, а Нуква называется стеной. И поэтому сказано: «Так, словно видит сквозь стену», а Моше получал от Зеир Анпина, называемого светящим зеркалом. И поэтому сказано: «Видел Его с глазу на глаз наверху» – т.е. Зеир Анпина, «в месте, которое непознаваемо» – т.е. от хазе и выше Зеир Анпина, где находятся укрытые хасадим, которые непознаваемы.

474) «Того, кто не удостоился, выталкивают наружу многочисленные отряды ангелов, уготованные для него. Назначенные подходят к нему и выставляют наружу, чтобы он не мог увидеть наслаждения Царя. Горе тем грешникам в мире, которые не удостаиваются увидеть, как сказано: "Нельзя входить им и смотреть, как покрывают святыню, а то умрут"[542]».

---

[542] Тора, Бемидбар, 4:20. «Нельзя входить им и смотреть, как покрывают святыню, а то умрут».

475) Сказал рабби Йегуда: «Всмотрелся я, и вот из этих светов» – трех вышеуказанных цветов, «смотрят души праведников. Когда они сливаются с этим местом», с Нуквой, «тогда из этих светов смотрят души праведников. Эти цвета», белый-красный-зеленый, «поднимаются и соединяются вместе. Счастлив тот, кто умеет совмещать и соединять все их как одно целое, и исправлять всё в требуемом месте, высоко-высоко, и тогда оберегается человек в этом мире и мире будущем».

ГЛАВА ВАЕХИ

И могущество – Царю, любящему правосудие

476) Сказал рабби Йоси, провозгласив: «"И могущество – Царю, любящему правосудие. Ты утвердил справедливость, правосудие и праведность в Яакове Ты явил"[543]. "И могущество – Царю, любящему правосудие" – это Творец», – т.е. Нуква, которая любит правосудие, и это мохин, состоящие из правой и левой линий вместе. «Могущество – Царю" означает, что сила, с помощью которой укрепляется Творец», Нуква, «содержится лишь в правосудии, как сказано: "Царь правосудием устраивает землю"[544]» – потому что оно состоит из Хохмы и хасадим вместе, хасадим – справа, а Хохма – слева.

477) «И поэтому» говорит Писание: «"И могущество – Царю, любящему правосудие", потому что Кнессет Исраэль», Нуква, «была утверждена лишь правосудием» – т.е. мохин, состоящими из Хохмы и хасадим вместе. «Поскольку оттуда она питается», от свойства хасадим, «и все благословения, которые она получает, она получает оттуда», т.е. Хохму. «Поэтому: "И могущество – Царю, любящему правосудие" – т.е. всё ее стремление и вся ее любовь, для того чтобы обрести правосудие. "Ты утвердил справедливость"[543] – два херувима внизу, которые называются справедливостью, т.е. исправление и заселение мира».

---

[543] Писания, Псалмы, 99:4. «И могущество – Царю, любящему правосудие. Ты утвердил справедливось, правосудие и праведность в Яакове Ты явил».

[544] Писания, Притчи, 29:4. «Царь правосудием устраивает землю, а муж высокомерный разоряет ее».

ГЛАВА ВАЕХИ

Славьте, служители Творца

478) Заговорил рабби Хизкия, провозгласив: «"Алелуйа. Славьте, служители Творца, славьте имя Творца!"⁵⁴⁵ Следует внимательно рассмотреть это изречение. После того, как сказал: "Алелуйа (досл. славьте Творца)", зачем еще сказал: "Славьте, служители Творца", а затем еще: "Славьте имя Творца"? Однако мы изучали: тот, кто воздает хвалу другому, должен восхвалять его соответственно величию его, и сообразно величию должно быть и восхваление. Но тот, кто восхваляет другого за то, чего у него нет, он обнаруживает его бесславие». Иначе говоря, приводит к тому, что обнаружится бесславие его. «Поэтому произносящий хвалебную речь о человеке должен позаботиться, чтобы она соответствовала его достоинствам, но не более. Иначе восхваление его приведет к бесславию. И хвала должна быть всегда только в меру величия».

479) «"Алелуйа (הללויה славьте Творца)" – здесь содержится высшая хвала Владыке всего, место, которое глаз не может охватить, чтобы постичь и увидеть, поскольку оно скрыто более всего скрытого. И кто Он?». Это имя «"йуд-хэй יה" – имя, которое выше всего». Объяснение. Имя «йуд-хэй יה» – это ГАР, так как острие буквы «йуд י» – это Кетер, «йуд י» – Хохма, «хэй ה» – Бина; и невозможно постигнуть ГАР. И это смысл сказанного: «Место, которое глаз не может охватить».

480) «Поэтому: "Алелуйа (הללויה славьте Творца)" – это хвала и имя вместе, соединенные как одно целое.⁵⁴⁶ И здесь непонятно, ибо говорит: "Алелуйа (הללויה славьте Творца)", и не сказано кто говорит: "Алелуйа (славьте Творца)" и кому говорят: "Славьте". Но так же как имя скрыто, так и хвала, которую возносят, скрыта. И те, кто восхваляют, я тоже не знаю, кто они. И так всё должно быть скрыто в высшем свойстве. И после того как скрыл в высшем свойстве, он раскрыл и сказал: "Славьте, служители Творца, славьте имя Творца!" – т.е. раскрыл, кто эти славящие, и кого они прославляют. Поскольку это место, которое не так скрыто как то высшее, скрытое более всего скрытого», т.е. «йуд-хэй יה», «так как это место, которое названо

---

⁵⁴⁵ Писания, Псалмы, 113:1-3. «Алелуйа. Славьте, служители Творца, славьте имя Творца! Да будет имя Творца благословенно отныне и вовеки. От восхода солнца до заката его прославлено имя Творца».
⁵⁴⁶ См. Зоар, главу Ваишлах, п. 270.

именем», Нуква, «как сказано: "Который назван именем – именем Творца"[547]», т.е. Нуква, которая называется «имя».

481) «Первое», т.е. «йуд-хэй יה», «скрыто и не раскрывается». «Второе», имя Творца, «скрыто и раскрывается. И поскольку ему предстоит раскрыться, говорит» Писание, «что они восхваляют это место», называемое «имя Творца»[545]. «И кто же эти восхваляющие? И говорит, что это "служители Творца"[545], достойные восхвалять это место», Нукву.

482) «"Да будет имя Творца благословенно"[545]. Что же отличает сказанное: "Да будет"? "Да будет (ехи יהי)" – это распространение из того высшего места, которое скрыто, и мы сказали, что это "йуд-хэй יה", до места союза, и это нижняя "йуд י", подобная высшей "йуд י", – начало такое же, как и конец».

Объяснение. Зеир Анпин называется АВАЯ (הויה), а Нуква называется АДНИ (אדני). И это скрытый смысл сказанного: «Да будет (ехи יהי) имя Творца (хэй ה)», потому что имя – это Нуква, Творец (хэй ה) – это Зеир Анпин. И когда они соединяются, эти два имени сочетаются друг с другом, и складывается из них имя АВАЯАДНИ (יאהדונהי). И здесь есть две буквы «йуд י»: первая «йуд י» – это Хохма, и это «йуд י» де-АВАЯ (הויה), и последняя «йуд י», «йуд י» от имени АДНИ (אדני) – это нижняя Хохма.[548]

И сказано: «Это распространение из того высшего места, которое скрыто, и мы сказали, что это "йуд-хэй יה"» – и это первая «йуд י» имени АВАЯАДНИ (יאהדונהי), и от нее нисходит наполнение Хохмы, «до места союза», т.е. Нуквы, «и это нижняя "йуд י"», т.е. последняя «йуд י» имени АВАЯАДНИ (יאהדונהי), «подобная высшей "йуд י"» – так же как высшая «йуд י» имени АВАЯАДНИ (יאהדונהי) является Хохмой, так и нижняя «йуд י» имени АВАЯАДНИ (יאהדונהי) получает от нее и становится нижней Хохмой. «Начало такое же, как и конец» – т.е. первая «йуд י» и последняя «йуд י» становятся равными друг другу, и обе они – Хохма.

---

[547] Пророки, Шмуэль 2, 6:2. «И встал Давид, и пошел со всем народом, который был с ним, из Баалей-Йегуды, чтобы перенести оттуда ковчег Всесильного, который назван именем – именем Творца воинств, обитающего между херувимов».

[548] См. Зоар, главу Берешит, часть 1, п. 253, со слов: «Кетер Арих Анпина...»

483) «И поэтому: "Да будет (ехи יהי)" – это распространение от скрытого более всего скрытого», т.е. первой «йуд י» имени АВАЯАДНИ (יאהדונהי), «до нижней ступени», до последней «йуд י» имени АВАЯАДНИ (יאהדונהי), и это – две буквы «йуд י» от слова: «Да будет (ехи יהי)». И с помощью этого слова осуществляется всё действие начала творения, как сказано: «Да будет (ехи יהי) свод»[549], «да будут (ехи יהי) светила»[550], «да будет (ехи יהי) свет»[551].

484) «Обо всём созидании наверху», т.е. свода, света и светил, «сказано: "Да будет (ехи יהי)"». «Обо всём созидании внизу», земли, воды и всего, находящегося там, «не сказано: "Да будет (ехи יהי)", поскольку это распространение, – т.е. "да будет (ехи יהי)", – является распространением от скрытого более всего скрытого», т.е. от первой «йуд י» имени АВАЯАДНИ (יאהדונהי), «происходит в высших сущностях, наверху, а не в тех сущностях, которые находятся внизу».

485) И благодаря этому благословляется святое имя во всём. Поэтому сказано: "Да будет имя Творца благословенно отныне и вовеки. От восхода солнца"[545] – это высшее место, от которого солнце», Зеир Анпин, «светит, и это место высшего скрытого рош», рош Арих Анпина.

486) «И "до заката его"[545] – это место связи, в котором соединилась с ним вера», т.е. Нуква, «как подобает», и там – единство Зеир Анпина и Нуквы. «И оттуда выходят благословения всему, и мир», Нуква, «питается от него, как мы учили. И поэтому предстоит этому месту», Нукве, «питаться от высшего и благословляться оттуда. И все зависит от пробуждения снизу, когда эти "служители Творца"[545] пробуждаются во время благословения святого имени», Нуквы, «как мы говорили.[552] И благодаря тому, что она в раскрытии, сказано: "Славьте, служители Творца, славьте имя Творца"[545]».

---

[549] Тора, Берешит, 1:6. «Да будет свод посреди вод, и будет он отделять воды от вод».
[550] Тора, Берешит, 1:14. «И сказал Всесильный: "Да будут светила на своде небесном, чтобы отделять день от ночи; и будут они для знамений и времен, и для дней и лет"».
[551] Тора, Берешит, 1:3. «И сказал Всесильный: "Да будет свет!"»
[552] См. выше, п. 481.

487) «Тем временем забрезжило утро, вышли из пещеры. И в эту ночь не спали. Отправились в путь, когда миновали эти горы, сели и вознесли молитву. Пришли в одну деревню и пробыли там весь этот день. Ночью спали до наступления полночи, и тогда встали заниматься Торой».

ГЛАВА ВАЕХИ

И благословил их в тот день

488) «"И благословил их в тот день, говоря: "Тобою будет благословлять Исраэль"»[553]. «"И благословил их в тот день". Что значит "в тот день" – ведь достаточно было сказать: "И благословил их"? И ещё. Во всех местах слово "говоря (леемор לאמר)" пишется без "вав ו", почему здесь оно написано с "вав ו"? Что означает это изменение?»

489) «Но в этом заключен глубокий смысл. "И благословил их в тот день"[553] – что значит "в тот день"? Это указывает на ступень, назначенную над высшими благословениями», т.е. Бину. «"Тот день" – это день», Зеир Анпин, «от того высшего места, которое называется "тот"», т.е. Бины. И сказанное: «"Тот день"» показывает, «что нет разделения между "день" и "тот". И в любом месте», где сказано: «"Тот день" – это две ступени, высшая ступень», Бина, «и нижняя», Зеир Анпин, «которые вместе», т.е. Зеир Анпин, который поднялся в Бину и стал как она.

490) «И поэтому, когда Яаков хотел благословить сыновей Йосефа, он благословил их высшим и нижним единством вместе, как одним целым, для того чтобы исполнилось их благословение. А затем соединил все их вместе» и сказал: «"Тобою будет благословлять Исраэль"[553]. Что значит: "Тобою"? Но именно так достигается единство. Вначале он благословил снизу вверх», то есть: «И благословил их в тот день», а это Зеир Анпин и Бина вместе, как уже сказано. «А затем спустился в середину», к Зеир Анпину, «и вниз», к Нукве. «"Говоря (леемор לאמר)" с "вав ו" – это середина», потому что «вав ו» указывает на Зеир Анпин. «А затем спустился вниз» и сказал: «"Тобою"», что указывает на Нукву. И таким «должно быть оно», благословение, «как снизу вверх, так и сверху вниз».

491) «"Тобою будет благословлять Исраэль"[553]. Что такое "Исраэль"? Это Исраэль Саба», т.е. Зеир Анпин Бины. «"Будет благословлен Исраэль" не сказано, а сказано: "Будет благословлять Исраэль"[553]» – и это значит, что будет благословлять

---

[553] Тора, Берешит, 48:20. «И благословил их в тот день, говоря: "Тобою будет благословлять Исраэль, говоря: "Да поставит тебя Всесильный как Эфраима и как Менаше!" И поставил Эфраима перед Менаше».

других, «потому что Исраэль» Саба «получает благословения свыше и благословляет всё именно с помощью нижней ступени», Нуквы. «Как и сказал: "Тобою будет благословлять Исраэль"[553]» – то есть «тобою», Нуквой, будет Исраэль Саба благословлять всё.

492) «"Да поставит тебя Всесильный как Эфраима и как Менаше!" И поставил Эфраима перед Менаше"[553]. Поставил вначале Эфраима, потому что Эфраим назван в честь Исраэля. И откуда нам это известно. Из того, что когда вышло колено Эфраима до завершения времени египетского порабощения, но они ускорили час и вышли из изгнания, поднялись против них их враги и истребили их. И сказано: "Сын человеческий! Кости эти – весь дом Исраэля они"[554]. И это следует» – то, что Эфраим называется Исраэль, «из сказанного: "Весь дом Исраэля они". И поэтому назвал Эфраима перед Менаше. И поэтому переходы (колена) Эфраима совершались в западной стороне, и она была местом его перехода» – потому что Шхина находится на западе, и весь Исраэль включен в нее. И поэтому Эфраим, называемый именем Исраэля, находился на стороне Шхины.

493) «Благословение, которое он дал сыновьям Йосефа, – почему благословил он их раньше, чем благословил своих собственных сыновей? Но отсюда следует, что любовь к сыновьям сыновей дорога человеку еще больше, чем любовь к сыновьям. И поскольку любовь к сыновьям сыновей прежде любви к сыновьям, он прежде всего благословил их».

494) «И благословил их в тот день, говоря: "Тобою будет благословлять Исраэль"»[553]. Сказал рабби Йоси, провозгласив: «"Творец помнил нас, благословит Он, благословит Он дом Исраэля"[555]». И непонятно, почему сказано дважды: «Благословит Он»? «"Творец помнил нас, благословит Он"[553] – и это мужчин, "благословит Он дом Исраэля"[553] – и это женщин. Поскольку вначале должны получить благословение мужчины, а затем женщины, – так как женщины не благословляются иначе, как от благословения мужчин. И когда мужчины получают благословения, тогда получают благословения и женщины.

---

[554] Пророки, Йехезкель, 37:11. «И Он сказал мне: "Сын человеческий! Кости эти – весь дом Исраэля они. Вот, говорят они: "Иссохли кости наши, и исчезла надежда наша, покончено с нами"».
[555] Писания, Псалмы, 115:12. «Творец помнил нас, благословит Он, благословит Он дом Исраэля, благословит Он дом Аарона!»

Как сказано: "И совершит искупление за себя, и за свой дом"[556] – т.е. сначала надо искупить себя, а затем уже свой дом», то есть мужчина (захар) раньше женщины (некева), «чтобы она благословилась от него».

495) «Женщины благословляются лишь от мужчин, после того как те благословляются вначале, – и от этого благословения мужчин они благословляются», и не нуждаются в особом благословении для себя. «Тогда как объяснить сказанное: "Благословит Он дом Исраэля"[555]?», если женщины не нуждаются в особом благословении. «Однако Творец дает дополнительное благословение женатому мужчине для того, чтобы жена его благословилась от него. И так в любом месте дает Творец дополнительное благословение женатому мужчине, чтобы она получила благословение от этой добавки. И после того, как человек женится, Он дает ему две части: одну – ему, и одну – жене. И он получает всё – свою часть и часть жены». И поэтому приводится особое благословение для женщин: «Благословит Он дом Исраэля»[555], поскольку это их часть. Однако мужчины получают также и женскую часть, и дают им ее после этого.

496) «"И благословил их в тот день"[553], а затем сказано: "Говоря (леемор לאמור)" с "вав ו", и здесь это указывает на старшего сына», так как «вав ו» указывает на первородство, «ибо сказано: "Сын Мой, первенец Мой, Исраэль"[557], и сказано: "И Эфраим (ве-Эфраим ואפרים) – первенец Мой"[558]. И поэтому приводится дополнительная "вав ו"» к имени Эфраим, включенная в это благословение.

---

[556] Тора, Ваикра, 16:17. «И никого не будет в Шатре собрания, когда входит он, чтобы искупить в Святилище, пока он не выйдет; и совершит искупление за себя, и за свой дом, и за все общество Исраэля».

[557] Тора, Шмот, 4:22. «И передай Фараону, что так сказал Творец: "Сын Мой, первенец Мой, Исраэль"».

[558] Пророки, Йермияу, 31:8. «С плачем придут они, и с милосердием поведу Я их, поведу их к потокам вод путем прямым, не споткнутся они на нем, ибо стал Я отцом Исраэлю, и Эфраим – первенец Мой».

ГЛАВА ВАЕХИ

Бесформенным видели меня очи Твои

497) Сказал рабби Йегуда, провозгласив: «"Бесформенным видели меня очи Твои, и в книге Твоей записаны все"[559]. Это изречение приводится в нескольких местах. Но все те души, которые были со времени сотворения мира, все они предстают перед Творцом, прежде чем нисходят в мир, точно в том же виде, в котором потом являются в мир. И в том же облике, в каком тело человека предстает в этом мире, так оно предстает наверху».

498) «И в час, когда душа готова спуститься в мир, точно в таком же виде, в каком она предстанет в этом мире, она предстает и перед Творцом, и Творец берет с нее клятву, что она будет выполнять заповеди Торы и не преступит законов Торы».

499) Откуда известно, что души предстают перед Ним? Поскольку сказано: «Как жив Творец, пред которым я стоял»[560] – то есть стоял перед Ним прежде, чем был сотворен. «Поэтому сказано: "Бесформенным видели меня очи Твои"[559] – прежде, чем появился в мире, "и в книге Твоей записаны все"[559] – ибо все души в этой своей форме записаны в книгу, "дни созданы"[559] – мы уже выясняли, что безусловно они созданы» т.е. из них образовалось облачение, в которое можно облачиться,[561] «"и нет ни одного из них"» – т.е. нет ни одного дня из них «в этом мире, чтобы мог предстать при жизни пред Господином его в достойном виде».

---

[559] Писания, Псалмы, 139:16. «Бесформенным видели меня очи Твои, и в книге Твоей записаны все, дни созданы и нет ни одного из них».
[560] Пророки, Мелахим 1, 17:1. «И сказал Ахаву Элияу Тишбиянин из жителей Гилада: "Как жив Творец Всесильный Исраэля, пред которым я стоял, что не будет в эти годы ни росы, ни дождя; разве лишь по слову моему».
[561] См. выше, п. 299.

ГЛАВА ВАЕХИ

Какова мера дней моих

500) «Смотри, дни человека, когда он удостаивается добрых деяний в этом мире, дни его благословляются наверху, от того места, которое называется "мера дней его"», от Бины. «Сказал, провозгласив: "Сообщи мне, Творец, конец мой, и мера дней моих – какова она"[562]. "Конец мой" – это конец правой, который связан с Давидом. "И мера дней моих" – это та, которая на самом деле установлена над днями его», т.е. Бина.[563]

501) Сказал рабби Йегуда: «Я слышал от рабби Шимона, что этот отрывок сказан о тех днях, которые взяты для него у Адама Ришона, т.е. семьдесят лет.[564] Ведь мы учили, что не было бы у Давида жизни вообще, если бы Адам Ришон не дал ему семьдесят лет от своих дней».

502) «И это потому, что завеса» – небосвод-завеса, соответствующий Малхут, «не действует вообще, так как луна», Малхут, «не светит со своей стороны вовсе». И поэтому у Давида, соответствующего Малхут, нет жизни. «И семьдесят лет светят ей», Малхут, «со всех сторон», и это семь сфирот ХАГАТ НЕХИМ Зеир Анпина, каждая из которых состоит из десяти, всего – семьдесят. «И это жизнь Давида в общем, и поэтому Давид обратился к Творцу, чтобы узнать, почему нет собственной жизни у луны, и хотел узнать ее корень».

503) «"И мера дней моих – какова она"[562] – это высшая скрытая ступень», Бина, называемая мерой жизни, «так как она стоит над всеми этими днями, которые являются жизнью» Малхут, так как ХАГАТ НЕХИМ Зеир Анпина нисходят из Бины, «то место, которое светит всем. "Чтобы знать мне, сколь тленен я"[562], т.е. сказал Давид: "Чтобы узнать мне, за что лишен я собственного света", и не позволено ему быть, как всем высшим светам, ведь у всех у них есть своя собственная жизнь, "а я, за что я лишен света, за что он забран у меня?" Это – то, что собирался узнать Давид, но не было дано ему право знать».

---

[562] Писания, Псалмы, 39:5. «Сообщи мне, Творец, конец мой, и мера дней моих – какова она, чтобы знать мне, сколь тленен я».
[563] См. Зоар, главу Ноах, статью «Конец всякой плоти», п. 76.
[564] См. Зоар, главу Ваишлах, п. 53.

ГЛАВА ВАЕХИ

Все благословения – для этой ступени

504) «Все высшие благословения переданы этой ступени», Малхут, «чтобы благословлять всё. И хотя нет у нее собственного света, но все благословения и вся радость, и всё благо, все они находятся в ней, и от нее они исходят. И потому она называется чашей благословения. И называется она истинным благословением, как сказано: "Благословение Творца – оно обогащает"[565]», а благословение Творца – это Малхут. «Поэтому сказано: "Наполнен благословением Творца, морем и югом владей"[566]».

505) «Поэтому есть у нее», у Малхут, «отпечаток во всех сфирот» – т.е. все они состоят из нее, «и она наполняется от всех их, и от всех есть у нее» – т.е. все они включены в нее, «и она благословилась всеми высшими благословениями, и благословения эти вручены ей, чтобы благословлять. Откуда нам это известно? Ибо сказал рабби Ицхак: "Яаков благословил сыновей Йосефа от того места, которому вручены все благословения, чтобы благословлять, как сказано: "И будешь благословением"[567]» – то есть он удостоится Малхут, являющейся благословением. И тогда, «отныне и впредь вручаются ему все благословения». Ибо все благословения находятся в распоряжении Малхут.

Объяснение. Когда было сказано Малхут: «Ступай и уменьши себя»[568], и она уменьшила себя и вышла из Ацилута в Брия, с тех пор нет у нее, у луны, жизни со своей стороны.[569] И если раньше она была включена во все сфирот Ацилута, то теперь она вышла из них, и ничего не осталось от нее во всех сфирот. И это означает, что у Давида нет жизни. Но затем (Малхут)

---

[565] Писания, Притчи, 10:22. «Благословение Творца – оно обогащает, и с ним не будет знать горя».
[566] Тора, Дварим, 33:23. «А о Нафтали сказал: "Нафтали пребывает в благополучии и наполнен благословением Творца, морем и югом владей"».
[567] Тора, Берешит, 12:2. «И сделаю Я тебя великим народом и благословлю тебя, и возвеличу имя твое, и будешь благословением».
[568] Вавилонский Талмуд, трактат Хулин, лист 60:2.
[569] См. Зоар, главу Берешит, часть 1, п. 113, со слов: «В состоянии "два великих светила"...»

была исправлена с помощью Зеир Анпина, который выстроил ее от своих семи сфирот ХАГАТ НЕХИМ, и это те семьдесят лет, которые были отданы Адамом Ришоном Давиду.

И теперь, хотя и нет у нее ничего своего, все же она снова достигла полного строения своего парцуфа, но уже с помощью Зеир Анпина. И поэтому она снова включилась во все сфирот Ацилута, и все сфирот снова включились в нее, и это означает сказанное: «Поэтому есть у нее отпечаток во всех», поскольку она снова включилась в них, «и от всех есть у нее», потому что все сфирот снова включились в нее, как и до уменьшения.

506) «Подобно этому», т.е. подобно тому, как она была выстроена посредством семи сфирот Зеир Анпина, «мы благословляем и возносим это имя», Малхут. «И потому об этом восхвалении, т.е. о тех днях, когда произносят "алель (восхваление)", сказал рабби Хия, что в алель есть три ступени: благочестивые (хасидим), праведники и Исраэль. Благочестивые – с правой стороны, праведники – с левой стороны, Исраэль – со всех этих сторон, потому что Исраэль состоят из всех них», так как это средняя линия, включающая правую и левую, и они соответствуют трем линиям, которые Малхут получает от Зеир Анпина несмотря на то, что нет у нее ничего своего. «И поэтому возносится слава Творца», Малхут, «от всех» сфирот. «И так в любом месте, где Исраэль восславляют Творца снизу», т.е. поднимают МАН, «возносится слава Его всеми» сфирот.

ГЛАВА ВАЕХИ

Звучание вращающегося колеса

507) «Звучание вращающегося снизу вверх колеса. Постоянно вращаются невидимые строения. Звук мелодии поднимается и опускается, все время странствуя по миру. Звук шофара нисходит вглубь ступеней и вращает это колесо по кругу».

Объяснение. Так же как в начале выхода мохин, они выходят в трех следующих друг за другом местах, называемых тремя точками холам-шурук-хирик, от которых протягиваются три линии, правая-левая-средняя,[570] так же и в час, когда мохин светят, они светят только благодаря кругообращению в трех этих местах, которые все время сменяются в них, одно за другим. И поэтому называется путь их свечения кругообращением.[571]

И известно, что эти три точки включают друг друга, и поэтому есть три точки в точке холам, от которой исходит правая линия, три точки в точке шурук, от которой исходит левая линия, и три точки в точке хирик, от которой исходит средняя линия. Таким образом, есть кругообращение в каждой из трех линий. А здесь, в Тосефте, (Зоар) говорит о трех линиях точки хирик, свойства средней линии, и это Зеир Анпин, называемый голос. Поэтому называются они «три голоса».

«Звучание колеса, вращающегося снизу вверх» – т.е. вращение от правой линии к левой линии, ведь свечение левой линии происходит только снизу вверх. И поэтому сказано: «Вращающегося снизу вверх». Но прежде чем левая линия соединяется с правой, света ее закрыты, так как она не может светить без хасадим.[572] И поэтому сказано: «Постоянно вращаются невидимые строения» – т.е. свечения вращающихся строений закрыты.

А затем вращается левая линия к правой линии, и сказано: «Звук мелодии поднимается и опускается» – т.е. наполнение мелодией и хасадим, раскрывающихся от правой линии. И она

---

[570] См. Зоар, главу Берешит, часть 1, п. 38, со слов: «Таким образом, нельзя посеять семя для создания мохин, но только с помощью трех посевов холам-шурук-хирик...»

[571] См. Зоар, главу Хаей Сара, п. 11, со слов: «И лежащие во прахе...»

[572] См. Зоар, главу Берешит, часть 1, п. 7, со слов: «Но это происходит после облачения Хохмы в хасадим...»

светит также сверху вниз, и поэтому сказано: «Странствует все время по миру».

А затем переходит от правой линии к средней линии, и сказано: «Звук шофара нисходит вглубь ступеней». Зеир Анпин, средняя линия, называется звуком шофара, и он распространяется и выходит на экран де-хирик,[573] и это суды. И поэтому сказано: «Нисходит вглубь ступеней», то есть в глубину судов, и это основа, завершающая и раскрывающая свечение трех линий, «и вращает это колесо по кругу» – т.е. основа, совершающая круговое вращение колеса и соединяющая три линии друг с другом.

508) «И помещены внутрь две магрефы» – т.е. силы, назначенные наказывать и жаловать, нисходящие «справа и слева, двух цветов, включенных друг в друга, белого и красного, и обе вращают колесо наверх. Когда вращает его в правую сторону, белый поднимается, когда вращает влево, красный опускается. И это колесо вращается всегда, не утихая».

Объяснение. Они вращают это колесо, т.е. три вышеупомянутые линии, согласно деяниям нижних. Если они праведники, тогда вращает колесо сила, содержащаяся в правой линии, и тогда поднимается белый (цвет), т.е. хасадим, чтобы дать награду праведникам. Если же они грешники, сила, приходящая от левой линии, вращает это колесо, и красный (цвет), т.е. суд, опускается, обвиняя грешников.[574]

509) «Две птицы», Хохма и Бина Нуквы, «поднимаются, щебеча, одна – в южном направлении», Хохма, «другая – в северном», Бина, «и парят в воздухе» – т.е. светят (светами) ВАК Хохмы и Бины, а ВАК называются воздухом. «Щебетание» птиц, т.е. Нуква, «и звук мелодии колеса», Зеир Анпин, «соединяются вместе, и тогда: "Псалом. Песнь на день субботний"[575]». Иначе говоря, тогда, во время зивуга, светят эти света, которые подробно изложены в псалме «Песнь на день субботний»[575]. «И все благословения», относящиеся к светам Хохмы, «произносятся шепотом и облачаются в эту мелодию

---

[573] См. Зоар, главу Берешит, часть 1, п. 142, со слов: «Отсюда и далее, после того как Яаков притянул свет средней линии с помощью экрана точки хирик...»
[574] См. далее, п. 512.
[575] Писания, Псалмы, 92:1.

колеса» – в правую линию Зеир Анпина, хасадим, «благодаря любви, содержащейся в звуке шофара» – в средней линии Зеир Анпина.

Объяснение. Средняя линия, звук шофара, объединяет две линии, и Хохма левой линии облачается в хасадим правой. И прежде, чем Хохма облачается в хасадим, она не светит. Поэтому считается, что она притягивается шепотом и не слышна. Поэтому сказано: «И все благословения произносятся шепотом и облачаются в эту мелодию колеса», и после того, как они облачаются в мелодию колеса, становятся слышны.

510) «Для того, чтобы получить эти благословения» – то есть чтобы Хохма облачилась в хасадим, «нисходят благословения» – Хохма, «сверху вниз, и укрываются вместе в глубинах колодца» – Нуквы. То есть она не может светить без хасадим. «Источник колодца не прекращает свой шепот» – то есть не светит, «пока не наполнится это вращающее колесо» – средняя линия, то есть основа, вращающая колесо. А когда средняя линия, т.е. вращающее колесо, продолжает наполняться Хеседом, тогда облачается Хохма источника колодца в хасадим средней линии и светит в совершенстве, и больше не шепчет.

511) «Эти две магрефы производят вращение. Та, что справа» – которая вращает три линии под властью правой линии, «громко произнесла, сказав: "Свечение светов, которые поднимаются и опускаются"» – ибо поскольку она правая, свечение ее нисходит сверху вниз. «Две тысячи миров» – Хохма и Бина, называемые тысячами, исходящие из двух линий, правой и левой, «светите! Средний мир, находящийся внутри них» – то есть Даат, исходящий из средней линии, «свети от света Владыки своего! Все те, кто обладает глазами» – достойные постичь Хохму, называемую «глаза», «всмотритесь и раскройте ваши глаза, и вы удостоитесь этого света, этого блаженства. Это те благословения, которые исходят свыше. Для того, кто удостоился, поднимается колесо, вращаясь вправо» – то есть приносит свечение трех этих линий в совершенстве правой линии, «и ниспосылает (благословения), направляя их тому, кто удостоился, и он испытывает усладу от этих высших благословений, которые светят. Счастливы те, кто удостоился их».

512) «А когда он не удостаивается, это колесо обращается, и та магрефа, что с левой стороны, вращает его» – т.е. приносит свечение линии в совершенстве левой, «и опускает свет вниз» – притягивает свечение левой сверху вниз, «навлекая тем самым суд на того, кто не удостоился, и звучание уходит. Горе тем грешникам, которые не удостоились. С левой стороны выходит пламя огня, которое разгорается, пребывая над головой грешников. Счастливы те, кто идет по пути истины в этом мире, чтобы удостоиться этого высшего света, благословений чистоты, как сказано: "И насыщать в чистоте душу твою"[576]».

---

[576] Пророки, Йешаяу, 58:11. «И Творец будет вести тебя всегда, и насыщать в чистоте душу твою, и кости твои укрепит, и будешь ты, как сад орошенный и как источник, воды которого не иссякают».

ГЛАВА ВАЕХИ

Пусть соберутся, и я поведаю вам

513) «И призвал Яаков сыновей своих, и сказал: "Пусть соберутся, и я поведаю вам, что произойдет с вами в завершение дней"»[577]. Рабби Аба сказал, провозгласив: «"Обратился Он к молитве одинокого и не презрел молитвы их"[578]. Мы разбирали это высказывание, и товарищам было непонятно: Сказано: "Обратился", но ведь следовало сказать: "Внял" или "услышал". Что значит "обратился"?»

514) «Но все молитвы мира», т.е. молитвы многих, «это и есть молитвы. А молитва одинокого не входит к святому Царю иначе, как с большой силой. Ибо прежде, чем молитва входит, чтобы украситься на своем месте, наблюдает за ней Творец и всматривается в нее, и смотрит на прегрешения и заслуги этого человека – то, чего он не делает в случае молитвы многих. Ведь сколько этих молитв исходит не от праведников, но всё же все они принимаются Творцом, и Он не обращает внимания на их прегрешения».

515) «"Обратился Он к молитве одинокого"[578] – т.е. Он рассматривает эту молитву, поворачивая ее со всех сторон, и смотрит: с каким желанием была выполнена молитва, кто человек, обращающийся с этой молитвой, и каковы его деяния. Поэтому человек должен обращаться со своей молитвой, находясь в обществе, поскольку "не презрел Он молитвы их"[578], несмотря на то, что они не находятся все в правильном намерении и желании сердца». И сказанное: «Обратился Он к молитве одинокого»[578] означает, что лишь к молитве одинокого Он обращается, всматриваясь в нее. Но в отношении молитвы многих – «не презрел Он молитвы их»[578], хотя они и не желаемы.

516) «Другое значение. "Обратился Он к молитве одинокого"[578]» – т.е. Он принимает его молитву, но «это тот одинокий, который включен во многих» – поэтому молитва его, как молитва многих. «И кто тот одинокий, который включен во многих? – Яаков, который включен в две стороны», правую и левую, т.е. Авраама и Ицхака. «И призвал он сыновей своих, и вознес

---

[577] Тора, Берешит, 49:1. «И призвал Яаков сыновей своих, и сказал: "Пусть соберутся, и я поведаю вам, что произойдет с вами в завершение дней"».
[578] Писания, Псалмы, 102:18. «Обратился Он к молитве одинокого и не презрел молитвы их».

за них свою молитву. И что это за молитва, которая полностью принимается наверху? Это молитва о том, чтобы не погибли сыны Исраэля в изгнании». Объяснение. Любая молитва, произносимая за Шхину, принимается полностью, поскольку когда Исраэль в изгнании, Шхина вместе с ними, поэтому считается эта молитва как молитва за Шхину и принимается полностью.

517) «В час, когда Яаков воззвал к сыновьям своим, удалилась от него Шхина. И мы уже выясняли это. Когда воззвал Яаков к сыновьям своим, были там Авраам и Ицхак, и Шхина (пребывала) над ними. Шхина была рада с помощью Яакова соединиться с праотцами, связаться с их душами, и вместе быть строением (меркава)».

518) «Сказал Яаков: "Пусть соберутся, и я поведаю вам, что произойдет с вами в завершение дней"[577]. 'В завершение' – это Шхина», являющаяся окончанием сфирот. «И как бы», – тем, что сказал: «Что произойдет с вами в завершение дней», – «этим напомнил об изгнании, и навеял печаль на Шхину, и она удалилась. А затем вернули ее сыновья его, благодаря единству, прозвучавшему в их воззвании, когда они обратились, сказав: "Слушай (Шма), Исраэль! Творец Всесильный наш, Творец един"[579]. Тотчас упрочил ее Яаков, сказав: "Благословенно имя величия царства Его вовеки". И установилась Шхина на месте своем».

519) «"И призвал Яаков сыновей своих"[577]. Что это за призыв здесь? Однако это призыв к тому, чтобы укрепить место», т.е. Малхут, называемую место, и собрав их этим призывом, он связал их с корнем, «чтобы укрепить их наверху», в их корне, «и внизу», в этом мире. «В любом месте, где говорится о призыве, это в таком же виде, как сказано: "И Моше назвал Ошеа, сына Нуна, – Йеошуа"[580]», и это было «для того чтобы укрепить его место», т.е. Малхут, «в том месте, где нужно, и связать его с ним, и также: "И назвал его именем Яаков"[581]. И

---

[579] Тора, Дварим, 6:4. «Слушай, Исраэль! Творец Всесильный наш, Творец един».

[580] Тора, Бемидбар, 13:16. «Вот имена людей, которых Моше отправил разведать землю. И Моше назвал Ошеа, сына Нуна, – Йеошуа».

[581] Тора, Берешит, 25:26. «А затем вышел брат его, держась рукой за пяту Эсава. и назвал его именем Яаков. Ицхак же был шестидесяти лет при рождении их».

также сказано: "И назвал его: Творец Всесильный Исраэля"[582] – т.е. укрепил это место при помощи имени, которым он назвал его, ибо название дается для укрепления» и усиления.

520) «А то, что сказано: "И призывали неустанно Всесильного, и чтобы отвратился каждый от злого пути своего и от насилия рук своих"[583]?» Какое укрепление имеется здесь? «Тоже, безусловно» – т.е. здесь тоже воззвание нужно, «чтобы установить связь и произвести укрепление наверху. И в чем это заключается? Порядок восславления Владыки своего и все, с чем обращаются в молитве к Владыке своему, дают укрепление и силу Владыке его. Этим он показывает, что всё зависит от Него, а не от иного "места". Таким образом», и воззвание, произнесенное здесь, «служит для укрепления. И подобно этому: "И призвал Яаков сыновей своих"[577] – т.е. укрепил их в полной мере. И также: "И воззвал Он к Моше"[584] – т.е. укрепился благодаря этому в укреплении Его».

521) Сказал рабби Ицхак: «Почему в слове "ваикра (ויקרא и воззвал)" малая буква "алеф א"?» – если «и воззвал»[584] указывает на укрепление и усиление. Сказал (рабби Аба) ему: «Ибо Моше укрепился в совершенстве», благодаря этому воззванию, «но не в полном (совершенстве), ибо расстался» из-за этого «со своей женой», и поэтому пишется малая буква «алеф א». «В книгах основоположников сказано», что его разлучение с женой «это достоинство», а не недостаток. «Однако мы изучали, что он удалился» от своей жены и прилепился «к высшему, но требуется, чтобы он установил связь как наверху, так и внизу», т.е. с женой, «и тогда он совершенен», а разлучение с женой является недостатком для него. И на это указывает малая буква «алеф א».

«И еще. Малая буква "алеф א" указывает, что она исходит от малого места», т.е., что воззвание исходило от малого места,

---

[582] Тора, Берешит, 33:20. «И поставил там жертвенник, и назвал его: Творец Всесильный Исраэля».
[583] Пророки, Йона, 3:7-8. «И повелел провозгласить и сказать в Ниневэй от имени царя и вельмож его так: чтобы ни люди, ни животные, ни крупный, ни мелкий скот не пробовали ничего, не ходили на пастбища и воды не пили, и чтобы покрыты были вретищем люди и скот, и призывали неустанно Всесильного, и чтобы отвратился каждый от злого пути своего и от насилия рук своих».
[584] Тора, Ваикра, 1:1. «И воззвал Он к Моше, и говорил Творец ему из Шатра собрания так».

Малхут, «малого, становящегося больши́м при своем соединении с высшим», Зеир Анпином, который является свойством Моше. Поэтому: «И воззвал Он к Моше» – для того, чтобы (Малхут) стала большой.

522) «"И сказал: "Пусть соберутся"[578]». Это значит, что они не были там, у него. В таком случае, «что означает: "И сказал"?» Кому сказал? «Это как сказано: "И ты скажешь в сердце своем"[585], т.е. сказал неслышно». Иначе говоря, обратил свои слова наверх, а не сказал своим сыновьям.

«Если он сообщил через посланников, чтобы собрались сыновья его, то ему следовало сказать: "Соберите", а не "пусть соберутся"[577], как сказано: "Соберите Мне благочестивых Моих"[586]. Но нам ясно, что "пусть соберутся" означает – из высшего места». Другими словами, сказал: «"Пусть соберутся"[577] к своим высшим корням, находящимся в Малхут», – чтобы собрались, «в совершенной связи, в полном единстве. "И я поведаю вам"[577]. Что значит: "И я поведаю"? Это указывает на мудрость (хохма)». Иначе говоря, «и я поведаю» указывает на то, что он притянет для них свойство Хохмы.

523) Рабби Йоси спросил рабби Шимона. Сказал ему: «В любом месте, где говорится: "И поведаю", "и поведает", или "и поведают", и так все» места, где говорится о ведании (агада הגדה), «это указывает на свойство Хохмы. Каким образом это слово указывает на свойство Хохмы?»

Сказал ему: «Поскольку это слово, в котором есть буквы "гимель-далет גד" без разделения между ними, что символизирует совершенное единство», так как «гимель ג» указывает на Есод, а «далет ד» на Малхут, «а это – свойство Хохмы. Ибо если в слове проявляется совершенство этих букв, "гимель-далет גד", это происходит, когда есть у них свойство Хохмы. Но "далет ד" без "гимель ג" не является совершенством, а также "гимель ג" без "далет ד". Ведь "гимель-далет גד" неразрывно связаны друг с другом, и тот, кто разъединяет их, навлекает на себя смерть. И в этом заключается прегрешение Адама», который притянул

---

[585] Пророки, Йешаяу, 49:21. «И ты скажешь в сердце своем: "Кто родил мне этих? Я же потеряла детей своих и была одинока, изгнана и покинута: кто же растил этих? Ведь я оставалась одна – эти, где они (были)?"»
[586] Писания, Псалмы, 50:5. «Соберите Мне благочестивых Моих, заключивших союз со Мной над жертвой».

свет Малхут сверху вниз и отделил ее от Есода Зеир Анпина, и отделил «далет ד» от «гимель ג».

524) «И потому» ведание (агада הגדה), «это слово, которое указывает на свойство Хохмы. И хотя иногда встречается буква "йуд י" между "гимель ג" и "далет ד"», как например: «И я поведаю (ве-агида ואגידה)», «это не является разделением, а всё это – одна связь», потому что «йуд י» тоже указывает на Есод. «И в этом слове то же самое, конечно», также и здесь: «"И я поведаю вам" указывает на Хохму, т.е. он хотел раскрыть им окончание всех деяний Исраэля», называемое концом дней.

525) «И можно возразить: ведь он не раскрыл то, что хотел раскрыть, – почему, в таком случае, в Торе написано слово, сказанное совершенным Яаковом, в то время как оно было нарушено потом и не исполнилось? Но, конечно же, оно исполнилось, и всё, что необходимо было раскрыть, он раскрывал и скрывал: произносил слово, раскрывая его внешний смысл и скрывая внутренний. И слово, сказанное в Торе, никогда не нарушается».

526) «Всё скрыто в Торе, ибо Тора является совершенством всего, совершенством высшего и нижнего, и нет слова или даже буквы в Торе, которые были бы ущербны. И всё, что должен был сказать Яаков, он сказал, но раскрыл и скрыл. И ничего не нарушил из всего того, что он желал раскрыть, ни одной буквы».

527) Рабби Йегуда и рабби Йоси сидели однажды на входе в Лод. Сказал рабби Йоси рабби Йегуде: «То, что Яаков благословил своих сыновей, мы видим из сказанного: "И благословил их"[587]. Но где же они, их благословения?» Сказал ему: «Всё это благословения, которыми он благословил их, как сказано: "Йегуда, тебя восхвалят братья твои"[588], "Дан будет судить народ свой"[589], "От Ашера – тучен хлеб его"[590]. И так – (благословил) их всех».

---

[587] Тора, Берешит, 49:28. «Вот все колена Исраэля, двенадцать. И это то, что сказал им отец их, и благословил их, – каждого своим благословением благословил он их».

[588] Тора, Берешит, 49:8. «Йегуда, тебя восхвалят братья твои; рука твоя на хребте врагов твоих; поклонятся тебе сыны отца твоего».

[589] Тора, Берешит, 49:16. «Дан будет судить народ свой, как одно – колена Исраэля».

[590] Тора, Берешит, 49:20. «От Ашера – тучен хлеб его; и он доставлять будет яства царские».

528) «Но то, что хотел раскрыть, он не раскрыл. Ибо он хотел раскрыть им конец дней, и мы уже выясняли, что есть конец правой и конец левой. И он хотел раскрыть им конец» правой, «чтобы оберечь себя и очиститься от крайней плоти», имеющейся в конце левой, «а то, что он раскрыл им, было известно и раскрыто еще до того, как они вошли в святую землю. Но остального он не поведал им открыто, и оно скрыто в Торе в этой главе Яакова и в этих благословениях».

ГЛАВА ВАЕХИ

Реувен, ты первенец мой

529) Сказал, провозгласив: «"Реувен, ты первенец мой"[591]. Почему Яаков считал правильным начать благословения с Реувена? Начал бы с Йегуды, который» в переходах со знаменами «выступает первым из всех станов», как сказано: «Им выходить первыми»[592]. «И он – царь». И еще, «мы ведь видели, что он не благословил» Реувена, «и ушли от него благословения, пока не явился Моше и не помолился за него, как сказано: "Пусть живет Реувен, и не умирает"[593]». И согласно этому лучше было, чтобы начал с Йегуды, и начал бы с благословения.

530) «Однако нет сомнения, что он благословил» Реувена, «и это благословение поднялось на свое место. Это подобно человеку, у которого был сын. Когда наступило время уходить из этого мира, пришел к нему царь. Сказал он: "Пусть все мои деньги будут сохранены у царя для моего сына". Когда царь увидел, что этот сын достоин получить их, отдал их ему. Так и Яаков сказал: "Реувен, ты первенец мой, возлюбленный сердца моего, но благословения будут у святого Царя, пока Он не увидит, что ты достоин их. И это потому, что ты поспешил обнаружить свой гнев, словно воды в их бурном течении", как истолковываются слова: "Стремительный как вода"[591]».

531) Рабби Эльазар сказал, провозгласив: «"И сказал Он мне: "Пророчествуй духу (жизни), пророчествуй, сын человеческий, и скажешь духу (жизни): "Так сказал Творец: с четырех сторон приди, дух (жизни), и войди в этих мертвых, и оживут они"[594]. Как глухи люди, которые не знают и не обращают свой взор на славу Царя, ведь Тора взывает к ним каждый день, но нет того, кто бы услышал ее. Этот отрывок непонятен: после

---

[591] Тора, Берешит, 49:3-4. «Реувен, ты первенец мой, крепость моя и начаток силы моей, избыток величия и избыток могущества. Стремительный как вода, ты не пребудешь, ибо взошел ты на ложе отца твоего, осквернил тогда восходившего на постель мою».

[592] Тора, Бемидбар, 2:9. «Всех исчисленных в стане Йегуды – сто восемьдесят шесть тысяч четыреста по их воинствам; им выходить первыми».

[593] Тора, Дварим, 33:6. «Пусть живет Реувен, и не умирает, и да будут люди его многочисленны».

[594] Пророки, Йехезкель, 37:9. «И сказал Он мне: "Пророчествуй духу (жизни), пророчествуй, сын человеческий, и скажешь духу (жизни): "Так сказал Творец: с четырех сторон приди, дух (жизни), и вдохни в этих мертвых, и оживут они"».

того, как сказано: "Пророчествуй духу", почему сказано во второй раз: "Пророчествуй, сын человеческий, и скажешь духу (жизни)"?»

532) «Но отсюда мы учимся скрытой мудрости. Здесь имеется два указания. Первое – совершать пробуждение снизу вверх, потому что если не пробуждаются сначала снизу, не пробуждаются и наверху. И благодаря пробуждению внизу пробуждается и наверху». А второе указание – светить сверху вниз. «"Пророчествуй духу"[594] – это снизу вверх. "Пророчествуй, сын человеческий, и скажешь духу (жизни)"[594] – сверху вниз».

533) «Ведь даже наверху при пробуждении снизу», т.е. при подъеме МАН, «высший получает от своего высшего». Иными словами, даже на высших ступенях нижняя получает от своей высшей только лишь благодаря пробуждению снизу. «И так же в этом высказывании: "Так сказал Творец: с четырех сторон приди, дух (жизни)"[594], "с четырех сторон" – это юг и восток, север и запад», т.е. Хесед, Тиферет, Гвура и Малхут. «И этот дух приходит с запада», т.е. от Малхут, «в соединении с остальными» – с югом, востоком, севером, т.е. ХАГАТ. «И об этом сказано: "Вырытый вождями народа"[595]», т.е. Малхут поднимает к ним МАН, и они соединяются в ней. Так что и в высших действует пробуждение снизу, т.е. подъем МАН.

534) «И отсюда», от Малхут, «выходят дух (рухот) и души (нешамот) к жителям мира», чтобы сформироваться с их помощью, т.е. получить от них форму, и это – форма ГАР. «"И вдохни в этих мертвых"[594], – как сказано: "И вдохнул в ноздри его дыхание жизни"[596]. Смотри», Малхут «получает с одной стороны, а отдает с другой стороны, и поэтому: "Все реки текут в море, но море не переполняется"[597]. Почему "не переполняется"? – Потому что получает и отдает, вводит и выводит».

Пояснение сказанного. Несмотря на то, что Малхут получает от трех сторон Зеир Анпина, южной, северной и восточной, в

---

[595] Тора, Бемидбар, 21:18. «Колодец, выкопанный старейшинами, вырытый вождями народа жезлом, посохами своими».

[596] Тора, Берешит, 2:7. «И создал Творец Всесильный человека из праха земного, и вдохнул в ноздри его дыхание жизни, и стал человек существом живым».

[597] Писания, Коэлет, 1:7. «Все реки текут в море, но море не переполняется; к месту, куда реки текут, туда вновь приходят они».

любом случае, вначале она получает от левой линии, северной стороны, и тогда у нее есть ГАР Хохмы, но без хасадим, и поэтому она становится тогда застывшим морем, – когда ее света застывают в ней, и она не может светить.[598] А потом, когда она получает от средней линии, восточной стороны, северная сторона объединяется с южной, и света раскрываются, и она светит нижним. Но тогда она уменьшается с ГАР де-ГАР с помощью средней линии и остается лишь в свойстве ВАК де-ГАР.[599]

И это означает сказанное: «Смотри, получает с одной стороны» – когда (Малхут) получает свет, она получает с одной стороны, т.е. с левой, и тогда есть у нее ГАР де-ГАР, но она застывает и не светит нижним, «а отдает с другой стороны» – когда отдает нижним, она отдает с другой стороны, с восточной, и это средняя линия, которая соединяет север с югом, и тогда Хохма облачается в хасадим, и тогда она дает наполнение нижним, но она уже уменьшилась с ГАР де-ГАР в силу средней линии, как мы уже сказали.

И это означает сказанное: «Все реки текут в море, но море не переполняется»[597] – что все реки Зеир Анпина светят и текут в море, Нукву, «но море не переполняется», но ему недостает ГАР де-ГАР. «Почему "не переполняется"? – Потому что получает и отдает», потому что получает с северной стороны, а отдает с другой стороны, восточной, и тогда она уменьшается с ее помощью с ГАР де-ГАР. «Вводит и выводит» – это указывает на души, которые она вводит с северной стороны, и тогда они сгорают в ней, пока она не прилепится к средней линии, и тогда она выводит их в свойстве: «Обновляются они каждое утро, – велика вера в Тебя!»[600], как мы выясняли ранее.[601]

535) Спросил рабби Эльазар у рабби Шимона: «Если открыто Творцу, что люди умрут, зачем опустил Он души в мир? И почему Он нуждается в них?» Сказал ему: «Многие ученики задавали этот вопрос своему раву, и им разъясняли. Но непонятно: Творец дает души, нисходящие в этот мир, чтобы возвестить о

---

[598] См. Зоар, главу Берешит, часть 1, п. 301.
[599] См. выше, п. 442, со слов: «Поэтому сказано: "И бьет по небосводу"...»
[600] Писания, Эйха, 3:22-23. «Ведь милости Творца не прекратились, ведь не иссякло милосердие Его, обновляются они каждое утро, – велика вера в Тебя!»
[601] См. Зоар, главу Берешит, часть 1, пп. 95, 96.

славе Его, а потом Он забирает их, – зачем же они тогда спустились?»

536) «Однако дело здесь вот в чем». Провозгласил, сказав: «"Пей воду из твоего водоема и текущую из твоего колодезя"[602]. "Водоем" – это место, которое само не источает воду», а «колодезь (родниковый)» источает воду сам. «Когда вода источается сама? – В час, когда душа достигла полноты в этом мире и когда она поднимается» в МАН «к тому месту, с которым она связана», в Малхут, «тогда она совершенна со всех сторон – снизу и сверху».

537) «Когда душа поднимается» в МАН к Малхут, «пробуждается стремление нуквы к захару, и тогда воды источаются» в Малхут «снизу вверх, и» тогда она «из водоема становится колодезем, источающим воду. И тогда есть соединение, единство, стремление и желание, ибо в душах праведников восполняется это место», Малхут, и пробуждается благосклонность и желание наверху, и соединяются они» Зеир Анпин и Малхут, «в одно целое».

538) «"Реувен, ты первенец мой"[591]. Конечно же, это так. Он был первой каплей Яакова», поскольку во все дни его не было у него излияния семени напрасно, «и желание его было в другом месте» – с Рахелью. «Мы учили, что Реувен и все двенадцать колен соединились со Шхиной. И когда Яаков увидел Шхину над собой, он призвал двенадцать сыновей своих, чтобы они связались с ней».

539) «Смотри, не было такого совершенного ложа со дня сотворения мира, как в тот час, когда Яаков хотел уйти из этого мира: Авраам – справа от него, Ицхак – слева, Яаков лежал между ними, Шхина – перед ним. Когда увидел это Яаков, позвал он своих сыновей, соединил их вокруг Шхины и поставил их в совершенном порядке».

540) «Откуда мы знаем, что он поставил их по порядку вокруг Шхины? Поскольку сказано: "Пусть соберутся"[603]», – т.е.

---

[602] Писания, Притчи, 5:15. «Пей воду из твоего водоема и текущую из твоего колодезя».

[603] Тора, Берешит, 49:1. «И призвал Яаков сыновей своих, и сказал: "Пусть соберутся, и я поведаю вам, что произойдет с вами в завершение дней"».

чтобы они собрались наверху вокруг Шхины.[604] «И тогда там есть всё совершенство, и много высших строений (меркавот) вокруг них. Возгласили они: "Тебе, Творец, величие и могущество, и великолепие, и вечность, и красота, ибо всё, на небе и на земле, – Тебе!"[605] Тогда собрались солнце», т.е. Яаков, Зеир Анпин, «и луна», Нуква, «и приблизился восток», Зеир Анпин, «к западу», Нукве. «И поэтому сказано: "И подобрал он ноги свои на ложе"[606]», – что указывает на зивуг. «И стала светить от него луна и пребывала в совершенстве. И тогда, мы изучали, что Яаков, конечно же, не умер, а соединился со Шхиной. Когда увидел он совершенный порядок, которого не было ни у кого другого, возрадовался и восславил Творца, и благословил сыновей своих, каждого по достоинству».

---

[604] См. выше, п. 522.
[605] Писания, Диврей а-ямим 1, 29:11. «Тебе, Творец, величие и могущество, и великолепие, и вечность, и красота, ибо всё, на небе и на земле, – Тебе! Тебе царство, и превознесен Ты над всеми!»
[606] Тора, Берешит, 49:33. «И закончил Яаков завещать сыновьям своим, и подобрал он ноги свои на ложе. И скончался он и приобщился к своему народу».

ГЛАВА ВАЕХИ

От Ашера, тучен хлеб его

541) Рабби Йоси и рабби Йеса находились в пути. Сказал рабби Йеса: «Мы ведь изучали, что, безусловно, все сыновья Яакова были исправлены в совершенном порядке», т.е. они стали строением для порядка высших сфирот.[607] «И каждый получил благословение по достоинству. Что сказано в этом стихе, где говорится: "От Ашера, тучен хлеб его"[608]?» Сказал ему (рабби Йоси): «Я не знаю, потому что не слышал от рабби Шимона, но мы с тобой пойдем к нему». Когда пришли они к рабби Шимону и задали ему этот вопрос, сказал он им: «Разумеется, в этом скрыта глубокая мудрость».

542) Сказал, провозгласив: «"Ашер расположился на берегу морей и у заливов своих обитать будет"[609]. Почему он расположился там? Однако тот, кто располагается на берегу моря», т.е. в Есоде Малхут, называемой морем, «наслаждается яствами (маадани́м מעדנים) мира», т.е. мохин, исходящими из Эдена (עדן). «"Ашер" – это высший вход праведника», Есода, «когда он благословляется, чтобы источать благословения в мир. И вход этот существует всегда для благословений мира и называется "Ашер". И это одна из основ, на которых стоит мир».

Объяснение. Четыре сына наложниц – это четыре обратные стороны в четырех сфирот Хесед и Гвура, Нецах и Ход.[610] И получается, что Ашер – это ахораим (обратная сторона) сфиры Ход. Однако в ахораим де-Ход находятся суды экрана де-хирик, на который выходит средняя линия, объединяющая две линии и обращающая ахораим к тому, чтобы они стали внутренними свойствами, как сказано: «А все их обратные стороны (ахораим) обращены внутрь»[611].

---

[607] См. Зоар, главу Ваеце, статью «Четыре связи», пп. 143-146.
[608] Тора, Берешит, 49:20. «От Ашера, тучен хлеб его, и он доставлять будет яства царские».
[609] Пророки, Шофтим, 5:17 «Гилад за Ярденом остался, а Дан почему на кораблях держался? Ашер живет на берегу морей и у заливов своих обитает».
[610] См. Зоар, главу Ваеце, п. 145.
[611] Пророки, Мелахим 1, 7:25. «Стояло море на двенадцати быках: три глядели на север, три глядели на запад, три глядели на юг и три глядели на восток. И море располагалось на них сверху, а все их задние части (досл. обратные стороны) обращены внутрь».

И поэтому говорит рабби Шимон, что «Ашер – это высший вход праведника», – поскольку праведник, который является Есодом и средней линией, получает силу экрана де-хирик от ахораим де-Ход, т.е. от свойства «Ашер», и поэтому Ашер считается высшим входом для Есода, «когда он благословляется, чтобы источать благословения в мир» – потому что если бы не экран де-хирик, который он получает от Ашера, у него не было бы благословений для наполнения мира.

И поэтому сказано: «И это одна из основ, на которых стоит мир», т.е. несмотря на то, что он – суды, все же мир, Нуква, стоит на нем. Ибо без него средняя линия не могла бы объединить линии друг с другом, и мир разрушился бы и опустел.

543) «И то место, которое называется хлебом скудости», т.е. Нуква, когда она получает только лишь от левой линии, «исправляется от этого места», т.е. от Ашера, от которого образовался экран для средней линии, объединяющей левую линию с правой. «И это означает сказанное: "От Ашера, тучен хлеб его"[608], – т.е. то, что до этого было хлебом скудости, обратилось теперь», после того как две линии соединились друг с другом, «и вновь стало хлебом наслаждения, потому что он источал и передавал через него благословения, и конец стиха доказывает это, как сказано: "И он доставлять будет яства царские"[608]. И кто царь? – Это Кнессет Исраэль», т.е. Малхут, «от которой мир питается яствами мира. И он», Ашер, будет доставлять этому царю», Малхут, «все благословения, всю радость и всё благо. Он дает ей», Малхут, «и от нее исходит» нижним. Сказали (рабби Шимону): «Если бы мы пришли в мир только для того, чтобы услышать это, то и этого нам было бы довольно!»

ГЛАВА ВАЕХИ

Стремительный как вода, ты не пребудешь

544) «Реувен был первенцем Яакова, – сказал рабби Хия, – ему полагалось всё», царство, первородство и первосвященство, «и у него было забрано всё: и царство его было отдано Йегуде, первородство – Йосефу, а первосвященство – Леви. И об этом сказано: "Стремительный как вода, ты не пребудешь"[612], – т.е. не останешься при них. А то, что сказал: "Крепость моя и начаток силы моей"[613], – тут он благословил и помянул его перед Творцом».

545) «Это подобно возлюбленному царя, сын которого однажды прошел по рынку. Сказал он царю: "Это сын мой, возлюбленный души моей, конечно же!" Услышал царь и понял, что он просит за своего сына, чтобы быть благосклонным к нему. Так и Яаков сказал: "Реувен, ты первенец мой, крепость моя и начаток силы моей", помянув его здесь перед Царем», чтобы Он был благосклонен к нему.

546) «"Стремительный как вода, ты не пребудешь"[612]. Тут он сказал, что с ним произойдет – что он не останется на земле Исраэля, а будет пребывать за пределами ее, за Ярденом с востока. И соответственно этому – один из правителей наверху со стороны Скинии», Нуквы, «и это правитель, подчиняющийся Михаэлю», тоже отлучен от Скинии. Объяснение. У двенадцати колен есть двенадцать корней в высшей Скинии, т.е. в Нукве.[614] И поскольку Реувен отослан из земли Исраэля за Ярден, корень его наверху тоже отлучен от Скинии.

«А некоторые говорят», что правитель, отлученный от Скинии наверху, «подчинялся Гавриэлю», и несмотря на то, что Реувен – Хесед, «и Михаэль в любом месте – глава» ангелов «со стороны Хеседа, а Гавриэль – глава с левой стороны, т.е. Гвуры», в Реувене всё же присутствует и Гвура. И они приводят

---

[612] Тора, Берешит, 49:4. «Стремительный как вода, ты не пребудешь, ибо взошел ты на ложе отца твоего, осквернил тогда восходившего на постель мою».
[613] Тора, Берешит, 49:3. «Реувен, ты первенец мой, крепость моя и начаток силы моей, избыток величия и избыток могущества».
[614] См. Зоар, главу Ваеце, п. 161.

в подтверждение сказанное: «А Йегуда еще держался Творца (досл. нисходил с Творцом)»[615], и это нисхождение указывает на то, что он – «сторона Гвуры и называется судом (бэйт-дин). И Реувен соседствует с ним», с наделом его на земле Исраэля, так как надел Йегуды простирается до Ярдена с запада, а надел Реувена простирается до Ярдена с востока. И это соседство указывает на то, что и в Реувене есть свойство Гвуры. «И несмотря на то, что царство (малхут)», т.е. нижняя Гвура, «забрано у Реувена и принадлежит Йегуде», все же он еще не полностью освободился от Гвуры, ведь «Реувен находился рядом с ним», т.е. надел его, и это указывает на то, что есть в нем Гвура.

547) Сказал рабби Шимон: «Предстоит сынам Реувена вести две войны в стране Исраэля. Смотри, сказано: "Крепость моя"[613] – это в египетском изгнании, "и начаток силы моей"[613], – т.е. они первыми из своих братьев начинали войну, "избыток величия"[613] – это ассирийское изгнание, куда сыны Гада и сыны Реувена были изгнаны первыми из всех, и перенесли они много несчастий и испытали много страданий, и не вернулись оттуда до сих пор».

548) «"И избыток могущества"[613] – в то время, когда царь Машиах пробудится в мире, они выступят и поведут войну в мире, и победят, и одолеют другие народы, и жители мира станут бояться их, и будут дрожать пред ними. И решат сыны Реувена укрепиться» в царстве (малхут), «но не останутся» в нем. «И это означает сказанное: "Стремительный как вода, ты не пребудешь"[612], – т.е. они не останутся на царстве (малхут), даже в одной стороне мира, ведь сказано: "Ибо взошел ты на ложе отца твоего"[612] – т.е. им предстоит прийти и вести войну в пределах святой земли. "На ложе отца твоего" – именно так, и это Йерушалаим, который они захотят отнять у царя Машиаха».

549) «По (всем) четырем сторонам мира рассеялись сыны Реувена в изгнании, подобно всему Исраэлю, который четырежды был отправлен в изгнание на (все) четыре стороны мира. И это как сказано: "Крепость моя"[613] – первое изгнание, "и начаток силы моей"[613] – второе, "избыток величия"[613] – третье, "и избыток могущества"[613] – четвертое. Подобно этому им предстоит вести войну в четырех сторонах мира и господствовать в этих войнах над всеми. И победят они многие народы и будут властвовать над ними».

---

[615] Пророки, Ошеа, 12:1. «Эфраим окружил Меня ложью, а дом Исраэля – обманом. Но Йегуда еще держался Творца и верен был святостям».

550) «"Стремительный как вода, ты не пребудешь, ибо взошел ты на ложе отца твоего"[612]. Здесь намек на первую мысль, которая была у Яакова во время первой капли, – о Рахели. Ведь если бы мысль, относящаяся к первой капле, была на своем месте», – о Лее, «Реувен остался бы при всём» – при царстве и при первосвященстве, и при первородстве. «Однако: "Стремительный как вода, ты не пребудешь, ибо взошел ты на ложе отца твоего" – т.е. взошел в другой мысли, "осквернил тогда восходившего на постель мою"[612]».

551) «Другое значение слов: "Стремительный как вода, ты не пребудешь"[612]. Ибо, когда сыны Реувена вступят в войну со всем миром и победят многие народы, не останутся» сыны Реувена «на царстве. И это означают слова: "Не пребудешь"».

«А почему сказано: "Ибо взошел ты на ложе"? Потому что им предстоит воевать на святой земле. Именно так и сказано: "Ибо взошел ты на ложе (досл. ложа) отца твоего"[612], – и это Йерушалаим. Сказано: "Ложа", но ведь следовало сказать: "Ложе"? А дело в том, что "отца твоего" – это Исраэль-Саба», т.е. Зеир Анпин, «поэтому сказано: "Ложа отца твоего", а не "ложе", потому что дважды разрушался Йерушалаим, и будет отстроен в третий раз во времена царя Машиаха, и поэтому сказано: "Ложа отца твоего"».

«И так раскрылось благословение», заключенное в словах: «Ты первенец мой, крепость моя и начаток силы моей»;[616]

«и что было в то время», – что было у него забрано благословение и царство, и первосвященство, как сказано: «Стремительный как вода, ты не пребудешь»;

«и что будет, когда Исраэль вступят на землю (святости)» – что не будет у него надела на этой земле, а только за Ярденом;[617]

«и что будет во времена царя Машиаха с деяниями Реувена» – что будет он воевать со многими народами и также в Йерушалаиме.

---

[616] См. выше, п. 544.
[617] См выше, п. 546.

ГЛАВА ВАЕХИ

Шимон и Леви – братья

552) «Шимон и Леви – братья, оружие уничтожения мечи их»⁶¹⁸. Сказал рабби Ицхак: «Тут он их связал с левой стороной Шхины, так как видел в них действия сурового суда, которых мир не может выдержать». Сказал рабби Йоси: «Так где же оно, их благословение?» Сказал рабби Ицхак: «Шимон не был достоин этого, так как он усмотрел в нем много дурных дел, а Леви исходил со стороны сурового суда, и благословение не зависит от него. И даже когда явился Моше, он не обуславливал его благословение им самим, как сказано: "Благослови, Творец, силу его и к деянию рук его благоволи"⁶¹⁹, – ибо его благословение зависит от Творца».

553) «Сказано: "Вот море, великое и необъятное. Там существа, которым нет числа, создания малые вместе с большими"⁶²⁰. "Вот море великое" – это Шхина, которая стояла над Яаковом, когда он захотел уйти из мира. "И необъятное" – ибо весь мир наполняется и достигает совершенства, и сокращается там» в Шхине, так как она наполняется и достигает совершенства благодаря южной стороне, а сокращается из-за северной.⁶²¹ «"Там существа, которым нет числа" – потому что множество святых и высших ангелов находятся там. "Создания малые вместе с большими" – это двенадцать колен, сыновья Яакова, пребывающие там в совершенстве. Один – лань», Нафтали, «другой – волк», Биньямин, «еще один – лев», Йегуда, «и еще – ягненок», Йосеф, о котором сказано: «Ведущий Йосефа как ягнят»⁶²². Сказал рабби Ицхак: «Один – лев, а другой – ягненок, один – волк, а другой – козленок», т.е. Гад. И так все, чтобы находились "создания малые вместе с большими"⁶²⁰».

554) Сказал рабби Йегуда: «Относительно всех вместе», всех колен, «это верно», как ты и сказал, что пребывали малые

---

⁶¹⁸ Тора, Берешит, 49:5. «Шимон и Леви – братья, оружие уничтожения мечи их».
⁶¹⁹ Тора, Дварим, 33:11. «Благослови, Творец, силу его и к деянию рук его благоволи. Порази в чресла восставших против него и ненавистников его, чтобы им не подняться».
⁶²⁰ Писания, Псалмы, 104:25. «Вот море, великое и необъятное. Там существа, которым нет числа, создания малые вместе с большими».
⁶²¹ См. Зоар, главу Берешит, часть 1, п. 302.
⁶²² Писания, Псалмы, 80:2. «Пастырь Исраэля! Внемли, ведущий Йосефа, как ягнят! Пребывающий над херувимами, явись!»

создания с большими, «однако Йегуда – лев, а Шимон – бык», ибо Шимон был свойством Гвуры, а Гвура – это лик быка. «И они взирали друг на друга: Йегуда – справа, Шимон – слева. Это подобно случаю с быком, который отличался плохим поведением, и решили нарисовать образ льва в его хлеву, чтобы он, смотря на это, боялся его. Так и Шимон – бык, а Йегуда – лев», т.е. Шимон, свойство быка, Гвура, смиряется вследствие того, что взирает на Йегуду, свойство льва, Хесед.

555) «Шимон не удостоился благословений» от Яакова, «однако Моше соединил его с Йегудой, ибо тут сказано: "Услышь, Творец, голос Йегуды"[623], и в другом месте сказано: "Ибо услышал Творец, что нелюбима я"[624]», и поэтому: «Нарекла ему имя Шимон»[624]. И так же как «услышал Творец» сказано о Шимоне, так же и «услышь, Творец», сказанное о Йегуде, включает Шимона. Сказал рабби Йегуда: «Шимона и Леви» которых не благословил отец их, это потому, что «отец поднял их к Моше», чтобы он благословил их. Сказал ему рабби Йоси: «Потому отец и не благословил их, что поднял их к Моше». Сказал ему рабби Йегуда: «И мы тоже поднимем» этот вопрос «к высшему праведному светочу», т.е. к рабби Шимону.

556) Пошли они и спросили рабби Шимона. Сказал: «Как дороги эти слова», всплеснул он руками, ударив рука об руку, и заплакал. Сказал: «Кто постигнет тебя, преданный святости», т.е. Моше, «при жизни своей ты возвысился над людьми, а после смерти вознесся, и скрылся образ твой, ключи Господина твоего вручены тебе навсегда».

557) «Смотри, у Яакова было четыре жены, и от всех них он родил сыновей и пришел к совершенству благодаря своим женам. Когда Яаков пожелал уйти» из этого мира, «Шхина стояла над ним. Хотел он благословить Шимона и Леви, но не мог, поскольку боялся Шхины. Сказал он: "Как же я сделаю это? Ведь оба они происходят от стороны сурового суда", и благословение их нанесет вред Шхине, "а поступить наперекор Шхине я не могу. Ведь четыре жены было у меня"»,

---

[623] Тора, Дварим, 33:7. «А это для Йегуды. И сказал он: "Услышь, Творец, голос Йегуды и к народу его приведи его; руками своими сражается за себя, но Ты будь помощью ему от врагов его"».

[624] Тора, Берешит, 29:33. «И зачала она еще и родила сына, и сказала: Ибо услышал Творец, что нелюбима я, и дал Он мне также и этого. И нарекла ему имя Шимон».

пришедших ко мне от четырех свойств ХУГ ТУМ, что в Шхине, «"и благодаря им я пришел к совершенству, ибо они родили мне двенадцать колен, являющие собой всё совершенство. А раз я получил совершенство от Шхины, как же я благословлю Шимона и Леви против ее воли?! Поэтому передам их хозяину дома"», т.е. Моше, мужу хозяйки, «в распоряжении которого находится дом, и как он пожелает, так и сделает».

558) «И так решил Яаков: "Свой удел в женах и сыновьях я ведь получил в этом мире" от Шхины "и пришел к совершенству, и как я, вдобавок ко всему, стану возражать хозяйке?!", т.е. Шхине. "И потому передам я это мужу хозяйки", т.е. Моше, "а он сделает то, что пожелает, и не будет бояться"».

559) «Смотри, что сказано: "И вот благословение, которым благословил Моше, человек Всесильного, сынов Исраэля"[625]. "Человек Всесильного" – это хозяин дома, муж хозяйки», ибо «человек (иш איש)» означает «муж», «как сказано: "Муж ее может допустить, и муж ее может отменить"[626]. Ведь "завершил (калóт) Моше"[627] сказано», потому что Шхина называется невестой (калáт) Моше.[628] Объяснение. Ибо Моше являлся строением (меркава) выше хазе Зеир Анпина, и считается поэтому, что он был мужем хозяйки, как Зеир Анпин, и он был отдающим относительно Шхины, а отдающий – муж для того, кто получает, и поэтому он называется «человек (досл. муж) Всесильного». «И поэтому Моше благословлял того, кого хотел, и не боялся» нанести вред Шхине, поскольку мог исправлять ее по своему желанию. «И поэтому сказал Яаков: "Я вижу, что эти сыновья мои пребывают на стороне сурового суда – пусть придет хозяин дома и благословит их"».

560) «Моше был, без сомнения, "муж (иш איש) Всесильного" и поступал у себя дома по желанию своему. Как сказано: "Муж ее может допустить (досл. поднять)"[626]» – т.е. дать ей

---

[625] Тора, Дварим, 33:1. «И вот благословение, которым благословил Моше, человек Всесильного, сынов Исраэля перед смертью своей».
[626] Тора, Бемидбар, 30:14. «Всякий обет и всякий клятвенный зарок для изнурения души – муж ее может допустить, и муж ее может отменить».
[627] Тора, Бемидбар, 7:1. «И было в день, когда завершил Моше возводить Скинию и помазал ее, и освятил ее и все ее принадлежности, и жертвенник и все его принадлежности, и помазал он их, и освятил их».
[628] См. Зоар, главу Насо, пп. 194-195. «И было в день, когда завершил (калóт) Моше». Шхина называется невестой (калáт) Моше...»

мохин Хохмы, называемые подъемом (кима́ קימה). «И это смысл сказанного: "Говорил Моше: "Встань же (ку́ма קומה), Творец, и рассеются враги Твои, и обратятся в бегство ненавистники Твои от лица Твоего"»⁶²⁹, потому что в пути есть приставание клипот, и мохин де-Хохма прогоняют их.

«"И муж ее может отменить"⁶²⁶, как сказано: "А при остановке говорил: "Обратись, Творец"⁶²⁹» – ибо, когда Шхина пребывает в месте покоя, она не подвергается приставанию клипот, и нет страха, и поэтому: «Муж ее может отменить»⁶²⁶, т.е. с помощью средней линии он отменяет ГАР Хохмы, чтобы облачить ее в хасадим, и это означает сказанное: «А при остановке говорил: "Обратись, Творец"»⁶²⁹.

«Конечно же, хозяин дома действует по своему желанию, и никто не будет препятствовать ему. Это подобно человеку, наказывающему своей жене, и она исполняет его волю. И потому Яаков, несмотря на то, что он был связан с Древом жизни», т.е. Зеир Анпином, «не был хозяином дома, как Моше, так как был связан с тем, что внизу», т.е. ниже хазе Зеир Анпина, а это уже относится к Нукве Зеир Анпина, однако «Моше – он наверху», т.е. он был связан с тем, что выше хазе Зеир Анпина, а там уже непосредственно мир захар, и поэтому был хозяином дома, как Зеир Анпин. «И поэтому Яаков передал их хозяину дома», чтобы благословил их.

561) «В тайну их не войдет душа моя»⁶³⁰. Сказал рабби Аба, провозгласив: «"Тайна Творца – для боящихся Его, и союз Свой Он объявляет им"⁶³¹, – это высшая тайна Торы, и Творец не выдает ее никому, кроме боящихся греха. Но тому, кто боится греха, раскрывается высшая тайна Торы. И что такое высшая тайна Торы? Ведь он говорит – это знак святого союза, который называется тайной Творца».

---

⁶²⁹ Тора, Бемидбар, 10:35-36. «И было, при отправлении в путь ковчега говорил Моше: "Встань же, Творец, и рассеются враги Твои, и обратятся в бегство ненавистники Твои от лица Твоего", а при остановке говорил: "Обратись, Творец десятков тысяч Исраэля"».

⁶³⁰ Тора, Берешит, 49:6. «В тайну их не войдет душа моя, с их собранием не соединится честь моя! Ибо в гневе своем убивали людей и по воле своей уничтожали быков».

⁶³¹ Писания, Псалмы, 25:14. «Тайна Творца – для боящихся Его, и союз Свой Он объявляет им».

562) «Шимон и Леви проявили рвение в этой тайне знака святого союза с жителями Шхема, заставив их совершить обрезание и принять на себя эту тайну, чтобы хранить знак святого союза. Однако писание свидетельствует, что это было "с умыслом"[632]. И также "Зимри, сын Салу"[633], который был вождем отчего дома колена Шимона, осквернил эту тайну» в содеянном с Козби, дочерью Цура. «Об этом сказал Яаков: "В тайну их не войдет душа моя"[630]. Что значит "душа моя"? – Это душа (нефеш), которая поднимается и соединяется наверху в высшем союзе», т.е. Малхут, которая соединяется с высшим союзом, Есодом Зеир Анпина, «и называется душой средоточия жизни».

563) «"С их собранием не соединится честь моя"[630]. Мы ведь выясняли это в сказанном: "И собрал против них Корах"[634]» – что он упомянут там лишь как Корах, сын Ицхара, сына Леви, но не сын Яакова. «"Не соединится честь моя"[630]» – т.е. честь Исраэля в общем. «И за это», т.е. из-за этих дел, «не благословил Шимона и Леви отец их, а передал их Моше».

Рабби Хия сказал: «Из сказанного о них в Писании следует, что они не были объединены друг с другом», а были разбросаны, как сказано: «Разделю их в Яакове и рассею их в Исраэле»[635]. «И так должно быть», т.е. из-за того, что являются суровым судом, они должны быть рассеяны. «И поэтому пребывают в нем все», т.е. весь Исраэль пребывают в их суровом суде, так как с их рассеянием по всему Исраэлю, переняли Исраэль от их сурового суда. «И нет в мире поколения, на которое не выпал бы суд их, чтобы обвинять в мире, и умножаются» из-за этого «нищие, обивающие пороги людей. А это и означает, что "все"» – т.е. что весь Исраэль понесли ущерб от их суда.

---

[632] Тора, Берешит, 34:13. «И отвечали сыновья Яакова Шхему и Хамору, отцу его, с умыслом, и говорили так потому, что он обесчестил Дину, сестру их».

[633] Тора, Бемидбар, 25:15-16. «Имя же убитого исраэльтянина, который убит был вместе с мидьянитянкой, – Зимри, сын Салу, вождь отчего дома колена Шимона. А имя убитой мидьянитянки – Козби, дочь Цура, главы племен отчих домов в Мидьяне».

[634] Тора, Бемидбар, 16:19. «И собрал против них Корах всю общину ко входу в Шатер собрания, и явила себя слава Творца всей общине».

[635] Тора, Берешит, 49:7. «Проклят их гнев, ибо могуч, и их ярость, ибо жестока она. Разделю их в Яакове и рассею их в Исраэле».

ГЛАВА ВАЕХИ

Народы мира ведут счет по солнцу, а Исраэль – по луне

564) «Йегуда, тебя восхвалят братья твои; рука твоя на хребте врагов твоих»[636]. Возгласил рабби Йоси: «"Он сотворил луну для времен, солнце знает закат свой"[637]. "Сотворил луну", чтобы с ее помощью освятить новомесячья и новолетия. И луна всегда светит только лишь от солнца. И когда господствует солнце, не господствует луна. Когда заходит солнце, господствует луна. И нет отсчета по луне, пока не зашло солнце».

565) «И оба их Творец сотворил, чтобы светить. Как сказано: "И поместил их Всесильный на своде небесном, чтобы светить над землею"[638]. "И будут они для знамений"[639] – это субботы», называемые знамениями, «как сказано: "Ибо знамение это"[640], "и времен"[639] – это праздники, "и для дней"[639] – это новомесячья, "и лет"[639] – это новолетия. И чтобы народы мира вели счет по солнцу, а Исраэль – по луне».

566) «И это идет согласно тому, что сказал рабби Эльазар. "Ты возвеличил народ, для него Ты усилил радость"[641]. "Возвеличил народ" – это Исраэль, о которых сказано: "Ибо кто народ

---

[636] Тора, Берешит, 49:8. «Йегуда, тебя восхвалят братья твои; рука твоя на хребте врагов твоих; поклонятся тебе сыны отца твоего».

[637] Писания, Псалмы, 104:19. «Он сотворил луну для (определения) времен, солнце знает закат свой».

[638] Тора, Берешит, 1:17. «И поместил их Всесильный на своде небесном, чтобы светить над землею».

[639] Тора, Берешит, 1:14-15. «И сказал Всесильный: "Да будут светила на своде небесном, чтобы отделять день от ночи; и будут они для знамений и времен, и для дней и лет. И будут они светилами на своде небесном, чтобы светить над землей"».

[640] Тора, Шмот, 31:12-13. «И сказал Творец Моше: "Ты же говори сынам Исраэля так: "Но только субботы Мои соблюдайте, ибо знамение это между Мною и вами в роды ваши, чтобы знали, что Я Творец, освящающий вас"».

[641] Пророки, Йешаяу, 9:2. «Ты возвеличил народ, для него Ты усилил радость. Радовались они пред Тобою, как радуются во время жатвы, как ликуют при разделе добычи».

великий"⁶⁴², и сказано: "Народу единому на земле"⁶⁴³. "Для него"⁶⁴¹ – т.е. ради него. "Усилил радость"⁶⁴¹ – это луна, свет которой возрос благодаря Исраэлю. Народы мира ведут счет времен по движению солнца, а Исраэль – по движению луны».

«Какой из них предпочтительнее?» – счет по солнцу или счет по луне. «Конечно же, луна наверху, а солнце народов мира под этой луной, и это солнце» получает свет и «светит от луны. Исраэль связаны с луной и распространились в высшем солнце, и соединились с местом, которое светит от высшего солнца, и прилепились к нему, как сказано: "А вы, прилепившиеся к Творцу Всесильному вашему, – живы все вы ныне"⁶⁴⁴».

Объяснение. Солнце указывает на Зеир Анпин, а луна – на его Нукву. И есть время, когда Нуква находится на ступени солнца, но только в качестве левой линии и ахораим, при этом Зеир Анпин облачает Иму и получает свой свет от ее правой стороны, а Нуква облачает Иму и получает свой свет от ее левой стороны. И поэтому Нуква тоже находится тогда в свойстве «солнце», как Зеир Анпин, ведь она получает из того же места, откуда получает Зеир Анпин. И тогда она в свойстве мохин де-ахораим, которые не светят.⁶⁴⁵

А потом она опускается оттуда ниже хазе Зеир Анпина и становится получающей от Зеир Анпина, и тогда она называется луной, подобно луне, которая получает от солнца, и благодаря этому она действительно достигает мохин де-ГАР.⁶⁴⁶ И как народы мира, так и Исраэль получают от Нуквы Зеир Анпина, но только народы мира, являясь свойством левой линии, ведут счет согласно солнцу Нуквы, т.е. согласно ее мохин де-ахораим, и тогда вся Нуква является свойством левой линии, как и поло-

---

⁶⁴² Тора, Дварим, 4:7. «Ибо кто народ великий, к которому боги были бы столь близки, как Творец Всесильный наш, каждый раз, когда мы взываем к Нему».

⁶⁴³ Писания, Диврей а-ямим 1, 17:21. «И кто подобен народу Твоему, Исраэлю, народу единому на земле, (ради) которого ходил Всесильный, чтобы искупить (его) в народ Себе, чтобы сделать Себе имя великое и страшное, изгоняя народы пред народом Твоим, который избавил Ты от Египта».

⁶⁴⁴ Тора, Дварим, 4:4. «А вы, прилепившиеся к Творцу Всесильному вашему, – живы все вы ныне».

⁶⁴⁵ См Зоар, главу Берешит, часть 1, статью «Два великих светила», п. 111.

⁶⁴⁶ См. Зоар, главу Берешит, часть 1, п. 113, со слов: «В состоянии "два великих светила"...»

жено им. А Исраэль ведут счет по луне, т.е. в то время, когда она опускается в (место) от хазе и ниже Зеир Анпина и получает от солнца, т.е. Зеир Анпина, и тогда она называется луной.

И это означает сказанное: «Конечно же, луна наверху», т.е. Нуква Зеир Анпина, «а солнце народов мира под этой луной», иначе говоря, в ахораим этой луны, т.е. Нуквы, потому что в любом месте, где сказано: «Под», это означает «ахораим», – то есть в то время, когда она получает от левой стороны Имы, и тогда она находится в свойстве «солнце».

Поэтому сказано: «И это солнце светит от луны», ведь в то время, когда она находится в ахораим, она не светит. В таком случае, как же они могут существовать? Но из-за грехов Исраэля, они присоединяются и питаются от луны долей Исраэля, как сказано: «Цор может быть построен только лишь из развалин Йерушалаима»[647]. И выходит, что то солнце, от которого питаются народы мира, получает свет от луны, для того чтобы кормить их.

И это означает сказанное[648]: «Если бы прибавляли Исраэль в добрых делах пред Творцом, не вставали бы против них народы-идолопоклонники в мире. Но Исраэль приводят к тому, что остальные народы поднимают голову в мире», потому что их солнце обжигает, и нет у него света, кроме того, что оно получает от луны, от доли Исраэля.

Поэтому сказано: «Исраэль связаны с луной», т.е. с Нуквой, когда она находится ниже хазе Зеир Анпина и получает наполнение от него, «и распространились в высшем солнце», т.е. распространились и спустились ниже хазе Зеир Анпина, являющегося высшим солнцем, туда, где находится луна, «и соединились с местом, которое светит от высшего солнца», не так, как народы мира, которые соединились с Нуквой, когда она светит от левой стороны Имы, но Исраэль соединяются с ней, когда она светит от высшего солнца, Зеир Анпина. Как сказано: «А вы, прилепившиеся к Творцу Всесильному вашему, – живы все вы ныне»[644].

---

[647] Вавилонский Талмуд, трактат Мегила, лист 6:1.
[648] См. выше, п. 412.

ГЛАВА ВАЕХИ

Йегуда, тебя восхвалят братья твои

567) Сказал рабби Шимон: «Царство (малхут) установлено для Йегуды. Как сказано: "На этот раз возблагодарю Творца"[649] – это потому, что он четвертый. Поэтому: "Возблагодарю Творца" – так как он является четвертой опорой престола». Объяснение. ХАГАТ – это три опоры престола, а Йегуда – это свойство Малхут, четвертая опора.[650] Поэтому ему было дано царство над Исраэлем.

«Йуд-хэй-вав יהו» имени АВАЯ (הויה), т.е. ХАГАТ, «это запись высшего имени», т.е. Зеир Анпина, «и чем оно восполнилось? – "Хэй ה"», Малхут, «т.е. последней "хэй ה" святого имени», и ею «святое имя полностью завершилось в своих буквах. И она – та связь, которая соединяет их», буквы святого имени. «Поэтому: "Тебя восхвалят братья твои"[651], – так как для тебя царство (малхут) достойно существовать, конечно», поскольку ты являешься строением (меркава) для свойства Малхут. «Сказано: "Но Йегуда еще держался Творца и верен был святостям"[652]. Что это за "святости"? – Это высшие святости», т.е. святые сфирот ХАГАТ, «и все они благодарят его, сделав его своим доверенным», т.е. передают ему всё, что есть в них. «И поэтому он первый из всех, и он – царь над всеми».

568) Сказал рабби Шимон, провозгласив: «"Все величие дочери царской – внутри"[653]. "Все величие ее" – это Кнессет Исраэль», т.е. Нуква. И называется она «"величие ее (квуда́ כְּבוּדָּה)", потому что он», Зеир Анпин, называется «величие (каво́д כבוד), и одно (указывает) на другое» т.е. оба они – одно. «Одно», Зеир Анпин, т.е. захар, называется «величие (каво́д כבוד), «другое», т.е. Малхут, некева, называется «величие ее (квуда́ כְּבוּדָּה)» с добавлением «хэй ה», как полагается некеве.

---

[649] Тора, Берешит, 29:35. «И зачала еще и родила сына, и сказала: "На этот раз возблагодарю Творца!" Потому нарекла ему имя Йегуда. И перестала рожать».

[650] См. Зоар, главу Ваера, п. 16, со слов: «Объяснение. Сначала Нуква выстраивается в свойстве "два великих светила"...»

[651] Тора, Берешит, 49:8. «Йегуда, тебя восхвалят братья твои; рука твоя на хребте врагов твоих; поклонятся тебе сыны отца твоего».

[652] Пророки, Ошеа, 12:1. «Эфраим окружил Меня ложью, а дом Исраэля – обманом. Но Йегуда еще держался Творца и верен был святостям».

[653] Писания, Псалмы, 45:14. «Все величие дочери царской – внутри, золотом расшита одежда ее».

«"Дочь царская" – это Бат-Шева», Нуква, и она – «"бат-коль"[654], так как он», называется «"голос (коль) великий", и это высший Царь», Зеир Анпин, а Нуква называется «бат-коль». «"Внутри" – потому что есть царь», т.е. Малхут, «не настолько находящийся внутри, как Он», поскольку Малхут иногда облачается в мир Брия. «И это означает: "Все величие дочери царской – внутри"», – т.е. в Ацилуте.

569) «"Золотом расшита одежда ее"[653], так как она облачается и соединяется с высшей Гвурой», т.е. с левой стороной Имы, а Има называется «золото», как сказано: «С севера золото приходит»[655]. «И она», Има, «также называется царем, и для нее устанавливается земля», т.е. Малхут. «И когда она», Малхут, «устанавливается? В час, когда она соединяется с правосудием», т.е. с Зеир Анпином. Объяснение. Ибо в час, когда она получает от левой стороны Имы, она получает Хохму без хасадим, и поэтому у нее еще нет становления. И лишь когда она соединяется с правосудием, т.е. Зеир Анпином, и получает от него хасадим, у нее есть становление. «Как сказано: "Царь правосудием устраивает землю"[656]», – т.е. Малхут, «и ее называют "царство (малхут) небес". И Йегуда соединился с ней, поэтому он и унаследовал царство (малхут) на земле».

570) Рабби Йегуда и рабби Ицхак находились в пути. Сказал рабби Ицхак: «Давай начнем заниматься речениями Торы, и продолжим путь». Сказал рабби Ицхак, провозгласив: «"И изгнал Адама и поместил к востоку от сада Эденского херувимов и пламя обращающегося меча, чтобы охранять путь к Древу жизни"[657]. Этот отрывок уже поясняли товарищи. Но все же: "И изгнал" – это подобно человеку, изгоняющему свою жену», т.е., что Творец изгнал Нукву, «"(эт) Адама (эт а-адам)" – именно так, потому что Нуква называется "эт"».

571) «Адам был обличен в грехе и навлек смерть на себя и на весь мир, и привел к изгнанию того дерева, в отношении

---

[654] В агадот: голос с небес, букв. «порождение голоса».
[655] Писания, Иов, 37:22. «С севера золото приходит; грозно великолепие Творца».
[656] Писания, Притчи, 29:4. «Царь правосудием устраивает землю, а муж высокомерный разоряет ее».
[657] Тора, Берешит, 3:24. «И изгнал Адама и поместил к востоку от сада Эденского херувимов и пламя обращающегося меча, чтобы охранять путь к Древу жизни».

которого прегрешил», т.е. Нуквы, «которое было изгнано из-за него и постоянно изгоняемо из-за грехов сыновей его. Это смысл сказанного: "И изгнал (эт) Адама"[657] – именно "эт", как сказано: "Видел я (эт) Властелина"[658]», что означает – Нукву. «И также здесь: "(эт) Адама"» означает Нукву.

572) «"И поместил к востоку от сада Эденского херувимов и пламя обращающегося меча, чтобы охранять путь к Древу жизни"[657] – это внизу», т.е. ниже Ацилута, «и так же как есть херувимы наверху», в Ацилуте, и это ЗОН, «так же есть и херувимы внизу» от Ацилута, и это ангелы Матат и Сандал, «и это дерево», т.е. Нуква, называемая Древом познания,[659] «пребывает над ними».

«"И пламя обращающегося меча"[657] – это виды пылающего огня, которые исходят от этого пламени меча», и они охраняют путь к Древу жизни,[660] но не имеется в виду само пламя этого меча. «"Обращающегося" – это меч, получающий питание с двух сторон», справа и слева, «и обращающийся из одной стороны в другую. "Обращающегося" – это пламя тех видов пылающего огня, о которых мы сказали, и они обращаются» из одного вида в другой, «иногда в мужские свойства, а иногда в женские,[660] и обращаются они со своего места» во все виды. «И все это для того, чтобы охранять путь к Древу жизни. И что это за путь? Это как сказано: "Дающий в море путь"[661]», что означает – Есод Нуквы, и также «путь» здесь означает – Есод Нуквы.

573) Сказал рабби Йегуда: «Верно, именно так и есть, Адам привел к тому, что дерево, в отношении которого он прегрешил», т.е. Нуква, «было изгнано. И даже с остальными жителями мира это так» – когда грешат, вызывают его изгнание. «И это как сказано: «И за преступления ваши изгнана была мать ваша»[662], однако правильно будет сказать, что с его места

---

[658] Пророки, Йешаяу, 6:1. «В год смерти царя Узияу видел я Властелина, сидящего на престоле высоком и величественном, и края его наполняли Храм».

[659] См. «Предисловие книги Зоар», п. 123.

[660] См. Зоар, главу Берешит, часть 2, п. 119.

[661] Пророки, Йешаяу, 43:16. «Так говорит Творец, дающий в море путь и в водах могучих тропинку».

[662] Пророки, Йешаяу, 50:1. «Так сказал Творец: "Где разводное письмо матери вашей, которым Я прогнал ее? Или кто тот из заимодавцев Моих, которому Я продал вас? Ведь за грехи ваши проданы были вы, и за преступления ваши изгнана была мать ваша"».

означает то, что сказано: "И изгнал (эт) Адама"⁶⁵⁷, где «эт» – это Нуква, «что это совершенство Адама». А с ее изгнанием он потерял все свое совершенство.

574) «И с того дня», когда она была изгнана, «стала ущербной луна», Нуква. «Пока не явился Ноах и не вошел в ковчег. Явились грешники, и она снова стала ущербной. Пока не явился Авраам» и не исправил ее, «и пребывала в полноте своей благодаря Яакову и его сыновьям. И явился Йегуда и соединился с ней, и укрепился в царстве (малхут), и унаследовал ее навечно, – он и после него все сыновья его. Как сказано: "Йегуда, тебя восхвалят братья твои!"⁶⁵¹ Разумеется, – в час, когда Исраэль стояли на море», и колено Йегуды первым спустилось к морю, «все восхвалили его и спустились в море вслед за ним».

575) «"Рука твоя на хребте врагов твоих"⁶⁵¹, это как сказано: "Йегуда пусть выступит"⁶⁶³, на войну. "Поклонятся тебе сыны отца твоего"⁶⁵¹ – поскольку он включает в себя все колена, и поэтому сказал: "Сыны отца твоего", а не "сыны матери твоей», так как "сыны отца твоего" – это все остальные колена. И хотя Исраэль разделились на два царства, все же, когда они поднимались в Йерушалаим, они склонялись и преклонялись перед царем, правившим в Йерушалаиме, поскольку царство в Йерушалаиме», которое исходило «от святого царства», Нуквы, «было от него», от Йегуды.

576) «"Поклонятся тебе"⁶⁵¹, но не сказано: "И поклонятся", поскольку если бы было сказано: "И поклонятся", это включало бы и остальные народы», что все народы мира поклонятся ему. Но когда придет царь Машиах, сказано: «Правители и поклонятся»⁶⁶⁴. Теперь, сказав: «Поклонятся тебе», указал на то, что весь Исраэль только будут подчинены главе вавилонского изгнания, но не другие народы.

---

⁶⁶³ Пророки, Шофтим, 1:2. «И сказал Творец: "Йегуда пусть выступит. Вот, предаю Я землю эту в руки его"».

⁶⁶⁴ Пророки, Йешаяу, 49:7. «Так сказал Творец, избавитель Исраэля, Святой его, презираемому людьми, ненавидимому народами, рабу властелинов: цари увидят и встанут, правители и поклонятся ради Творца, который верен, Святого Исраэлева, который избрал тебя».

577) «"Молодой лев (досл. львёнок, лев) – Йегуда"⁶⁶⁵. Сначала был "львёнок", а потом – "лев"», поэтому дважды сказал: «Львёнок, лев». «Это означает, что вначале», когда Зеир Анпин с мохин де-катнут, он называется «"юноша", а потом», с мохин де-гадлут, он называется «"муж", как сказано: "Творец – муж битвы"⁶⁶⁶». Так же и Йегуда, в мохин де-катнут называется львенком, а в мохин де-гадлут называется львом.

«"От растерзания, сын мой, ты удалился"⁶⁶⁵. Что значит: "От растерзания"? Это включает ангела смерти, который существует благодаря растерзанию, чтобы уничтожать жителей мира, и некому спасти (от него). Как сказано: "И пожирает, и некому спасти (от него)"⁶⁶⁷. И от этого растерзания удалилась Шхина». И о нем сказано: «От растерзания, сын мой, ты удалился»⁶⁶⁵, – т.е. Йегуда спасся от ангела смерти, и это Сатан, и это злое начало. И не оступился перед ним.

578) «"Преклонил он колена"⁶⁶⁵, – говорится о вавилонском изгнании. "Лёг"⁶⁶⁵, – об эдомском изгнании. "Как лев"⁶⁶⁵, – т.е. он сильный. "И как леопард"⁶⁶⁵ – т.е. он еще сильнее, чем лев. Настолько сильны Исраэль, что народы-идолопоклонники искушают их и давят на них, а они стоят на своем законе и на своих традициях, как лев и как леопард».

579) «Так же и Шхина, несмотря на то, что сказано: "Пала, не встанет вновь дева Исраэля"⁶⁶⁸. Она в этом падении сильна, как лев и как леопард. Подобно тому, как лев или леопард падают только, чтобы растерзать жертву и возобладать (над ней). Ибо издали он чует свою жертву, и как только учуял, падает» – т.е. лежит на земле, чтобы с силой прыгнуть на жертву, «и не встает, пока не прыгает на жертву и не пожирает ее. Так и Шхина падает только, как лев и как леопард, чтобы воздать

---

⁶⁶⁵ Тора, Берешит, 49:9. «Молодой лев – Йегуда, от растерзания, сын мой, ты удалился. Преклонил он колена, лег, как лев и как леопард, кто поднимет его!»
⁶⁶⁶ Тора, Шмот, 15:3. «Творец – муж битвы, Творец имя Его».
⁶⁶⁷ Пророки, Миха, 5:7. «И будет остаток Яакова между народами, среди племен многих, как лев меж животных лесных, как молодой лев меж стад мелкого скота, который, если пройдет, топчет и пожирает, и некому спасти от него».
⁶⁶⁸ Пророки, Амос, 5:2. «Пала, не встанет вновь дева Исраэля; повержена она на землю свою, некому поднять ее».

народам-идолопоклонникам, и прыгнуть на них, как сказано: "Владеет могучей силой своей"[669]».

580) «"Преклонил он колена, лег, как лев и как леопард, кто (ми) поднимет его!"[665] – он сам не встанет, чтобы воздать им (даже) малое возмездие, но если только "кто (ми)" поднимет его. "Кто (ми)" означает, как сказано: "Кто (ми) исцелит тебя"[670], и это – высший мир», т.е. Бина, называемая МИ, «у которого есть власть нападать на всех. И сказано: "Из чрева кого (ми) вышел лед"[671], и мы уже это выясняли[672]», – т.е. с помощью этого суда, который называется «лед», он подчиняет все клипот.

581) «"Не отойдет скипетр (власти) от Йегуды... пока не придет Шило́"[673]. Шило (שילה) написано с "хэй ה", тогда как в остальных местах Шило (שילו) пишется с "вав ו". И это для того, чтобы указать на святое имя "йуд-хэй יה". Поскольку в другом месте написано "Шило (שילו)" без "хэй ה", а в третьем месте – "Шило (שלה)" без "йуд י". А здесь написано: "Шило (שילה)", – с "йуд י" и "хэй ה", которые представляют собой высшее святое имя, и Шхина поднимется» из своего падения в изгнании «с помощью этого имени "йуд-хэй יה", и это свойство МИ, о котором мы говорили[674]» – потому что «йуд-хэй יה» – это имя Бины, называемой также МИ (מי).

---

[669] Пророки, Йешаяу, 63:1. «Кто это идет из Эдома, в багряных одеждах из Боцры, тот, кто великолепен в одеянии своем, владеет могучей силой своей?! Я, говорящий справедливо, велик в спасении!»
[670] Писания, Эйха, 2:13. «На кого могу указать тебе, с кем сравнить тебя, дочь Йерушалаима? Кому уподоблю тебя, чтобы утешить тебя, дева, дочь Циона; ведь велико как море несчастье твое! Кто исцелит тебя?»
[671] Писания, Иов, 38:29. «Из чрева кого вышел лед?»
[672] См. Зоар, главу Берешит, часть 1, п. 301.
[673] Тора, Берешит, 49:10. «Не отойдет скипетр (власти) от Йегуды и стило закона от потомков его, пока не придет Шило, и к нему стечение народов».
[674] См. выше, п. 580.

ГЛАВА ВАЕХИ

Привязывает к виноградной лозе своего осленка

582) «Привязывает к виноградной лозе своего осленка, к лозе благородной – сына ослицы своей. Отмывал в вине свое одеяние и в крови виноградной свое облачение»[675]. Начал говорить рабби Хия: «"Творец убережет тебя от всякого зла, будет оберегать душу твою"[676]. После того как сказано: "Творец убережет тебя от всякого зла", зачем еще сказано: "Будет оберегать душу твою"? Но дело в том, что "Творец убережет тебя от всякого зла" – это в этом мире, "будет оберегать душу твою" – в мире истины».

583) «Оберегание в этом мире заключается в том, что человек будет охранен от многочисленных видов злых обвинителей, которые будут обвинять людей в мире, прилепляясь к ним. А в чем заключается оберегание в мире истины? Это как мы говорили, что когда человек уходит из этого мира, если он удостаивается, его душа поднимается и украшается на своем месте, а если не удостаивается, многие станы губителей встречаются ему, чтобы утянуть его в ад и предать в руки Думы, а тот передает его управляющему адом. И тринадцать тысяч рибо́ (десятков тысяч) управляющих вместе с ним, и все они встречаются душам грешников».

584) «Семь пределов и семь входов есть в аду. И душа грешников входит туда, и множество ангелов-губителей, духов, охраняют ворота, и над ними один управляющий в каждых воротах, и души грешников передаются этим управляющим Думой. И когда те переданы в их руки, они закрывают ворота пылающего огня».

585) «Ибо это одни ворота за другими», т.е. они двойные, «и все эти ворота открыты и закрыты: те, что снаружи, – открыты, а те, что внутри, – закрыты. И в каждую субботу – все они открыты, и грешники выходят, достигая наружных входов, и

---

[675] Тора, Берешит, 49:11. «Привязывает к виноградной лозе своего осленка, к лозе благородной – сына ослицы своей. Отмывал в вине свое одеяние и в крови виноградной свое облачение».
[676] Писания, Псалмы, 121:7. «Творец убережет тебя от всякого зла, будет оберегать душу твою».

встречают там другие души, которые задерживаются у наружных входов», и не заходят в ад. А на исходе субботы у каждого входа раздается призыв, гласящий: «Возвратятся грешники в преисподнюю»[677]. А души праведников Творец оберегает, чтобы они не были преданы в руки ангела-правителя Думы, как сказано: "Творец будет оберегать исход твой и приход твой"[678], и сказано: "Будет оберегать душу твою"[676]».

586) «"Привязывает к виноградной лозе своего осленка"[675]. Что такое "виноградная лоза"? – Это Кнессет Исраэль», т.е. Нуква, «как сказано: "Виноградную лозу из Египта перенес Ты"[679], и сказано: "Жена твоя, как лоза виноградная плодоносная"[680]. "Жена твоя" – как эта святая лоза», т.е. высшая Нуква. Сказал рабби Йоси: «Это виноградная лоза, на которую мы благословляем: "Создающий плод виноградной лозы"[681]. "Создающий" – как сказано: "Дерево, дающее плод"[682]. Виноградная лоза – это "плодовое дерево"[683]. "Дающее плод"[682] – это захар», т.е. Зеир Анпин, «"плодовое дерево"[683] – это нуква», т.е. Нуква Зеир Анпина. «Поэтому "Создающий плод виноградной лозы"[681] – это захар и некева вместе», т.е. ЗОН.

587) «"Привязывает к виноградной лозе своего осленка"[675] – т.е. (делает) это царь Машиах, которому предстоит править всеми воинствами народов и воинствами правителей народов-идолопоклонников, которые укрепятся в мощи своей, но царь Машиах одолеет их».

588) «Ибо эта "виноградная лоза"», т.е. Нуква, «господствует над всеми нижними кетерами, с помощью которых властвуют

---

[677] Писания, Псалмы, 9:18. «Возвратятся грешники в преисподнюю – все народы, забывшие Всесильного».
[678] Писания, Псалмы, 121:8. «Творец будет оберегать исход твой и приход твой отныне и вовеки».
[679] Писания, Псалмы, 80:9. «Виноградную лозу из Египта перенес Ты, изгнал народы и посадил ее».
[680] Писания, Псалмы, 128:3. «Жена твоя, как лоза виноградная плодоносная, во внутренних покоях дома твоего; сыновья твои, как молодые деревца масличные, вокруг стола твоего».
[681] Благословение на вино.
[682] Тора, Берешит, 1:12. «И извлекла земля поросль, траву семяносную по виду ее, и дерево, дающее плод, в котором семя его, по виду его. И видел Всесильный, что хорошо».
[683] Тора, Берешит, 1:11. «И сказал Всесильный: "Да произрастит земля зелень, траву семяносную, плодовое дерево, производящее плод по виду его, семя которого в нем, на земле!" И было так».

народы-идолопоклонники, и она – "Нецах" наверху. "Исраэль", которые называются виноградной ветвью, они уничтожат и победят другие воинства, внизу. И над всеми ними возобладает царь Машиах. И сказано об этом: "Вот царь твой придет к тебе, ...беден и восседает на осле и на осленке"[684]. "Осленок" и "осел" – это два кетера, с помощью которых властвуют народы-идолопоклонники, и они – от левой стороны, свойства "будни". И царь Машиах одолевает их».

589) «А то, что Писание говорит о нем, что он "бедный", – разве царь Машиах будет называться бедным? Однако так сказал рабби Шимон: "Потому что нет у него ничего собственного", так как это Нуква Зеир Анпина, "и зовется царем Машиахом". И это та святая луна наверху», т.е. Нуква Зеир Анпина, «у которой нет собственного света, а только то, что она получает от солнца», Зеир Анпина, «и поэтому она называется "бедный"».

590) «Этот царь Машиах», т.е. Нуква, «будет все держать в своей власти, соединившись со своим местом наверху. И тогда сказано: "Вот царь твой придет к тебе"[684], – просто "царь твой", без уточнения», поскольку он включает в себя Нукву наверху и царя Машиаха внизу. «Если внизу, то он – "бедный", так как это свойство луны», высшая Нуква, поскольку царь Машиах внизу происходит от Нуквы, и потому называется бедным, как и она. «Если это наверху», т.е сама Нуква, «она бедная, потому что она "зеркало, которое не светит"» само по себе, а только от Зеир Анпина, и потому называется «"хлеб бедности". И вместе с тем, Машиах "восседает на осле и на осленке"[684], являющихся силой народов-идолопоклонников, чтобы подчинить их себе. И укрепится Творец», т.е. Нуква, «на своем месте» наверху, поскольку сказанное: «Вот царь твой придет к тебе»[684], – включает их обоих.

591) «"Отмывал в вине свое одеяние и в крови виноградной свое облачение"[675]. Это как сказано: "Кто это идет из Эдома, в багряных одеждах из Боцры?"[685], и сказано: "Один Я топтал в

---

[684] Пророки, Зехария, 9:9. «Возликуй, дом Циона, издавай крики радости, дочь Йерушалаима: вот царь твой придет к тебе, праведник и спасенный он, беден и восседает на осле и на осленке, сыне ослиц».

[685] Пророки, Йешаяу, 63:1. «Кто это идет из Эдома, в багряных одеждах из Боцры, тот, кто великолепен в одеянии своем, владеет могучей силой своей?! Я, говорящий справедливо, велик в спасении!»

давильне"⁶⁸⁶. "Моет в вине"⁶⁷⁵ – это сторона Гвуры» Зеир Анпина, «суровый суд, чтобы быть над народами, поклоняющимися идолам. "И в крови виноградной свое облачение"⁶⁷⁵, – это нижнее дерево», т.е. Нуква, «суд (бэйт-дин), который называется "виноград". И вино передается виноградной крови, чтобы облачиться в них обоих», в суровый суд Зеир Анпина и в суд Нуквы, «для того чтобы разбить под его воздействием все остальные народы-идолопоклонники и царей в мире».

Объяснение. Свечение левой линии называется «вино». И если (человек) притягивает в мере святости, т.е. только снизу вверх, то это – «вино, радующее Творца и людей»⁶⁸⁷. А если он притягивает больше меры, т.е. также и сверху вниз, то это – опьяняющее вино, и в нем раскрывается суровый суд, который убивает и уничтожает притягивающих его.⁶⁸⁸ И есть в нем два свойства: если оно от левой стороны Зеир Анпина – это суровый суд, а если оно от левой стороны Нуквы – это мягкий суд.⁶⁸⁹

И когда праведники видят суровый суд со стороны Зеир Анпина и со стороны Нуквы, который совершается над грешниками, притягивающими его в свойстве пьянящего вина, то укрепляются в своей работе. И называется это, что они моют свои одеяния и очищают их от всякого, даже ничтожного греха. И это смысл сказанного: «"Отмывал в вине"⁶⁷⁵ – это сторона Гвуры, суровый суд, чтобы быть над народами, поклоняющимися идолам» – т.е. он моет свое одеяние с помощью сурового суда, совершаемого над народами-идолопоклонниками. И это вино со стороны Гвуры Зеир Анпина, т.е. суровый суд, так как он – захар.

«"И в крови виноградной свое облачение"⁶⁷⁵, – это нижнее дерево, суд (бэйт-дин), который называется "виноград"»

---

⁶⁸⁶ Пророки, Йешаяу, 63:3. «Один Я топтал в давильне, и не было со Мной никого из народов, и топтал Я их в гневе Моем, и попирал их в ярости Моей, и брызгала кровь их на одежды Мои, и все одежды Мои запачкал Я».

⁶⁸⁷ Пророки, Шофтим, 9:12-13. «И сказали деревья виноградной лозе: "Иди ты, царствуй над нами". Но виноградная лоза сказала им: "Разве оставлю я мое вино, радующее Творца и людей, и пойду скитаться по деревьям?"»

⁶⁸⁸ См. Зоар, главу Ноах, п. 308, со слов: «"Он выдавил виноград" – означает, что притянул свечение левой линии...»

⁶⁸⁹ См. Зоар, главу Толдот, п. 18, со слов: «Если бы не была нуква умеренным судом, мир не смог бы вытерпеть строгого суда Ицхака...»

– т.е. левая сторона Нуквы, и это мягкий суд. Но вместе с тем: «Вино передается виноградной крови, чтобы облачиться в них обоих, для того чтобы разбить под его воздействием все остальные народы-идолопоклонники и царей в мире» – вино Зеир Анпина передается виноградной крови Нуквы, чтобы два вида их суда соединились, и тогда разбиваются все народы-идолопоклонники и цари мира, которые притягивают это пьянящее вино.

592) Сказал рабби Йоси, провозгласив: «"Привязывает к виноградной лозе своего осленка"[675], и сказано: "А на лозе три ответвления, и она будто распускается, показалась завязь"[690]. Как глухи люди из-за того, что не знают и не замечают славы Господина своего, и не изучают речений Торы, и не знают путей своих, на чем попадутся они. Как сказано: "Путь грешников – как тьма: не знают они, обо что споткнутся"[691]».

593) «В первое время пророчество пребывало над людьми, и они знали и изучали, чтобы знать о высшей славе. После того как у них прекратилось пророчество, они стали действовать согласно внутреннему зову (бат-коль). Теперь прекратилось пророчество, и исчез внутренний зов, и люди не пользуются ничем, кроме сновидения».

594) «А сновидение – это нижняя ступень снаружи, ведь мы учили, что сновидение – это одна шестидесятая пророчества, поскольку исходит от места на шесть ступеней ниже», так как исходит от Ход Нуквы, шестой ступени относительно Нецаха и Ход Зеир Анпина, откуда исходит пророчество.[692] «Сны снятся всем, потому что сновидение – от левой стороны», от Ход Нуквы, «и оно спускается на много ступеней», вплоть до ангела Гавриэля, от которого получают сновидение.[692] «И сны снятся даже грешникам и даже народам-идолопоклонникам».

---

[690] Тора, Берешит, 40:9-11. «И рассказал начальник виночерпиев свой сон Йосефу, и сказал ему: "Во сне моем, вот, передо мной виноградная лоза, а на лозе три ответвления, и она будто распускается, показалась завязь, поспели гроздья ее, виноград. И чаша Фараона в руке моей, и взял я виноград, и выдавил его в чашу Фараона, и дал чашу в руку Фараона"».

[691] Писания, Притчи, 4:19. «Путь нечестивых – как тьма: не знают они, обо что споткнутся».

[692] См. Зоар, главу Ваеце, п. 45.

595) «Ведь иногда те самые виды злых ангелов получают сновидение и слышат его, и сообщают людям. И среди них есть такие, которые насмехаются над людьми, сообщая им ложные вещи, а иногда и истинные вещи, которые они слышат. А иногда они посылаются к грешникам и сообщают им высшие вещи».

596) «Ведь что сказано об этом грешнике? Что снился ему истинный сон, как сказано: "А на лозе три ответвления"[690]. Что такое "лоза"? – Это Кнессет Исраэль», т.е. Нуква. «Как сказано: "Взгляни с небес, и посмотри, и вспомни лозу виноградную эту"[693]. "С небес", ибо с этого места была низринута она, как сказано: "С неба на землю низринул"[694]. "И вспомни лозу виноградную эту (зот)", – т.е. лозу, и она, безусловно, эта (зот)». Объяснение. Нуква называется «зот». И говорит Писание: «Лозу виноградную эту (зот)», давая понять, что говорится о Нукве. И поэтому он говорит, что «лоза» – это имя Нуквы, так же как и «зот».

597) «"А на лозе три ответвления, и она будто распускается, показалась завязь, поспели гроздья ее, виноград"[690]. "Три ответвления"[690], как сказано: "Три стада мелкого скота расположены около него"[695], – это три линии.[696] "И она будто распускается"[690], как сказано: "И превзошла мудрость Шломо"[697], и это означает, что начала светить луна», т.е. Нуква, называемая «мудрость (хохма) Шломо».

«"Показалась завязь" – это нижний Йерушалаим», т.е. Нуква. Другое объяснение. «"Показалась завязь" – выше той ступени, которая стоит над» Нуквой «и питает ее», т.е. Есода, как сказано: "Семя которого в нем, на земле"[683]. Имеется в виду Есод, который передает Нукве, т.е. земле.

---

[693] Писания, Псалмы, 80:15. «Возвратись, прошу, взгляни с небес, и посмотри, и вспомни лозу виноградную эту».
[694] Писания, Эйха, 2:1. «Как во гневе Своем окутал Всемогущий мраком дочь Циона! С неба на землю низринул красу Исраэля! И не вспомнил Он в день гнева Своего о подножьи Своем».
[695] Тора, Берешит, 29:2. «И увидел: вот, колодец в поле, и вот, там три стада мелкого скота расположены около него; потому что из того колодца поят стада, и камень большой на устье колодца».
[696] См. Зоар, главу Ваеце, п. 92.
[697] Пророки, Мелахим 1, 5:10. «И превзошла мудрость Шломо мудрость всех сынов Востока, и всю мудрость Египта».

«"Поспели гроздья ее, виноград"⁶⁹⁰ – чтобы оберегать в них "хранимое вино"», чтобы к нему не пристала никакая клипа в мире.⁶⁹⁸

598) «Смотри, сколько увидел этот грешник? Что сказано: "И чаша Фараона в моей руке, и взял я виноград и выдавил его в чашу Фараона"⁶⁹⁰. Здесь увидел он чашу с ядом, питание суда, исходящее от этого винограда, которая была дана Фараону и которую он испил, – какой она была» во время исхода из Египта «из-за Исраэля. Когда Йосеф услышал это, обрадовался он и понял истину, заключенную в этом сне. И поэтому разгадал он этот сон ему во благо за то, что он этим сообщил Йосефу благую весть.

599) «"Привязывает к виноградной лозе своего осленка"⁶⁷⁵. Ибо подчинились этой лозе все мощные силы народов-идолопоклонников, как мы уже сказали, что с помощью этой лозы», т.е. Нуквы, «была связана и покорена их сила».

600) Рабби Шимон сказал: «Есть лоза, и есть лоза. Есть святая высшая лоза», Нуква. «И есть лоза, называемая лозой Сдома», и это дурная клипа, «а также есть чужая лоза, принадлежащая чужому богу. Поэтому сказано: "Лозу виноградную эту (зот)"⁶⁹³», чтобы указать на Нукву, называемую «"зот (эта)", ту, что называется самым верным семенем», как сказано: «Я насадил тебя, благородную лозу, самое верное семя»⁶⁹⁹. «"Благородная лоза (сорéк)" – это Исраэль, выходящие из этой "виноградной лозы (гéфен)". Когда согрешили Исраэль и оставили эту лозу, что сказано? "Ибо от лозы Сдома лоза их"⁷⁰⁰».

601) Рабби Йегуда и рабби Ицхак находились в пути. Сказал рабби Йегуда рабби Ицхаку: «Пойдем по этому полю, это более прямой путь». Пошли они. Пока шли, сказал рабби Йегуда: «Сказано: "Не будет она бояться за дом свой при снеге,

---

⁶⁹⁸ См. Зоар, главу Ваешев, п. 264, со слов: «Другое значение. «Поспели гроздья ее, виноград» – это вино, хранившееся в винограде с шести дней начала творения...»

⁶⁹⁹ Пророки, Йермияу, 2:21. «Я насадил тебя (как) благородную лозу, (как) самое верное семя; как же превратилась ты у Меня в одичавшую чужую лозу?»

⁷⁰⁰ Тора, Дварим, 32:32. «Ибо от лозы Сдома их лоза и с полей Аморы, их виноград – виноград полынный; грозди горькие им».

ибо весь дом ее облачен в багрянец"⁷⁰¹. Друг наш, рабби Хизкия, объяснил это изречение так: «Суд грешников в аду – двенадцать месяцев. Половина из них в жа́ре» палящего огня, «а половина из них – в снегу».

602) «В час, когда входят в огонь, они говорят: "Это, конечно, ад", а когда входят в снег, они говорят: "Это сильный холод зимы Творца". И сначала они восклицают: "Ура!"», так как рады тому, что избавились от ада. «Но затем, когда узнают, что это снежный ад, произносят: "Ужас!" А Давид сказал: "Он вознес меня из бездны бурных вод, из вязкого болота, и поставил на скалу ноги мои"⁷⁰², т.е. из места, где говорят вначале: "Ура!", а потом: "Ужас!"» – так как «болото (а-явен היוון)» состоит из букв «вав-хэй וה», «вав-йуд וי». «Вав-хэй וה» означает – «ура!», а «вав-йуд וי» – «ужас!»

603) «И где восполняются души их? – В снежном аду, как сказано: "Когда Всемогущий рассеет царей на ней, забелеет она, как снег на Цалмоне"⁷⁰³. Можно подумать, что это относится и к Исраэлю», что они тоже осуждены на снег. «Поэтому сказано: "Не будет она бояться за дом свой при снеге"⁷⁰¹. А почему? Потому что: "Весь дом ее облачен в багрянец (шани́м)"⁷⁰¹. Следует читать не "шани́м (שָׁנִים багрянец)", а "шна́им (שְׁנַיִם два)", как например: обрезание и подворачивание, цицит и тфилин, мезуза и ханукальная свеча». Иначе говоря, они усердны в заповедях, и заповеди у них – двойные, потому что в обрезании есть у них обрезание и подворачивание, в молитве есть у них цицит и тфилин, а при входе в дом есть у них мезуза и ханукальная свеча. И поэтому не боятся они снежного ада, который приходит из-за лени и небрежения к заповедям.

604) «"Не будет она бояться за дом свой при снеге"⁷⁰¹, это Кнессет Исраэль, так как у нее "весь дом ее облачен в багрянец (шани́м)", как мы уже пояснили сказанное: "В багряных

---

[701] Писания, Притчи, 31:21. «Не будет она бояться за дом свой при снеге, ибо весь дом ее облачен в багрянец».
[702] Писания, Псалмы, 40:3. «Он вознес меня из бездны бурных вод, из вязкого болота, и поставил на скалу ноги мои, твердым сделал шаг мой!»
[703] Писания, Псалмы, 68:15. «Когда рассеет Всемогущий царей на ней (на земле этой), забелеет она, как снег на Цалмоне».

одеждах из Боцры"⁷⁰⁴, что это облачение сурового суда для воздаяния народам-идолопоклонникам. И должен будет Творец облачиться в красное одеяние и (взять) красный меч, и воздать Эдому», т.е. Эсаву. «"Красное одеяние" – как сказано: "В багряных одеждах"⁷⁰⁴, и сказано: "Почему красно одеяние твое"⁷⁰⁵. "Красный меч" – как сказано: "Меч у Творца полон крови"⁷⁰⁶. "И воздать Эдому" – как сказано: "Ибо резня у Творца в Боцре"⁷⁰⁶. И еще нужно объяснить: "Ибо весь дом ее облачен в багрянец (шаним)"⁷⁰¹, – потому что она», Нуква, «исходит от сурового суда, и поэтому не боится снега». Объяснение: потому что снег – это суды захара, а суды нуквы обратны судам захара и отменяют их.⁷⁰⁷

605) Сказал рабби Ицхак: «Конечно же, это так, но нужно объяснить: "Весь дом ее облачен в багрянец (шаним)"⁷⁰¹. Что такое "багрянец (шаним שָׁנִים)"? Это древние годы (шаним שָׁנִים)», т.е. семь сфирот ХАГАТ НЕХИМ, «так как она включает их все и питается от всех сторон, как сказано: "Все реки текут в море"⁷⁰⁸». И поэтому она не боится судов, т.е. снега.

606) Еще находясь в пути, они (рабби Йегуда и рабби Ицхак) повстречали мальчика, шедшего в Каппадокию за ослом, на котором восседал старик. Сказал ему старик: «Сынок, прочти мне стихи из Писания, которые есть у тебя». Сказал ему мальчик: «Много стихов есть у меня, а не один. Только сойди вниз, или я сяду» вместе с тобой «спереди и прочту тебе». Сказал ему старик: «Я – старец, а ты – ребенок, не хочу я сравниваться с тобой». Сказал ему мальчик: «В таком случае, зачем же ты просил у меня стихи из Писания?!» Ответил он: «Чтобы идти вместе по дороге». Сказал мальчик: «Пусть исчезнет дух этого старика, который едет верхом, не зная ничего, и говорит, что

---

⁷⁰⁴ Пророки, Йешаяу, 63:1. «Кто это идет из Эдома, в багряных одеждах из Боцры, тот, кто великолепен в одеянии своем, владеет могучей силой своей?! Я, говорящий справедливо, велик в спасении!»

⁷⁰⁵ Пророки, Йешаяу, 63:2. «Почему красно одеяние твое и одежды твои, как у топчущих в давильне?»

⁷⁰⁶ Пророки, Йешаяу, 34:6. «Меч у Творца полон крови, тучнеет от тука, от крови баранов и козлов, от тука с почек баранов, ибо резня у Творца в Боцре, и заклание великое в земле Эдома».

⁷⁰⁷ См. Зоар, главу Ваера, п. 51, со слов: «"В самый разгар дня" – свойство праведника...»

⁷⁰⁸ Писания, Коэлет, 1:7. «Все реки текут в море, но море не переполняется; к месту, куда реки текут, туда вновь приходят они».

не желает сравниваться со мной». Расстался он с этим стариком и пошел своей дорогой.

607) Подошел к ним этот мальчик. Спросили они его, и он рассказал им эту историю. Сказал ему рабби Йегуда: «Ты поступил правильно. Пойдем с нами, сядем здесь и послушаем слово твое». Сказал он им: «Устал я из-за того, что не ел сегодня». Достали они хлеба и дали ему. Случилось с ними чудо, и нашли они под деревом маленький родник. Напился он из него, и они напились, и сели.

ГЛАВА ВАЕХИ

Не соперничай с творящими зло

608) Заговорил этот ребенок, провозгласив: «"Давиду. Не соперничай с творящими зло"[709]. Сказано: "Давиду". Если это песнь, то почему не говорится: "Псалом Давиду, песнь"? А если это молитва, то почему не сказано: "Молитва Давида"? Однако в любом месте, где говорится просто Давид, это сказано духом святости».

609) «"Не соперничай с творящими зло". Что значит: "Не соперничай с творящими зло"? Следовало сказать: "Не соединяйся с творящими зло". Но это значит: "Не вступай в распри с творящими зло" – ибо ты не знаешь собственной основы, свойства кругооборота своей души, и может быть, что не сможешь противостоять ему. Если он – дерево, которое невозможно выкорчевать никогда», т.е. душа, не перевоплощающаяся никогда, которая очень сильна, «то будешь отвергнут из-за него».

610) «"Не завидуй совершающим беззаконие"[709] – то есть не смотри на деяния их и не испытывай чувства зависти к ним. Поскольку каждый, кто видит их деяния и не относится ревностно к величию Творца, преступает три запрета. Как сказано: "Не будет у тебя других богов, кроме Меня"[710], "Не делай себе изваяния и всякого изображения"[710], "Не поклоняйся им и не служи им, ибо Я – Творец Всесильный твой, Творец-ревнитель"[710]».

611) «Поэтому человек должен отделиться от них и уйти с их пути, встав на свой путь. Поэтому отделился я от него и пошел своим путем. Отныне и впредь, с того момента, как я нашел вас, произношу я эти изречения Торы перед вами».

---

[709] Писания, Псалмы, 37:1. «Давиду. Не соперничай с творящими зло, не завидуй совершающим беззаконие»
[710] Тора, Шмот, 20:3-5. «Да не будет у тебя иных богов, кроме Меня. Не делай себе изваяния и всякого изображения того, что на небе наверху, и того, что на земле внизу, и того, что в воде ниже земли. Не поклоняйся им и не служи им, ибо Я – Творец Всесильный твой, Творец-ревнитель, карающий за вину отцов детей до третьего и до четвертого поколения, тех, кто ненавидит Меня».

И сказал еще, провозгласив: «"И воззвал Он к Моше"⁷¹¹. В слове: "И воззвал (ваикра ויקרא)" малая буква "алеф א", чтобы указать, что это воззвание не было в совершенстве, потому что было лишь в Скинии, которая не является постоянным местом и находится на земле иной, ведь совершенство пребывает только на земле Исраэля».

---

[711] Тора, Ваикра, 1:1. «И воззвал Он к Моше, и сказал Творец ему из Шатра собрания, говоря».

ГЛАВА ВАЕХИ

Малая «алеф»

612) «И еще» надо объяснить, почему пишется малая «алеф א», «так как здесь», в воззвании к Моше, «это Шхина, а там – совершенство захара и нуквы» вместе, т.е. в сказанном: «"Адам, Шет, Энош"[712] – имя "Адам (אדם)"», пишущееся с большой «алеф א», указывает на «совершенство захара и некевы», вместе. «А здесь», когда пишется малая «алеф א», то имеется в виду одна лишь «Нуква», Шхина.

И еще одно подтверждение. «В конце этого отрывка сказано: "И сказал Творец ему из Шатра собрания так"», а Шатер собрания – это Нуква. Таким образом, это обращение было только со стороны Нуквы. «И поэтому пишется малая "алеф א"». Ибо малые буквы указывают на Нукву, обычные – на Зеир Анпин, а большие – на Иму или на совершенство захара и некевы вместе, которое достигается только с помощью Имы.

613) «И еще» надо объяснить, почему пишется «малая "алеф א"». Подобно царю: когда он восседал на своем троне, и царская корона – на нем, он назывался возвышенным царем. Но когда он нисходит и направляется в дом служителя своего, называется малым царем. Так же и Творец, всё время, пока Он находится наверху, над всеми, Он называется возвышенным Царем, когда же Он опускает место своего пребывания вниз, в Скинию, Он – Царь, но уже не столь возвышенный, как вначале, поэтому пишется малая "алеф א"».

614) «"И воззвал Он"[711], мы учили», что это означает – воззвал «и пригласил его в чертог Свой "из Шатра собрания"[711]. Что значит "Шатер собрания"? Это шатер, от которого зависит назначение дат собрания, праздников и суббот, как сказано: "И будут они для знамений и времен"[713] – в нем находится счет, чтобы назначать. И что же это? Это – луна», т.е. Нуква, поскольку все изменения в буднях, датах, праздниках и субботах происходят согласно изменениям величины ее мохин.

---

[712] Писания, Диврей а-ямим 1, 1:1.
[713] Тора, Берешит, 1:14. «И сказал Всесильный: "Да будут светила на своде небесном, чтобы отделять день от ночи; и будут они для знамений и времен, и для дней и лет"».

«Как сказано: "Шатер неколебимый, колья его не пошатнутся вовек"⁷¹⁴» – сказано о Нукве, называемой Шатром.

615) «"Говоря"⁷¹¹. Что значит: "Говоря"? Это означает раскрыть то, что было скрыто внутри. В любом месте, где сказано: "Говоря", как например: "И сказал Творец Моше, говоря", это значит, что там есть разрешение раскрыть. Но все это одно целое, и это хорошо, потому что это, т.е. раскрытие, передано луне», Нукве, «от того места, в котором находится Моше» – т.е. от Зеир Анпина, и таков порядок.

616) «"И сказал Творец" – это наверху», Бина, «"Моше" – посередине», Зеир Анпин. То есть, от Бины передается Зеир Анпину. «"Говоря" – последняя», Нуква, получающая от Зеир Анпина, «и она – это то место, из которого получено позволение раскрывать», раскрытый мир, т.е. благодаря Хохме, которая раскрывается только в ней, и ни в какой сфире, находящейся над ней. И поэтому слово «говоря» указывает на нее. Это означает: раскрыть то, что было скрыто внутри, т.е. она раскрывает скрытое выше нее, считающееся внутренним относительно Нуквы.

«Сказано: "И принесли Скинию к Моше"⁷¹⁵. Почему "к Моше"? Сказали так: потому что Моше видел ее на горе, так как Творец показал ему ее воочию. Сказано: "Как показано тебе на горе"⁷¹⁶, и сказано: "По образу, который Творец показал Моше"⁷¹⁷, и сказано: "Смотри и сделай по их образцу, какой показан тебе на горе"⁷¹⁸. Поэтому сейчас принесли ему Скинию, чтобы он сравнил, соответствует ли она той Скинии, которую он видел».

---

⁷¹⁴ Пророки, Йешаяу, 33:20. «Посмотри на Цион, город собраний наших! Глаза твои увидят Йерушалаим, жилище мирное, шатер неколебимый, колья его не пошатнутся вовек, и ни одна из веревок его не оборвется».

⁷¹⁵ Тора, Шмот, 39:33. «И принесли Скинию к Моше: Шатер и все принадлежности его, крючки его, брусья его, засовы его, столбы его и подножия его».

⁷¹⁶ Тора, Шмот, 27:8-9. «Полым, дощатым сделай его. Как показано тебе на горе, так пусть сделают. И сделай двор Скинии: к южной стороне, направо, завесы для двора из крученого виссона, сто локтей длина одной стороны».

⁷¹⁷ Тора, Бемидбар, 8:4. «И вот устройство меноры: из цельного слитка золота выкована она, до самого основания ее, до цветков ее, из цельного слитка выкована она. По образу, который Творец показал Моше, так сделал он менору».

⁷¹⁸ Тора, Шмот, 25:40. «Смотри и сделай по их образцу, какой показан тебе на горе».

617) «Но почему: "И принесли Скинию к Моше"⁷¹⁵?» – почему Моше не пошел к Скинии? «Это подобно царю, который, пожелав отстроить дворец для царицы, указал зодчим: "Этот чертог – вот на том месте, а этот чертог – на том месте, это место – для ложа, а это место – для отдыха". После того, как зодчие сделали его, они показали его царю. Так же: "И принесли Скинию к Моше"⁷¹⁵, ведь он – господин в доме, доверенный Творца».⁷¹⁹ И поэтому не Моше пошел к Скинии, а Скинию доставили к нему. «Когда же чертог был закончен, царица пригласила царя в этот чертог, – т.е. пригласила мужа своего, царя, пребывать с ней. Поэтому написано: "И воззвал (ваикра ויקרא) Он к Моше" с малой "алеф א"» – то есть малая «алеф א», и это Нуква, позвала Моше, Зеир Анпина, мужа ее, пребывать вместе с ней.

618) «И поскольку Моше – господин в доме», т.е. Зеир Анпин, муж Царицы, «сказано: "А Моше брал шатер"» – Нукву, «"и располагал его вне стана"⁷²⁰ – тогда как у другого человека нет позволения это делать».

619) «"И сказал Творец ему" – это другая высшая ступень», Бина, поскольку «и воззвал Он» – это Нуква, «к Моше» – это Тиферет, «и сказал Творец» – это Бина. «И когда был приглашен Моше войти» к Нукве, «тогда обратился Он», Бина, «и сказал: "Тот человек, кто захочет принести от вас жертву"⁷²¹ – ибо это говорит Бина. «Что означает "человек" здесь?» Ведь достаточно было бы сказать: «Тот, кто захочет принести жертву», или: «Человек, который захочет принести жертву»? «Но когда соединились вместе солнце и луна», Тиферет и Малхут, «обратился Он к ним» – т.е. Бина, «говоря: "Тот человек (адам)"». И тогда оба они называются «человек (адам)» – в единственном числе. «Как сказано: "Солнце, луна стояла в обители своей"⁷²² – но не сказано: "Стояли"» – во множественном числе, поскольку в этом отрывке говорится о том времени, когда они находятся в соединении (зивуге).

---

⁷¹⁹ См. выше, п. 557.

⁷²⁰ Тора, Шмот, 33:7. «А Моше брал шатер и располагал его вне стана, далеко от стана, и назвал его Шатром собрания. И было, всякий ищущий Творца выходил к Шатру собрания, который вне стана».

⁷²¹ Тора, Ваикра, 1:2. «Говори к сынам Исраэля и скажи им: "Тот человек, кто захочет принести от вас жертву Творцу, от животных, от крупного скота и от мелкого приносите жертву вашу"».

⁷²² Пророки, Хавакук, 3:11. «Солнце, луна стояла в обители своей, при свете стрел Твоих ходят, при сиянии блестящих копий Твоих».

620) «"Кто захочет принести от вас жертву"[721] – здесь имеется в виду, что каждый, желающий совершить работу по приношению жертвы непорочной, должен принести самца и самку», то есть, должен быть женат. «Это означают слова: "От вас" – намек на то, что должны быть принесены по подобию вашему». Иначе говоря, Бина сказала Тиферет и Малхут, свойству Моше, который зовется «человек (адам)»: «Кто захочет принести жертву»[721] – тот, кто будет жертвой от вас, т.е. будет захар и нуква, подобно вам. «"Жертву Творцу" – чтобы принести все жертвы для соединения как одно целое наверху и внизу». И поэтому говорит в начале: «Жертву Творцу»[721] – для соединения снизу вверх. А затем говорит: «Жертву вашу»[721] – для соединения сверху вниз, как мы еще выясним.

621) «"От животных, от крупного скота и от мелкого приносите жертву вашу"[721]. "От животных" – показать единство человека и животного. Всё как одно целое», как мы еще выясним. «"Жертву Творцу" – это человек», т.е. единство снизу вверх, и от него нисходит вниз, что и означает: «Жертву вашу» – «от животных». И оба эти единства светят вместе. «"От крупного скота и от мелкого"[721] – это соединения (меркавот), которые являются чистыми. Ведь если сказано: "От животных", то можно подумать, что от любых животных – чистых и нечистых. Поэтому повторно уточняет: "От крупного скота и от мелкого"».

622) «"Приносите жертву вашу"[721]. Ведь следовало бы сказать: "Жертву Ему"» – как сказано вначале: «Жертву Творцу»[721], «почему сказано: "Жертву вашу"? Однако вначале должна быть "жертва Творцу", и теперь уже – "жертва ваша". "Жертва Творцу" – это» единство, называемое «"человек (адам)"», т.е. когда необходимо поднять Нукву к зивугу, происходящему выше хазе Зеир Анпина, называемого «Адам». «"Жертва ваша" – "от животных, от крупного скота и от мелкого"», для того чтобы распространить свечение зивуга, происходящего выше хазе, к нижним, находящимся от хазе и ниже, «чтобы показать единство снизу вверх и сверху вниз. Снизу вверх – "жертва Творцу", а сверху вниз – "жертва ваша"».

623) «Подобно царю, обитающему на очень высокой горе, высоко-высоко, и трон его установлен на этой горе. И этот царь», восседающий на троне, «возвышается над всеми. Человек, который приносит дар царю, должен поднять этот дар со

ступени на ступень, пока не вознесет его снизу вверх к тому месту, где восседает царь, возвышаясь над всеми. И тогда знают, что возносится дар царю, и дар этот принадлежит царю. А когда опускается дар сверху вниз, то знают, что это дар, принадлежащий царю, опускается сверху к любимому царем внизу».

624) «И так человек сначала поднимается по ступеням его снизу вверх, и тогда это называется "жертва Творцу"[721]. "От животных, от крупного скота и от мелкого" – опускается по его ступеням сверху вниз, и тогда это называется "жертва ваша". И потому сказано: "Отведал я соты мои с медом, пил я вино мое с молоком"[723] – т.е. человек и "жертва Творцу"», потому что Творец говорит: «Отведал Я соты Мои с медом, пил Я вино Мое с молоком». «"Ешьте, любимые"[723] – "от животных, от крупного скота и от мелкого"[721], и тогда "приносите жертвы ваши"[721], как мы уже выяснили».

625) Подошли рабби Йоси и рабби Йегуда и поцеловали его в голову. Сказали: «Благословен Милосердный за то, что мы удостоились услышать это. И благословен Милосердный за то, что не пропали слова эти у того старика», – поскольку он не понял бы их, и пропали бы эти слова. Встали и пошли. Увидели какую-то виноградную лозу, растущую в одном саду.

---

[723] Писания, Песнь песней, 5:1. «Пришел я в сад мой, сестра моя, невеста, набрал я мирры с бальзамом моим; отведал я соты мои с медом, пил я вино мое с молоком. Ешьте, друзья! Пейте до упоения, любимые!»

ГЛАВА ВАЕХИ

Привязывает к виноградной лозе своего осленка

626) Снова заговорил этот ребенок, провозгласив: «"Привязывает к виноградной лозе своего осленка, к лозе благородной – сына ослицы своей"[724]. Изречение это – высшая тайна. Сказано: "Привязывает (осри́ (אֹסְרִי)", но следовало сказать, как обычно: "Привязывает (осэ́р (אֹסֵר)", и также: "Осленка (иро́ (עִירֹה)", а не в обычном виде: "Осленка (а́ир (עַיִר)". Но дело в том, что начинающим обучаться мудрости следует оберегаться стрел клипы, называемой "осленок (аир (עַיִר)", и чтобы держать ее в подчинении, включено туда святое имя "йуд-хэй יה"» – «йуд י» от «привязывает (осри́ (אֹסְרִי)», а «хэй ה» от «осленка (иро́ (עִירֹה)».

627) «И так же, как здесь это указывает на святое имя», так же и в сказанном: «И к лозе благородной – сына ослицы своей»[724]. «Говорит: "И к лозе благородной (ве-ла-сорэ́ка (וּלְשֹׂרֵקָה)", а следовало сказать, как обычно: "лоза благородная (сорэ́к (שֹׂרֵק)", и говорит "сына (бни (בְּנִי)" вместо обычного: "сын (бен (בֶּן)". Как сказано: "Я насадил тебя, благородную лозу (сорэ́к (שֹׂרֵק)"[725]» – без «хэй ה». «"Сын", как сказано: "Сына (бен (בֶּן) ослиц"[726]» – без «йуд י». «Почему сказано здесь: "Лоза (сорэ́ка (שֹׂרֵקָה)" с "хэй ה", и почему "сын (бни (בְּנִי) с "йуд י"?»

628) «Но так же, как есть святое имя для усмирения клипы "осленок (а́ир (עַיִר)", есть святое имя для усмирения силы другой клипы, называемой "осел (хамор (חֲמוֹר)", или «ослица (атон (אָתוֹן)», и это «йуд י» слова «сын (бни (בְּנִי)» и «хэй ה» слова «лоза (сорэ́ка (שֹׂרֵקָה)». «И если бы не это святое имя, указанное здесь, они», эти две клипы, «разрушили бы мир». И поэтому дано «"йуд-хэй יה" – одной силе, и "йуд-хэй יה" – другой силе,

---

[724] Тора, Берешит, 49:11. «Привязывает к виноградной лозе своего осленка, к лозе благородной – сына ослицы своей. Омывал в вине свое одеяние и в крови виноградной свое облачение».

[725] Пророки, Йермияу, 2:21. «Я насадил тебя (как) благородную лозу, (как) самое верное семя; как же превратилась ты у Меня в одичавшую чужую лозу?»

[726] Пророки, Зехария, 9:9. «Возликуй, дом Циона, издавай крики радости, дочь Йерушалаима: вот царь твой придет к тебе, праведник и спасенный он, беден и восседает на осле и на осленке, сыне ослиц».

чтобы оберегать от них мир и оберегать человека, чтобы они не властвовали над ним в мире».

629) «Что такое: "Виноградная лоза"? Это – Кнессет Исраэль. И почему называется виноградной лозой? Но так же как к ней не приживается иной саженец, так же и Кнессет Исраэль не принимает к себе никого, кроме Творца, и благодаря Кнессет Исраэль смиряются перед ней все иные силы», т.е. «осленок» и «осел», «и не могут причинить зла и властвовать в мире. Поэтому Писание помещает среди них святое имя, с одной стороны» – в «осленка», «и с другой» – в «осла».

В случае с «осленком» написано с «йуд-хэй יה»: «Привязывает (осри́ אֹסְרִי) к виноградной лозе осленка (иро́ עִירֹה)», и в случае с «ослом» написано с «йуд-хэй יה»: «И к лозе благородной (ве-ла-сорэ́ка וְלַשֹּׂרֵקָה) – сына (бни בְּנִי) ослицы своей»[724]. «"Сына ослицы своей", который устраняется с помощью "благородной лозы"», т.е. Кнессет Исраэль, «о которой сказано: "Я насадил тебя, благородную лозу (сорэ́к שֹׂרֵק)"».

Объяснение. Ведь он не говорит здесь: «К лозе благородной привязывает сына ослицы своей», как сказано вначале: «Привязывает к виноградной лозе осленка»[724]. Ибо «сын ослицы» полностью устраняется с помощью «благородной лозы (сорэ́ка שֹׂרֵקָה)». И это – «благородная лоза (сорэ́к שֹׂרֵק)», когда он не только привязывается, как к «виноградной лозе», ибо привязывается только для смирения, как сказано: «И благодаря Кнессет Исраэль смиряются перед ней все иные силы», но здесь эта клипа полностью устраняется.

630) «"Омывал в вине свое одеяние, и в крови виноградной – свое облачение"[724]. Следовало сказать: "Моет"», ибо «омывал» – это прошедшее время. «Однако, "омывал" с того дня, как был создан мир. И кто это? Это – царь Машиах», т.е. Нуква,[727] которая из-за суда, совершаемого над грешниками, притягивающими свечение левой стороны сверху вниз, омывает свое одеяние, т.е. праведников, облачающих Нукву, которые видят эти суды и улучшают свои деяния.[728] И (делает она) это – с того дня, как был создан мир, и поэтому сказано: «Омывал» – в прошедшем

---
[727] См. выше, п. 589.
[728] См. выше, п. 591, со слов: «Объяснение. Свечение левой линии называется "вино"...»

времени. «"В вине" – левая сторона», Гвура Зеир Анпина, "и в крови виноградной" – это левая сторона внизу», левая сторона Нуквы. С помощью этих двух Гвурот, Зеир Анпина и самой Нуквы, она омывает свое одеяние.[729] «В будущем царь Машиах», Нуква, «будет властвовать, поднявшись над всеми другими силами, принадлежащими народам-идолопоклонникам, и разобьёт их мощь сверху и снизу».

631) «"Омывал в вине свое одеяние". Подобно вину, которое указывает на радость», как сказано: «Вино, радующее Творца и людей»[730], «но всё оно – суды. Также и царь Машиах», Нуква, «раскрывающий радость в Исраэле», которые притягивают его в мере святости, «но весь он – суд для народов-идолопоклонников», притягивающих сверх этой меры. «Как сказано: "И дух Всесильного витал над поверхностью вод"[731] – это дух царя Машиаха, который дует то в одну, то в другую сторону – к суду и к милосердию. И с того дня, как был создан мир, он омывает одеяние свое в высшем вине».

632) «А что сказано затем? "Красны очи от вина, и белы зубы от молока"[732]. "Красны очи от вина" – это высшее вино», свечение левой стороны от Бины. «Ведь Тора», Нуква, «когда она опьяняет», т.е. воздействует судами на тех, кто притягивает его сверху вниз, «она пьет от него, и потому считается, что законы исходят от Бины. «"И белы зубы от молока"[732] – это письменная Тора», Зеир Анпин, получающий хасадим, называемые молоком. «Ибо Тора называется "вино и молоко"[733], письменная Тора» – Зеир Анпин, называемый молоком, «и устная Тора» – Нуква, называемая вином. Вино получают от Бины, молоко получают от Абы.

---

[729] См. выше, п. 591.
[730] Пророки, Шофтим, 9:12-13. «И сказали деревья виноградной лозе: "Иди ты, царствуй над нами". Но виноградная лоза сказала им: "Разве оставлю я мое вино, радующее Творца и людей, и пойду скитаться по деревьям?"»
[731] Тора, Берешит, 1:2. «Земля же была пустынна и хаотична, и тьма над бездной, и дух Всесильного витал над поверхностью вод».
[732] Тора, Берешит, 49:12. «Красны очи от вина, и белы зубы от молока».
[733] Пророки, Йешаяу, 55:1. «Все жаждущие, идите к водам, и не имеющие денег, идите, покупайте и ешьте, покупайте без денег и без платы вино и молоко».

633) «Сказано: "И вино, веселящее сердце человека, для просветления лика от елея"[734] – от места, которое называется елеем», от Абы. «Исходной точкой "вина" является радость – то место, откуда исходит любая радость», Бина, «а конечной точкой его», когда оно опускается в Нукву, «является суд. И почему? Потому что конечная точка его – это место собрания всех» сфирот, т.е. Нуква. И поэтому она называется Кнессет Исраэль (собрание Исраэля) – т.е. место вхождения Зеир Анпина, «и это суд, и им осуждается мир». Объяснение. Так как суд, имеющийся в Нукве, является причиной того, что собираются в ней все сфирот Зеир Анпина, ибо вследствие этого она жаждет хасадим. «И поэтому», поскольку начальной точкой вина является радость, а конечной – суд, поэтому «для просветления лика от елея» – от того места, откуда исходит любая радость. И чтобы притянуть радость в вине, как это было в Бине, она притягивает хасадим от Абы, называемого елеем, и с помощью этого отменяются все суды в ней, и она достигает ГАР, называемых «паним (лик)», и это смысл сказанного: «для просветления лика от елея».

634) «"И хлеб, укрепляющий сердце человека"[734]. О каком хлебе говорится здесь? Однако, это хлеб, укрепляющий мир», – хасадим, исходящие от ХАГАТ Зеир Анпина. «Но если ты скажешь, что только от него зависит укрепление мира, это не так», – но необходимо также и вино, свечение Хохмы, «потому что не бывает ночи без дня», но день, Зеир Анпин, и ночь, Нуква, должны быть соединены вместе. Поэтому нужен хлеб от Зеир Анпина и вино от Нуквы, чтобы они вместе укрепляли мир. «И не надо разделять их», притягивая только хлеб от Зеир Анпина без Нуквы, «и тот, кто разлучит их, будет разлучен с жизнью, как сказано: "Чтобы показать тебе, что не хлебом единым жив человек"[735] – потому что нельзя разделять их».

635) «А если ты скажешь, что ведь Давид говорит: "И хлеб, укрепляющий сердце человека"[734] – поскольку не только от него зависит укрепление мира. Но дело здесь в том, что в словах "и хлеб (ве-лехем ולחם)" есть дополнительная "вав ו",

---

[734] Писания, Псалмы, 104:15. «И вино, веселящее сердце человека, для просветления лика от елея, и хлеб, укрепляющий сердце человека».

[735] Тора, Дварим, 8:3. «И смирял Он тебя, и испытывал тебя голодом, и кормил тебя маном, которого не знал ты и не знали отцы твои, дабы показать тебе, что не одним лишь хлебом живет человек, но всем, что исходит из уст Творца, живет человек».

как и в случае, когда пишется "и Творец (ве-АВАЯ והויה)"», где дополнительная «вав ו» указывает на включение Нуквы. Так как в любом месте, где сказано: «И Творец (ве-АВАЯ והויה)», имеется в виду Он и местопребывание Его суда, Нуква. Так же и здесь, «вав ו» со словом «хлеб (лехем לחם)» включает Нукву, «и поэтому всё находится вместе», т.е. в соединении (в зивуге).

636) «Произносящий благословение на пищу не должен благословлять за пустым столом. И необходимо, чтобы хлеб» – т.е. наполнение Зеир Анпина, правая сторона, «находился на столе» – т.е. Нукве, являющейся левой стороной, «а также стакан вина» – наполнение Нуквы «в правой стороне», что указывает на Зеир Анпин. «И для чего? Чтобы связать левую с правой», чтобы они соединились вместе, «и чтобы хлеб», правая сторона, «был благословлен ими» вследствие зивуга с левой стороной, «и был связан с ними, и всё стало бы единой связью, чтобы благословлять святое имя как должно. Ибо хлеб» – и это правая сторона, от Зеир Анпина, «связан с вином», получаемым от левой, от Нуквы. «А вино» – от левой, «будет связано с правой» – т.е. с правой рукой, символизирующей Зеир Анпин, и благодаря этому Хохма включается в хасадим, а хасадим – в Хохму. «И тогда благословение пребывает в мире, и стол», Нуква, «восполнен как подобает».

637) Сказал рабби Ицхак: «Если бы нам пришлось проделать этот путь только ради того, чтобы услышать это, то и этого было бы нам достаточно». Сказал рабби Йегуда: «Лучше бы этому мальчику не знать так много, и я опасаюсь за него, что он не сможет из-за этого существовать в мире». Спросил рабби Ицхак: «Почему же?» Сказал ему: «Потому что этот ребенок созерцает в том месте, в котором человек не имеет права созерцать. И я опасаюсь за него, что прежде, чем созреет», т.е. прежде, чем вырастет и станет мужчиной, «он будет смотреть и изучать там, и накажут его».

638) Услышал это мальчик и сказал: «Я никогда не боюсь наказаний, потому что отец мой, уходя из мира, благословил меня и молился за меня, и я знаю, что заслуги моего отца защитят меня». Спросили его: «А кто твой отец?» Сказал: «Я сын рава Амнуна Сабы». Взяли его и несли на своих плечах три мили.

639) Провозгласили ему: «"Из едящего вышла снедь и из сильного вышло сладкое"[736]». Сказал им мальчик: «От вас исходит это слово», то есть: «Из едящего вышла снедь», «разъясните его». Сказали ему: «Творец проложил перед нами путь жизни – скажи ты!»

---

[736] Пророки, Шофтим, 14:14. «И сказал он им: "Из едящего вышла снедь и из сильного вышло сладкое". И не могли они отгадать загадки три дня».

ГЛАВА ВАЕХИ

Из едящего вышла снедь

640) Сказал, провозгласив: «"Из едящего вышла снедь, и из сильного вышло сладкое"[736]. Это изречение можно обосновать на другом изречении, откуда ясно, что "из едящего" означает – из праведника, как сказано: "Праведник ест для насыщения души"[737]. "Праведник"», т.е. Есод, «ест, безусловно, и получает от всех» – получает наполнение от всех сфирот Зеир Анпина. «И для чего? "Для насыщения души" – чтобы дать насыщение тому месту, которое называется "душа Давида"», Нукве. «"Вышла снедь"[736] – потому что, если бы не этот праведник, не вышло бы пропитание миру, и мир», Нуква, «не мог бы существовать. "И из сильного вышло сладкое" – это Ицхак, благословивший Яакова: "От росы небес и от туков земли"[738]».

641) «И еще» нужно объяснить. «Хотя все они», все сфирот, «представляют собой одно целое», вместе с тем «если бы не сила сурового суда», содержащегося в левой (линии) Зеир Анпина, «не вышел бы "мед"» – наполнение свечения левой (линии) в Нукве, полученное от левой (линии) Зеир Анпина. «"Мед" – это устная Тора», Нуква, «о которой сказано: "И слаще меда и сотового нектара"[739]». И согласно этому: «"Из сильного"[736] – это письменная Тора, как сказано: "Творец даст силу народу своему"[740]», и это – Зеир Анпин. «"Вышло сладкое" – это устная Тора», Нуква, называемая медом.

642) Шли они вместе три дня, пока не пришли на улицу деревушки, где жила мать этого мальчика. Увидев их, она подготовила дом, и они пробыли там еще три дня. Благословили они его и отправились в путь. И рассказали они обо всем случившемся рабби Шимону. Сказал он: «Безусловно, получил он Тору в наследие, и если бы не заслуга отцов», рава Амнуна Сабы, «получил бы наказание свыше. Однако Творец находится

---

[737] Писания, Притчи, 13:25. «Праведник ест для насыщения души, а чрево грешников не наполнится».

[738] Тора, Берешит, 27:28. «И даст тебе Всесильный от росы небес и от туков земли, и обилие хлеба и вина».

[739] Писания, Псалмы, 19:11. «Страх Творца чист, пребывает вовек, законы Творца истинны, все справедливы. Желанней золота они, множества лучшего золота, и слаще меда и сотового нектара».

[740] Писания, Псалмы, 29:11. «Творец даст силу народу Своему, Творец благословит народ Свой миром».

с теми, кто идет путями Торы, они и сыновья их наследуют ее вовеки. Как сказано: "И Я, вот союз Мой с ними, – сказал Творец, – дух Мой, который на тебе, и слова Мои, которые вложил Я в уста твои, не отступят от уст твоих, и от уст потомков твоих"[741]».

643) «Звулун у берега морей поселится, и он – у корабельной пристани, и предел (ерех) его – до Цидона»[742]. Провозгласил рабби Аба: «"Препояшь бедро (ерех) мечом своим, храбрец, красотой своей и великолепием своим"[743]. Но разве это красота и великолепие – запасаться оружием и препоясаться им? Тот, кто занимается Торой и ведет войну Торы, и препоясывается ею, – это красота и великолепие. А ты говоришь: "Препояшь бедро мечом своим" – это красота и великолепие».

644) «Но это, конечно же, основа всего, потому что знак святого союза передал Творец людям, запечатлев его на них. С тем, чтобы они соблюдали его, и не нарушали запечатленного Царем. И против того, кто это нарушает, поднимается "меч, мстящий за нарушение союза"[744], чтобы совершить возмездие за нарушенный им святой союз, запечатленный на нем».

645) «И тот, кто заботится о хранении этого места», т.е. святого союза, «должен вооружиться и подготовить себя, и применить против злого начала в тот час, когда оно нападет на него, этот меч, возложенный на бедро, чтобы воздать тому, кто собирается причинить ущерб этому месту, называемому бедром. И это смысл сказанного: "Препояшь бедро мечом своим, храбрец"[743] – храбр он» тем, что побеждает злое начало, «и зовется храбрецом. И об этом сказано: "Красотой своей и великолепием своим"[743]».

---

[741] Пророки, Йешаяу, 59:21. «И Я, вот союз Мой с ними, – сказал Творец, – дух Мой, который на тебе, и слова Мои, которые вложил Я в уста твои, не отступят от уст твоих, и от уст потомков твоих, и от уст потомков потомков твоих, – сказал Творец, – отныне и вовеки».

[742] Тора, Берешит, 49:13. «Звулун у берега морей поселится, и он – у корабельной пристани, и предел его – до Цидона».

[743] Писания, Псалмы, 45:4. «Препояшь бедро мечом своим, храбрец, красотой своей и великолепием своим».

[744] Тора, Ваикра, 26:25. «И наведу на вас меч, мстящий за нарушение союза, и будете собираться в города ваши, но наведу Я на вас язву, и будете преданы в руки врага».

646) «Другое значение сказанного: "Препояшь бедро мечом своим, храбрец"[743]. Тот, кто отправляется в путь, должен подготовить себя в молитве Господину своему, и вооружиться праведностью», Малхут, «то есть высшим мечом, благодаря молитвам и просьбам, прежде чем отправляется в путь, как сказано: "Праведность перед ним пойдет и направит в пути стопы его"[745]».

647) «Звулун всегда выступал по тропам», которые являются свойством манула, «и по путям», являющимся свойством мифтеха,[746] «и вел войны, вооружившись этим высшим мечом» – т.е. Нуквой со стороны судов, содержащихся в свечении ее левой линии, «благодаря молитвам и просьбам, прежде чем он отправлялся в путь. И тогда он побеждал народы, одолевая их. Но ведь Йегуда был вооружен этим мечом, чтобы вести войны и исправления», так как он является свойством Малхут, «причем здесь Звулун? Однако все двенадцать колен являются исправлениями Царицы», Малхут, и Звулун, таким образом, тоже свойство Малхут.

---

[745] Писания, Псалмы, 85:14. «Праведность перед ним пойдет и направит в пути стопы его».
[746] См. Зоар, главу Берешит, часть 1, п. 308.

Два исправления в Нуквах

648) «Два исправления в Нуквах описывает Шломо в "Песни песней". Одно – для высшей пастушки, "Иовель"», т.е. Бины. «Другое – для невесты, года "шмиты"[747]», т.е. Нуквы. «Одно исправление – наверху», в Бине, «и одно исправление – внизу», в Нукве. «Действие начала творения тоже происходит в этих двух местах», и так было во всем: «одно действие – наверху», в Бине, «другое – внизу», в Нукве. «И поэтому Тора начинается с "бэт ב"», что указывает на две эти Нуквы. «И действие внизу» по совершенству своему «подобно действию наверху». Аба «создал высший мир», Бину, Зеир Анпин «создал нижний мир», Нукву. «И подобно этому, два исправления Нукв, описываемые Шломо: одно – наверху, и одно – внизу. Одно – наверху, в высшем исправлении святого имени», то есть Бины, «и одно – внизу, в исправлении нижней», Нуквы, «подобно высшему исправлению», произведенному в Бине. То есть все исправления, произведенные им в высшей Нукве, (Шломо) притянул к нижней Нукве, в результате чего она восполнилась, и стала нижняя Нуква, Малхут, подобна высшей Нукве, Бине.

649) «Благословен удел Яакова-праведника, который этого удостоился. Ибо со времени создания мира не было ложе Шломо таким, как ложе Яакова». Объяснение. Нуква называется «ложе», и все ее совершенство заключается в том, чтобы принять все исправления, имеющиеся в высшей Нукве. И это довершается в двенадцати коленах Яакова, ибо с двенадцатым исправлением Нуква обретает полное совершенство, как и высшая Нуква.

«В час, когда (Яаков) собирался уйти из мира, он был совершенен со всех сторон: Авраам», Хесед, «справа от него, Ицхак», Гвура, «слева от него, сам он», Тиферет, «посередине, Шхина находилась перед ним». И это совершенство четырех опор высшего престола, и каждый из этих ХУГ ТУМ состоит из трех, всего – двенадцать. И Бина – сверху над ними.

---

[747] Год «шмита» – каждый седьмой год, в который земля не засевается, то есть находится «под паром».

«Когда Яаков увидел все это, призвал он сыновей своих, сказав им: "Соберитесь, чтобы состоялось исправление наверху и внизу"». Объяснение. Двенадцать его сыновей были исправлением нижней Нуквы, так же, как и «двенадцать» Яакова – для высшей Нуквы. Таким образом, теперь получили совершенство оба престола – высший и нижний.

650) «Два исправления содержатся там, высшее и нижнее, чтобы всё стало совершенным, как подобает» – чтобы Нуква стала такой же совершенной, как Бина. «Высшее исправление скрыто и раскрыто, ибо это исправление "йовель"», Бины, «которое описал Шломо в "Песни песней", как мы уже сказали. Рош», ГАР Зеир Анпина, «скрыт и не раскрывается, и не должен раскрываться», потому что рош Зеир Анпина устанавливается в Хеседе и Гвуре. «Верхние конечности (зроот) и тело (гуф)», ХАГАТ, «раскрыты. Нижние конечности (шокаим)», Нецах и Ход, «скрыты и не раскрываются. И почему? – Потому что пророчество», наполнение Нецах и Ход, «пребывает только в земле Исраэль», Нукве. То есть их наполнение раскрывается в Нукве, являющейся свечением Хохмы, так как оно относится к ней, а не к Зеир Анпину. «И это исправление скрыто и раскрыто».

Объяснение. Он здесь выясняет, как высшее исправление Бины происходит при помощи четырех опор престола, ХУГ ТУМ Зеир Анпина, расположенных от хазе и выше, и каждая из них делится на три линии, всего – двенадцать. И выясняет, почему в расчет берутся только четыре сфиры – Хесед и Гвура, Тиферет и Малхут Зеир Анпина, расположенные от хазе и выше. И говорит, что ГАР, ХАБАД Зеир Анпина, скрыты, и Нецах и Ход, расположенные ниже хазе, тоже скрыты, поскольку все их свечение – это Хохма, а она не находится в Зеир Анпине, ибо в Зеир Анпине светят лишь хасадим. Поэтому в Зеир Анпине мы берем в расчет только ХАГАТ вместе с Малхут, которая соединена с ними. И он говорит, что это исправление считается скрытым, потому что нет в нем Хохмы, но все же оно раскрытое, так как эти хасадим исходят от «чистого воздуха (авѝра да́хья)», имеющегося в высших Аба ве-Има, которые важнее Хохмы.

651) «Другое исправление, нижнее, – это исправление невесты», Нуквы, «которое описал Шломо в "Песни песней". И это

исправление является более раскрытым», так как здесь есть свечение Хохмы. «И это исправление в двенадцати коленах, находящихся под ней, и исправление ее гуфа». И это – четыре сфиры Хесед и Гвура, Нецах и Ход, в каждой из которых содержится три связи, всего – двенадцать, а Нуква, Тиферет в них, расположена сверху над ними, как мы еще выясним.

ГЛАВА ВАЕХИ

Устанавливается на «двенадцати» в двух мирах

652) Сказал рабби Аба, провозгласив: «"И сделал он море литое"[748], и сказано: "Оно стояло на двенадцати быках: три смотрели на север, три смотрели на запад, три смотрели на юг и три смотрели на восток, и море на них сверху"[748]. И сказано: "Одно море и двенадцать быков под морем"[749]. "Оно стояло на двенадцати быках"[748] – на самом деле, так оно и есть, что это море устанавливается на "двенадцати" в двух мирах: в высшем мире», Бине, «и в нижнем мире», Нукве. «На "двенадцати" наверху – это колесницы правящих наверху», т.е. ХУГ ТУМ, расположенные выше хазе Зеир Анпина, и каждая из них состоит из трех, всего двенадцать, а Бина восседает на них сверху, и поэтому эти ХУГ ТУМ называются колесницами (меркавот). «На "двенадцати" внизу – это двенадцать колен», т.е. (сфирот) Хесед и Гвура, Нецах и Ход Нуквы, каждая из которых состоит из трех, всего двенадцать, а Нуква, т.е. сфира Тиферет в ней, восседает на них. «Когда увидел Яаков высшее исправление», ХАГАТ, «и увидел Шхину, стоящую перед ним», Малхут, т.е. четыре опоры высшего престола, «он возжелал довершить это исправление. Призвал он двенадцать своих сыновей и сказал им: "Соберитесь: исправьте себя так, чтобы восполнить веру"», Нукву. То есть, чтобы они исправили себя так, чтобы стать исправлением «двенадцати» Нуквы, и тогда Нуква будет во всем совершенстве, как и высшая Нуква, Бина, и будет завершено исправление.

653) «Смотри: двенадцать колен под четырьмя знаменами в четырех сторонах. "Три смотрели на север, три смотрели на запад, три смотрели на юг, три смотрели на восток"[748] – именно так и есть, три колена в каждой из четырех сторон света. Три колена у правой руки», Хеседа, «три колена у левой руки»,

---

[748] Пророки, Мелахим 1, 7:23-25. «И сделал он море литое, – от края его до края его десять локтей, – совершенно круглое, высотою в пять локтей, так что линия (длиною) в тридцать локтей шла вокруг него по кругу. И бутоны под краем его охватывают его кругом, – по десяти на локоть, – со всех сторон, окружают море в два ряда; бутоны были вылиты с ним одним литьем. Оно стояло на двенадцати быках: три смотрели на север, три смотрели на запад, три смотрели на юг и три смотрели на восток, и море на них сверху, а задней частью они были обращены внутрь».

[749] Пророки, Мелахим 1, 7:44. «Одно море и двенадцать быков под морем».

Гвуры, «три колена у правого бедра», Нецах, «и три колена у левого бедра», Ход, «а тело (гуф) Шхины», т.е. ее Тиферет, называемая гуф, «на них, как сказано: "И море на них сверху"[748]».

654) «Что означает, что есть три колена у руки, три колена у бедра, а также три колена у всех них? Есть три связки в правой руке, относящейся к телу (гуф) нижнего, три – в левой, три – в правом бедре, три – в левом бедре. Итого, их двенадцать, и они связаны с телом (гуф), подобно тому, как наверху». И мы говорили, что двенадцать колен – это (сфирот) Хесед и Гвура, Нецах и Ход Нуквы, в каждой из которых есть три связи, всего двенадцать. И гуф Нуквы, т.е. ее Тиферет, соединен с ними наверху. И выяснение этих трех связей в каждом органе мы уже делали раньше.[750] «Откуда это известно? Поскольку сказано: "Вот все двенадцать колен Исраэля. И это (зот)"[751]» – т.е. сказанное сразу вслед за этим: «И это (зот) то, что сказал им отец их», и это Нуква, называемая «зот (это)», «поскольку ею завершается счет. Как сказано: "И море на них сверху"[748]» – т.е. Нуква, называемая морем. Таким образом, двенадцать колен соединены с гуфом Нуквы, расположенном на них.

655) «"Эти семь – очи Творца"[752] – это семь глаз общества», т.е. ХАГАТ НЕХИМ рош Нуквы, называемой обществом, и когда они становятся мохин Хохмы, называются глазами. «И это – семьдесят (мудрецов) Синедриона», потому что каждый из этих ХАГАТ НЕХИМ состоит из десяти сфирот, и их семьдесят. «Сеарот (волосы)», ниспадающие с этой рош (головы), – «они, как сказано: "Всех исчисленных в стане Йегуды – сто восемьдесят шесть тысяч четыреста по их воинствам"[753], а также: "Всех

---

[750] См. Зоар, главу Ваеце, п. 145, со слов: «Пояснение сказанного. Число двенадцать – это ...»

[751] Тора, Берешит, 49:28. «Вот все колена Исраэля, двенадцать. И это то, что сказал им отец их, и благословил их, – каждого своим благословением благословил он их».

[752] Пророки, Зехария, 4:10. «Ибо кто презирал день малый? И радоваться будут, и увидят камень отвеса в руке Зрубавеля; эти семь – очи Творца, они пребывают на всей земле».

[753] Тора, Бемидбар, 2:9. «Всех исчисленных в стане Йегуды – сто восемьдесят шесть тысяч четыреста по их воинствам; им выходить первыми».

исчисленных в стане Реувена..."⁷⁵⁴ И так – во всех». И все эти количества исчисленных являются свойствами сеарот Нуквы.

656) «Ты можешь сказать: "В Египте, в час ухода Яакова из мира, и совершенство пребывало в этот час, – где все они были?"» – т.е. все исчисленные в станах, являющиеся свойствами сеарот Нуквы. И если их там не было, – то ведь Нукве недоставало тогда совершенства, т.е. сеарот? «Конечно же, их было семьдесят душ» при входе их в Египет, что соответствует мохин семидесяти (мудрецов) Синедриона. «И все те, кто произвел потомство в течение семнадцати лет», когда Яаков жил в стране Египта, «не принимались в расчет» из-за множества их, «как сказано: "А сыны Исраэля плодились и размножались, и стали очень многочисленны и сильны"⁷⁵⁵», и они были свойствами сеарот Нуквы, «и сказано: "Больше их, чем волос на голове моей"⁷⁵⁶», и также «многочисленны»⁷⁵⁵ в данном случае указывают на сеарот. И они были в час ухода Яакова из мира. Поэтому не было никакого недостатка в этом совершенстве. «Благословен совершенный удел Яакова, который достиг совершенства наверху и внизу». А различие между мохин «числа» и мохин «без числа» выяснялось во всех подробностях выше.⁷⁵⁷

657) Сказал рабби Эльазар рабби Абе: «Безусловно, все это так», как ты сказал, «однако в высшем исправлении "йовеля"», Бины, «как могло быть так много?» – т.е. двенадцать наверху, так как ты говоришь, что это море было исправлено в двенадцати наверху, в Бине, и в двенадцати внизу, в Нукве. Сказал ему рабби Аба: «Лев, после того как направил шаги свои, чтобы войти в виноградник, – кто-то посмеет пойти вместе с ним?!» Другими словами, пусть истолкует сам.

---

⁷⁵⁴ Тора, Бемидбар, 2:16. «Всех исчисленных в стане Реувена – сто пятьдесят одна тысяча четыреста пятьдесят по их воинствам; им выходить вторыми».

⁷⁵⁵ Тора, Шмот, 1: 6-8. « И умер Йосеф и его братья, и все то поколение. А сыны Исраэля
плодились и размножались, и стали очень многочисленны и сильны – и наполнилась
ими страна. И восстал новый царь над Египтом, который не знал Йосефа».

⁷⁵⁶ Писания, Псалмы, 40:13. «Ибо объяли меня беды неисчислимые, настигли меня грехи мои, так что не могу видеть; больше их, чем волос на голове моей, и сердце мое покинуло меня».

⁷⁵⁷ См. «Предисловие книги Зоар», п. 19, со слов: «И сказано: «Ибо по числу...»

658) Сказал рабби Эльазар, провозгласив: «"Но Он неизменен, и кто Его повернет? Что душа Его пожелает, то и сделает"[758] – это высшее исправление», в Бине, «является одним целым, и не было в нем разделения, как в исправлении нижнего» в Нукве. «Ибо» о Нукве «сказано: "И оттуда разделяется она на четыре главных русла"[759]», потому что в Нукве есть разделение. «И хотя и есть в ней разделение, если внимательно рассмотреть суть этих вещей, всё восходит к одному», так как даже разделение в ней снова исправляется с помощью исправления «двенадцати», и тогда вся она – единое целое. Тогда как Бина, в которой никогда не было разделения, не нуждается в исправлении «двенадцати» для исправления ее.

659) «Однако исправление высшего, "йовеля"», Бины, «тоже стоит на "двенадцати", как и (исправление) нижнего», Нуквы. «И несмотря на то, что он (высший) – один», и не было в нем разделения никогда, «этот один восполняет каждую сторону, в одной стороне и в другой», т.е. этот «один», имеющийся в сфирот левой стороны восполняет правую сторону, и тогда эти высшие шесть окончаний», т.е. ХАГАТ НЕХИ Бины, «являются двенадцатью, ведь каждый» из ХАГАТ НЕХИ «ссужает другого» своими светами «и включает в себя» света другого. «И тогда их двенадцать и гуф» Бины – на них.

И «ссуда» означает, что после того, как правая, хасадим, обретает совершенство благодаря включению Хохмы от левой, она возвращает это свечение, оставаясь только со светом хасадим. И также левая возвращает хасадим правой после того, как с их помощью обрела совершенство, и остается только с Хохмой. Таким образом, то что они дают друг другу, является ничем иным, как ссудой с целью возврата.

«Поэтому всё стоит на "двенадцати"», даже Бина. Поскольку, как мы уже выяснили, шесть ее сфирот ХАГАТ НЕХИ включились друг в друга, и есть ХАГАТ НЕХИ в правой стороне, и ХАГАТ НЕХИ с левой стороны. Но не в результате исправления разделения, как в Нукве.

---

[758] Писания, Иов, 23:13. «Но Он неизменен, и кто Его повернет? Что душа Его пожелает, то и сделает».
[759] Тора, Берешит, 2:10. «И река выходит из Эдена, чтобы орошать сад, а оттуда разделяется она на четыре главных русла».

«И что означает "тело (гуф)"? Это Яаков, и так мы изучали», т.е. это Тиферет, а не Бина, являющаяся свойством рош, а не гуф. И как может быть, чтобы находящаяся над «двенадцатью» Бина считалась свойством гуф? «Однако рош и гуф находятся вместе», т.е. они включились друг в друга, и поэтому есть свойство Тиферет также и в рош, в Бине.

660) «И еще нужно объяснить "двенадцать". Есть три связи в "правой руке", и это – Хесед Хеседов», т.е. все три являются свойством Хесед, «и три связи в "левой руке", и это – Гвура Гвурот», т.е. три Гвуры, «и три связи в "правом бедре", и это – Нецах Нецахов», т.е. три Нецаха, «и три связи в "левом бедре", и это – Ход Ходот. Всего двенадцать. И гуф», т.е. Тиферет, «стоит на них. Итого – тринадцать». И внутренний смысл трех этих связей мы уже подробно выясняли.[760]

«И еще. Тора выясняется с помощью тринадцати мер», т.е. тринадцати мер милосердия, исходящих от тринадцати исправлений дикны Арих Анпина. «И все они – одно целое», т.е. нет там никакого разделения, «и нисходят сверху вниз в единстве», т.е. от тринадцати исправлений дикны Арих Анпина, а оттуда – к «тринадцати» Бины, и оттуда – к «тринадцати» Зеир Анпина, «до того места, которое стоит на разделении», и это Нуква.

661) «Семь высших глаз эти», т.е. семь сфирот ХАГАТ НЕХИМ мохин Хохмы, «как сказано: "Очи Творца, они пребывают (на всей земле)"[752] – это захарим», т.е. принадлежат Зеир Анпину, «так как это место захара. Но сказанное здесь: "Очи Творца пребывают"[761] – т.е. в исправлениях Шхины внизу, и это место Нуквы. Семь высших глаз», как захара, так и нуквы, «соответствуют друг другу. Как сказано: "Тебе, Творец, величие" – это Хесед, "и могущество (гвура), и великолепие (тиферет), и бессмертие (нецах), и красота (ход), ибо всё, на небе и на земле, – Тебе"[762], "всё" – это Есод. "Тебе, Творец, царство"[762]» – это Малхут, «место, восполняющее каждую из сторон», каждое из шести окончаний, ХАГАТ НЕХИ.

---

[760] См. Зоар, главу Ваеце, п. 145, со слов: «Пояснение сказанного. Число двенадцать – это ...»

[761] Писания, Диврей а-ямим 2, 16:9. «Ибо очи Творца пребывают на всей земле, чтобы поддерживать преданных Ему всем сердцем».

[762] Писания, Диврей а-ямим 1, 29:11. «Тебе, Творец, величие и могущество, и великолепие, и вечность, и красота, ибо всё, на небе и на земле, – Тебе! Тебе царство, и превознесен Ты над всеми!»

662) «И еще надо понять, что сеарот», находящиеся в ЗОН, «это как сказано: "Кто возвестит могущество (гвурот) Творца?!"**[763]**, потому что сеарот – это свойство гвурот, и также: "Больше их, чем волос на голове моей", и также сказано: "Что милости (хасадим) Творца не истощились"**[764]**», так как несмотря на то, что сеарот – это гвурот, всё же с их помощью притягиваются хасадим «без числа»**[765]**, о которых сказано: «Что милости (хасадим) Творца не истощились»**[764]**. «И эти исправления восходят к иному месту» – к мохин «без числа».

«И хотя здесь» о мохин «числа», называемых «семь глаз Творца», «сказано им больше, и поднялось на весах», т.е. в средней линии, согласующей между двумя чашами весов, правой и левой, «высшей», т.е. Биной, «и нижней», т.е. Нуквой. «И царь Шломо выяснил их», эти две Нуквы, в «Песни песней», «и их нужно выяснять». Тогда как мохин де-сеарот нет необходимости выяснять, и нельзя сосчитать, поскольку они «без числа». Тем не менее, оба они необходимы, т.е. благодаря этим двум видам мохин приходит совершенство.**[766]** «Благословен удел праведников, знающих пути Творца. И здесь» в мохин «числа» «раскрывается всё для знающих суд и справедливость».

---

[763] Писания, Псалмы, 106:2. «Кто возвестит могущество Творца, провозгласит всю славу Его?!»

[764] Писания, Эйха, 3:21-22. «Вот что отвечаю я сердцу моему, на что надеюсь: что милости Творца не истощились, что милосердие Его не иссякло».

[765] См. выше, п. 556.

[766] См. «Предисловие книги Зоар», п. 19, со слов: «И сказано: «Ибо по числу...»

ГЛАВА ВАЕХИ

Звулун – у берега морей поселится[767]

663) Сказал рабби Йегуда: «Звулун и Исасхар договорились между собой об условии, что один будет сидеть и изучать Тору», т.е. Исасхар, «а другой пойдет и займется торговлей», т.е. Звулун, «и будет поддерживать Исасхара, как сказано: "И поддерживающий ее – счастлив"[768]. И он отправлялся в плавание по морям, чтобы заниматься торговлей. И таков был его удел, ибо море было его владением».

664) «Поэтому он называет его пределом (также: бедром), как сказано: "Предел (ерех) его – до Цидона"[767], потому что бедру (ерех) свойственно совершать поступательно-возвратное движение, и это означает сказанное: "Радуйся, Звулун, при выходе твоем, а ты, Исасхар, в шатрах твоих"[769]».

«"Звулун у берега морей поселится"[767] – среди выходящих в море, чтобы заниматься торговлей. И хотя только одно море было в его владении» Великое (Средиземное) море, все же Писание говорит: «Морей», потому что «он обитал между двумя морями» – т.е. между Великим морем и морем Кинерет. Но его владение не простиралось до Кинерета.

665) Рабби Йоси сказал: «Все торговавшие в других морях занимались товарообменом в его море». Поэтому сказано: «У берега морей» – во множественном числе. «"И он – у корабельной пристани"[767] – это место, где находятся все корабли, чтобы заниматься торговлей».

«"И предел его до Цидона"[767] – разве граница Цидона не простиралась дальше, чем граница Звулуна?» Сказал рабби Хизкия: «Предел его лишь простирался до границы Цидона», т.е. узкой полосой земли, подобной ребру, протягиваясь от удела Звулуна и доходя до границы Цидона, и таким образом

---

[767] Тора, Берешит, 49:13. «Звулун у берега морей поселится, и он – у корабельной пристани, и предел его – до Цидона».
[768] Писания, Притчи, 3:18. «Древо жизни она для держащихся ее, и поддерживающий ее – счастлив».
[769] Тора, Дварим, 33:18. «Радуйся, Звулун, при выходе твоем, а ты, Исасхар, в шатрах твоих».

«граница Звулуна доходила до границы Цидона. И место торговли находилось там, ибо все торговцы уходили и возвращались со своими товарами именно в это место».

666) Рабби Аха сказал: «Сказано: "Не оставь хлебного приношения без соли союза Творца Всесильного твоего, при всякой жертве твоей приноси соль"[770]. И почему соль так важна? Потому что она смягчает и сдабривает горечь, чтобы придать вкус пище». Объяснение. Соль символизирует суды, имеющиеся в экране де-хирик, на который выходит средняя линия, объединяющая правую и левую, и она смягчает и сдабривает и подслащает суды левой линии, которые горьки, свойством хасадим правой. «И если бы не было соли», не могла бы выйти средняя линия, и «мир не смог бы вынести такой горечи. Об этом сказано: "Ибо когда вершится правосудие Твое на земле, жители мира учатся справедливости"[771]». «Правосудие» – это Тиферет, т.е. средняя линия, расположенная от хазе и выше, и суды в ее экране называются солью. «Справедливость» – это горькие суды, проявляющиеся в Малхут. И говорит в этом отрывке, что когда «правосудие»[771], называемое солью, – «на земле»[771], Нукве, тогда «жители мира учатся справедливости»[771] – чтобы смогли принимать горечь справедливости. «И сказано: "Справедливость и правосудие – основание престола Твоего"[772]» – т.е. справедливость дополняется правосудием, называемым солью.

667) «И соль – это союз», Есод, т.е. средняя линия, расположенная от хазе и ниже, «и мир», Нуква, «держится на нем, как сказано: "Если бы не Мой союз днем и ночью, не устанавливал бы Я законов неба и земли"[773]. И поэтому» – потому что на него вышла средняя линия, Есод, «называется "соль союза Творца Всесильного твоего"[770]», поскольку Есод называется союзом. «И (Мертвое) море мы называем морем соли, так как

---

[770] Тора, Ваикра, 2:13. «И всякую жертву хлебного приношения твоего соли солью, не оставь хлебного приношения без соли союза Творца Всесильного твоего, при всякой жертве твоей приноси соль».

[771] Пророки, Йешаяу, 26:9. «Душою моею я стремился к Тебе ночью, и сокровенным во мне духом я буду искать Тебя, ибо когда вершится правосудие Твое на земле, жители мира учатся справедливости».

[772] Писания, Псалмы, 89:15. «Справедливость и правосудие – основание престола Твоего, милость и истина предстоят перед Тобой».

[773] Пророки, Йермияу, 33:25. «Если бы не Мой союз днем и ночью, не устанавливал бы Я законов неба и земли».

море», Нуква, «получило свое название благодаря ей» – благодаря соли, подслащающей его.

668) Сказал рабби Хия: «Сказано: "Ибо праведен Творец, праведность любит Он"[774] – это "соль"», т.е. Есод, «в море», Малхут. Ибо праведник – это Есод, праведность – это Малхут. «А тот, кто разделяет их, навлекает на себя смерть. Поэтому сказано: "Не оставь хлебного приношения без соли союза Творца Всесильного твоего"[770]» – т.е. не отделяй Есод, соль, от приношения, Нуквы, «так как не идет одно без другого».

669) Сказал рабби Аха: «Это одно море, а называется морями», в сказанном: «Звулун у берега морей поселится»[767], «потому что в этом море есть место, в котором вода прозрачная, и есть место, в котором вода сладкая, и есть место, в котором вода горькая. И из-за этого», из-за того, что есть разные места, «называется "моря". И поэтому сказано: "У берега морей"[767]».

Сказал рабби Аба: «Каждое колено является одной связью из тех связей, которые соединяются в тело (гуф)» Нуквы.[775] И поэтому есть разные места в Нукве, которая называемой морем, соответственно колену, относящемуся к нему. И потому Нуква называется «моря» – во множественном числе.

670) Рабби Аба сидел однажды ночью и встал, чтобы заниматься Торой. Пока он еще сидел пришел рабби Йоси и постучался в дверь. Сказал: «В ковчеге властителей есть драгоценные украшения?!» Иными словами, он желает услышать от него сокровища Торы, которые находятся с ним.

671) Сели они и стали заниматься Торой. Тем временем встал сын хозяина постоялого двора и, сев перед ними, сказал им: «Что означает сказанное: "И оставите в живых отца моего и мать мою, и братьев моих, и сестер моих, и всех, кто есть у них"[776], и сказанное: "И дадите мне верный знак"[776]? Что

---

[774] Писания, Псалмы, 11:7. «Ибо праведен Творец, праведность любит Он, (тех), чьи лица смотрят прямо».
[775] См выше, п. 654.
[776] Пророки, Йеошуа, 2:12-13. «Теперь же поклянитесь мне Творцом, что как я оказала вам милость, так и вы окажете милость дому отца моего и дадите мне верный знак. И оставите в живых отца моего и мать мою, и братьев моих, и сестер моих, и всех, кто есть у них, и избавите души наши от смерти».

она (Рахав) хотела от них?» Сказал рабби Аба: «Ты хорошо спросил, но если ты слышал что-нибудь, то скажи, сын мой!» Сказал: «У меня есть еще вопрос. Ведь они ей дали то, чего она не просила у них, как сказано: "Шнурок этот из червленых нитей привяжи"[777]?», что указывает на Малхут, о которой «сказано также: "Как алая нить – губы твои"[778]», а она просила у них «верный знак», что указывает на Тиферет, как мы еще выясним.

672) «Однако я учил, что она хотела знак жизни, как сказано: "И оставите в живых отца моего и мать мою"[776]. И сказала, что этот знак жизни находится ни в чем ином, как в верном знаке», т.е. в букве «вав ו» имени АВАЯ (הויה), Тиферет, «поскольку в нем содержится жизнь», и это Древо Жизни. «И я учил, что она хотела знака Моше», т.е. Тиферет. «Почему же дали ей "шнурок из червленых нитей"[777]», который является знаком Йеошуа, т.е. Малхут?

673) «Но они решили: "Ведь Моше ушел из мира, ибо зашло солнце" – т.е. Тиферет, свойство Моше, "и пришло время правления луны, и поэтому знак луны" – Малхут, "мы должны дать тебе". И что это? Это тот самый шнурок из червленых нитей, о котором сказано: "Как алая нить – губы твои"[778], знак Йеошуа", свойства Малхут, "будет у тебя, потому сейчас правление луны"».

Встали рабби Аба и рабби Йоси и поцеловали его. Сказали: «Вне сомнения, что в будущем ты станешь главой собрания или великим человеком в Исраэле». И кто он? Это рабби Бон.

674) Еще спросил он, сказав: «Всех сыновей Яакова было двенадцать колен. И внизу они выстроились по высшему подобию» – подобно двенадцати связям, имеющимся в сфирот Хесед и Гвура, Нецах и Ход Нуквы.[775] «И почему в благословениях он всегда ставит Звулуна перед Исасхаром? Ведь Исасхар занимался Торой, и Тора является первой в любом месте, во всем,

---

[777] Пророки, Йеошуа, 2:18. «Вот, мы вступаем в эту землю, ты же шнурок этот из червленых нитей привяжи к окну, через которое ты нас спустила, а отца твоего, и мать твою, и братьев твоих, и все семейство отца твоего собери к себе в дом».

[778] Писания, Песнь песней, 4:3. «Как алая нить – губы твои, и превосходна речь твоя, как дольки граната виски твои из-под фаты твоей».

– почему же в благословениях он ставит вначале Звулуна? Отец поставил его вначале и Моше поставил его вначале».

675) «Однако, Звулун удостоился этого», – того, что его поставили в благословениях перед Исасхаром, «потому что он, оторвав хлеб от уст своих, вложил его в уста Исасхару. И поэтому он поставил его вначале. Отсюда мы учили, что тот, кто кормит изучающего Тору, получает благословения сверху и снизу. И мало того, он еще удостаивается быть приглашенным к двум столам, – то, чего не удостаивается другой человек, он еще удостаивается богатства и благословения в этом мире и удостаивается удела в мире будущем. И это означает сказанное: "Звулун у берега морей поселится, и он – у корабельной пристани"[767]. Если сказано: "У берега морей", зачем еще добавлено: "У корабельной пристани"? Но "у берега морей" означает – в этом мире, а "у корабельной пристани" – в будущем мире, как сказано: "Там корабли плывут"[779]», и это сказано о «море великом и необъятном»[779], и это Бина, называемая будущим миром, «ибо там находится изобилие мира будущего».

---

[779] Писания, Псалмы, 104:24-26. «Как многочисленны дела Твои, Творец! Все мудростью сотворил Ты, полна земля созданиями Твоими. Вот море, великое и необъятное, там пресмыкающиеся, которым нет числа, животные малые и большие, там корабли плывут, левиатан, которого сотворил Ты, чтобы он резвился в нем».

ГЛАВА ВАЕХИ

Заклинаю вас, дочери Йерушалаима

676) Сказал, провозгласив: «"Заклинаю я вас, дочери Йерушалаима: если вы встретите возлюбленного моего, что скажете вы ему? – Что больна я любовью!"[780] Кто ближе Царю, чем Кнессет Исраэль?», Нуква. «Как же она говорит им: "Если встретите вы возлюбленного моего, что скажете вы ему?" Однако "дочери Йерушалаима" – это души праведников, которые всегда близки к Царю, и они каждый день сообщают Царю о благополучии Царицы», Нуквы.

677) «Ибо так мы учили: в час, когда душа нисходит в мир, Кнессет Исраэль», Нуква, «берет с нее клятву, что та расскажет Царю и сообщит Ему о любви Ее к Нему, чтобы быть в согласии с Ним».

Объяснение. Зеир Анпин – это правая линия, Нуква – левая линия. И известно, что две эти линии, правая и левая, находятся в разногласии между собой.[781] И так же, как ЗОН поднимаются в МАН к двум линиям Бины, Исраэлю Саба и Твуне, и устанавливают мир между ними в средней линии, выходящей на экран де-хирик, так же и души праведников поднимаются в МАН к Зеир Анпину и Нукве и становятся у них средней линией и приводят к миру между ними. И поэтому сказано, что Нуква берет клятву с душ, чтобы сказали и сообщили Царю, Зеир Анпину, о любви, чтобы прийти к согласию с ним, – т.е. чтобы поднялись в МАН и стали средней линией, приводящей к миру между двумя линиями, правой и левой, т.е. Зеир Анпином и Нуквой.

678) «И в каком виде?» – сообщают души о любви Нуквы к Царю. «Долгом человека является соединить святое имя», Нукву с Зеир Анпином, «в устах, сердце и душе, и полностью связаться» с ЗОН, т.е. подняться в МАН к ним, «"подобно тому как пламя соединено с горящими углями"[782]. Созданием этого единства он способствует установлению согласия между Царем и Царицей и сообщает Царю о Ее любви к Нему». То есть, как

---
[780] Писания, Песнь песней, 5:8. «Заклинаю я вас, дочери Йерушалаима: если вы встретите возлюбленного моего, что скажете вы ему? – Что больна я любовью!»
[781] См. Зоар, главу Берешит, часть 1, п. 45.
[782] Книга Ецира, 1:7.

мы только что объясняли, что с подъемом души в МАН к Зеир Анпину, она становится средней линией между ними, которая устанавливает мир и соединяет их друг с другом.

679) «Другое значение. "Дочери Йерушалаима" – это двенадцать колен», т.е. двенадцать связей в Хесед и Гвура, Нецах и Ход, на которых стоит гуф Нуквы.[783] «Как мы изучали, что Йерушалаим», Нуква, «стоит на двенадцати возвышенностях, и тот, кто говорит, что на семи, не говорит со стороны совершенства. И хотя всё это – одно целое, есть в ней семь свойств», ХАГАТ НЕХИМ, «и есть в ней четыре свойства», ХУГ ТУМ, «и есть в ней двенадцать свойств», т.е. двенадцать вышеуказанных связей, «и всё это – одно целое». Но только они – отдельные ступени в ней, а «двенадцать» является совершенством.

680) «Конечно, (Йерушалаим) стоит на двенадцати возвышенностях, три – в одной стороне, три – в другой стороне, и так – в четырех сторонах». То есть, три связи – в Хеседе, три связи – в Гвуре, три связи – в Нецахе, три связи – в Ходе, а гуф Нуквы стоит на них.[784] «И тогда они называются "живое существо", как сказано: "Это – то живое существо, которое я видел под Всесильным Исраэля"[785]. И называются они "дочери Йерушалаима", поскольку Йерушалаим», Нуква, «стоит на них. И они свидетельствуют Царю о любви к Нему Кнессет Исраэль», ибо она говорит им: «Если вы встретите возлюбленного моего, что скажете вы ему? – Что больна я любовью!»[780] «И это смысл сказанного: "Колена Творца – свидетельство для Исраэля"[786]» – то есть они несут свидетельство Исраэлю, Зеир Анпину, о любви Нуквы. Сказал рабби Йегуда: «Благословен удел Исраэля, которые знают пути Творца».

---

[783] См. выше, п. 654.
[784] См. выше, п. 660.
[785] Пророки, Йехезкель, 10:20. «Это – то живое существо, что видел я под Всесильным Исраэля при реке Кевар. И я узнал, что это – херувимы».
[786] Писания, Псалмы, 122:4. «То место, куда восходили колена, колена Творца, – свидетельство для Исраэля, чтобы благодарить имя Творца».

ГЛАВА ВАЕХИ

Исасхар – осел крепкий

681) «Исасхар – осел крепкий, ложащийся меж пределов»[787]. Сказал рабби Эльазар: «Разве Исасхар называется ослом? И если он так называется вследствие своих занятий Торой, почему бы не называться ему конем, или львом, или тигром? Но сказано так потому, что осел берет на себя поклажу и не отбрыкнется от господина своего, как остальные животные, и нет в нем заносчивости, и не беспокоится о том, чтобы лечь в установленном месте. И также Исасхар, который занят Торой, принимает на себя бремя Торы, и не отбрыкнется от Господина своего и нет в нем заносчивости, подобен ослу, который не заботится о своем благополучии, но лишь о благе Господина своего. И поэтому: "Ложащийся меж пределов"[787], как сказано: "На земле спи и в лишениях живи, но занимайся Торой"[788]».

682) Другое значение: «Исасхар – осел крепкий, ложащийся меж пределов»[787]. Сказал, провозгласив: «"Давиду. Творец – свет мой и спасение мое! Кого бояться мне?! Творец – опора жизни моей! Кого мне опасаться?!"[789] Сколь желанны речения Торы, сколь желанны они, те, кто занимается Торой, пред Творцом! Поскольку каждый, кто занимается Торой, не устрашится перед вредящими миру – оберегаем он наверху, и оберегаем он внизу. Но кроме того, он еще усмиряет всех вредителей в мире и низводит их в глубины великой бездны».

683) «В час, когда наступает ночь, затворяются высшие входы, и псы с ослами появляются и снуют по миру, и дано вредителям позволение уничтожать. И все жители мира спят на своих ложах, а души праведников возносятся и испытывают блаженство наверху. А когда поднимается северный ветер и разделяется ночь, в мире начинается пробуждение святости, и об этом уже говорилось много».

684) «Благословен удел того человека, который в этот час встает со своего ложа и занимается Торой. При раскрытии им Торы, всяких злостных вредителей он низвергает в отверстия

---
[787] Тора, Берешит, 49:14. «Исасхар – осел крепкий, ложащийся меж пределов».
[788] Мишна, раздел Незаким, трактат Авот, часть 6, мишна (закон) 4.
[789] Писания, Псалмы, 27:1. «Давиду. Творец – свет мой и спасение мое! Кого бояться мне?! Творец – опора жизни моей! Кого мне опасаться?!»

великой бездны, и усмиряет клипу, называемую "осёл", низводя ее в раскрывающиеся под прахом проломы, в скверну скопившихся там гнили и тлена».

685) «Поэтому Исасхар, занимавшийся Торой, усмирял этого осла», клипу, «и опускал его. И то, что был он», осел, «вершиной (гэ́рем גֶרֶם) ступеней, как сказано: "Осел крепкий (гарэ́м גָרֶם)" – т.е. он поднимался, чтобы нести вред миру, но теперь он ставил его на место меж пределов», т.е. среди отбросов, «среди скверны проломов, образовавшихся в прахе». И сказанное означает, что Исасхар с помощью занятий Торой опускал клипу, называемую «крепкий осел», и делал его «ложащимся меж пределов»[787] – т.е. низводил его в образующиеся в земле проломы, между открывавшимися там отбросами.

686) «Смотри, что сказано: "И увидел он покой, что хорош он, и землю, что приятна она, и преклонил он плечо свое, чтобы нести, и стал данником"[790]. "И увидел он покой, что хорош он"[790] – это письменная Тора, "и землю, что приятна она"[790] – это устная Тора, "и преклонил он плечо свое, чтобы нести"[790] – чтобы нести бремя Торы и прилепиться к ней днем и ночью, "и стал данником"[790] – чтобы быть слугой Творца и прилепиться к Нему, и ослабить себя ею», т.е. многочисленными занятиями Торой.

687) Рабби Шимон и рабби Йоси, и рабби Хия шли из верхней Галилеи в Тверию. Сказал рабби Шимон: «Мы будем идти и заниматься Торой, потому что каждый, кто умеет заниматься Торой и не занимается, должен будет заплатить своей душой. Но мало того, на него еще возлагают бремя земного пути и порабощение злу», т.е. порабощение Малхут, «как сказано об Исасхаре: "И преклонил он плечо свое, чтобы нести"[790]. Что значит: "И преклонил"? – Склонился, как сказано: "И склонились они к корысти"[791]» – т.е. он сошел с прямого пути. «А тот, кто уклоняется сам и уходит с пути своего, не желая нести бремя Торы, сразу же становится данником» – т.е. он попадает под власть бремени земного пути и в порабощение Малхут.

И сказанное: «И увидел он покой, что хорош он»[790] означает, что увидел, как хорошо брать на себя бремя Торы. Но кроме

---

[790] Тора, Берешит, 49:15. «И увидел он покой, что хорош он, и землю, что приятна она, и преклонил он плечо свое, чтобы нести, и стал данником».

[791] Пророки, Шмуэль 1, 8:3. «Но сыновья его не пошли по его пути, и склонились они к корысти и брали взятки и кривили судом».

того, он еще «и преклонил он плечо свое, чтобы нести»⁷⁹⁰ – т.е. уклонился от того, чтобы нести лишения, тотчас: «И стал данником»⁷⁹⁰ – т.е. возложили на него бремя земного пути и порабощение Малхут.

688) Сказал рабби Шимон, провозгласив: «"Чтобы в наследие любящим Меня дать сущее, и сокровищницы их наполню"⁷⁹². Счастливы люди мира, занимающиеся Торой, ибо каждый, кто занимается Торой, любим он наверху и любим внизу, и наследует каждый день достояние мира будущего. Это смысл сказанного: "Чтобы в наследие любящим Меня дать сущее"⁷⁹². "Сущее (еш יש)" – это будущий мир», Бина, «воды которого», то есть наполнение его, «не прекращаются никогда. И получает он», занимающийся Торой, «достойную высшую награду, которой другой человек не удостаивается. И какую? – "Сущее (еш יש)"», Бину. «И поэтому имя Исасхар (יששכר), который занимался Торой, указывает, что "еш саха́р (сущее награда יש שכר)", – что это является наградой для занимающихся Торой, т.е. "сущее"».

689) «Сказано: "И смотрел я, пока не были сброшены престолы. И сидел старец в годах (атик йомин)"⁷⁹³. "И смотрел я, пока не были сброшены престолы" – т.е. когда был разрушен Храм, пали два престола, потому что есть два престола наверху и два престола внизу. Два престола наверху», и это престол Яакова, Зеир Анпина, и престол Давида, Малхут. «И когда отдалился высший престол от нижнего престола, т.е. престол Яакова отдалился от престола Давида, упал престол Давида. И это смысл сказанного: "С неба на землю низринул"⁷⁹⁴».

«Два престола внизу, и это Йерушалаим и постигшие Тору. И эти престолы внизу подобны верхним престолам. Ибо постигшие Тору – это престол Яакова», Зеир Анпина, «Йерушалаим – это престол Давида», Малхут. Таким образом, пало два престола, престол Давида наверху и престол Йерушалаима внизу. Поэтому сказано: «Пока не были сброшены престолы» – во

---

⁷⁹² Писания, Притчи, 8:21. «Чтобы в наследие любящим Меня дать сущее (еш, йуд-шин יש), и сокровищницы их наполню».

⁷⁹³ Писания, Даниэль, 7:9. «И смотрел я, пока не были сброшены престолы. И сидел старец в годах, одежда его бела как снег, а волосы на голове его как чистая шерсть; престол его – искры огненные, колеса – пылающий огонь».

⁷⁹⁴ Писания, Эйха, 2:1. «Как во гневе Своем окутал Всемогущий мраком дочь Циона! С неба на землю низринул красу Исраэля! И не вспомнил Он в день гнева Своего о подножьи Своем».

множественном числе, «потому что много престолов рухнуло, и рухнули они по причине унижения Торы».

Объяснение. ЗОН делятся в месте хазе. И есть ЗОН выше хазе – и это два престола наверху, и есть ЗОН ниже хазе, и это два престола внизу. И те два престола, которые пали, – это Нуква над хазе и Нуква под хазе.

690) «Когда истинные праведники занимаются Торой, все силы остальных народов и остальных воинств, и все их силы и воинства смиряются и не властвуют в мире, и Исраэль предназначены для них» – для народов мира, т.е. эти народы мира призывают Исраэль, «чтобы он поднял их» во главу «над всеми» народами. И это означает, что имя Исасхар (יששכר), указывает на то, что «еш сахáр (сущее награда יש שכר)».[795] «А если нет», клипа, «"осел" приводит к тому, что Исраэль уходят в изгнание и оказываются между народами, чтобы те властвовали над ними. И почему все это (произошло)? Из-за того, что: "И увидел он покой, что хорош он"[790]» – т.е. увидел Тору, что хороша она и «что она установлена перед ним, и он может получить в награду за нее так много хорошего и привлекательного. И он отклонился от своего пути, чтобы не нести бремя Торы, и потому "стал данником"[790]» в изгнании.

691) «Сказано: "Мандрагоры издали запах"[796]. Это те мандрагоры, которые нашел Реувен, как сказано: "И пошел Реувен... и нашел он мандрагоры в поле"[797]. И речения Торы не обновляются в Исраэле иначе, как с его помощью, как сказано: "И из сыновей Исасхара, владеющих знанием времен, чтобы выяснять, что нужно делать Исраэлю"[798]».

Объяснение. Мы уже знаем, что двенадцать колен – это двенадцать связей, имеющихся в двух «руках», Хесед и Гвура, и в двух «бедрах», Нецах и Ход. И это свечение трех линий

---

[795] См. выше, п. 688.
[796] Писания, Песнь песней, 7:14. «Мандрагоры издали запах, и у дверей наших всякие плоды изысканные, новые и старые, для тебя, друг мой, берегла я!»
[797] Тора, Берешит, 30:14. «И пошел Реувен в дни жатвы пшеницы, и нашел он мандрагоры в поле и принес их Лее, матери своей. И сказала Рахель Лее: "Дай же мне от мандрагоров сына твоего!"»
[798] Писания, Диврей а-ямим 1, 12:33. «И из сыновей Исасхара, владеющих знанием времен, чтобы выяснять, что нужно делать Исраэлю, – двести начальников их и все соплеменники их, (действующие) по слову их».

в каждом из четырех свойств ХУГ ТУМ. А в Нукве это Хесед и Гвура, Нецах и Ход. Поэтому считается, что есть три связи в каждой из этих (сфирот) Хесед и Гвура, Нецах и Ход, итого двенадцать. И мы уже подробно выясняли их.[799]

А относительно четырех знамен: Йегуда и Реувен – это две «руки», Хесед и Гвура, а Эфраим и Дан – два «бедра», Нецах и Ход. Три связи левой «руки», свойства Йегуды,[800] это Йегуда-Исасхар-Звулун, – т.е. свечение трех линий в левой «руке», где Йегуда – это одна связь от правой линии, Исасхар – вторая связь от левой линии, и Звулун – третья связь, от средней линии. И с помощью этого ты поймешь сказанное выше[801]: «Звулун и Исасхар договорились между собой об условии, что один будет сидеть и изучать Тору», т.е. Исасхар, и он относится к левой линии, в которой содержится свечение Хохмы, но поскольку Хохма не светит без хасадим, считается, что у него нет пропитания для существования, «а другой пойдет и займется торговлей», т.е. Звулун, и он относится к средней линии, выходящей на экран де-хирик и притягивающей хасадим, и облачающей Хохму левой линии. И это сравнивается с тем, что он отправляется торговать вдали, чтобы добыть пропитание, являющееся поддержкой для Исасхара.

И это означает сказанное им: «"Мандрагоры издали запах"[802]. Это те мандрагоры, которые нашел Реувен» – т.е. свечение Хохмы левой линии,[803] и это свойство Исасхар, т.е. вторая связь, имеющаяся в правой «руке». «И речения Торы не обновляются в Исраэле иначе, как с его помощью» – потому что обновления в Торе, свечение Хохмы, приходят только с помощью левой линии, свойства Исасхар, «как сказано: "И из сыновей Исасхара, владеющих знанием (бина) времен, чтобы выяснять, что нужно делать Исраэлю"[798]». И не говорит: «Владеющих мудростью (хохма) времен», потому что Хохма левой линии не является подлинной Хохмой, а лишь Биной, которая снова стала

---

[799] См. Зоар, главу Ваеце, п. 145, со слов: «Пояснение сказанного. Число двенадцать – это ...»
[800] См. далее, п. 699.
[801] См. выше, п. 663.
[802] Писания, Песнь песней, 7:14. «Мандрагоры издали запах, и у входов наших всякие плоды изысканные, новые и прежние, возлюбленный мой, я берегла для тебя!»
[803] См. Зоар, главу Ваеце, п. 202, со слов: «Объяснение. "Мандрагоры" – это свечение Хохмы левой линии...»

Хохмой. Ибо настоящая Хохма бывает лишь в правой линии, но эта Хохма скрылась, и светит только Хохма, имеющаяся в левой линии, которая изначально исходит только лишь от Бины.

692) «"И у входов наших всякие плоды, новые и прежние"[802] – они», сыновья Исасхара, «стали причиной того, что "у входов наших"[802] – входов в молитвенные собрания и в дома учения, "всякие плоды, новые и прежние" – так много речений Торы, "новых и прежних", которые раскрываются ими», сыновьями Исасхара, «чтобы приблизить Исраэль к их высшему Отцу, и это смысл слов: "Чтобы выяснять, что нужно делать Исраэлю"[798]».

693) «"Возлюбленный мой, я берегла для тебя!"[802] – отсюда мы учили, что у каждого, кто надлежащим образом занимается Торой и умеет привносить радость в слова ее и открывать новое в них, как подобает, эти слова возносятся, достигая престола Царя», – т.е. Нуквы, являющейся престолом для Зеир Анпина, «и Кнессет Исраэль», Нуква, «открывает им ворота и прячет их. И в час, когда Творец входит в Эденский сад, чтобы радоваться с праведниками», в полночь, «извлекает она их перед Ним», эти новые открытия в Торе, «и Творец смотрит на них и радуется. Венчается тогда Творец этими высшими украшениями, радуемый Царицей», Нуквой, «как сказано: "Всякие плоды, новые и прежние, Возлюбленный мой, я берегла для тебя!"» – и говорит она это в полночь, в час, когда извлекает новые открытия в Торе перед Творцом. «И с этого момента и далее речения его», сделавшего открытие в Торе и добавляющего радость словам Торы, «заносятся в высшую книгу, как сказано: "И написана была памятная книга пред Ним"[804]».

694) «Благословен удел тех, кто занимается Торой как подобает, – благословен он в этом мире и благословен он в мире будущем. До этого места – правление Йегуды, "руки", включенной во всё», (все) три линии, «в силу трех сторон», юг-север-восток, «трех связей в "руке"», Йегуда-Исасхар-Звулун, которые приводятся в этой главе вместе, как и (при выступлении) со знаменами, где Йегуда – свечение правой линии, Исасхар – левой линии, а Звулун – средней линии, «для того, чтобы Йегуда возобладал над всей ситрой ахра».

---

[804] Пророки, Малахи, 3:16. «Тогда говорили друг с другом боящиеся Творца. И внимал Творец, и выслушал, и написана была памятная книга пред Ним для боящихся Творца и чтущих имя Его».

ГЛАВА ВАЕХИ

Дан будет судить народ свой

695) «"Дан будет судить народ свой, как один – колена Исраэля"**[805]**. Сказал рабби Хия: «Это изречение он должен был сказать так: "Дан будет судить колена Исраэля", или: "Дан будет судить колена Исраэля – (все) как одно". Что означает сказанное им: "Дан будет судить народ свой", а затем: "Как один – колена Исраэля"?»

696) «Однако, о Дане сказано: "Замыкающего все станы"**[806]** – и это левое "бедро"», Ход, «и он выступает последним. Смотри: после того, как выдвигаются Йегуда и Реувен, поднимают знамена левиты и Аарон, и выдвигается знамя Эфраима, находящегося в западной стороне, правое "бедро" выдвигается согласно порядку» так, что правое «бедро» предшествует левому «бедру», Дану, и поэтому Дан выдвигается последним. «И если скажешь, что ведь Звулун входил и выходил, как сказано: "Радуйся, Звулун, при выходе твоем"**[807]**» – т.е. он относится к «бедру (ерех)», и сказано о нем напрямую: «И предел (ерех) его – до Цидона», и в таком случае, Звулун является «бедром», а не Эфраим. «Но, конечно же, Йегуда включал их всех». Объяснение. Поскольку Звулун принадлежит знамени Йегуды, нет у него собственной ступени, и он включен в Йегуду, возглавляющего это знамя, и только Эфраим, который сам возглавляет знамя, имеет свою собственную ступень – правое «бедро», т.е. Нецах.

697) И он разъясняет порядок четырех знамен: «Высшая Малхут» – Нуква Зеир Анпина, «включает в себя всё» – все двенадцать связей. «А Йегуда – это нижняя Малхут. И так же как высшая Малхут включает в себя всё, так же и нижняя Малхут, Йегуда, включает в себя всё – и "тело" и "бедро"», т.е. как Тиферет, так и двенадцать связей, имеющихся в «руках» и «бедрах», «для того чтобы усиливаться с их помощью».

---

[805] Тора, Берешит, 49:16-18. «Дан будет судить народ свой, как один – колена Исраэля. Будет Дан змеем на дороге, аспидом на пути, который язвит ногу коня, и падает всадник его навзничь. На Твое спасение надеюсь, Творец!»

[806] Тора, Бемидбар, 10:25. «И выступило знамя стана сынов Дана, замыкающего все станы, по их ратям, а над его войском Ахиэзер, сын Амишадая».

[807] Тора, Дварим, 33:18. «Радуйся, Звулун, при выходе твоем, а ты, Исасхар, в шатрах твоих».

698) «Сказано: "От десницы Его пламя Закона им"[808] – т.е. Тора дается со стороны Гвуры, огня. Но Гвура включилась в правую (руку)» – Хесед, «и в "тело"» – Тиферет, «и в "бедро"» – Нецах и Ход, «и во всё» – все сфирот. «И такой порядок первого выдвижения знамен: Йегуда, т.е. Малхут, исходящая со стороны Гвуры, но включенная в правую (сторону), в "тело" и "бедро", и состоящая из всех» сфирот, «так же как и высшая Малхут», Нуква Зеир Анпина, «состоит из всех» сфирот.

699) «Второй порядок знамен: Реувен, выступающий в южной стороне, а юг – это правая сторона», Хесед, «но всю силу правой», Реувена, «взял Йегуда, поскольку от Реувена была забрана Малхут, как сказано: "Стремительный как вода, ты не пребудешь"[809]. И взял ее Йегуда и укрепился благодаря силе правой, которая была у Реувена. И также сказано о Давиде, относящемуся к роду Йегуды: "Слово Творца господину моему: "Сиди справа от Меня"[810] – потому что левая включается в правую и укрепляется с ее помощью, как сказано: "Десница Творца дает силу"[811]». И так как Йегуда взял силу правой Реувена, поэтому он выдвигался первым. «Йегуда и Реувен были двумя "руками"». Реувен – правая «рука», а Йегуда – левая «рука».

700) «Третий порядок в знаменах: Эфраим, правое "бедро"», Нецах, «выдвигается всегда перед левым "бедром". А Дан – левое "бедро"», Ход, «выдвигается последним, и поэтому он завершает все станы воинств и идет последним».

701) «Йегуда взял себе часть в обеих "руках"», в Хеседе и Гвуре, «потому что у Реувена, правой "руки", были отняты первородство, первосвященство и царство. Поэтому сказано о

---

[808] Тора, Дварим, 33:2. «И сказал он: "Творец от Синая выступил и воссиял от Сеира им, озарил от горы Паран, и явился из среды мириадов святых; от десницы Его пламя Закона им"».

[809] Тора, Берешит, 49:4. «Стремительный как вода, ты не пребудешь, ибо взошел ты на ложе отца твоего, осквернил тогда восходившего на постель мою».

[810] Писания, Псалмы, 110:1. «Давиду. Псалом. Слово Творца господину моему: "Сиди справа от Меня, пока Я не сделаю врагов подножием твоим!"»

[811] Писания, Псалмы, 118:16. . «Десница Творца вознесена, десница Творца дает силу».

Йегуде: "Руками своими сражается за себя"[812]» – двумя «руками», и это Хесед и Гвура.

702) «Сказано: "И сделал царь Шломо большой престол из слоновой кости"[813]. Престол Шломо сделал по высшему подобию, и все высшие образы», лев-бык-орел и человек, «сделал он здесь». Ведь нижняя Малхут, т.е. Шломо, происходящий от Йегуды, состоит из всех сфирот, как и высшая Малхут. «И об этом сказано: "И сел Шломо царем на престоле Творца"[814]. "Царь" – слово с тайным смыслом», которое не обязательно указывает только на Шломо, но указывает ещё на высшую Малхут (царство), и поэтому сказано: «И сел Шломо царем на престоле Творца» – подобно царю, высшей Малхут, т.е. он включил в себя все сфирот, подобно ей. «И также сказано: "И Шломо сел на престол Давида, отца своего, и упрочилось очень царство его"[815]» – слово «царство» указывает на высшую Малхут, «когда луна» – высшая Малхут, «пребывает в полноте своей». Так же и здесь: «Царем»[814] указывает на высшую Малхут.

703) «Сначала сказано: "Дан будет судить народ свой"[805], а затем: "Как один – колена Исраэля"[805]. "Как один" означает – сообразно единству мира. То есть Дан один – как единство всего мира. Как было с Шимшоном, который в одиночку вершил суд в мире, судил и убивал в одно и то же время, и не нуждался в помощи».

704) «Дан будет судить народ свой»[805]. Сказал рабби Ицхак: «Дан – змей, подстерегающий на путях и тропинках. И если ты скажешь, что такое сказано только о Шимшоне, это не так, но так же – и наверху. Он – это малый змей, завершающий все станы», т.е. находящийся в окончании всех ступеней святости, «и подстерегающий на путях и тропинках, а затем отсюда исходят воинства и станы разрушителей, которые подстерегают людей,

---

[812] Тора, Дварим, 33:7. «А это для Йегуды. И сказал он: "Услышь, Творец, голос Йегуды и к народу его приведи его; руками своими сражается за себя, но Ты будь помощью ему от врагов его"».

[813] Пророки, Мелахим 1, 10:18. «И сделал царь большой престол из слоновой кости, и обложил его чистым золотом».

[814] Писания, Диврей а-ямим 1, 29:23. «И сел Шломо царем на престоле Творца вместо Давида, отца своего, и был удачлив, и слушался его весь Исраэль».

[815] Пророки, Мелахим 1, 2:12. «И Шломо сел на престол Давида, отца своего, и упрочилось очень царство его».

чтобы наказывать их за прегрешения, которые те оставляют за собой», т.е. не замечают их и говорят, что не грешили. Сказал рабби Хия: «Это высший первородный змей наверху, прежде чем получает подслащение радующим вином».

Объяснение. Есть два вида судов, исходящие от двух точек – манула и мифтеха. Корень судов в Бине называется «мифтеха (ключ)», а корень судов в Малхут называется «манула (замок)».[816] И от них исходят эти два змея: исходящий от мифтехи называется большим змеем, исходящий от манулы называется малым змеем. И в Дане, – т.е. части Малхут от двенадцати связей в ней, и он находился в окончании ее, в левом «бедре», Ход, – заложена сила малого змея, чтобы подчинить ситру ахра, как сказано: «Который язвит ногу коня, и падает всадник его навзничь»[805]. И мы также знаем, что есть пути и тропинки, исходящие от мифтехи, называемые путями, и исходящие от манулы, называемые тропинками.

И это означают слова: «Дан – змей, подстерегающий на путях и тропинках» – ведь поскольку он относится к свойству «малый змей», есть у него сила как «на путях», исходящих от мифтехи, так и «на тропинках», исходящих от манулы.

И поэтому сказано: «Но так же – и наверху» – т.е. и наверху, в Бине, есть малый змей, который тоже подстерегает на путях и тропинках, и это потому, что Малхут поднялась в Бину, как известно, и подняла силу находящихся в ней судов в Бину. И поэтому там тоже есть малый змей, исходящий от манулы.

И рабби Хия не противоречит, а объясняет, что есть «первородный змей наверху», в Бине, «прежде чем» Бина «получает подслащение радующим вином» – т.е. от времени катнута Бины, полученного ею из-за подъема в нее Малхут. Но после того, как получила гадлут, называемый радующим вином, она опустила эти суды из себя, и больше нет в ней малого змея.

705) «"Будет Дан змеем на дороге"[805]. Так же как есть дорога наверху» – в Бине, исходящая от мифтехи, как мы уже сказали, «так же есть дорога и внизу» – в Малхут, исходящая от манулы, «и делится море» – в силу двух этих дорог, «на несколько путей в каждой стороне» – и каждый путь состоит из этих

---

[816] См. «Предисловие книги Зоар», статью «Манула и мифтеха», п. 44.

двух. «И есть один путь» – только мифтеха, и нет в нем части от манулы, «который все время увеличивает» – с помощью мохин де-ГАР, «это море» – Малхут. Потому что мохин де-ГАР притягиваются только с помощью мифтехи.[817] «И взращивает там всевозможных плохих рыб» – поскольку клипот приближаются, чтобы высасывать оттуда наполнение, и вследствие этого растут. Так же как нижние воды порождают хороших рыб и плохих рыб, лягушкообразных рыб, так же рождаются и в высшем море всевозможные плохие рыбы».

706) «И когда клипот пользуются тем путем, что в море» – т.е. высасывают оттуда наполнение, «они имеют вид всадников на конях своих. И если бы не змей, который завершает все станы» – т.е. Дан, малый змей, «подстерегающий в конце путей и гонящий их вспять, они бы разрушили мир». И о них сказано: «Язвит ногу коня, и падает всадник его навзничь»[805] – т.е. вредители, которые восседают на конях. «Со стороны этих клипот нисходят в мир колдуны. Смотри, что сказано о Биламе: "И не обратился он, как прежде, к заклинаниям (нахашим)"[818]» – т.е. к тем змеям (нахашим), о которых мы говорили, «так как те могут заклясть колдунов мира».

707) «Сказано: "Будет Дан змеем на дороге"[805]. Что значит: "На дороге"? Однако тот, кто тянется за этим змеем, отвергает высшее покровительство» – поскольку приводит к потере сил святых воинств, находящихся в высших мирах. «Ибо это высший путь, который исходит сверху», – т.е. мифтеха, исходящая от Бины, «как сказано: "Дающий в море путь"[819]. И тот, кто тянется за этим змеем, он словно идет по этому высшему пути, чтобы довести его до истощения» – т.е. уменьшить благо, «потому что от этого пути получают питание высшие миры», а он портит их питание, приводя этим к их истощению. Объяснение. Потому что тянущийся за змеем, т.е. притягивающий свет левой линии сверху вниз, приводит к прекращению высшего зивуга, от которого питаются миры.

---

[817] См. Зоар, главу Берешит, часть 1, п. 308.
[818] Тора, Бемидбар, 24:1. «И увидел Билам, что угодно Творцу благословить Исраэль, и не обратился он, как прежде, к заклинаниям, а обратил к пустыне лицо свое».
[819] Пророки, Йешаяу, 43:16. «Так говорит Творец, дающий в море путь и в водах могучих тропинку».

708) «Можно спросить: почему же Дан находится на этой ступени?» – если он несет в себе свойство дурной клипы. «Однако сказано: "И пламя обращающегося меча, чтобы охранять путь к Древу жизни"[820]. И также здесь сказано: "Язвит ногу коня"[805], – чтобы охранять все станы». Сказал рабби Эльазар: «Это исправление престола». Иначе говоря, включение в Дана ступени клипы необходимо для исправления Нуквы, чтобы оберегать ее от присасывания вредителей, восседающих на конях, как мы уже говорили. «Смотри, престол царя Шломо: был один змей, раскачивающийся с помощью связей высшего скипетра, который над львами» в этом престоле. Отсюда видно, что в исправлении престола присутствует змей.

709) «Сказано: "И родила жена сына и нарекла ему имя Шимшон... и начал биться в нем дух Творца в стане Дановом"[821]. Шимшон был назореем в мире, т.е. был отрешен от мира. И выросла в нем огромная сила, и он был "змеем" в этом мире, выступающим против народов-идолопоклонников, ибо он унаследовал часть благословений Дана, прародителя своего, как сказано: "Будет Дан змеем на дороге, аспидом на пути"[805]».

710) Сказал рабби Хия: «Известно, кто такой змей, но кто такой аспид?» Сказал ему: «Тайна наведения чар заключается в том, что змей – это аспид», т.е. хотя это два вида, своими чарами они добивались того, что те были словно один. «И также злодей Билам знал всё, ведь сказано: "И пошел он в одиночестве (шéфи שֶׁפִי)"[822]», что указывает на аспида (шфифóн שְׁפִיפֹן), и до этого уже было сказано[823]: «"И не обратился он, как прежде, к заклинаниям (нахашим)"[818] – т.е. к змеям (нахашим)». «Иногда он пользовался одним, иногда другим» – т.е. иногда змеем, иногда аспидом, так как умел пользоваться обоими.

711) «Но ведь можно возразить, что ступень Дана не соответствует этому» – тому, чтобы пользоваться змеем и аспидом.

---

[820] Тора, Берешит, 3:24. «И изгнал Адама и поместил к востоку от сада Эденского херувимов и пламя обращающегося меча, чтобы охранять путь к Древу жизни».

[821] Пророки, Шофтим, 13:24,25. «И родила жена сына и нарекла имя ему Шимшон. И рос младенец, и благословил его Творец. И начал биться в нем дух Творца в стане Дановом, между Цорою и Эштаолом».

[822] Тора, Бемидбар, 23:3. «И сказал Балак Биламу: "Стань у жертвы всесожжения твоей, а я пойду, может быть, явится Творец мне навстречу, и то, что Он укажет мне, скажу я тебе". И пошел он в одиночестве"».

[823] См. выше, п. 706.

«Конечно, все это так, однако он был поставлен над этой ступенью», чтобы властвовать над ней, как того требует святость, «поскольку является заключительной стадией. И это говорит о его достоинствах, так как одни являются ставленниками Царя над одним, другие – над другим, и это честь для всех назначаемых» – быть ставленниками Царя, и не имеет значения, над чем он поставлен. «Поскольку престол Царя устанавливается с помощью всех этих ставленников вместе. И под управлением всех этих ставленников делятся пути и ступени как во благо, так и во зло. И все они вместе соединяются в одно целое в исправлениях престола», Нуквы. «Поэтому Дан находится в северной стороне», т.е. в левом бедре Нуквы, и это Ход, «и в отверстии великой бездны» – находящейся в окончании левого бедра, и это Бина клипы, «сколько полчищ ангелов-губителей находится там, и все они – правители, поставленные для несения зла миру».

712) «Поэтому Яаков обратился с молитвой, говоря: "На Твое спасение надеюсь, Творец!"[805] Для всех остальных колен он не просит о спасении, но только для этого. Поскольку он сам видел во время пробуждения судов силу могущества этого змея, желающего возобладать» над святостью, поэтому взмолился: «На Твое спасение надеюсь, Творец!»

713) Рабби Йоси и рабби Хизкия шли навестить рабби Шимона в Каппадокии. Сказал рабби Хизкия: «Мы говорим: "Всегда должен человек сначала воздать хвалу Господину своему, и лишь затем – обратиться с молитвой"[824]. А тот, чье сердце озабочено, но он желает обратиться в молитве, или же он находится в беде и не способен воздать хвалу Господину его, – что ему делать?»

714) Сказал ему рабби Йоси: «Даже если он не может направить на это сердце и желание свое, почему он должен отменить порядок восхваления Господина своего?! Пусть сначала выполнит порядок восхваления Господина своего, хотя и не может настроиться на это, а затем обращается с молитвой. И об этом: "Молитва Давида. Услышь, Творец, правду, внемли крику моему, выслушай молитву мою"[825]. "Услышь, Творец,

---

[824] Вавилонский Талмуд, трактат Брахот, лист 32:1.
[825] Писания, Псалмы, 17:1. «Молитва Давида. Услышь, Творец, правду, внемли крику моему, выслушай молитву мою – не из лживых уст».

правду" – вначале, поскольку выстроил порядок восхваления Господина своего, а затем: "Внемли крику моему, выслушай молитву мою". Тот, кто может выстроить восхваление Господина своего и не делает этого, о нем сказано: "И сколько бы вы не молились, Я не слышу"[826]».

715) «Сказано: "Одного ягненка приноси утром, а другого ягненка приноси в сумерки"[827]. Молитвы установлены соответственно постоянным жертвоприношениям», утренняя молитва соответствует утреннему жертвоприношению, послеполуденная молитва соответствует жертвоприношению в сумерки. «Ведь благодаря пробуждению снизу, через жертвоприношение, происходит также высшее пробуждение. И точно так же – благодаря высшему пробуждению к стоящему выше него», пробуждается вышестоящий. «Пока это пробуждение не достигает того места, в котором должны зажечь свечу, и она загорается. Получается, что благодаря возникновению дыма», поднимающегося от жертвы «внизу, загорается свеча наверху», Нуква. «И когда эта свеча загорается, зажигаются все остальные свечи, и все миры благословляются от нее. Таким образом пробуждение, вызванное жертвоприношением, является исправлением мира и благословением всех миров».

Объяснение. Нижние, находящиеся в мире Асия, не могут поднять МАН напрямую в ЗОН мира Ацилут, а только лишь к высшей, прилегающей к ней ступени. И эта ступень тоже поднимает (МАН) – к высшей, прилегающей к ней ступени. И так поднимается МАН от ступени к ступени, пока эти МАН не приходят в ЗОН мира Ацилут.

Поэтому сказано, что «благодаря пробуждению снизу» – т.е. посредством жертвы, приносимой нижними в мире Асия, «происходит также высшее пробуждение» – пробуждаются ступени, имеющиеся в мире Ецира, чтобы поднять МАН, полученный ими от Асия, в мир Брия. А благодаря высшему пробуждению ступеней мира Брия «к стоящему выше него» миру Ацилут, пробуждается этот вышестоящий. «Пока это пробуждение не

---

[826] Пророки, Йешаяу, 1:15-16. «И когда вы протянете руки ваши, Я отвращу от вас очи Мои, и сколько бы вы ни молились, Я не слышу; руки ваши полны крови. Омойтесь, очиститесь, удалите зло поступков ваших от очей Моих, перестаньте творить зло».

[827] Тора, Шмот, 29:39. «Одного ягненка приноси утром, а другого ягненка приноси в сумерки».

достигает того места, в котором должны зажечь свечу» – пока МАН не достигнет Нуквы, и тогда она поднимает этот МАН в Зеир Анпин. И она светит от него. «Зажечь свечу» означает соединить Нукву, называемую «свеча», с Зеир Анпином, чтобы получить от него свет, и это называется – «загорается от него».

716) «Как это происходит? Начинает подниматься дым огнепалимой жертвы – это формы святости, назначенные над миром Асия, устанавливающиеся для пробуждения» – подъема МАН, «и пробуждающиеся к ступеням, расположенным над ними» – в мире Ецира, «в высшем устремлении, как сказано: "Львы рычат о добыче, прося у Творца пищи себе"[828]. А те», которые пробудились в мире Ецира, «пробуждаются к высшим ступеням, расположенным над ними», в мире Брия. «Пока не дойдет это пробуждение» до места, в котором должны зажечь свечу, т.е. «пока не пожелает Царь», Зеир Анпин, «соединиться с Царицей», Нуквой.

717) И он объясняет, что такое МАН, и говорит: «Когда в устремлении снизу поднимаются нижние воды», т.е. МАН[829], «чтобы получить высшие воды (МАД[830])» – от ступени, находящейся над ними. «Ибо нижние воды» – МАН, «не источаются иначе, как с пробуждением стремления нижней ступени. И тогда стремление нижней и (стремление) высшей ступеней сливаются, и источаются нижние воды в соответствии высшим, опускающимся», и завершается соединение (зивуг), «и миры благословляются, и все свечи горят, и высшие и нижние получают благословение».

Объяснение. Любая нижняя ступень считается некевой по отношению к более высокой, чем она, ступени. Например, Асия считается некевой по отношению к миру Ецира, а Ецира считается некевой по отношению к миру Брия. И также высшая ступень считается захаром по отношению к более низкой, чем она, ступени. Например, Ецира считается захаром для мира Асия. И также Брия считается захаром для мира Ецира. Ибо таково правило: дающий – это захар, а получающий – это некева.

---

[828] Писания, Псалмы, 104:21. «Львы рычат о добыче, прося у Творца пищи себе».
[829] МАН (מ״ן) – аббревиатура слов мей нуквин (מי נוקבין воды нукв).
[830] МАД (מ״ד) – аббревиатура слов мей дхурин (מי דכורין воды захаров).

И поскольку ступень не может получить что-либо от ступени, которая выше неё более чем на одну ступень, и получает лишь от высшей, прилегающей к ней ступени, то получается, что каждая высшая дающая ступень является захаром, а каждая нижняя, получающая от нее, некевой. И благодаря стремлению, когда каждая нижняя ступень стремится получить наполнение от более высокой ступени, она поднимает к ней МАН таким образом, что каждая нижняя поднимает МАН к высшей, прилегающей к ней, пока этот МАН не достигает Бесконечного, благословен Он. И тогда Бесконечный, благословен Он, опускает наполнение, МАД. И каждая высшая ступень дает наполнение, полученное ею, нижней, прилегающей к ней, ступени, и таким образом МАД нисходит ступень за ступенью, вплоть до нижних, находящихся в мире Асия.

718) «Смотри, коэны» – правая линия, «и левиты» – левая линия, «пробуждаются» – благодаря вознесению жертвы, «чтобы соединиться – правая с левой». Сказал рабби Хизкия: «Все правильно. Но я слышал такое истолкование этого: коэны и левиты» во время приношения жертвы, «одни пробуждают левую», левиты, «другие пробуждают правую», коэны, «потому что соединение захара с некевой происходит только с помощью левой и правой, как сказано: "Левая рука его под моей головой, а правая – обнимает меня"[831]. И тогда», после объятия левой и правой, «соединяются захар с нуквой, и возникает влечение, и миры благословляются, и пребывают в радости высшие и нижние».

Объяснение. У Нуквы нет ничего своего, и всё дает ей Зеир Анпин. И сначала он дает ей наполнение от левой линии, т.е. свечение Хохмы, а затем дает ей наполнение от правой линии, свет хасадим. И это не считается соединением (зивуг), а называется лишь объятием (хибук), когда он обнимает ее левой и правой его, ибо хотя у Нуквы и есть сейчас правая и левая, так же как есть у Зеир Анпина, вместе с тем они не равны, так как правая и левая в Зеир Анпине находятся во власти правой, и левая не светит в нем, а правая и левая Нуквы находятся во власти левой, и правая не светит в ней. И мы уже знаем, что зивуг – это уподобление формы, и потому это не считается зивугом, а только объятием.

---

[831] Писания, Песнь песней, 2:6. «Его левая рука под моей головой, а правая обнимает меня».

И после того, как Нуква восполняется в правой и левой, он соединяется с ней с помощью средней линии, которая включает правую и левую в равной мере. И тогда ЗОН равны друг другу в мере средней линии, светящей в них обоих вместе. И тогда это считается зивугом, поскольку они находятся в подобии по форме таком, что основное наполнение – это свечения в правой и левой, и не более, но в Нукву они принимаются только посредством средней линии, и это называется зивугом, в котором они сходятся по форме. И тогда она получает наполнение от Зеир Анпина для миров.

И поэтому сказано: «Коэны и левиты, одни пробуждают левую, другие пробуждают правую» – т.е. с помощью жертвоприношения они пробуждают Зеир Анпин дать ей наполнение от свечения левой и правой, как мы уже сказали, и это называется объятием. «И тогда соединяются захар с нуквой» – и после того, как завершается объятие, они соединяются посредством средней линии, и все наполнение принимается Нуквой, «и миры благословляются, и пребывают в радости высшие и нижние».

719) «Поэтому коэны и левиты совершают это пробуждение внизу» – т.е. приносят жертву, «чтобы пробудить стремление и любовь наверху». Стремление – это левая, а любовь – правая. «Поскольку всё зависит от правой и левой, так как средняя линия лишь объединяет их. Таким образом, жертвоприношение является основой мира, исправлением мира, отрадой высших и нижних». Сказал рабби Йоси: «Ты, несомненно, хорошо сказал, и это так, и я тоже всё это слышал, но позабыл, а теперь я слышу это от тебя, и всё восходит в единстве» – т.е. в средней линии, объединяющей правую и левую и завершающей их.

720) «А теперь молитва вместо жертвоприношения, и человек должен вначале вознести хвалу Творцу в надлежащем порядке, как подобает. И если не возносит хвалу надлежащим образом, то молитва его не является молитвой. И полный порядок вознесения хвалы Творцу известен тому, кто умеет подобающим образом соединить святое имя», т.е. поднять МАН для соединения ЗОН, «в результате чего пробуждаются высшие и нижние, вызывая благословения во всех мирах».

Объяснение. Поскольку вместо жертвоприношения принята молитва, то необходимо вначале в правильном порядке вознести хвалу Творцу, т.е. притянуть прежде два этих свечения из правой и левой, как при жертвоприношении, и это называется объятием, а затем вознести молитву, во время которой происходит зивуг в средней линии, объединяющий их обе. И если он не притягивает прежде правую и левую, его молитва не является молитвой, потому что зивуг – это не что иное, как единство правой и левой, и так как он еще не притянул их к Нукве, невозможен никакой зивуг, поскольку там нечего соединять.

721) Сказал рабби Хизкия: «Творец отправил Исраэль в изгнание среди народов лишь для того, чтобы остальные народы благословились с помощью Исраэля, так как они притягивают благословения сверху вниз каждый день».

722) Пошли. Пока шли, увидели одного змея, извивающегося на дороге. Отошли от дороги. Подходил к ним другой человек, убил его змей. Они повернули голову, увидели этого человека мертвым. Сказали: «Наверняка, этот змей выполнил поручение Господина своего», – т.е. Творец повелел ему убить этого человека, «благословен Милосердный за то, что спас нас!»

723) Сказал рабби Йоси, провозгласив: «"Будет Дан змеем на дороге"[805]. Когда Дан был змеем? В дни Яровама, как сказано: "А другого поместил в Дане"[832], потому что змей – это идолопоклонство. И почему он находится "на дороге"[805]? – Чтобы мешать восхождению по ней в Йерушалаим. И Дан был "змеем на дороге"[805] для Исраэля. Конечно, "на дороге", как сказано: "И, посоветовавшись, царь сделал двух золотых тельцов и сказал им (людям своим): "Довольно ходили вы в Йерушалаим"[832]». Таким образом, он сделал этого змея на пути в Йерушалаим, чтобы мешать восхождению туда.

«"Аспидом на пути"[805], который жалил Исраэль, и все это происходило "на дороге" и "на пути", чтобы не дать Исраэлю подняться в Йерушалаим для проведения праздников, приношения жертв, осуществления всесожжения на жертвеннике и совершения служения там».

---

[832] Пророки, Мелахим 1, 12:28-29. «И, посоветовавшись, царь сделал двух золотых тельцов и сказал им (людям своим): "Довольно ходили вы в Йерушалаим – вот божества твои, Исраэль, которые вывели тебя из земли египетской". И поставил одного в Бэйт-Эйле, а другого поместил в Дане».

724) «В час, когда благословения пришли к Моше, для того чтобы благословить все колена, он увидел, что Дан был связан со змеем, и тогда он снова связал его со львом», т.е. Хеседом. Как сказано: «А о Дане сказал: "Дан – молодой лев, устремляющийся из Башана"[833]. Для чего? – Для того чтобы начало и окончание четырех знамен были связаны: о Йегуде, который был царем, сказано: "Молодой лев – Йегуда"[834], и он начало всех знамен, и об окончании всех знамен, т.е. о Дане, сказано: "Дан – молодой лев"[833]» – для того чтобы начало и конец были связаны посредством того же места» – посредством «льва», т.е. Хеседа.

725) «На спасение Твоё надеюсь, Творец!»[805] Сказал рабби Хия: «И он начнет спасение Исраэля от руки плиштим»[835] – об этом спасении просил Яаков, говоря: «На спасение Твоё надеюсь, Творец!» Сказал рабби Аха: «Почему сказано: "Надеюсь", ведь Яаков к этому времени уже много лет как отошел от мира – почему же он сказал, что надеется на это спасение? Но, несомненно, здесь скрыт внутренний смысл. Сказано: "И было, когда поднимет Моше руку свою, то одолевал Исраэль"[836] – сказано просто "Исраэль"», т.е. Зеир Анпин. «И также здесь: "И он начнет спасение Исраэля"[835] – просто "Исраэля"», т.е. это Зеир Анпин, являющийся свойством Яакова, и получается, что спасение Шимшона касалось Яакова несмотря на то, что он уже отошел от мира. «И потому он сказал: "На спасение Твоё надеюсь, Творец!"» Сказал рабби Хия: «Нет сомнения, что так оно и было, и все это верно. Счастлив удел праведников, умеющих заниматься Торой, чтобы удостоиться с ее помощью высшей жизни, как сказано: "Ибо Он жизнь твоя и долгота дней твоих"[837]».

---

[833] Тора, Дварим, 33:22. «А о Дане сказал: "Дан – молодой лев, устремляющийся из Башана"».

[834] Тора, Берешит, 49:9. «Молодой лев – Йегуда, от растерзания, сын мой, ты удалился. Преклонил он колена, лег, как лев и как леопард, кто поднимет его!»

[835] Пророки, Шофтим, 13:5. «Ибо вот, ты зачнешь и родишь сына, и бритва не коснется головы его, потому что назореем Всесильного будет это дитя от самого чрева, и он начнет спасение Исраэля от руки плиштим».

[836] Тора, Шмот, 17:11. «И было, когда поднимет Моше руку свою, то одолевал Исраэль, а когда опустит руку свою, то одолевал Амалек».

[837] Тора, Дварим, 30:20. «Чтобы любить Творца Всесильного твоего, слушая глас Его и прилепляясь к Нему; ибо Он жизнь твоя и долгота дней твоих, в кои пребывать тебе на земле, которую клялся Творец дать отцам твоим, Аврааму, Ицхаку и Яакову».

ГЛАВА ВАЕХИ

Гад – рать выступит от него

726) «Гад – рать выступит от него, и вслед за тем он возвратится»[838]. Сказал рабби Йеса: «Имя Гад указывает на то, что воинства вышли от него, чтобы вести войну. И это следует из написания в любом месте имени Гад (גד) через "гимель ג", "далет ד"», и это Есод и Малхут, «от соединения которых исходят воинства и станы. Ибо "гимель ג" – дающая», т.е. Есод, «а "далет ד" – собирающая», Малхут. «И отсюда видно, что многочисленные воинства и станы зависят от них». И поэтому сказано в Писании: «Гад – рать выступит от него»[838].

727) «Посмотри: у реки, берущей начало и выходящей из Эденского сада», Бины, «воды не прекращаются никогда, и она восполняет бедных», потому что несет свет хасадим через «гимель ג», Есод, к Малхут, «далет ד», ведь она – «нищая и бедная (дала ве-ания)». «И поэтому стоят множество воинств и множество станов, которые получают питание отсюда», от Бины. «Поэтому называется» этот зивуг именем «Гад: этот выводит» – из Бины, «и дает» – т.е. «гимель ג», «а этот собирает и получает от него» – т.е. «далет ד». «И получает питание дом» – Нуква, «и все домочадцы» – т.е. воинства и станы ангелов, которые распространяются от нее.

728) Сказал рабби Ицхак: «Если бы Гад не был из числа сыновей рабынь», относящихся к свойству ахораим,[839] «это было бы подходящим временем для него наполниться совершенством более всех» колен, из-за возвышенного и совершенного источника, на которое указывает имя Гад. «И это означает, что надо читать: "Пришло счастье (ба гад בָּא גָד)"[840], а написано "багад (בָּגָד)", без "алеф א", – потому что вначале пришел час его совершенства, но затем совершенство ушло от него. И это смысл сказанного: "Братья мои изменили (בָּגְדוּ) мне, как река"[841], так как река, которая течёт» – т.е. Бина, называемая рекой, «ушла в тот час» – потому что Гад был от свойства

---

[838] Тора, Берешит, 49:19. «Гад – рать выступит от него, и вслед за тем он возвратится».
[839] См. Зоар, главу Ваеце, статью «Четыре связи», пп. 143-146.
[840] Тора, Берешит, 30:10-11. «И родила Зилпа, рабыня Леи, Яакову сына. И сказала Лея: "Пришло счастье!" И нарекла ему имя Гад».
[841] Писания, Иов, 6:15. «Братья мои изменили мне, как река, как течение рек уходящих».

ахораим, а река, Бина, не наполняет ахораим. И «гимель ג» нечем было наполнить «далет ד». «Поэтому написано "багад (בָּגַד)", без "алеф א"», что указывает на отсутствие наполнения Бины, «и поэтому он не удостоился святой земли, и удел его находился за Ярденом».

729) Рабби Йегуда сказал: «И откуда мы знаем? Поскольку с Реувеном произошло нечто подобное» тому, что было с Гадом. «Ведь вначале он находился на высокой ступени, а затем она ушла от него, как сказано: "Стремительный как вода, ты не пребудешь"[842] – то есть ушли воды», света́ Бины, «и больше не прибывали. И мы уже выяснили, чем был вызван недостаток». Это произошло потому, что Яаков думал о Рахели,[843] и потому было отнято у него первородство и передано Йосефу. «И оба они», Реувен и Гад, «не удостоились земли святости», а только за Ярденом, «и выводили со своей стороны воинства и станы», чтобы идти в авангарде, перед сынами Исраэля, «завоевывать для Исраэля землю».

«То, что недоставало в Гаде, восполнилось Ашером. И это означает сказанное: "От Ашера – тучен хлеб его; и он доставлять будет яства царские"[844] – теперь "гимель ג" восполняет "далет ד"». Объяснение. Ашер – это ахораим де-Ход, и там находятся суды экрана де-хирик, на который выходит средняя линия, объединяющая правую и левую друг с другом, и снова делает эти ахораим внутренними свойствами.[845] И после того, как вернулись ахораим к внутренним свойствам, снова им светит Бина. И «гимель ג» наполняет «далет ד» свойствами хасадим Бины, и она восполняется. И получается, что недостающее в Гаде, т.е. свет Бины, восполняется Ашером.

---

[842] Тора, Берешит, 49:4. «Стремительный как вода, ты не пребудешь, ибо взошел ты на ложе отца твоего, осквернил тогда восходившего на постель мою».
[843] См. выше, п. 262.
[844] Тора, Берешит, 49:20. «От Ашера – тучен хлеб его; и он доставлять будет яства царские».
[845] См. выше, п. 542, со слов: «Объяснение. Четыре сына наложниц...»

ГЛАВА ВАЕХИ

Положи меня печатью на сердце свое

730) Рабби Эльазар и рабби Аба укрылись в пещере в Лоде. И пришли они туда из-за сильного света солнца, который они не могли вынести, находясь в пути. Сказал рабби Аба: «Окружим эту пещеру речениями Торы».

Первым заговорил рабби Эльазар, провозгласив: «"Положи меня печатью на сердце свое, печатью – на руку свою. Ибо сильна, как смерть, любовь, тяжка, как ад, ревность, стрелы ее – стрелы огненные, пламя великое"[846]. Мы выясняли это изречение, но однажды ночью я стоял перед отцом моим», рабби Шимоном, «и слышал от него, что нет у Кнессет Исраэль», Нуквы, «совершенства, желания и влечения к Творцу, но лишь благодаря душам праведников, пробуждающим источники нижних вод» в Нукве, «в соответствии высшим водам» Зеир Анпина, то есть они поднимают МАН в Нукву. «И в этот час совершенство желания и влечение находятся в едином слиянии, для того чтобы породить плоды».[847]

731) «После того, как слились они», ЗОН, «друг с другом, и она получила влечение» к Зеир Анпину, «она говорит: "Положи меня печатью на сердце свое"[846]. Почему "печатью"? Однако печати свойственно, что после того как ее оттиснули в каком-либо месте, хотя и забирают ее оттуда, остается отпечаток в этом месте и не изглаживается оттуда, и весь отпечаток и вся форма ее остается там. Так сказала Кнессет Исраэль», Нуква: «"Вот, я прилепилась к тебе, и несмотря на то, что заберут меня от тебя, и уйду я в изгнание, "положи меня печатью на сердце свое", чтобы весь мой образ остался в тебе подобно печати, оставляющей всю форму свою в том месте, к которому прижималась"».

732) «"Ибо сильна, как смерть, любовь"[846]. Сильна она, как и разлучение духа с телом. Ведь мы изучали, что когда приходит

---

[846] Писания, Песнь песней, 8:6. «Положи меня печатью на сердце свое, печатью – на руку свою. Ибо сильна, как смерть, любовь, тяжка, как ад, ревность, стрелы ее – стрелы огненные, пламя великое».

[847] См. Зоар, главу Берешит, часть 2, п. 253, со слов: «Пояснение сказанного...»

час человека уйти из мира, и он видел то, что видел,[848] дух проходит по всем органам тела, и оно поднимает свои волны, будто он плывет в лодке без весел, поднимается и опускается, и ничто не поможет ему. Тогда он начинает просить расстаться со всеми органами тела. И нет ничего тяжелее, чем тот день, когда дух расстается с телом. И любовь Кнессет Исраэль к Творцу так же сильна, как сильна смерть в час, когда дух желает расстаться с телом».

733) «"Тяжка, как ад, ревность"[846]. Всякий, кто любит, но не испытал в связи с этим ревность, это не называется любовью, – когда же возревновал, любовь становится совершенной. Отсюда следует, что человек должен ревновать жену свою, для того чтобы связаться с ней совершенной любовью, ибо только тогда он не будет обращать на другую женщину взор свой».

«Что значит: "Тяжка, как ад"? Насколько в глазах грешников тяжек ад, в который их низведут, так же и ревность: в глазах ревнующего влюбленного тяжко расставание с любовью».

734) «Другое объяснение. «"Тяжка, как ад, ревность"[846] – насколько ад, в час, когда опускают туда грешников, и сообщают им о грехах, за которые низводят их, тяжек для них, – так же (тяжко) и тому, кто ревнует, обвиняет за грехи и думает о том, сколько подозрительных поступков было совершено ею. И тогда в нем завязываются узы любви».

735) «"Стрелы ее – стрелы огненные, пламя великое"[846]. Что означает "пламя великое"? Это жгучее пламя, выходящее из шофара», т.е. Есода Имы, называемого великим (йуд-хэй יה), «которое вспыхивает и сжигает. И что оно собой представляет? Это левая» – т.е. левая линия Имы, «как сказано: "Левая рука Его под моей головой"[831]. И это – жгучее пламя любви Кнессет Исраэль», Шхины, «к Творцу».

736) «И поэтому: "Многие воды не смогут погасить любовь"[849] – когда приходит правая, называемая воды», Хесед, «она только добавляет горение любви и не гасит пламени левой, как

---

[848] См. выше, п. 343.
[849] Писания, Песнь песней, 8:7. «Многие воды не смогут погасить любовь и реки не зальют ее; если человек предложит все добро дома своего за любовь, отнесутся к нему с пренебрежением».

сказано: "А правая – обнимает меня"[831]. И это смысл сказанного: "Многие воды не смогут погасить любовь"[849]».

Объяснение. Во время свечения Хохмы в левой линии Имы Нукве, (свечение) это – сжигающий огонь, потому что в нем нет хасадим.[850] А когда приходит правая линия, чтобы своими хасадим, называемыми «воды», успокоить огонь, она не гасит тем самым свечение Хохмы, а наоборот, дополняет и сообщает совершенство его свечению, потому что облачает Хохму в хасадим, и тогда Хохма светит во всем совершенстве.

737) Они еще сидели, как услышали голос рабби Шимона, который шел по дороге, – он и рабби Йегуда и рабби Ицхак. Приблизился рабби Шимон к пещере, вышли рабби Эльазар и рабби Аба. Сказал рабби Шимон: «По стенам пещеры я вижу, что Шхина здесь». Сели, сказал рабби Шимон: «Чем вы заняты?» Сказал рабби Аба: «Любовью Кнессет Исраэль к Творцу, и рабби Эльазар разъяснил это изречение: "Положи меня печатью на сердце свое"[846] относительно Кнессет Исраэль. Сказал ему рабби Шимон: "Эльазар, высшую любовь и связь дружбы созерцал ты"».

738) «Молчал рабби Шимон целый час. Сказал: "В любом месте хорошо молчание, кроме молчания в Торе. Держу я в себе одну тайну, но не хочу, чтобы это осталось скрытым от вас. И это высокая вещь, а нашел я ее в книге рава Амнуна Сабы"».

739) «В любом месте мужчина добивается расположения женщины, загоревшись любовью к ней. А здесь получается, что она, загоревшись любовью, добивается его расположения», как сказано: «Положи меня печатью на сердце свое»[846]. «И по общепринятым меркам, не делает чести женщине добиваться расположения мужчины. Это, безусловно, кажется непонятным, однако высший смысл таится в сокровищницах царя».

---

[850] См. выше, п. 512.

ГЛАВА ВАЕХИ

Три души

740) «Есть три души, и они поднимаются по высшим известным ступеням, и более того, что их три, – их четыре. Первая душа – это высшая душа, которая неуловима, и не пробудил ее высший хранитель и уж тем более – нижний. И это душа всех душ, и она скрыта и никогда не раскрывается, и непознаваема, и все зависят от нее».

741) «И она облачилась в одеяние сияния Кармеля. Внутри этого сияния выпадают капли драгоценных жемчужин, соединяясь вместе в одно целое, словно части одного тела. И она», высшая душа, «входит в них и раскрывает с помощью них свои действия», как тело раскрывает действия души. «Она и они – одно целое, и нет разделения между ними. И это высшая душа, скрытая от всего».

Пояснение сказанного. Душа означает свет Бины. И известно, что девять сфирот Арих Анпина являются корнями всех сфирот, находящихся в мирах. Таким образом, корень всех душ (нешамот) – это свет сфиры Бина Арих Анпина, и поэтому она называется высшей душой (нешама). И вот, вследствие подъема Малхут в рош Арих Анпина, вышла Бина Арих Анпина из рош Арих Анпина и стала ВАК без рош, что означает свет хасадим без Хохмы. И остался рош Арих Анпина с двумя сфирот, Кетер и Хохма, потому что Малхут, которая поднялась, стала в ней местом зивуга, называемым Есод, в рош Арих Анпина, и заканчивается на ней счет рош.[851]

И вследствие выхода Бины из рош Арих Анпина, Бина разделилась на два отдельных свойства. Ее ГАР – это высшие Аба ве-Има. Ее ВАК – это ИШСУТ. И это потому, что ущерб от выхода Бины из рош совершенно не касается ГАР Бины, так как по сути своей она является только светом хасадим, о чем сказано: «Ибо склонен к милости Он»[852]. И она не получает Хохму никогда, и поэтому в этом свете нет никакого изменения и в момент нахождения его в рош Арих Анпина, и в момент выхо-

---

[851] См. «Предисловие книги Зоар», п. 13, со слов: «В час, когда скрытый более всех...»
[852] Пророки, Миха, 7:18. «Кто Творец, как Ты, который прощает грех и проявляет снисходительность к вине остатка наследия Своего, не держит вечно гнева Своего, ибо склонен к милости Он»

да его из рош Арих Анпина, и потому считается, что ГАР Бины словно и не вышли из рош Арих Анпина. И даже после выхода Бины наружу, еще светит в них скрытая Хохма Арих Анпина, однако в большом скрытии, поскольку они не получают Хохму, а только лишь свет хасадим. И эти ГАР Бины установились как парцуф высшие Аба ве-Има, которые находятся в непрекращающемся зивуге, потому что они всегда ГАР, и нет в них никогда уменьшения.

Однако ЗАТ Бины – это включение ЗОН в Бину, и поэтому они нуждаются в Хохме. И поскольку после выхода Бины из рош остались хасадим без Хохмы, считается, что они потерпели ущерб из-за подъема Малхут в рош Арих Анпина, и остались без рош. Но во время гадлута, Малхут опускается из рош Арих Анпина на свое место, а Бина Арих Анпина возвращается в рош, снова достигая своих ГАР от Хохмы де-рош Арих Анпина.[853] И порядок выхода ГАР происходит согласно выходу трех точек – холам, шурук, хирик.[854] А эти ЗАТ Бины установились как парцуф ИШСУТ.

И сказано[855]: «Первая душа – это высшая душа, которая неуловима» – это ГАР Бины Арих Анпина, называемые высшие Аба ве-Има, в которых Хохма Арих Анпина светит в большом скрытии, так как они не получают Хохму. И поэтому: «Неуловима, и не пробудил ее высший хранитель» – Есод, называемый хранителем, поскольку он является местом зивуга, и все света собираются там. И Малхут, которая поднялась в рош Арих Анпина и стала в рош местом зивуга, называется высшим хранителем, поскольку она по этой причине стала окончанием рош Арих Анпина, а Бина вышла наружу.[856]

И говорит рабби Шимон, что высший хранитель вообще не пробуждает эту душу, – т.е. он нисколько не делает ее ущербной вследствие выхода Бины наружу, поскольку даже находясь в рош, она не получает Хохму. «И уж тем более нижний» хранитель – это во время гадлута, когда выходит средняя линия на экран де-хирик, снова уменьшающая ступень с ГАР де-ГАР до

---

[853] См. «Предисловие книги Зоар», п. 14.
[854] См. Зоар, главу Берешит, часть 1, п. 9.
[855] См. выше, п. 740.
[856] См. выше, п. 741, со слов: «Пояснение сказанного...»

ВАК де-ГАР.[857] То есть и нижний хранитель тоже никоим образом не касается этих ГАР Бины, т.е. Абы ве-Имы. И это потому, что она не получает Хохму никогда, и поэтому не увеличивается от ее свечения и не уменьшается от ее сокращения.

И сказано: «Это душа (нешама) всех душ», потому что Бина Арих Анпина является корнем всех Бинот, имеющихся в мирах, и поэтому свет в ней является корнем для всех душ (нешамот). «И она скрыта и никогда не раскрывается» – т.е. Хохма Арих Анпина, которая светит в ней, она скрыта и исчезает в ней, и не раскрывается никогда. «И непознаваема» – так как «йуд י» не выходит из ее «воздуха (авир אויר)».[858] «И все души зависят от нее», так как она – корень всех душ.

«И она облачилась в одеяние сияния Кармеля» – т.е. ГАР Бины, Аба ве-Има, облачаются в одеяние сияния Кармеля, т.е. ЗАТ Бины, называемых ИШСУТ. И называются они «сияние Кармеля», как сказано: «Голова твоя, как Кармель»[859]. Ибо ИШСУТ – это рош Нуквы, и называется Кармель, что означает: «Поле, полное (кар мале) всех благ».

«Внутри этого сияния выпадают капли драгоценных жемчужин» – в гадлуте ИШСУТ, мохин которых – это три капли: холам, шурук, хирик. И «внутри этого сияния», трех этих капель, облачаются высшие Аба ве-Има. «Соединяясь вместе в одно целое, словно части одного тела» – т.е. три капли соединяются друг в друге так, что одна не может светить без другой. «И высшая душа входит в них, раскрывая с их помощью свои действия, как тело раскрывает действия души» – высшие Аба ве-Има облачаются в ИШСУТ и действуют с помощью ИШСУТ, облачающего их. И «она и они», Аба ве-Има и ИШСУТ, – «это одно целое, и нет разделения между ними».

Иначе говоря, несмотря на то, что в Абе ве-Име – свет хасадим, а в ИШСУТ – свет Хохмы, все же они «одно целое, и нет разделения между ними», так как даже ИШСУТ не получают Хохму для самих себя, а лишь для того, чтобы передать их Нукве Зеир Анпина, а сами светят скрытыми хасадим, как и

---

[857] См. выше, п. 123, со слов: «Пояснение сказанного...»
[858] См. «Предисловие книги Зоар», п. 7, со слов: «И поэтому сказано...»
[859] Писания, Песнь песней, 7:6. «Голова твоя, как Кармель, и пряди волос на голове твоей, как пурпур, – царь пленен кудрями!»

высшие Аба ве-Има. Поэтому высшая душа «скрыта от всего» – так как ГАР Бины, Аба ве-Има, и ЗАТ Бины, ИШСУТ, оба скрыты от всего, ведь даже ИШСУТ светит для собственных нужд лишь скрытыми хасадим.

742) «Вторая душа – это Нуква, скрывающаяся внутри своих воинств и являющаяся душой (нешама) для них. И от них она получает тело (гуф)», т.е. облачается в них, как душа (нешама) облачается в тело (гуф), «чтобы с помощью них раскрыть свои действия всему миру, так же как тело является одеянием души, производящей с его помощью всевозможные действия, и они» связаны и соединены друг с другом, «как связаны скрытые наверху» – Аба ве-Има и ИШСУТ.

743) «Третья душа – это души праведников внизу. Души праведников происходят от этих высших душ: от души нуквы и от души захара», Зеир Анпина. «И поэтому души праведников более возвышены, чем все эти воинства и станы ангелов наверху», потому что ангелы происходят от внешних свойств Нуквы, а души происходят от внутренних свойств Нуквы и внутренних свойств Зеир Анпина, то есть от их душ (нешамот).

Таким образом, выяснились три эти души:
1. Бина Арих Анпина – Аба ве-Има и ИШСУТ.
2. Нуква Зеир Анпина.
3. Души праведников.

Но это – четыре души, так как Бина Арих Анпина делится на две души, между которыми существует различие. Поскольку Аба ве-Има – это источник хасадим, а ИШСУТ – это источник Хохмы. И поэтому их четыре: Аба ве-Има, ИШСУТ, Нуква, души праведников. Но так как ИШСУТ для себя самих находятся тоже в скрытых хасадим, как Аба ве-Има, поэтому они считаются одной душой. И он не берет в расчет души Зеир Анпина, поскольку он – скрытые хасадим, как Аба ве-Има, и поэтому в нем нет ничего нового.

744) «Но если ты скажешь, что ведь высшие (души) – это души от двух сторон», от Зеир Анпина и Нуквы, исходящие от их внутренних свойств, и если так, «почему же они опускаются в этот мир, и почему они уходят из него? Это подобно царю, у которого родился сын. И отправил он его в одну из деревень,

чтобы вырастили его и заботились о нем, пока не вырастет, и обучали правилам поведения в царском дворце. Узнал царь, что вырос сын его и он уже большой. И что он сделал? Из любви своей к сыну, он послал к нему мать, и привела она его во дворец, и царь радовался с ним каждый день.

745) «Так и Творец родил сына с Царицей. И кто же он? Это высшая святая душа» – т.е. порождения ЗОН. «Отправил Он его в деревню» – в этот мир, «пока тот не подрастет, и не обучат его правилам поведения в царском дворце. Когда узнал Царь, что вырос сын Его в этой деревне, и пришло время привести его во дворец, что он сделал? Из любви своей к сыну, Он посылает к нему Царицу, и Она приводит его во дворец. Душа не уходит из этого мира, пока за ней не придет Царица и не приведет его во дворец Царя, и там поселяется она навсегда».

746) «Но вместе с тем, законы мира таковы, что жители деревни плачут об уходе сына царя от них. Был там один мудрец, сказал им: "О чем вы плачете, разве он не сын царя? И более не подобает ему жить среди вас, а подобает жить во дворце отца его". Так же Моше, который был мудрым, увидел он, что жители деревни плачут, и потому сказал: "Сыны вы Творцу Всесильному вашему, не делайте на себе надрезов и не делайте плеши между глазами вашими по умершему"[860]».

747) «Если бы знали об этом все праведники, они бы радовались тому, что наступает день их ухода из этого мира. Разве не является для них высочайшей честью, что ради них приходит Царица сопровождать их во дворец Царя, чтобы радовался им Царь каждый день. Поскольку Творец пребывает в радости только с душами праведников».

748) «Зарождение любви Кнессет Исраэль», Нуквы, «к Творцу», Зеир Анпину, «вызывают праведники внизу, поскольку исходят они со стороны царя», Зеир Анпина, «со стороны захара. Таким образом, это пробуждение приходит к Нукве со стороны захара, и зарождается любовь. Стало быть, захар пробуждает расположение и любовь в Нукве. И тогда Нуква привязывается в любви к захару».

---

[860] Тора, Дварим, 14:1. «Сыны вы Творцу Всесильному вашему, не делайте на себе надрезов и не делайте плеши между глазами вашими по умершему».

И мы спрашивали[861]: ведь «не делает чести женщине добиваться расположения мужчины»? И теперь понятно, что души праведников, захары, вызывают в ней эту любовь к Зеир Анпину.

749) «И подобно этому – стремление Нуквы источать нижние воды, согласно высшим водам, возникает лишь благодаря душам праведников.[862] Счастливы праведники в этом мире и в мире будущем, ибо на них держатся высшие и нижние. И поэтому: "Праведник – основа (есод) мира"[863] сказано без уточнения». И можно сказать, что говорится о высшем праведнике – Есоде Зеир Анпина, а можно сказать, что говорится о душах праведников, и оба утверждения истинны.

750) «И вызывает всё это – праведник. Он – Есод наверху», Есод Зеир Анпина, «и он – Есод внизу», в Нукве и в душах праведников. «И Кнессет Исраэль», Нуква, «включает высшего праведника и праведника снизу. «Праведник с одной стороны» – Есод Зеир Анпина, «и праведник с другой стороны» – души праведников внизу, «наследуют ее» – Нукву, «как сказано: "Праведники унаследуют землю"[864]» – Нукву. «Праведник», Есод Зеир Анпина, «наследует эту землю», Нукву, «и дает ей благословения каждый день, и дает ей наслаждения и яства, притягиваемые свыше», от Бины, «которые он притягивает для нее».

---

[861] См. выше, п. 739.
[862] См. Зоар, главу Берешит, часть 2, п. 253, со слов: «Пояснение сказанного...»
[863] Писания, Притчи, 10:25. «Пронесется буря – и нет нечестивого, а праведник – основа мира».
[864] Писания, Псалмы, 37:29. «Праведники унаследуют землю и будут обитать в ней вовеки».

ГЛАВА ВАЕХИ

От Ашера – тучен хлеб его

751) «И сказано: "От Ашера – тучен хлеб его, и он доставлять будет яства царские"[865]». Отсюда следует, что Ашер – праведник, как мы говорили выше, Есод Зеир Анпина, дающий яства Нукве. «Вместе с тем, это другое свойство, как сказано: "Увидели ее девицы – и признали"[866]», т.е. он является свойством Нуквы, а не Есода Зеир Анпина. «И поэтому сказала Лея: "На счастье мне, ибо девушки превознесут мое счастье"[867]. И все это верно. Вот смотри, от будущего мира» – Бины, «берет начало и выходит (наполнение) к этому праведнику» – Есоду Зеир Анпина, «чтобы давать наслаждения и яства этой земле, которая была хлебом бедности, а стала хлебом наслаждения. И это означает сказанное: "От Ашера – тучен хлеб его, и он доставлять будет яства царские"[865], конечно. И мы это уже выясняли». Ашер – это Бина,[868] которая доставляет «яства царские» Есоду, а Есод – Нукве.

752) «"От Ашера – тучен хлеб его"[865] – это место, которое все признают. И что это за место? Это будущий мир» – Бина, который признают высшие и нижние и стремятся к нему. "Тучен хлеб его" – чей хлеб? До сих пор, он еще не объяснил, что это за место», к которому относится этот хлеб. «Есть хлеб и есть хлеб. Как есть дерево и есть дерево. Есть Дерево жизни» – Зеир Анпин, «и есть Дерево, с которым связана смерть», и это (дерево) – Нуква. «И есть хлеб, называемый хлебом бедности» – и это Нуква, «а есть хлеб, называемый хлебом наслаждения. И что это за хлеб? Это "ва́в" имени АВАЯ (הויה), Зеир Анпин, «и это – "хлеб его (лахмо́ לחמו)", "хлеб "вав" (לחם ו)"» – т.е. хлеб Зеир Анпина. «И поэтому сказано: "Вот, Я посылаю вам

---

[865] Тора, Берешит, 49:20. «От Ашера – тучен хлеб его, и он доставлять будет яства царские».
[866] Писания, Песнь песней, 6:9. «Одна она, голубка моя, чистая моя, одна она у матери своей, избранная – у родительницы своей. Увидели ее девицы – и признали, царицы и наложницы – и восхвалили ее».
[867] Тора, Берешит, 30:13. «И сказала Лея: "На счастье мне, ибо девушки превознесут мое счастье!" И нарекла ему имя Ашер».
[868] См. Зоар, главу Берешит, часть 2, п. 6. «Первый чертог – это место, которое было установлено внизу, чтобы стать подобным высшему, т.е. Есод, имеющийся в Малхут, которая установилась внизу, на своем месте, чтобы стать подобной Бине...»

хлеб с небес"⁸⁶⁹, конечно же, с небес» – т.е. от Зеир Анпина, называемого небесами.

753) «И поэтому: "От Ашера – тучен хлеб его (лахмо́ לחמו)" – "хлеб "вав" (לחם ו)"», т.е. хлеб Зеир Анпина, называемого «вав ו», «потому что от него» – от Бины, называемой Ашер, «питается это Дерево» – Зеир Анпин, «и он» – Бина, «украшает его венцом» – ГАР, «как сказано: "В венце, которым украсила его мать"⁸⁷⁰» – т.е. Бина, называемая матерью. И когда он» – Зеир Анпин, «получает, то конечно: "Он доставлять будет яства царские"⁸⁶⁵. И кто же Царь? Это Кнессет Исраэль» – Нуква, «потому что от него» – от Зеир Анпина, «она питается, и он передает ей через праведника, и это ступень святости, знак союза» – т.е. Есод Зеир Анпина. «А отсюда» – от Нуквы, «остальным ступеням внизу» – в БЕА. «И все они подобны высшим». Иначе говоря, исправления в БЕА подобны исправлениям в Ацилуте.

754) «В своей книге рав Амнуна Саба сказал так: "От Ашера – тучен хлеб его"⁸⁶⁵ – это субботний хлеб, доставляющий наслаждение вдвойне, как сказано: "Собрали хлеб вдвойне, по два омера на каждого"⁸⁷¹. Что значит: "Хлеб вдвойне"? Это два хлеба: хлеб с небес» – от Зеир Анпина, «и хлеб от земли» – от Нуквы. «И это – то, что называется хлебом наслаждения. Но так» хлеб от земли, без соединения с хлебом с небес, – «это хлеб бедности. А в субботу включается нижний хлеб» – Нуквы, «в высший хлеб» – Зеир Анпина, «и благословляется этот нижний благодаря высшему, и это – "хлеб вдвойне"».

Объяснение. Наполнение Нуквы, когда она в свойстве левой линии без правой, Хохмы без хасадим, называется хлебом бедности, так как Хохма не светит без хасадим. А наполнение Зеир Анпина – хасадим, исходящие от высшей Бины, это хлеб наслаждения, и они светят всегда. А в субботу соединяются два эти наполнения, Зеир Анпина и Нуквы, друг с другом, и облачается Хохма Нуквы в хасадим хлеба Зеир Анпина, и становится

---

⁸⁶⁹ Тора, Шмот, 16:4. «И сказал Творец, обращаясь к Моше: Вот, Я посылаю вам хлеб с небес, и выйдет народ, и соберут, сколько нужно сегодня на этот день, – чтобы Мне испытать его, будет ли он поступать по закону Моему, или нет».

⁸⁷⁰ Писания, Песнь песней, 3:11. «Выйдите и посмотрите, дочери Циона, на царя Шломо в венце, которым украсила его мать в день свадьбы его и в день радости сердца его».

⁸⁷¹ Тора, Шмот, 16:22. «И было, в шестой день собрали хлеба вдвойне, по два омера на каждого; и пришли все главы общины, и сообщили Моше».

хлеб ее также свойством «хлеб наслаждения», как и хлеб Зеир Анпина, и это смысл слов: «Хлеб вдвойне».

755) «И еще сказал рав Амнуна Саба: «"Хлеб вдвойне" субботы» означает, что хлеб Нуквы «получает наполнение от высшей субботы», Бины, «которая нисходит и светит всем, и соединяется хлеб» Нуквы «с хлебом» Бины, «и это – "вдвойне"». И объясняет, почему он не говорит хлеб Нуквы с хлебом Зеир Анпина, как раньше, а с хлебом Бины. «Поскольку в любом месте хлеб – это Нуква», Нуква Зеир Анпина или Бина, тоже являющаяся Нуквой. Однако наполнение Зеир Анпина не называется хлебом, так как он – захар. «Поэтому сказано "тучна"», т.е. «тучен (досл. тучна) хлеб его»[865] – в женском роде, «а не "тучен"» – в мужском роде, «и сказано: "Кроме хлеба, который ел"[872], и это означает – кроме жены его, которая называется хлебом», ведь хлеб – это свойство Нуквы.

756) «Сказано: "Кончился хлеб в сумах наших"[873]». «"Кончился" сказано», в мужском роде, «а не "кончилась"», в женском. «Это потому, что всю остальную пищу», кроме хлеба, «мы тоже называем хлебом. И эти понятия отличаются, какой хлеб – остальная пища, а какой хлеб – настоящий, потому что высший хлеб» – Зеир Анпина, «в любом месте захар» – и это остальная пища, «нижний хлеб» – Нуквы, «он в любом месте некева» – и это настоящий хлеб. «Поэтому мы видим, что иногда пишется в мужском роде, иногда – в женском. Но всё это одно целое, как то, так и другое», только одно – в Зеир Анпине, а другое – в Нукве, «и все это верно».

757) «Ашер отмечен наверху» – в Бине,[874] «и отмечен внизу, в исправлениях невесты» – Нуквы, «потому что на всех двенадцати коленах» – на которые указывают двенадцать быков, «на них держится море» – Нуква, «и исправляется с их помощью,

---

[872] Тора, Берешит, 39:6. «И оставил он все, что у него, в руках Йосефа, и не ведал при нем ничем, кроме хлеба, который ел. И был Йосеф красив станом и красив видом».

[873] Пророки, Шмуэль 1, 9:7. «И сказал Шауль слуге своему: "Ну вот, мы пойдем, а что мы принесем тому человеку? Ведь кончился хлеб в сумах наших и нет подарка, чтобы принести человеку Всесильного, – что у нас есть?"»

[874] См. Зоар, главу Берешит, часть 1, п. 6.

как сказано: "А море на них – сверху"⁸⁷⁵». Так, значит, Ашер внизу – в исправлениях Нуквы? «Но дело в том, что он исправляется как наверху» – в Бине, «так и внизу, на земле» – т.е. в Нукве. «Исправляется наверху, в известных исправлениях, в подобии высшему миру» – Бине, «исправляется внизу, в двенадцати коленах» – т.е. в исправлениях Нуквы, «в высшем подобии» – как Бина, установленная на двенадцати исправлениях Зеир Анпина. «И поэтому есть Шхина наверху» – Бина, устанавливаемая на двенадцати исправлениях Зеир Анпина, т.е. трех линиях, в каждой из которых четыре лика, «и есть Шхина внизу» – Нуква, «которая благодаря Исраэлю была включена в двенадцать колен и исправлена, и в ее исправлениях Ашер стоит наряду с остальными коленами».

758) «И если бы не раскрыл Моше», что Ашер – это Бина, «не было бы ему известно то, что сказано: "И окунать будет в елей ногу свою"⁸⁷⁶, для того чтобы указать, где находится его связь с местом его, – что он передает елей помазания» из своего места «свыше», из Бины. «И поэтому сказано: "Благословен среди сынов Ашер"⁸⁶⁵».

---

⁸⁷⁵ Пророки, Мелахим 1, 7:25. «Стояло море на двенадцати быках: три глядели на север, три глядели на запад, три глядели на юг и три глядели на восток. И море располагалось на них сверху, а все их задние части (досл. обратные стороны) обращены внутрь».

⁸⁷⁶ Тора, Дварим, 33:24. «А об Ашере сказал: "Благословен среди сынов Ашер. Будет он любим братьями своими и окунать будет в елей ногу свою"».

ГЛАВА ВАЕХИ

Нафтали – лань вольная

759) Рабби Шимон сказал, провозгласив: «"Нафтали – лань вольная, возносящий речи прекрасные"[877]». Если говорится: «Лань вольная», следовало завершить фразу словами: «Возносящая речи прекрасные», а не «возносящий» – в мужском роде. «Ведь мы изучали, что высший мир» – Бина, «это мир захар, и когда это слово возносится над Кнессет Исраэль» – Нуквой, «и выше, то всё уже становится свойством захар. Откуда мы это знаем? Из жертвы всесожжения – почему она называется "ола (עוֹלָה)"? – Потому что поднимается (оле עוֹלֶה) выше Нуквы. Поэтому сказано: "Если жертва всесожжения его из крупного скота, то пусть принесет самца (захар) без порока"[878]». Таким образом, захар выше нуквы, и поэтому считается высший мир, Бина, миром захар.

760) «Почему сказано: "Принесет самца без порока (досл. цельным)"[878]? Разве его хотят принести по частям, и потому указано: "Цельным"[878]? Что значит – "цельным"? Это как сказано: "Ходи предо Мною и будь непорочен"[879]. Когда он стал "непорочен"? – В час, когда совершил обрезание, потому что захаром он может быть и может распознаваться только по тому месту, которое называется непорочным. И что оно собой представляет? Это знак союза обрезания, которым захар отличается от некевы. Как сказано: "Муж праведный, непорочным он был"[880]», потому что праведник – это Есод, и именно к нему относится понятие «непорочный». «Поэтому говорит Писание: "Самец без порока" – чтобы был различим у него орган, указывающий на принадлежность к мужскому полу, т.е. чтобы не был оскопленным».

---

[877] Тора, Берешит, 49:21. «Нафтали – лань вольная, возносящий речи прекрасные».
[878] Тора, Ваикра, 1:3. «Если жертва всесожжения его из крупного скота, то пусть принесет самца без порока; ко входу в Шатер собрания приведет его, по своей воле, пред Творцом».
[879] Тора, Берешит, 17:1. «И было Авраму девяносто лет и девять лет, и явил Себя Творец Авраму, и сказал Он ему: "Я Творец Всемогущий. Ходи предо Мною и будь непорочен"».
[880] Тора, Берешит, 6:9. «Вот родословие Ноаха. Ноах – муж праведный, непорочным он был в поколениях своих, пред Всесильным ходил Ноах».

761) «И если ты скажешь, что ведь сказано также: "Самку без порока"⁸⁸¹ – все это так, безусловно, так же как называется» Есод «праведником без порока, так и Нуква называется праведностью без порока, потому что получает всё от него», и поэтому называется непорочной, как и он. Но в основе своей, непорочным называется захар. «Поэтому жертва всесожжения (олá עוֹלָה) – поднимающееся (олé עוֹלֶה) от нуквы к захару», это захар, «так как от этого места», от нуквы, «и выше – всё это захар, а от нуквы и ниже – всё это некева».

762) «И можно возразить, что и наверху есть нуква» – Бина. «Однако окончание тела указывает на всё тело (гуф), что оно – захар. Рош и гуф» – Бины, т.е. ХАБАД ХАГАТ, «это некева, пока она не опускается в окончание» – НЕХИ, облачающиеся в рош Зеир Анпина и становящиеся свойством захар, как и он сам. «И когда окончание различимо» – как свойство захар, «всё становится свойством захар» – и даже ее ХАБАД ХАГАТ, не облаченные в Зеир Анпин, считаются тогда тоже свойством захар. «Но здесь» – в Нукве Зеир Анпина, «рош и соф являются свойством некева, так как всё исправление ее гуф – в свойстве некевы», и нет у нее свойства захар в ее НЕХИ.

763) «И в этом скрыта одна высшая тайна. Ведь мы видим, что Яаков благословил Йосефа среди братьев его. После того, как Творец указал четыре знамени в Шхине, в двенадцати коленах, с помощью которых Шхина будет установлена, Он взял у них Йосефа и поставил вместо него Эфраима. Каков смысл того, что Йосеф был забран у них? Если ты скажешь, что за грехи его, это не так, – ведь он был праведником».

764) «Но скрытый смысл этого заключается в том, что Йосеф обладал свойством захар, как сказано: "Росток плодоносный Йосеф, росток плодоносный над источником"⁸⁸²» – потому что он является свойством Есод, который называется плодоносным ростком, «и сказано: "Оттуда оберегает камень Исраэля"⁸⁸³ – это Кнессет Исраэль», т.е. Нуква, «и о ней сказал Давид:

---

⁸⁸¹ Тора, Ваикра, 4:32. «А если овцу принесет он в грехоочистительную жертву, самку без порока пусть приносит».

⁸⁸² Тора, Берешит, 49:22. «Росток плодоносный Йосеф, росток плодоносный над источником. Дочери – приходила (каждая), чтобы увидеть».

⁸⁸³ Тора, Берешит, 49:24. «Но тверд остался лук его, и распространилась сила его при поддержке Могучего Яакова; оттуда оберегает камень Исраэля».

"Камень, отвергнутый строителями, лег в основу здания"[884]. И поскольку Йосеф обладал свойством захар, он называется Йосеф-праведник, так как он, безусловно, праведник», т.е. Есод, «и поэтому: "Оттуда оберегает камень Исраэля"[883]», т.е. дает наполнение Нукве.

И этим объясняется то, о чем мы говорили выше,[885] что изречение начинается в женском роде: «Нафтали – лань вольная»[877], а завершается: «Возносящий речи прекрасные»[877] – в мужском роде. Поскольку «лань вольная» – это нуква, а когда говорится о дающем, и это Есод-праведник, то это захар, и поэтому говорит: «Возносящий речи прекрасные»[877] – в мужском роде.

765) «И поскольку все исправления Шхины – это некевот», потому что от Нуквы и ниже – всё это свойства некева, как мы уже говорили, «удаляется оттуда Йосеф», захар, «и назначается вместо него Эфраим для двенадцати исправлений, являющийся свойством нуквы. И поскольку это так, он назначен в западной стороне, в том месте, где находится нуква», так как Шхина пребывает на западе, «а тот, кто носит свойство захар», Йосеф, «освобождается от исправлений, поскольку они – от мира нуквы, а не от мира захар. И все исправления должны быть свойствами нуквы».

766) «И поэтому Йосеф, праведник», т.е. Есод, захар, «освобождается от исправлений, и назначается вместо него Эфраим. Поэтому все двенадцать колен», являющиеся свойством некева, «представляют собой исправления Шхины, и все они должны пребывать в высшем подобии» – т.е. в свойстве некева, как и Шхина, «кроме ступени праведника» в этих коленах, Есода, «делающего все части тела свойством захар, – он не должен находиться среди двенадцати исправлений, т.е. не надо понижать его».

767) «"Нафтали – лань вольная, возносящий речи прекрасные"[877], т.е. как сказано: "И превосходна речь твоя"[886], потому что голос» – Зеир Анпин, «управляет речью» – Нуквой, «и нет

---

[884] Писания, Псалмы, 118:22. «Камень, отвергнутый строителями, лег в основу здания».
[885] См. выше, п. 759.
[886] Писания, Песнь песней, 4:3. «Как алая нить – губы твои, и превосходна речь твоя, как дольки граната виски твои из-под фаты твоей».

голоса без речи. И голос этот посылается из глубокого места наверху» – т.е. из Бины, «чтобы управлять речью. Ибо нет голоса без речи и нет речи без голоса» – т.е. нет действия у Зеир Анпина без Нуквы и нет действия у Нуквы без Зеир Анпина. Потому что речь – это Нуква в свойстве левой линии, Хохме без хасадим, которая не может светить без хасадим и поэтому нуждается в голосе, в свете хасадим, и тогда она может светить. А голос, Зеир Анпин, без речи он ВАК, и речь дополняет его до ГАР. И поэтому он нуждается в ней.

«И это – общее, которому нужно частное, и частное, которому нужно общее». Общее – Зеир Анпин, частное – Нуква, и они нуждаются друг в друге, ибо не могут светить иначе, как вместе. «И этот голос» – Зеир Анпин, «выходит с южной стороны» – и это правая линия, свет хасадим, «и управляет западной стороной» – Нуквой, «и она приобретает две эти стороны» – свет хасадим от южной стороны и свет Хохмы от западной стороны. И это смысл сказанного: «А о Нафтали сказал: "Морем (также западом) и югом владей"[887]. И поэтому говорит Писание: "Нафтали – лань вольная"[877] – т.е. нуква внизу, и соответственно этому» светит вместе с ней «захар наверху», и они не светят друг без друга. «И поэтому сказано: "Возносящий речи прекрасные"[877] – "возносящий" сказано», в мужском роде, т.е. Зеир Анпин, «а не "возносящая"».

---

[887] Тора, Дварим, **33**:23. «А о Нафтали сказал: "Нафтали пребывает в благополучии и наполнен благословением Творца, морем и югом владей"».

ГЛАВА ВАЕХИ

Мысль, голос, речь

768) «Мысль это начало всего», т.е. скрытая Хохма Арих Анпина, «и поскольку это – мысль, она скрыта внутри и непознаваема», потому что скрытая Хохма Арих Анпина скрылась в рош Арих Анпина и не светит от него и ниже. «Когда эта мысль распространилась больше», т.е. с помощью Бины Арих Анпина, которая вышла из рош Арих Анпина и вернулась в рош, благодаря чему распространяется свечение Хохмы из рош Арих Анпина к его Бине, «она пришла в место, где пребывает руах», т.е. в место средней линии, и это руах, т.е. Зеир Анпин, поднимающийся и согласующий две линии Бины между собой, и эта линия, согласующая между Хохмой и Биной, называется свойством Даат.[888]

«И когда она находится в этом месте, она называется Биной, и Хохма уже не скрыта так, как в начале», потому что сейчас она светит с помощью Бины, которая вернулась в рош и стала Хохмой. «И хотя она еще скрыта» – в Бине, «этот руах» – т.е. Даат, согласующий между правой и левой линиями Бины, «распространился» – из Бины на свое место, «и извлек голос, состоящий из огня, воды и ветра, и это» три линии – «север, юг и восток». Ибо после того, как Зеир Анпин, поднялся и согласовал между собой две линии Бины, правую и левую, и «три выходят благодаря одному», он сам тоже распространился в три линии, и «один находится в трех».[889]

«И этот голос включает все силы» – т.е. все мохин, имеющиеся в Бине, «и этот голос управляет речью и возносит слово» – Нукву, «в исправлении его» – т.е. облачает ее Хохму в хасадим, и исправляется Хохма в ней и может светить.[890] «Ибо голос этот посылается из места руаха» – т.е. из руаха, который в Бине, и это хасадим, имеющиеся в Даат, «и он приходит управлять словом, чтобы извлечь прямые слова» – посредством облачения ее Хохмы в хасадим. И тогда раскрывается в ней Хохма, которая скрыта в рош Арих Анпина.

---

[888] См. Зоар, главу Лех леха, п. 6, «Объяснение...»
[889] См. Зоар, главу Берешит, часть 1, п. 363, «Трое выходят благодаря одному, один находится в трех...»
[890] См. выше, п. 767.

769) «И когда созерцаешь эти ступени, раскрывается, что эта мысль – это Бина, это голос, это речь, и всё это едино. И именно она – та мысль, которая в начале всего, и не было разделения, но все это – едино и единая связь. И это истинная мысль, которая связала себя с Сущным» – т.е. Кетером, «и не разлучалась никогда. И это означает: "Творец един и имя Его – едино"[891]. И об этом сказано: "Возносящий речи прекрасные"[877], и это – гуф», т.е. Зеир Анпин, который облачает Хохму Нуквы в хасадим и извлекает слова прекрасные и прямые.

Объяснение. Все эти ступени до Нуквы выходят только для того, чтобы раскрыть Хохму, которая находится в начале всего, т.е. Хохму, находящуюся в рош Арих Анпина, которая не может светить нижним из-за того, что была скрыта там. Поэтому все они являются одной ступенью – только лишь Хохмой.

И поэтому сказано, что «мысль – это Бина», потому что эта мысль, т.е. Хохма Арих Анпина, раскрывается сначала в Бине. «Это голос» – потому что Хохма скрыта в левой линии Бины, а этот голос, т.е. Зеир Анпин, средняя линия, согласовал между собой две линии Бины и раскрыл Хохму в ней.

«Это речь». Но в самом Зеир Анпине, который получил три линии от Бины, Хохма еще не светит, поскольку он является правой линией, однако в Нукве, левой линии, раскрывается свет Хохмы. «И всё это едино. И именно она, – та мысль, которая в начале всего». Ведь все ступени – это единая ступень, т.е. свечение только этой мысли, которая в начале всего, и все они распространяют ее, пока она не приходит к раскрытию в Нукве.

«И это означает: "Творец (АВАЯ) един, и имя Его – едино"[891]» – т.е. Нуква, которая называется «имя Его», становится единой ступенью с АВАЯ, Зеир Анпином, а он един с начальной мыслью, т.е. он един с Кетером Арих Анпина.

«И об этом сказано: "Возносящий речи прекрасные"[877]» – поскольку когда она едина со всеми ступенями до Хохмы Арих Анпина, связанной с Кетером Арих Анпина, называемым Сущный, тогда Зеир Анпин возносит и исправляет, и извлекает в Нукве «речи прекрасные» благодаря единству голоса и речи.

---

[891] Пророки, Зехария, 14:9. «И будет Творец Царем над всей землей. В тот день будет Творец един и имя Его едино».

ГЛАВА ВАЕХИ

Росток плодоносный Йосеф

770) «Окончание гуф», т.е. Есод, «это как сказано о нем: "Росток плодоносный Йосеф, росток плодоносный над источником"[892]. Почему "росток плодоносный" сказано дважды? Однако, это "росток плодоносный" наверху» – когда он свойство Есод, расположенный выше хазе, «и "росток плодоносный" внизу» – когда он свойство Есод, расположенный ниже хазе. «И почему нет "ростка плодоносного" внизу, в исправлениях Царицы» – т.е. среди двенадцати колен, в свойстве «двенадцать быков», когда Царица устанавливается на них свыше? «Из-за того, что: "Дочери – приходила (каждая), чтобы увидеть"[892] – т.е. нужны дочери для ее исправления», свойства некевот, которыми являются двенадцать колен,[893] «а не сыновья», а Йосеф – это Есод, являющийся сыном, т.е. захар. Как сказано: «Многие дочери преуспели»[894] – это двенадцать колен, установившихся в качестве престола под Нуквой, и это то, что говорит в конце: «А ты превзошла всех их»[894].

771) «Малхут святости не получила наполнения святой и совершенной Малхут, пока не соединилась с праотцами», ХАГАТ Зеир Анпина от хазе и выше. «И когда она соединилась с праотцами, выстроилась Малхут совершенным строением от высшего мира, и это мир захар», Бина, потому что ХАГАТ Зеир Анпина получают при этом наполнение от правой стороны Бины, а Малхут получает от левой стороны Бины. «И высший мир называется "семь лет", поскольку все эти семь лет – в нем», так как Бина включает в себя все семь сфирот ХАГАТ НЕХИМ, называемые «семь лет».

772) «И знак этого: "И строил он его семь лет"[895] – это высший мир», Бина, который включает в себя семь лет, как мы уже сказали. «Поэтому не сказано: "В течение семи лет"», а «семь лет», «и также сказано: "Ибо шесть дней созидал Творец небо

---

[892] Тора, Берешит, 49:22. «Росток плодоносный Йосеф, росток плодоносный над источником. Дочери – приходила (каждая), чтобы увидеть».
[893] См. выше, п. 765.
[894] Писания, Притчи, 31:29. «Многие дочери преуспели, но ты превзошла всех их!»
[895] Пророки, Мелахим 1, 6:38. «А в одиннадцатый год, в месяц Бул, – это месяц восьмой, – он окончил дом со всеми принадлежностями его и со всем, что для него следует; и строил он его семь лет».

и землю"⁸⁹⁶, но не сказано: "В течение шести дней"», так как это означает, что шесть дней, ХАГАТ НЕХИ Зеир Анпина, создали «небо и землю»⁸⁹⁶. И также здесь это означает, что семь лет строили его,⁸⁹⁵ т.е. Бина. «И сказано: "Вот порождения неба и земли при сотворении их (бе-ибарáм בְּהִבָּרְאָם)"⁸⁹⁷, что означает – "при Аврааме (бе-Авраам באברהם)", потому что Авраам», Хесед, «называется "семь дней", и при помощи него отстраивается высший мир», Бина, «и они называются "мир захар"». Объяснение. Потому что Хесед включает все семь сфирот, и место его – от хазе Зеир Анпина и выше, где находятся четыре опоры престола, Хесед-Гвура-Тиферет-Малхут, для Бины, которая (устанавливается) на них сверху. И поэтому считается, словно они строят Бину, так как Бина опирается на них.

773) «Подобно этому есть семь лет внизу», ХАГАТ НЕХИМ, которые делятся на двенадцать колен,⁸⁹³ «и это нижний мир», Нуква, «и поэтому сказано: "Семь дней и семь дней – четырнадцать дней"⁸⁹⁸. Если уже сказал: "Семь дней и семь дней" – и так понятно, что их четырнадцать, зачем говорит: "Четырнадцать дней"? Только затем, чтобы показать высший мир и нижний мир, и они – "семь дней" и "семь дней"», и поэтому указывает на них, сказав: «Четырнадцать дней». «Одни» – те, что в высшем мире, «это захары», «а другие» – те, что в нижнем мире, «некевот. Эти некевот», т.е. ХАГАТ НЕХИ, которые делятся на двенадцать, как уже сказано, «этот мир», т.е. Нуква, «стоит на них.⁸⁹⁹ И сказано: "Многие дочери преуспели"⁸⁹⁴ – и это двенадцать колен, которые преуспели, как сказано: "Всех исчисленных в стане Йегуды"⁹⁰⁰. И так – все» очень размножились, а в конце сказано: «А ты превзошла всех их!»⁸⁹⁴, т.е. Нуква выше всех их.

---

⁸⁹⁶ Тора, Шмот, 31:16-17. «И пусть соблюдают сыны Исраэля субботу, чтобы сделать субботу для поколений своих вечным союзом. Между Мною и сынами Исраэля знак она вовеки, ибо шесть дней созидал Творец небо и землю, а в седьмой день завершил созидание и отдыхал».

⁸⁹⁷ Тора, Берешит, 2:4. «Вот порождения неба и земли при сотворении их, в день созидания Творцом Всесильным земли и неба».

⁸⁹⁸ Пророки, Мелахим 1, 8:65. «И устроил Шломо в то время праздник, и с ним весь Исраэль – большое собрание, от входа в Хамат до реки египетской, – пред Творцом Всесильным нашим: семь дней и семь дней – четырнадцать дней».

⁸⁹⁹ См. выше, п. 653.

⁹⁰⁰ Тора, Бемидбар, 2:9. «Всех исчисленных в стане Йегуды – сто восемьдесят шесть тысяч четыреста по их воинствам; им выходить первыми».

774) «Писание гласит: "Многие дочери преуспели"⁸⁹⁴ – ведь их всего лишь двенадцать, а не больше, кроме того, что успешно работали», и каждое из них (колен) размножилось, но на это уже указывает слово: «Преуспели». «Почему же он говорит: "Многие дочери"? Но это как сказано: "Вопль на Сдом и Амору поистине великим стал"⁹⁰¹, что означает – "умножился". И также "многие" означает, что они высшие и большие, больше, чем все, и они называются "животные большие"⁹⁰². "Преуспели" – т.е. каждое из колен очень умножилось, но эти в расположении станов находятся над ними» – Исасхар, Звулун, и над ними – знамя Йегуды; Шимон и Гад, и над ними – знамя Реувена; Менаше и Биньямин, и над ними – знамя Эфраима; Ашер и Нафтали, и над ними – знамя Дана. «И они называются "животные малые", которые соединяются в одно целое с "животными большими"⁹⁰²» – т.е. Йегудой, Реувеном, Эфраимом и Даном. «И благодаря им исправляется Царица», Нуква, «чтобы доставлять через них радость высшим и нижним, как сказано: "Левиатан, которого сотворил Ты, чтобы он резвился в нем"⁹⁰²». «Левиатан» означает соединение, соединение животных малых с большими. «Поэтому сказано: "Многие дочери преуспели"⁸⁹⁴».

775) «"Росток плодоносный над источником. Дочери – приходила (каждая), чтобы увидеть"⁸⁸². Но ведь следовало сказать: "Приходили"» – во множественном числе, как и «дочери»? «Однако "источник", о котором сказано выше: "Росток плодоносный над источником", что это за "источник"? "Источник" – это источник правосудия», т.е. Нуква, получающая от правосудия, (от) Тиферет. «А он» – Йосеф, Есод, «стоит» и отдает, «над источником» – Нуквой, «и источник – это идущая и совершающая шаги, чтобы принять дочерей в свои исправления, и "дочери – приходила (каждая)"», т.е. Нуква идет с дочерьми, «а не сыновья. "С дочерьми приходила"» – Нуква, «и они предназначены для ее исправления, а не сыновья»,⁹⁰³ которые не предназначены для ее исправления.

---

⁹⁰¹ Тора, Берешит, 18:20. «И сказал Творец: "Вопль на Сдом и Амору поистине великим стал, а грех их стал тяжким весьма"».
⁹⁰² Писания, Псалмы, 104:25-26. «Вот море великое и необъятное, там пресмыкающиеся, которым нет числа, животные малые и большие, там корабли плывут, левиатан, которого сотворил Ты, чтобы он резвился в нем».
⁹⁰³ См. выше, п. 765.

«"И огорчали его и враждовали с ним, и притесняли его"[904] – тем, что смотрели на него с любовью, как сказано: "Отведи от меня очи свои, ибо стесняют они меня"[905]», что означает – «они прожигают меня пламенем твоей любви». И также здесь он не мог вытерпеть стрел любви Нуквы, и поэтому сказано об этом: «И огорчали его, и враждовали с ним»[904]. «И поэтому говорит: "Притесняли его стрелки"[904]» – т.е. он не мог вытерпеть этого.

Объяснение. Строение Нуквы – от левой стороны, и поэтому глаза ее склоняют Зеир Анпин к судам левой линии. И поскольку он относится к свойству средней линии, он не может вытерпеть этого. И также Йосеф, Есод, – это средняя линия, которая не отклоняется ни вправо, ни влево. И поэтому он тоже не может вытерпеть стрел любви Нуквы, которые являются пробуждением левой линии.

776) «"Но тверд оставался лук его"[906] – это "лук"» – т.е. Нуква. «Но почему говорит: "Лук его"?», а не «лук». «Однако это – супруга Йосефа», поэтому сказано: «Лук его». «"Тверд" означает, что она облачала его силой и мужеством, и не ослабевала его сила благодаря соединению (зивугу) с ней, потому что она знала, что Йосеф не отклонится от пути своего на этой ступени» – то есть не склонится благодаря этому зивугу к ступени левой линии, к месту судов, «поскольку знак союза его – к правой и левой» вместе.

777) «"И украсились золотом руки его"[906]. Что означает "украсились золотом"? Но это, как сказано: "Желанней золота они, множества лучшего золота"[907]. И сказано: "Не выменять ее за сосуд из червонного злата"[908]. И также здесь "украсились золотом" означает – "золотой" и "дорогой", потому что мышцы рук его украсились высшим жемчугом» – т.е. высшей Нуквой, расположенной от хазе и выше, так как он получил наполнение от ее зивуга. «И получил он это, как сказано: "От рук могуче-

---

[904] Тора, Берешит, 49:23. «И огорчали его и враждовали с ним, и притесняли его стрелки».
[905] Писания, Песнь песней, 6:5.
[906] Тора, Берешит, 49:24. «Но тверд остался лук его, и украсились золотом руки его, от рук могучего Яакова; оттуда оберегает камень Исраэля».
[907] Писания, Псалмы, 19:11. «Страх Творца чист, пребывает вовек, законы Творца истинны, все справедливы. Желанней золота они, множества лучшего золота, и слаще меда и сотового нектара».
[908] Писания, Иов, 28:17. «Не сравнимы с ней ни золото, ни стекло, и не выменять ее за сосуд из червонного злата».

го Яакова"⁹⁰⁶ — от этих двух сторон», правой и левой линий, от которых укрепился Яаков. «"Оттуда оберегает камень Исраэля"⁹⁰⁶ — оттуда получает питание этот "драгоценный камень"», Нуква, «как мы уже сказали».

«И еще надо объяснить, что этот "драгоценный камень" получает питание от двенадцати сторон, и это – север и юг», являющиеся «руками» Яакова, так как есть ХАГАТ НЕХИ в северной стороне, и ХАГАТ НЕХИ в южной стороне, всего двенадцать. «И она», Нуква, «располагается между ними и благословляется ими, и получает питание от них благодаря праведнику», Йосефу.

778) «Обрати внимание, что Йосефу добавляется другое благословение, как сказано: "От Творца отца твоего, да поможет Он тебе, и Всемогущего, и да благословит Он тебя"⁹⁰⁹. Трудно понять это изречение, в котором говорит: "От Творца отца твоего, да поможет Он тебе", но следовало сказать: "Творец отца твоего, да поможет Он тебе". "И Всемогущего, да благословит Он тебя", но следовало сказать: "И Творца Всемогущего, да благословит Он тебя", как сказано: "И Творец Всемогущий даст вам милость в глазах этого человека"⁹¹⁰. Сказано: "И да благословит Он тебя", но следовало сказать: "Да благословит Он тебя"».

779) «Однако он унаследовал наверху» – в Зеир Анпине, «и внизу» – в Нукве. «Унаследовал наверху, как сказано: "От Творца отца твоего"⁹⁰⁹ – высшее наследие, место, которое называется "небеса"» – т.е. Зеир Анпин, и Яаков был строением (меркава) для него. «"И да поможет Он тебе"⁹⁰⁹ – чтобы он не подменил это место другим местом, и помощь его была бы из этого места, а не из другого».

780) «"И Всемогущего (ве-эт Шадай)"⁹⁰⁹. Что значит: "И Всемогущего"?», ведь следовало сказать: «И Творца Всемогущего», как мы уже спрашивали. «Однако, это другая нижняя ступень.

---

⁹⁰⁹ Тора, Берешит, 49:25. «От Творца отца твоего, да поможет Он тебе, и Всемогущего, и да благословит Он тебя благословениями неба свыше, благословениями бездны, лежащей внизу, благословениями персей и утробы».

⁹¹⁰ Тора, Берешит, 43:14. «И Творец Всемогущий даст вам милость в глазах этого человека, чтобы он отпустил вам другого брата вашего и Биньямина, а я как был без детей, так и буду».

Мы же изучали, что в любом месте сочетание "(эт) Творца" указывает на высшую Шхину, как сказано: "И видел я (эт) Властелина"[911]. "Эт" – говорит о включении Шхины. "Ве-эт (ואת)"», с «вав ו», указывающей на Зеир Анпин, «говорит о том, что "день"» – Зеир Анпин, «включен в "ночь"», Нукву, «а "ночь" – в "день", как сказано: "И Всемогущего (ве-эт Шадай ואת שדי)" – с "вав ו", потому что оттуда исходят благословения в мир».

781) «И еще», надо объяснить, «почему не говорит: "И Творца Всемогущего (ве-эль Шадай ואל שדי)"? Ведь "Творец Всемогущий (Эль Шадай)" означает то же самое, как мы уже сказали», т.е. это указывает на Нукву, ибо Нуква тоже называется «Творец Всемогущий (Эль Шадай)», «как сказано: "И Творец Всемогущий даст вам милость"[910]. И всё говорится об одном и том же месте», т.е. «Творец Всемогущий (Эль Шадай)» так же указывает на Нукву, как и «И (эт) Всемогущего (ве-эт Шадай ואת שדי)». «И почему в таком случае убирается "ламэд ל" в сочетании букв "ве-эль ואל", а вместо нее пишется "тав ת", и получается "ве-эт ואת"?» Следовало бы писать: «Ве-эль Шадай ואל שדי». «Но дело в том, что когда сверху выходят эти тропинки» – т.е. двадцать две буквы, с помощью которых передается всё совершенство, «и они являются всей Торой», т.е. всем наполнением, получаемым Зеир Анпином, «наследуют их небеса», Зеир Анпин. «Как сказано: "Эт а-шамаим (את השמיים небеса)"[912], где "эт (алеф-тав את)" – это совокупность всех двадцати двух букв, от "алеф א" и до "тав ת". И отсюда они исходят к устной Торе, которая называется "земля"», Нуква, «как сказано: "Ве-эт а-арец (ואת הארץ и землю)"[912], где "ве-эт (ואת)" – это совокупность двадцати двух букв», которые получает Нуква. «Сначала: "Ве-шамаим (и небеса)"[913]» – это Зеир Анпин, «включающий их всех, как одно целое. И тогда украшается луна» – Нуква, «ими всеми» – т.е. получает их от Зеир Анпина, «и пребывает во всем совершенстве, и благословения тогда нисходят оттуда. И об этом говорит Писание: "И (эт) Всемогущего (ве-эт Шадай ואת שדי)"» – указывая на большое совершенство совокупности всех двадцати двух букв в Нукве, и оттуда исходят все благословения, как мы уже выяснили.

---

[911] Пророки, Йешаяу, 6:1. «В год смерти царя Узияу видел я Властелина, сидящего на престоле высоком и величественном, и края его наполняли Храм».

[912] Тора, Берешит, 1:1.

[913] Тора, Берешит, 2:4. «Вот порождения неба и земли при сотворении их, в день созидания Творцом Всесильным земли и неба».

782) «И поэтому сказано: "И да благословит Он тебя (ви-ивархеха́ וִיבָרֶכְךָ)"» – с «вав ו», как он спрашивал выше,[914] «для того чтобы благословения действовали во всем и всегда. Поскольку в любом месте, где есть "вав ו"», это указывает на то, что «есть в нем дополнительная сила и жизнь. До этого момента – вместе. А затем – отдельно, как сказано: "Благословениями неба свыше, благословениями бездны, лежащей внизу"[909]».

Объяснение. До этого момента благословения от Зеир Анпина и от Нуквы приходят вместе, то есть: «От Творца отца твоего»[909] – указывает на Зеир Анпин, а «и (эт) Всемогущего (ве-эт Шадай ואת שדי)» – на Нукву. А затем – отдельно, как сказано: «Благословениями неба свыше»[909] – т.е. Зеир Анпина, «благословениями бездны, лежащей внизу»[909] – Нуквы.

783) «"Благословения отца твоего превысили благословения моих родителей"[915]. "Благословения отца твоего"» – Яакова, средней линии, «конечно "превысили"» благословения Авраама и Ицхака, «потому что Яаков наследовал славу их всех, – больше всех из праотцев. Ибо был он совершенен во всем».

Объяснение. Потому что нет совершенства у двух линий, правой и левой, Авраама и Ицхака, пока не приходит средняя линия, Яаков, и не согласовывает их между собой. И благодаря этому, он наследует все мохин, имеющиеся в двух линиях, правой и левой.[916] И с этой точки зрения получается, что благословение средней линии превысило благословения двух линий, правой и левой, поскольку она дополняет их и также наследует.

«И всё он дал Йосефу. И почему? Потому что так должно быть, ибо праведник», и это Есод, т.е. Йосеф, «получает всё и наследует всё вместе» – т.е. получает от всех сфирот Зеир Анпина вместе. «И все благословения пребывают в нем. Он притягивает благословения из рош», от ГАР Зеир Анпина «наверху, и все органы тела» Зеир Анпина, т.е. ХАГАТ НЕХИ, «все они

---

[914] См. выше, п. 778.
[915] Тора, Берешит, 49:26. «Благословения отца твоего превысили благословения моих родителей до пределов возвышений мира. Да будут они на главе Йосефа и на темени отличившегося среди братьев своих».
[916] См. выше, п. 768.

исправляются, для того чтобы отдавать благословения ему, Есоду. И тогда становится Есод "рекой, выходящей из Эдена"⁹¹⁷».

784) «Что означает: "Из Эдена"? Что во всякий час, когда все органы находятся в единой связи, и они испытывают наслаждение и стремление от наполнения рош наверху и внизу, и все они передают ему, Есоду, свое наслаждение и стремление, он, конечно же, становится "рекой, берущей начало и выходящей из Эдена"⁹¹⁷», поскольку Эдэн (עדן) означает наслаждение (идун עידון) и отрада.

«И еще необходимо объяснить: "Из Эдена" означает, что из высшей Хохмы, называемой Эденом, проистекает всё, чтобы, изливаясь, стать рекой, и она течет, пока не приходит к этой ступени», Есод, «и тогда все они получают благословения», все сфирот Зеир Анпина, «и все едины».

785) «"До пределов возвышений мира"⁹¹⁵ – т.е. стремление к этим "возвышениям мира", к двум Нуквам, одной наверху» – Бине, «другой внизу» – Нукве Зеир Анпина, «и каждая из них называется миром. И стремление всех частей тела», всех сфирот Зеир Анпина, «к этим двум матерям», когда есть у них «стремление получать питание от высшей матери (имы)», Бины, «и стремление соединиться с нижней матерью», Нуквой, «и стремление их всех едино, – благодаря этому все они станут рош Йосефа», Есода, «т.е. благословятся от ступени праведника», Есода, «который примет всё, как подобает».

786) «Счастливы те, кто зовутся праведниками, ибо праведником называется лишь тот, кто оберегает ступень этого знака союза святости. Благословенны они в этом мире и в мире будущем».

Вышли из пещеры.⁹¹⁸ Сказал рабби Шимон: «Каждый пусть скажет слово и отправимся в путь».

---

⁹¹⁷ Тора, Берешит, 2:10. «И река выходит из Эдена, чтобы орошать сад, а оттуда разделяется она на четыре главных русла».
⁹¹⁸ См. выше, п. 730.

ГЛАВА ВАЕХИ

Биньямин – волк терзающий

787) Заговорил рабби Эльазар: «Сказано вслед за этим: "Биньямин – волк терзающий, утром будет есть добычу, а к вечеру – делить добычу"[919]. "Биньямин – волк терзающий", – почему он зовется "волк"? Потому что так он запечатлен в престоле», Нукве, «в образе волка. Ибо все животные, большие и малые, запечатлены там», в престоле, «как сказано: "Животные малые и большие"[902].[920] И престол, который установил Шломо, тоже запечатлен так – в подобии высшему» престолу.

788) «И еще следует объяснить: "Волк терзающий"[919] – потому что жертвенник был в уделе Биньямина, а жертвенник – это "волк". И если ты возразишь, что Биньямин – "волк", это не так, лишь жертвенник, находившийся в его уделе, – это "волк", потому что он пожирал мясо каждый день» – т.е. жертвы, которые приносились к нему, «и Биньямин кормил его» – жертвами. «И поскольку тот находился в его уделе», то считается, что «он словно кормил и питал этого "волка"». И «терзающий» означает «кормящийся». И сказанное: «Биньямин – волк терзающий» – означает, что Биньямин будет кормить этого «волка», т.е. жертвенник.

«И еще надо объяснить: "Волк терзающий"[919] – волк кормящийся, и кто же он, этот "волк"? Это ангелы, ненавистники, которые стоят наверху, чтобы обвинять Исраэль. Все они наслаждаются и исправляются благодаря этим жертвоприношениям и получают высшее пробуждение». Получается, что Биньямин, во владении которого находится жертвенник, питает этих обвинителей, называемых «волк», чтобы они не обвиняли Исраэль.[921]

789) «"Утром будет есть добычу, а к вечеру – делить добычу"[919]. Что значит: "Утром будет есть добычу (ад עַד)"? Однако "утром", когда Авраам», Хесед, «пробуждается в мире, и наступает час благоволения, жертвоприношение несет пробуждение и упоение, и поднимается к "веку (ад עַד)", к тому месту,

---
[919] Тора, Берешит, 49:27. «Биньямин – волк терзающий, утром будет есть добычу, а к вечеру – делить добычу».
[920] См. выше, п. 774.
[921] См. Зоар, главу Ноах, пп. 128-130.

о котором сказано: "И возвратишься ты к (ад עַד) Творцу Всесильному твоему"⁹²²» – т.е. к Зеир Анпину, в свойстве от его хазе и выше.

790) «И еще. Что значит – "утром"? "Утро" – это Авраам», Хесед, «как сказано: "И встал Авраам рано утром"⁹²³ – в то время, когда появляется желание. В этот час другой не съедал жертву. А кто съедал? – Место, называемое "вечность (ад עַד)", и это высший престол» – ХАГАТ, расположенный от хазе Зеир Анпина и выше, престол для Бины, «и он –вовеки (адэй ад עֲדֵי עַד)", как сказано: "Вовеки, ибо в Творце твердыня вечная"⁹²⁴». И «еда» означает «зивуг», как мы еще выясним.

791) «И время этой еды, оно утром этого века» – т.е. время правления Хеседа Зеир Анпина, «и этот "век" находится выше» хазе Зеир Анпина, где весь он – хасадим, «как сказано: "Уповайте на Творца вовеки"⁹²⁴». Отсюда видно, что «век» – это возвышенное место наверху. «А утром» – это время правления Хеседа Зеир Анпина, «это, конечно же, жертвоприношение Творцу» – когда Нуква, называемая жертвоприношением, соединяется тогда с Творцом. И поэтому «будет есть добычу»⁹¹⁹ – Зеир Анпин, правая, Хесед, «а не иная ступень».

792) И он объясняет порядок зивуга, выходящего благодаря жертвоприношению. «Дым жертвоприношения поднимается», что означает пробуждение снизу, «и это пробуждение любви связывается и пробуждается наверху», между Зеир Анпином и Нуквой, «и они стоят друг против друга», лицом к лицу (паним бе-паним). «И свеча», Нуква, «горит и светит благодаря этому пробуждению снизу», – то есть получает наполнение от Зеир Анпина. «И пробуждается коэн, и левиты восславляют и выражают радость. И тогда совершается возлияние вина», которое от левой стороны и Гвуры, «чтобы соединиться с водой», правой и Хеседом, «и вино светит, являя радость». Ибо когда гвурот облачаются в хасадим, эти гвурот называются радующим

---

⁹²² Тора, Дварим, 4:30. «В невзгодах твоих, когда постигнут тебя все эти предсказания, в конце дней, возвратишься ты к Творцу Всесильному твоему, и будешь слушаться голоса Его».

⁹²³ Тора, Берешит, 22:3. «И встал Авраам рано утром, и оседлал осла своего, и взял с собой двух отроков своих и сына своего Ицхака, и наколол дров для жертвы всесожжения, и встал, и пошел на место, о котором сказал ему Всесильный».

⁹²⁴ Пророки, Йешаяу, 26:4. «Уповайте на Творца вовеки, ибо в Творце твердыня вечная».

вином. «Поэтому нужно сделать доброе вино внизу, для того чтобы явить радость другому вину, получаемому наверху, и тогда все пробуждаются для связи левой (стороны) с правой».

793) «Хлеб, и это пшеничная мука, – Малхут», Нуква, «и это пробуждение» внизу «пробудило ее», ибо Нуква называется хлебом. «Берут ее, левую, в правую, и связывают ее с гуф», Зеир Анпином, «и тогда нисходит высший елей» от Зеир Анпина, «и она получает его через праведника», Есод Зеир Анпина, «поэтому необходимо совершить пробуждение снизу, взяв муку и добавив в нее масло. И всё соединяется вместе. И тогда раскрывается наслаждение и упоение от этого соединения воедино, и это наслаждение и упоение получают все те Кетеры», сфирот Нуквы, «и связываются они друг с другом» Зеир Анпин с его Нуквой. «И луна», Нуква, «светит и связывается с солнцем, и все испытывают наслаждение».

794) «И тогда это – "жертва Творцу"». То есть Нуква приближается к Творцу, «а не другому, поэтому сказано: "Утром будет есть добычу"[919] – Зеир Анпин, называемый добычей. «А не другому. И поэтому сказано: "Будет есть добычу"», т.е. Зеир Анпин, «и наслаждаться своим соединением вначале, и когда – "утром"», когда властвуют хасадим, благодаря которым «святое имя должно благословиться вначале, а затем благословятся другие», т.е. как сказано: «А к вечеру – делить добычу»[919].

795) «И поэтому запрещено человеку благословлять другого утром, прежде чем он благословит Творца, ибо Он должен быть благословлен первым. Как сказано: "Утром будет есть добычу"» – и это Зеир Анпин, «а затем благословятся другие, как сказано: "А к вечеру – делить добычу"[919]. Потому что жертвоприношения, которые были сначала – всё преподносилось Творцу, и пробуждение снизу поднималось туда. И в соответствии с полученными благословениями, Он устанавливал связь со всеми высшими воинствами и распределял благословения им, каждому из них по достоинству, и миры получали "подслащение", и благословлялись высшие и нижние».

796) «И поэтому вначале сказано: "Отведал я соты мои с медом"[925], а затем он раздает всем, говоря: "Ешьте, друзья, пейте до упоения, любимые"[925]. То есть дает благословения всем, и распределяет им, каждому по заслугам. Поэтому сказано: "А к вечеру – делить добычу"[919], так как вначале благословилось святое имя, а теперь уже благословения распределяются всем мирам. И не говори, что жертва приносится им (мирам), и никакой другой силе, но всё приносится Творцу, а Он дает благословения и распределяет благословения всем мирам. И потому это жертвоприношение – Творцу, а не другой ступени».

797) Сказал рабби Шимон: «Есть другое пробуждение при жертвоприношении, и всё оно целиком направлено на то, чтобы вызвать благословение и пробудить благословение, чтобы благословились все миры. Но вначале – "жертву Творцу"[926]», т.е. приблизить Нукву к ступени Зеир Анпина, а не к иной, «а теперь», после того, как образовалось единство с Зеир Анпином, «"приносите жертву вашу"[926] – чтобы соединились все миры вместе, и тогда соединятся и благословятся высшие и нижние».

Объяснение. Нуква – это левая сторона, и Хохма ее – без хасадим. И тогда нисходят от нее суды, потому что Хохма не может светить без хасадим. А нижние, находящиеся в трех мирах БЕА, получают от Нуквы. И это означает сказанное: «Утром будет есть добычу» – т.е. сначала необходим зивуг Нуквы с Зеир Анпином. Тогда включается Нуква в правую сторону, хасадим, и она – «жертва Творцу», т.е. правой стороне, «а не иному» – а не левой. Но затем, после того, как Нуква включилась в правую, она может светить нижним своим свечением. Поэтому сказано: «А к вечеру – делить добычу» – т.е. передавать всем мирам.

И разница в сказанном рабби Шимоном и рабби Эльазаром заключается в том, что рабби Эльазар сказал: «И не говори, что жертва приносится им (мирам)» – т.е. что пробуждение снизу от жертвы приносится не мирам, получающим от Нуквы,

---

[925] Писания, Песнь песней, 5:1. «Пришел я в сад мой, сестра моя, невеста, набрал я мирры с бальзамом моим; отведал я соты мои с медом, пил я вино мое с молоком. Ешьте, друзья! Пейте до упоения, любимые!»
[926] Тора, Ваикра, 1:2. «Говори к сынам Исраэля и скажи им: "Тот человек, кто захочет принести от вас жертву Творцу, от животных, от крупного скота и от мелкого приносите жертву вашу"».

«и никакой другой силе» – то есть никакой силе от левой стороны, «но всё приносится Творцу». Получается, что даже пробуждение снизу должно быть только в качестве «жертвы Творцу», чтобы Нуква включилась в Зеир Анпин. А рабби Шимон добавляет к сказанному им, что пробуждение может быть ради миров, получающих наполнение от Нуквы, но вначале «жертва Творцу», а не иному, а затем передавать мирам.

ГЛАВА ВАЕХИ

И вот что говорил им их отец

798) Заговорил рабби Аба, сказав: «Изречение, следующее за этим: "Все эти колена Исраэля, двенадцать, и это то, что сказал им их отец, когда благословлял их. И благословил он их, каждого – его благословением"[927]. Сказано: "Все эти колена Исраэля", но ведь следовало сказать: "Эти колена Исраэля", что значит: "Все эти"? Но это для того, чтобы соединить их», эти колена, «в том месте, откуда выходят все благословения», – в Нукве. «"Двенадцать" – это двенадцать связей в исправлениях Царицы», Нуквы. «И сама она соединилась с ними», как сказано: «А море на них – сверху»[875]. «Поэтому сказано: "Все эти колена Исраэля, двенадцать, и это (ве-зот זאת) то, что говорил им их отец. И благословил он их"[927]» – потому что Нуква называется «зот (זאת)»,[928] и соединилась она с двенадцатью коленами. «Ибо в этом месте», в Нукве, «находится речь» – так как Зеир Анпин называется голосом, а Нуква – речью.[929]

799) «И еще надо объяснить: "И это (ве-зот וזאת) то, что говорил"[927] – что здесь содержится одна связь для соединения снизу вверх и сверху вниз. Снизу вверх – при помощи двенадцати колен», о которых сказано: «Все эти колена Исраэля, двенадцать»[927], а сверху вниз – «"и это (ве-зот)", т.е. Нуква, которая соединилась с ними» сверху, «"то, что говорил" означает соединение захара и нуквы» – потому что нет речи без голоса, Зеир Анпина, «связанное с двумя сторонами: снизу – в свойстве "двенадцать", и сверху – в свойстве "и это (ве-зот)". А в конце связал их в высшем месте» – в ЗОН от хазе и выше, где захар и нуква находятся вместе, т.е. Нуква включена в Зеир Анпин, в его свойство хасадим. «И это означает: "И благословил он их, каждого – его благословением"[927]. Что значит – "его благословением"? Однако "его благословение" – это его супруга», Нуква, называемая благословением. «"Каждого – его благословением", т.е. оба они как одно целое», когда Зеир Анпин и Нуква соединены вместе, как мы сказали.

---

[927] Тора, Берешит, 49:28. «Все эти колена Израиля, двенадцать, и это то, что сказал им их отец, когда благословлял их. И благословил он их, каждого – его благословением благословил их».

[928] См. выше, п. 654.

[929] См. выше, п.769.

800) Сказал, провозгласив: «"Благословит тебя Творец с Циона, и увидишь благополучие Йерушалаима"⁹³⁰. "Благословит тебя Творец с Циона" – поскольку от него выходят благословения, "чтобы орошать сад"⁹³¹, и он включает все благословения и передает ей, а затем: "И увидишь благополучие Йерушалаима"⁹³⁰ – т.е. все благословения исходят от захара и нуквы. И подобно этому сказано: "Благословит тебя Творец и сохранит тебя"⁹³², где "благословит тебя Творец" означает – со стороны захар, "и сохранит тебя" – со стороны нуквы», так как хранение исходит от нуквы. «"Благословит тебя Творец" – от "помни (захо́р)"», и это Зеир Анпин, «"и сохранит тебя" – от "храни (шамо́р)"», и это Нуква. «И всё это – одно целое, потому что от них обоих благословения исходят в мир. И поэтому: "Каждого – его благословением благословил он их"⁹²⁷».

Объяснение. Два свойства у Нуквы: внешнее – ее собственное свойство, и внутреннее – то, что она получает от Зеир Анпина. И поэтому есть у нее также два свойства Есода: внутренний называется Цион, и это свойство захар в ее Есоде, внешний Есод называется Йерушалаим, и это свойство Нуквы в ее Есоде.

И это означает: «"С Циона" – поскольку от него выходят благословения», так как все благословения приходят от внутреннего свойства Есода, т.е. потому, что они от свойства Зеир Анпина. «А затем: "И увидишь благополучие Йерушалаима"⁹³⁰» – а после того, как внутренний передал внешнему Есоду, называемому Йерушалаим, сказано: «И увидишь благополучие Йерушалаима»⁹³⁰.

И это означает сказанное: «И поэтому: "Каждого – его благословением благословил он их"⁹²⁷», так как одни колена исходили от внутреннего свойства Нуквы, а другие исходили от внешнего свойства Нуквы. И благословил он каждое из них как полагалось ему.

---

⁹³⁰ Писания, Псалмы, 128:5. «Благословит тебя Творец с Циона и увидишь благополучие Йерушалаима во все дни жизни твоей».

⁹³¹ Тора, Берешит, 2:10. «И река выходит из Эдена, чтобы орошать сад, а оттуда разделяется она на четыре главных русла».

⁹³² Тора, Бемидбар, 6:24-26. «Благословит тебя Творец и сохранит тебя. Озарит Творец лицо Свое для тебя и помилует тебя. Обратит Творец лицо Свое к тебе и даст тебе мир».

ГЛАВА ВАЕХИ

И закончил Яаков завещать сыновьям своим

801) «И закончил Яаков завещать сыновьям своим»[933]. Почему сказано: «Завещать сыновьям своим», а не: «Благословлять» – ведь так следовало сказать? Но он дал им наставления о Шхине, чтобы они связали себя с ней. И еще дал он наставления им о пещере, расположенной близко к Эденскому саду, в которой захоронен Адам Ришон.

802) Это место называется Кирьят-Арба (поселение четырех), поскольку там были захоронены четыре пары: Адам и Хава, Авраам и Сара, Ицхак и Ривка, Яаков и Лея. Но мы изучали, что праотцы представляют собой святое строение (меркава). И это строение состоит не менее чем из четырех. Творец соединил царя Давида с праотцами, и они стали совершенным строением, состоящим из четырех. Как сказано: «Камень, который отвергли строители, стал краеугольным»[934]. Ибо царь Давид соединился, чтобы стать вместе с ними совершенным строением. В таком случае Давид должен был быть захоронен вместе с праотцами, и Кирьят-Арба (поселение четырех) было бы с ним. Почему же он не захоронен вместе с ними?

803) Однако у царя Давида было исправленное место. И это – Цион, Есод Зеир Анпина, с которым он соединился, как одно целое. А относительно Адама, который был похоронен с праотцами, – это они были похоронены с ним, поскольку он был первым царем, у которого было забрано царство и передано царю Давиду. И царь Давид жил за счет дней Адама. Ибо Адаму Ришону было назначено жить тысячу лет, но были переданы семьдесят лет от его жизни как дни жизни царю Давиду. Поэтому Адам Ришон считается свойством Малхут, и он дополнил строение (меркава) праотцев до числа «четыре». А иначе, как бы могли праотцы взойти к совершенному строению, состоящему из четырех, прежде чем наступили дни царя Давида? Конечно же, Адам Ришон восполнил их. А Давид не был похоронен с

---

[933] Тора, Берешит, 49:33. «И закончил Яаков завещать сыновьям своим, и подобрал он ноги свои на ложе. И упокоился он и приобщился к своему народу».
[934] Писания, Псалмы, 118:22. «Камень, отвергнутый строителями, лег в основу здания».

ними, однако удостоился места, подобающего ему – Циона, и потому не был похоронен с праотцами.

804) Еще следует объяснить, что праотцы находятся в месте захар, ХАГАТ Зеир Анпина, свойства захар. А Давид, являющийся строением для Малхут, находится в месте Нуквы. И поэтому у праотцев некевот похоронены вместе с ними, а Давид похоронен и соединился с местом захар, Ционом, каждый – как подобает ему.

ГЛАВА ВАЕХИ

И упокоился он и приобщился к своему народу

805) «И подобрал он ноги свои на ложе»[933] – поскольку он пребывал в месте жизни, т.е. был строением для Зеир Анпина, являющегося Древом жизни. Поэтому, когда Яаков захотел уйти из мира, он опустил ноги свои на ложе, Нукву, и, отойдя от мира, приобщился, – т.е. поднялся в МАН и включился в зивуг ЗОН. Как сказано: «И упокоился он и приобщился к своему народу»[933] – не сказано, что он умер, ибо он поднялся и соединился с высшей жизнью.

806) Сказано: «Тоскует душа моя и стремится во дворы Творца»[935]. Почему он не стремится достичь дома Творца, а стремится во дворы Творца? Есть нижние отделы, в БЕА, и есть высшие отделы, в Ацилуте. В высших не находятся души, ибо души находятся в БЕА. Эти отделы – это внутренние жилища, находящиеся в Ацилуте, и внешние жилища, находящиеся в БЕА. Внешние, находящиеся в БЕА, называются «дворы Творца», поскольку они испытывают любовь и стремление к Нукве. Поэтому сказал Давид: «Стремится во дворы Творца» – ибо души принадлежат только к мирам БЕА, называемым «дворы Творца». Но в час, когда миры БЕА поднимаются в Ацилут, поднимаются вместе с ними и души праведников. Когда душа поднимается, пробуждаются все воинства БЕА и поднимаются в Нукву, ибо Нуква, благодаря их подъему, объединяется в совершенном устремлении к Зеир Анпину и соединяется с ним.

807) Яаков не умер, поэтому не сказано, что его постигла смерть, а «упокоился он и приобщился к своему народу»[933]. «И подобрал он ноги свои на ложе»[933] – Нукву. И так же – ушло солнце, Яаков, к луне, Нукве. То есть солнце не умирает, но уходит из мира и идет к луне. Так же и вечером – свет солнца не уходит из мира, просто оно передает затем свой свет луне. Так же Яаков – когда он ушел (из мира), то поднялся в МАН к ЗОН, и светил Нукве Зеир Анпина; и свет его не исчезает, поэтому считается, что он не умер.

---

[935] Писания, Псалмы, 84:3. «Тоскует душа моя и стремится во дворы Творца, сердце мое и плоть моя поют Творцу живому».

808) В час, когда ушел Яаков, светила луна, и стремление высшего солнца, Зеир Анпина, пробудилось к ней. Поскольку, когда встает солнце, Яаков, поднимается другое солнце, Зеир Анпин, и сливаются Зеир Анпин с Нуквой. И луна, Нуква, светит от Зеир Анпина.

809) Высший, мир захар, Бина, соединяется с нижним – миром некевы, Нуквы Зеир Анпина. А нижний соединяется с высшим. Благодаря подъему Яакова в МАН, в момент его ухода соединились Бина и Нуква, т.е. ЗОН поднялись в Абу ве-Иму, и был совершен большой зивуг для порождения душ.

810) Это два мира, как сказано: «От мира и до мира»[936] – Бина и Нуква. И хотя это две Нуквы, но одна из них, Бина, исправляемая захаром, считается в гадлуте своем захаром, а другая – Нуквой, т.е. Нуквой Зеир Анпина. Одна называется Шева (семь) – Бина. Другая называется Бат-Шева (дочь семи) – Нуква. Одна – мать, и другая – мать.

«Мать сыновей» – Бина. Как сказано: «Выйдите и поглядите, дочери Циона, на царя Шломо в венце, возложенном матерью его»[937]. «На царя Шломо» – на царя, во власти которого приведение всех к миру, на Зеир Анпин. А мать его, Бина, – это «мать сыновей».

Мать Шломо – Нуква. Как сказано: «Бат-Шеве, матери Шломо»[938] – Нукве, поскольку здесь не сказано: «(матери) царя Шломо».

811) Сказано: «И превзошла мудрость Шломо»[939]. «Мудрость Шломо» – это мать Шломо, Нуква, как сказано: «Слова царя

---

[936] Писания, Диврей а-ямим 1, 16:36. «Благословен Творец Всесильный Исраэля от века и до века (досл. от мира и до мира), и сказал весь народ: "Амен и хвала Творцу!"»

[937] Писания, Песнь песней, 3:11. «Выйдите и посмотрите, дочери Циона, на царя Шломо в венце, которым украсила его мать в день свадьбы его и в день радости сердца его».

[938] Пророки, Мелахим 1, 1:11. «И говорил Натан Бат-Шеве, матери Шломо, сказав: "Слышала ли ты, что стал царем Адонияу, сын Хаггит, а господин наш Давид не знает (об этом)?"»

[939] Пророки, Мелахим 1, 5:10. «И превзошла мудрость Шломо мудрость всех сынов Востока, и всю мудрость Египта».

Лемуэля, речи, которыми увещевала его мать»[940]. «Слова царя Лемуэля» – это слова, обращенные к Творцу, к Творцу, о котором сказано: «И Творец, гневается (на нечестивых) каждый день»[941]. И также: «Владыка Всемогущий (Эль Шадай)»[942] – Нуква.

812) Лемуэль означает: «К Творцу». «Царь Лемуэль» – Бат-Шева, Нуква. «Речи, которыми увещевала его мать» – которая явилась ему в Гивоне в ночном сне.

813) «Яаков отошел к луне» – к Нукве, т.е. поднялся в МАН к ЗОН во время своего ухода. «И породил в ней плоды» – т.е. вызвал зивуг ЗОН в гадлуте для порождения душ, называемых плодами. «И не найти поколения в мире, в котором бы не было плодов Яакова» – т.е. великих душ, порожденных от зивуга ЗОН в гадлуте, который вызвал Яаков своим подъемом в МАН. «Поскольку он привел к пробуждению высшего» – к зивугу ЗОН. «Как сказано: "И подобрал ноги свои на ложе"[933] – и это, конечно же, ложе Яакова, Нуква».

814) «Благословен удел Яакова, получившего совершенство наверху и внизу. Как сказано: "Ты не бойся, раб Мой, Яаков, ибо Я с тобою"[943]. Не сказано: "Ибо ты со Мною", а сказано: "Ибо Я с тобою"» – так как он достиг совершенства так же и внизу для присутствия Шхины.

---

[940] Писания, Притчи, 31:1. «Слова царя Лемуэля, речи, которыми увещевала его мать».
[941] Писания, Псалмы, 7:12. «Творец – судья справедливый, и Творец гневается (на нечестивых) каждый день».
[942] Тора, Берешит, 28:3. «И Владыка Всемогущий благословит тебя и расплодит тебя, и размножит тебя, и произойдет от тебя множество народов».
[943] Пророки, Йермияу, 46:28. «Ты не бойся, раб Мой Яаков, – сказал Творец, – ибо Я с тобою, и истреблю Я все народы, к которым Я изгнал тебя, а тебя не истреблю Я; и накажу Я тебя по справедливости, но не уничтожу тебя».

ГЛАВА ВАЕХИ

Египетский траур

815) «И дошли они до Горен-Атада, по ту сторону Ярдена, и справлял он траур по отцу своему семь дней»[944]. Зачем нам знать, что они дошли до Горен-Атада? И каков смысл того, что называют это трауром для Египта, как сказано: «Траур этот в Горен-Атаде – траур тяжелый для Египта»[945]? Ведь следовало бы сказать: «Траур для Исраэля», почему же «для Египта»?

816) Всё то время, пока Яаков был в Египте, земля благословлялась благодаря ему, и река Нил выходила и орошала землю, и голод прекратился благодаря Яакову. Поэтому египтяне назначили траур от своего имени.

817) «Кто возвестит могучие деяния Творца, провозгласит всю славу Его?!»[946] «Кто возвестит (ималель)» – как сказано: «И будешь срывать колосья (мелилот)»[947] – в значении «разлучение» и «разрыв». «Могучие деяния (гвурот) Творца» – поскольку их много, ибо все приговоры суда приходят от гвурот Творца, левой линии. И потому сказано: «Кто возвестит могучие деяния (гвурот) Творца» – кто способен отменить и отвести хотя бы один приговор из совершенных Творцом могучих деяний (гвурот)?

818) «Кто возвестит» и «кто скажет» – всё это одно и то же. «Возвестит» означает «скажет». Ибо какое множество могучих деяний (гвурот) есть, которое невозможно сосчитать, сколько судящихся, сколько защитников, сколько наказывающих нарушителей законов, и в речи невозможно перечислить их, поэтому сказано: «Кто возвестит могучие деяния Творца».

819) А каким образом становится известно обо всех могучих деяниях (гвурот) Творца? Благодаря сказанию, в котором

---

[944] Тора, Берешит, 50:10. «И дошли они до Горен-Атада, что по ту сторону Ярдена, и плакали там плачем великим и весьма сильным. И справлял он траур по отцу своему семь дней».
[945] Тора, Берешит, 50:11. «И увидели жители той земли, кнаанеи, этот траур в Горен-Атаде, и сказали:"Тяжек траур этот для Египта!" Потому наречено имя месту этому Авель-Мицраим, что за Ярденом».
[946] Писания, Псалмы, 106:2. «Кто возвестит могучие деяния Творца, провозгласит всю славу Его?!»
[947] Тора, Дварим, 23:26.

есть мудрость (хохма), и с помощью этой мудрости сообщается о них. Ибо в повествовании и в речи нет того, кто бы мог рассказать о них и знать о них. Но в сказании о них известно. Как сказано: «Из поколения в поколение славить будут деяния Твои, и мощь (гвуру) Твою возвещать»[943]. В сказании о них сообщается с помощью мудрости. Однако: «Мощь (гвуру) Твою» – т.е. о нижней Гвуре, Гвуре Нуквы, можно говорить о ней, как сказано: «И о мощи (гвуре) Твоей говорить будут»[949].

820) «Провозгласит всю славу Его»[946] – ибо многочисленны те суды, которые познаны и присоединены к славе, и сколько станов соединяются с ней, и поэтому сказано: «Кто провозгласит всю славу Его?»

821) Все египтяне владели мудростью. И со стороны Гвуры, левой линии, выходило множество воинств и множество станов, и множество ступеней, пока они не достигали нижних ступеней. Египтяне были колдунами, и были мудрецы среди них. Они ведали о вещах, скрытых от живущих в мире, и знали, что при жизни Яакова не будет в мире народа, который властвовал бы над его сыновьями. Знали они также и о том, что им предстоит угнетать Исраэль многие дни.

822) После того, как умер Яаков, возрадовались, ибо сейчас они смогут угнетать Исраэль. Созерцали они, что произойдет в конце, пока им не стало известно о приговоре Властелина: они увидели могущество, которое выступит против них, казни, рассечение Конечного моря, тернии со всех сторон. Такова эта «(величественная) рука», у которой пальцы выходят во все стороны, и каждый палец обладает множеством могучих деяний (гвурот), множеством судов, множеством законов. И тогда: «И сокрушались там скорбью великой и тяжкой очень»[944]. Как сказано: «Поэтому назвали его Авель-Мицраим (траур Египта)»[945]. «Тяжек траур этот для Египта»[945] – а не для других.

823) Когда рабби Шимон истолковал все события этой главы, вышли они из пещеры, в которой сидели. Сказал он: «Вижу я, что в этот день рухнет дом в городе, и умрут в нем два римлянина, обвиняющие Исраэль. Если я буду в городе, то дом не

---

[948] Писания, Псалмы, 145:4. «Из поколения в поколение славить будут деяния Твои, и мощь Твою возвещать».

[949] Писания, Псалмы, 145:11. «О славе царства Твоего расскажут и о мощи Твоей говорить будут».

рухнет, ибо заслуги мои защитят их». Вернулись они в пещеру, и не захотел он идти в город, чтобы не защищали их его заслуги. И рухнул дом, и погибли там обвинители. Сели они.

ГЛАВА ВАЕХИ

Вознеси голос свой, Бат-Галим!

824) «Вознеси голос свой, Бат-Галим (дочерь волн)!»[950] «Вознеси голос свой» – сказано Кнессет Исраэль, Нукве, которая восхваляет Творца голосом песнопения. И поэтому говорится ей: «Вознеси голос свой». Каждый, кто желает восхвалять Творца в голос, должен обладать мелодичным голосом, чтобы им прониклись слушающие его, в противном случае он даже не приступит к вознесению голоса своего.

825) О левитах, исполняющих служение свое в виде песнопения и ликования, сказано: «А с пятидесяти лет отстранится он от несения службы»[951], поскольку к старости голос садится и не доносится до ушей столь проникновенно, как голос остальных его товарищей. Поэтому отстраняют его от несения этого возвышенного служения, совершаемого теми, кто является исполнителем этого дела – возвеличивания святого Имени как подобает.

826) Воинства наверху и воинства и станы внизу восхваляют святое Имя и воспевают Его. И поэтому, когда воспевающие внизу служат примером воспевающим наверху, «отстранится он от несения службы»[951]. Поскольку Кнессет Исраэль восхваляет Творца, сказано в Писании: «Вознеси голос свой, Бат-Галим (дочерь волн)!» – дочь праотцев, так как Нуква является четвертой по отношению к праотцам, к ХАГАТ, поэтому она дочь праотцев.

827) Будущий мир, Бина, называется «волны», поскольку всё находится в нем и содержится в нем несметное множество, словно волны морские. И из него выходят все парцуфы и миры. «Бат-Галим (дочерь волн)», как сказано, «Галь-Науль (родник замкнутый)»[952] – мохин Нуквы называются «галь (родник)» от слова «гилуй (раскрытие)», и все эти родники и источники, все они исходят из будущего мира, Бины, а Кнессет Исраэль, Нуква, получающая от Бины, называется Бат-Галим (дочерь волн).

---

[950] Пророки, Йешаяу, 10:30. «Вознеси голос свой, Бат-Галим! Слушай, Лайша, бедная Анатот!»
[951] Тора, Бемидбар, 8:25. «А с пятидесяти лет отстранится он от несения службы и не будет служить более».
[952] Писания, Песнь песней, 4:12. «Замкнутый сад – моя сестра, невеста, родник замкнутый, источник запечатанный».

828) Вначале сказано: «Вознеси голос свой»⁹⁵⁰, а затем сказано: «Слушай»⁹⁵⁰. Тогда зачем было говорить ей: «Вознеси голос свой», чтобы затем сказать: «Слушай»? Ведь в момент слушания не надо возносить голос? Говорится: «Вознеси» – для того, чтобы восхвалять и воспевать. То есть вознесение голоса служит украшению песни, а не для того чтобы донести до слуха. Если Исраэль начинают восхвалять и воспевать Творца, сказано: «Слушай» – поскольку Исраэль ради Нуквы возносят хвалу и песнопения Творцу. Поэтому сказано: «Вознеси голос свой», и сказано: «Слушай», ибо «вознеси голос свой» – указывает на Исраэль, а «слушай» – на Нукву, ради которой восхваляют и воспевают.

829) Сказано: «Слушай, Лайша (львица)»⁹⁵⁰ – поскольку Нуква исходит со стороны Гвуры, поэтому называется Лайша (львица). Как сказано: «Лев – самый сильный (гибор) из зверей»⁹⁵³. А львица – самая сильная (гибора), для того чтобы сокрушить силы и могущество (гвурот) ситры ахра.

И сказано: «Бедная Анатот»⁹⁵⁰ – поскольку это указывает на то, что она не светит. «Бедная» – так как нет света у луны, Нуквы, называемой «Бедная Анатот», но лишь тот, что дает ей солнце.

830) Анатот – это одна из деревень, которую населяют бедные коэны, обивающие пороги. И некому присмотреть за ними, поскольку все эти жители деревни были посмешищем в глазах народа. И в доме их было намного более пусто, чем в домах всего народа. И не было хлеба, кроме того, что подают им, как презренным нищим в народе. И поэтому луна называется Анатот, ведь у нее тоже нет собственного света, но лишь в тот час, когда соединяется с ней солнце, она светит.

831) И сказано: «А Эвьятару-священнику сказал царь: "Ступай в Анатот, на поля твои, ибо ты заслуживаешь смерти"»⁹⁵⁴. Разве за то, что Адонияу позвал его к себе на трапезу, он был

---

⁹⁵³ Писания, Притчи, 30:30. «Лев – самый сильный из зверей, и не отступит ни перед кем».
⁹⁵⁴ Пророки, Мелахим 1, 2:26. «А Эвьятару, священнику, сказал царь: "Ступай в Анатот на поле свое, ибо ты заслуживаешь смерти, но сегодня я не умерщвлю тебя, потому что ты носил ковчег Владыки Творца перед Давидом, отцом моим, и поскольку страдал ты от всего того, от чего страдал отец мой"».

назван заслуживающим смерти? Но это потому, что он был родом из бедного местечка, с которым была связана луна, Нуква, «бедная Анатот». Эвьятар был связан с Нуквой, когда она находилась в левой линии, в которой застывают все света, переставая светить. И она – «бедная Анатот». Поэтому он тоже называется Анатот, как и она. И называется заслуживающим смерти, ибо нет у него света жизни.

832) Однако сказано: «И поскольку страдал ты от всего того, от чего страдал отец мой (Давид)»[954] – ведь благодаря этим его лишениям, Эвьятар удостоился того, что Шломо не предал его смерти. В таком случае, почему же он назван «заслуживающим смерти»? Но поскольку Эвьятар был происхождением из этого бедного местечка, удостоился его Давид прежде, чем взошел на царство, во времена преследования его Шаулем, ибо подобно нищему переносил лишения на путях своих, и Эвьятар тоже испытывал подобное этому. И также после того, как взошел на царство, не достигло еще царство (малхут) всего совершенства. А во время правления Шломо находилась луна, Нуква, во всем совершенстве, и пребывал в радости от того, что все было у него, и поэтому не заслужил при нем Эвьятар соединиться с ним. Ибо сказанное ему (Шломо): «Ибо испытал ты все те лишения, которые перенес мой отец Давид» означает – с ним ты заслуживал соединиться, поскольку ступень твоя равнялась его ступени, но не со мной. Но от лишений его, самих по себе, не было никакого прока, и только из-за своих лишений был назван «заслуживающим смерти».

833) Поле Анатот – это Нуква, находящаяся во власти левой. Йермияу приобрел поле Анатот ради того, чтобы овладеть высшей тайной. Ибо впоследствии он поднял МАН к зивугу ее с Зеир Анпином, благодаря которому Хохма, имеющаяся в левой ее (линии), облачается в хасадим Зеир Анпина, и наполняется всем совершенством.

Когда Луна, Нуква, властвует, светя в полноте своей, она называется «яблоневым полем». Когда же она ущербна, то называется «полем Анатот (бедности)». Поэтому воспевание внизу приносит ей богатство и совершенство. Этим воспеванием она пробуждает зивуг ЗОН, и когда она получает хасадим от Зеир Анпина, то обретает всё совершенство.

834) Как Давид, который во все дни свои стремился доставлять ей совершенство, чтобы воспевали ее в песнопениях и восхвалениях. И благодаря этому Нуква обретает совершенство. А когда Давид отошел от мира, он оставил ее в совершенстве. И Шломо получил ее исполненную богатства и совершенства, потому что луна выбралась из бедности и достигла богатства, и в этом богатстве он властвовал, превзойдя всех царей земли.

ГЛАВА ВАЕХИ

Серебро в дни Шломо совсем не ценилось

835) Поэтому сказано: «Серебро в дни Шломо совсем не ценилось»[955] – но всё было в золоте, т.е. умножалось золото, и в это время сказано: «И во прахе его – золото»[956]. Ибо высший прах – Нуква, и солнце, Зеир Анпин, направляло на нее свой взор, и благодаря взору солнца и могуществу его превращался прах в золото.

836) «В горах, где очень сильный солнечный свет, из земного праха, расположенного между горами, все добывают золото. И если бы не хищные звери, которых становится там всё больше, люди бы не были бедными, ибо могущество солнца умножает золото». «Золото» – свечение Хохмы, содержащееся в левой линии Бины. «Горы» – ХАГАТ, ибо нет иных гор, лишь праотцы. «Прах, расположенный между горами» – Нуква, соединенная с ХАГАТ, четвертая по отношению к праотцам. И пока она не получает хасадим от солнца, Зеир Анпина, Хохма в ней не светит, ибо она не может светить без облачения хасадим, и тогда она называется прахом. Но когда солнце направляет на нее свой взор, т.е. дает ей свет хасадим, тогда Хохма облачается в хасадим и светит, как свечение левой (линии) Бины – становясь, как и у нее, свечением золота. Во время власти левой (линии) есть очень сильная охрана – «пламя обращающегося меча»[957], не каждый человек может получить оттуда, а только лишь достойные ее.

837) Потому в дни Шломо серебро совсем не ценилось – ведь сила солнца, смотревшего на прах, превращала тот в золото. И еще, поскольку прах – это суд, левая без правой, то он не светит. Когда смотрит на нее солнце, Зеир Анпин, т.е. передает ей хасадим, берет у нее силы суда, и умножается золото. Ибо

---

[955] Пророки, Мелахим 1, 10:21. «И все сосуды для питья у царя Шломо золотые, и все сосуды в доме леса леванонского из чистого золота; из серебра не было (ничего): оно во дни Шеломо совсем не ценилось».
[956] Писания, Иов, 28:6. «Место, (где находят) сапфир, – камни ее; и во прахе его – золото».
[957] Тора, Берешит, 3:24. «И изгнал Адама и поместил к востоку от сада Эденского херувимов и пламя обращающегося меча, чтобы охранять путь к Древу жизни».

тогда Хохма в ней светит в силу облачения хасадим, подобно левой линии Имы, называемой «золото». В то время, когда взглянул на нее Шломо, восхвалив и призвав, всё образовалось из этого праха.

838) «И поэтому Шломо не должен был исполнять песнопения, как Давид» – так как Нуква уже была полностью исправлена. «Однако он вознес песнь» – т.е. Песнь песней, «о любви и богатстве, о свете и любви». «И всё воспевание в мире было заключено в ней» – в этой песни Шломо. «Вознес он песнь Царице» – Нукве, «в час, когда восседает она на престоле напротив Царя».

839) Сказано: «И сделал царь серебро в Йерушалаиме равноценным простым камням»[958]. Ибо всё было золотом, и прах, Нуква, соединилась с левой на стороне любви. Это любовь между близкими, вызываемая левой линией. Как сказано: «Его левая рука под моей головой, а правая обнимает меня»[959]. А солнце, Зеир Анпин, сблизилось с ней и не оставляет ее.

840) Шломо ошибался в этом. Ибо видел он, что луна приблизилась к солнцу, т.е. правая Зеир Анпина заключает ее в объятия хасадим, а левая Зеир Анпина, под ее головой, – (заключает ее в объятия) свечения Хохма. И левая становится ее рош, поскольку сблизились правая и левая друг с другом, и Хохма, имеющаяся в левой, уже облачилась в правую. Рассудил Шломо: «Ведь они уже сблизились вместе, для чего нужна здесь еще правая», так как правая, т.е. хасадим, нужна лишь для того, чтобы сблизить Зеир Анпин и Нукву вместе, для того чтобы Хохма в Нукве облачилась в хасадим Зеир Анпина. И поскольку они уже сблизились друг с другом, для чего еще необходима правая, хасадим?» И тут же сказано: «Серебро в дни Шломо совсем не ценилось» – потому что он отверг серебро, правую.

841) Сказал ему Творец: «Ты отверг правую, милость (хесед). Знай же – ты еще вознуждаешься в милости людей, но не найдешь ее». Тотчас обернулось солнце, Зеир Анпин, против луны,

---

[958] Пророки, Мелахим 1, 10:27. «И сделал царь серебро в Йерушалаиме равноценным простым камням, а кедры приравнял к сикоморам, что во множестве (растут) на низменности».

[959] Писания, Песнь песней, 2:6. «Его левая рука под моей головой, а правая обнимает меня».

Нуквы, и луна начала погружаться во мрак. Шломо обивал пороги, представляясь: «Я проповедник»[960] – и не было того, кто бы откликнулся в милости (хесед), поскольку он отверг правую, Хесед, не ценя ее, как сказано: «Серебро в дни Шломо совсем не ценилось».

842) Поэтому каждый, кто умножает восславление Творцу, правой, умножает мир наверху. Поскольку сказано: «Слушай, Лайша (львица)»[950] – Нуква, в то время, когда она отдалена от Творца, правой. «Лев пропадает без добычи»[961]. Лев и львица, как закон и конституция, – имеют одно смысловое значение. «Пропадает» – как и в сказанном: «И придут пропавшие» – означает: «Погибает». «Без добычи» – поскольку Нуква требует от Зеир Анпина, чтобы он дал ей, как в сказанном: «Встает еще ночью и раздает пищу в доме своем»[962].

843) «И детеныши львицы отторгнуты»[961] – поскольку все воинства, т.е. ангелы, происходящие от нее, когда она раздает им добычу, соединяются все как один, и кормятся вместе. А когда вследствие изгнания она сидит без добычи, то, конечно: «Детеныши львицы отторгнуты» – то есть ее воинства расходятся в разные стороны и по разным путям в поисках места исполнения суда. Поэтому во время совершения жертвоприношения исправляются все и сходятся вместе. А во время изгнания, когда не совершается жертвоприношение, «детеныши львицы отторгнуты» – поскольку нет и дня, в который бы не раскрылся суд, так как высшие и нижние не пробуждаются в высшем совершенстве.

844) Сейчас, во время изгнания, молитва человека пробуждает совершенство наверху и внизу, и с помощью благословения, воздаваемого Творцу, благословляются высшие и нижние. Поэтому благодаря молитве Исраэля благословляются миры. Тот, кто благословляет Творца, благословится. А тот, кто не благословляет Творца, не будет благословен.

---

[960] Писания, Коэлет, 1:12. «Я, проповедник, был царем над Исраэлем в Йерушалаиме».
[961] Писания, Иов, 4:11. «Лев пропадает без добычи, и детеныши львицы отторгнуты».
[962] Писания, Притчи, 31:15. «Встает она еще ночью и раздает пищу в доме своем, и урок – служанкам своим».

ГЛАВА ВАЕХИ

Чаша благословения

845) Чаша благословения берется обеими руками, правой и левой, и тогда произносится благословение. Чашей благословения может быть чаша, о которой сказано: «Чашу спасения подниму»[963] – Нукву. Ибо этой чашей притягиваются благословения, исходящие от спасений свыше, а чаша, Нуква, получает их, принимая в себя. И там хранится высшее вино, свечение левой в Бине, и содержится в этой чаше. Поэтому благословение производится посредством правой и левой. А вино, содержащееся в чаше, и сама чаша благословляются вместе: вино – свечение левой от Бины, а сама чаша – Нуква. И надо произнести благословение на стол, Нукву, чтобы не было нехватки на нем хлеба и вина. И все это как одно целое, так как вино – это свечение Хохмы, раскрывающееся в левой, а хлеб – это хасадим от правой, и они должны соединиться в единое целое.

846) Кнессет Исраэль, Нуква, (называется) чашей благословения. Поскольку она чаша благословения, необходимо, чтобы правая и левая рука приняли ее, ибо (та же) чаша передана в правую и левую руки, т.е. хасадим и Хохму, и надо, чтобы она была наполнена вином, вином Торы – свечением Хохмы от левой, исходящей из будущего мира, Бины.

847) Благодаря чаше благословения раскрываются высшие понятия, раскрывается тайна святого строения, ХУГ ТУМ, ибо чашу благословения надо получать в правой и левой (сторонах), на севере и юге, Хесед и Гвура. И чаша благословения получает благословение от них. Чаша благословения – это ложе Шломо, Малхут, которую необходимо расположить между севером и югом, Хеседом и Гвурой. Ее надо располагать так, чтобы она находилась ближе к правой. А тело благословляющего, Тиферет, должно быть согласовано с ними. И необходимо, смотря на чашу, благословить ее четырьмя благословениями. Поскольку сказано: «Всегда глаза Творца Всесильного твоего на ней»[964]. И тогда в этой чаше благословения,

---

[963] Писания, Псалмы, 116:13. «Чашу спасения подниму, и имя Творца призову».
[964] Тора, Дварим, 11:12. «Земля, о которой Творец Всесильный твой печется, – непрестанно глаза Творца Всесильного твоего на ней, от начала года и до конца года».

символизирующей веру, есть север-юг-восток-запад, ХУГ ТУМ, то есть все святое строение.

848) Стол с хлебом (на нем), для того, чтобы благословился нижний хлеб, Нуква. И «хлеб бедности», т.е. Нуква, когда ей недостает хасадим, благословится и станет хлебом наслаждения – в то время, когда ее Хохма облачается в хасадим, она называется хлебом наслаждения. Таким образом, Нуква благословляется наверху в четырех сторонах этого мира, ХУГ ТУМ, и (также) вверху и внизу, Нецах и Ход. И чаша благословения приводит к тому, что соединяется царь Давид, Нуква, находящаяся выше хазе, с праотцами, ХАГАТ, и отсюда она получает Хохму. И благословляется также внизу, от НЕХИ, и есть у него также хасадим. То есть благословляется стол человека тем, что всегда будет находиться на нем хлеб.

Горен-Атад

850)⁹⁶⁵ «И дошли они до Горен-Атада»⁹⁴⁴. Горен-Атад – это египетское правление, которое было сброшено из-за правления Исраэля, потому что увидели гумно (горен), которое символизирует правление Исраэля, как сказано: «Одетые в (царские) одежды на гумне»⁹⁶⁶, и поэтому сказано: «И сокрушались там скорбью великой и тяжкой очень»⁹⁴⁴.

851) «Поэтому назвали его Авель-Мицраим (траур Египта)»⁹⁴⁵. Ибо, конечно же, у египтян был траур, так как было устранено их правление. Так же и здесь – это не оплакивание иудеев, хотя иудеи и погибли там. Ибо эти иудеи, если бы были иудеями, то не были бы убиты, а после того, как умерли, Творец искупает их грехи.

852) Яаков, хотя душа его и вышла из Египта, все же она не вышла в иное владение, ситры ахра. Поскольку со дня сотворения мира не было более совершенного ложа, чем ложе Яакова, – ибо все его сыновья обладали достоинствами в час, когда он ушел из мира, – его душа сразу же связалась со своим местом.

---

⁹⁶⁵ Пункт 849 в данной редакции текста не приводится.
⁹⁶⁶ Пророки, Мелахим 1, 22:10. «А царь Исраэльский и Йеошафат, царь Йеудейский, сидели каждый на троне своем, одетые в (царские) одежды, на гумне, у входа в ворота Шомрона; и все пророки (лжепророки) пророчествовали пред ними».

ГЛАВА ВАЕХИ

Бальзамирование Яакова

853) Когда Яаков входил в пещеру, в ней ощущались все ароматы райского сада, и в пещере излучался свет от одной горевшей там свечи. А когда праотцы пришли к Яакову в Египет, чтобы находиться с ним там, исчез свет свечи из пещеры. Когда вошел Яаков в пещеру, возвратилась свеча на свое место, и тогда восполнилась пещера всем необходимым.

854) Во все дни существования мира не приняла эта пещера другого человека и не примет. И души праведников после их ухода проходят перед праотцами в пещере для того, чтобы те, пробуждаясь, видели оставленное ими в мире потомство, и пребывали в радости перед Творцом.

855) Бальзамирование Яакова – в чем состояло? Сказано: «И повелел Йосеф своим слугам, лекарям, бальзамировать отца своего, и набальзамировали лекари Исраэля»[967]. Возможно ли такое, что это бальзамирование было как бальзамирование остальных людей? Разве из-за пути, на время которого надо было сохранить его, они сделали это? Ведь сказано: «И умер Йосеф, и набальзамировали его, и положили в ковчег в Египте»[968]. Хотя и не проделали вместе с ним пути, ибо он был захоронен там же, все же сказано: «И набальзамировали его».

856) Однако таков обычай у царей: для поддержания тела, чтобы оно не разложилось, их бальзамируют в смешанном с благовониями елее помазания, превосходящем все масла. И это добротное масло впитывается в тело день за днем, в течение сорока дней. После того, как это (действие) завершается, тело существует долгие дни.

857) Поскольку вся эта земля Кнаан и вся земля Египта разрушают тело, разлагая его за более короткое время, чем остальные земли, то для того, чтобы поддержать тело, проделывают это (действие). Бальзамирование проделывают над внутренней частью и над внешней частью тела. Возлагают этот елей на пупочное отверстие (табур), и он, входя во внутреннюю

---

[967] Тора, Берешит, 50:2. «И повелел Йосеф своим слугам, лекарям, бальзамировать отца своего, и набальзамировали лекари Исраэля».
[968] Тора, Берешит, 50:26. «И умер Йосеф, и набальзамировали его, и положили в ковчег в Египте».

часть тела (гуф) через пупочное отверстие (табур), поглощается внутренними его органами и поддерживает тело долгие дни.

858) И Яаков оказывал поддержку телу. Именно так надлежит поступать, так как это – тело праотцев. Праотцы – это Хесед и Гвура, две руки (ядаим), Тиферет – тело (гуф). И поддерживал он душу и тело. Йосеф соответствует телу (гуф), ибо Йосеф – это союз, а союз и тело – одно целое при поддержании тела и души. О поддержании тела сказано: «И набальзамировали его». О поддержании души сказано: «И поместили его в ковчег в Египте»[968]. Имеется в виду высший ковчег, Нуква, с которым соединилась его душа.

ГЛАВА ВАЕХИ

И поместили его в ковчег в Египте

859) «И поместили его (ва-и́сем וַיִּישֶׂם)» – написано с двумя буквами «йуд י». Йосеф хранил союз внизу и наверху, т.е. был меркавой для Есода Зеир Анпина, и поэтому при уходе из мира был помещен в два ковчега: в нижний ковчег и в высший ковчег. Высший ковчег, как сказано: «Вот ковчег завета – Владыка всей земли»[969]. Ибо высший ковчег, т.е. Шхина, называется заветом – ведь наследует его лишь тот, кто хранит завет. А поскольку Йосеф хранил завет, то был помещен в два ковчега.

860) «И поместили его в ковчег в Египте»[968]. Из сказанного следует, что хотя и вышла его душа в иное владение, ситры ахра, всё же она соединилась со Шхиной. Как сказано: «И поместили его (ва-и́сем וַיִּישֶׂם) в ковчег»[968] – в ковчег наверху и в ковчег внизу, так как он был праведником, а любой праведник наследует высшую святую землю, Шхину. Как сказано: «И народ твой, все праведники, ветвь насаждения Моего, дело рук Моих для прославления, навеки унаследуют землю»[970]. Благословен Творец вовеки, амен и амен.

(На этом завершается книга Берешит)

---

[969] Пророки, Йеошуа, 3:11. «Вот ковчег завета – Владыка всей земли пойдет пред вами через Ярден».
[970] Пророки, Йешаяу, 60:21. «И народ твой, все праведники, ветвь насаждения Моего, дело рук Моих для прославления, навеки унаследуют землю».

Под редакцией президента института
ARI проф. М. Лайтмана

Руководители проекта: Г. Каплан, П. Ярославский

Перевод: Г. Каплан, М. Палатник, О. Ицексон

Редактор: А. Ицексон

Технический директор: М. Бруштейн

Дизайн и вёрстка: А. Мухин

Корректор: И. Лупашко, Благодарность

за помощь в работе над книгой:

Э. Винер, Н. Винокур, И. Каплан, Р. Каплан, Л. Гойман, И. Лупашко, Р. Марголин, Э. Агапов, А. Каган, З. Куцина

Выражаем огромную благодарность людям из разных стран мира за спонсорскую помощь в переводе книги Зоар.

Видеопортал Zoar.tv

Видеопортал Зоар.ТВ располагает уникальным контентом в виде бесплатных видео материалов, видеоклипов, ТВ онлайн, добрых фильмов онлайн, музыки.

http://www.zoar.tv/

Курсы обучения

Миллионы учеников во всем мире изучают науку каббала.

Выберите удобный для вас способ обучения на сайте:

http://www.kabacademy.com/

Книжный магазин

РОССИЯ, СТРАНЫ СНГ И БАЛТИИ

http://kbooks.ru

АМЕРИКА, АВСТРАЛИЯ, АЗИЯ

http://www.kabbalahbooks.info

ЕВРОПА, АФРИКА, БЛИЖНИЙ ВОСТОК

http://www.kab.co.il/books/rus

Для заметок:

www.ingramcontent.com/pod-product-compliance
Lightning Source LLC
LaVergne TN
LVHW082009090526
838202LV00006B/265